石油教材出版基金资助项目

石油高等院校特色规划教材

石油化工产品概论

(第二版)

张娇静　宋　军
高彦华　张　梅　编

石油工业出版社

内 容 提 要

本书主要内容包括石油与天然气的成因及化学组成、石油产品、基本有机化工产品、高分子合成材料、精细石油化工产品。全书注重理论性、知识性和应用性的统一,内容全面,深度适宜,是石油院校非化工专业特色课程教材,也是一本普及性的石油化工读物,可作为石油化工生产管理人员的学习参考书。

图书在版编目(CIP)数据

石油化工产品概论 / 张娇静等编. —2 版. —北京:石油工业出版社,2019.1(2025.2重印)

石油高等院校特色规划教材

ISBN 978-7-5183-1616-8

Ⅰ. ①石… Ⅱ. ①张… Ⅲ. ①石油化工—化工产品—高等学校—教材 Ⅳ. ①TE65

中国版本图书馆 CIP 数据核字(2018)第 268444 号

出版发行:石油工业出版社
(北京市朝阳区安华里2区1号楼 100011)
网　址:www.petropub.com
编辑部:(010)64256990
图书营销中心:(010)64523633　(010)64523731
经　销:全国新华书店
排　版:北京密东文创科技有限公司
印　刷:北京中石油彩色印刷有限责任公司

2019 年 1 月第 2 版　2025 年 2 月第 7 次印刷
787 毫米×1092 毫米　开本:1/16　印张:16
字数:406 千字
定价:34.90 元
(如发现印装质量问题,我社图书营销中心负责调换)
版权所有,翻印必究

第二版前言

《石油化工产品概论》第一版为石油高等院校特色教材,自2011年3月出版以来,作为本科生教材每年在东北石油大学以及兄弟院校教学中使用,受到读者欢迎。在东北石油大学化学化工学院和"石油教材出版基金资助项目"的资助下,根据近几年我校、兄弟院校的教学和使用情况,吸取各方面的意见,本书对第一版部分内容进行了调整、删减和补充。

本次修订密切结合当前我国石化产业的理论和实践,吸收了近年来的教学与科研成果,系统介绍了石油化工产品的基本理论和业务知识,体系新颖,层次清晰,结构完整合理,恰当、及时、准确地反映了国内外先进成果,符合认识规律,富有启发性,利于能力培养,特别注重实用性和可读性,联系实际,实践性强,做到了内容全面、系统、新颖、简明、精练、规范、实用,具有"全、新、简"的特点,为全面、系统学习石油化工产品相关知识提供了有效途径。

本次修订比较大的调整是根据教学需要,将第四章与第五章内容进行了调换,另外根据新出台的国家标准对石油产品的分类及相关内容进行了修改,补充更新了常见的基本有机化工产品和精细化工产品,对高分子材料中的功能高分子材料进行了较大的改动,充实了一些新内容等。

本书由东北石油大学化学化工学院组织教师编写,具体编写分工如下:张娇静编写绪论、第一章、第二章、第四章第一节至第三节;宋军编写第三章;高彦华编写第五章;张梅编写第四章第四节至第七节。全书由张娇静统稿。

在本书的编写过程中,参阅了大量的相关教材、论文及论著,同时得到了东北石油大学化学化工学院领导和教师的大力支持,在此一并表示衷心的感谢。

由于编者水平有限,书中难免存在缺点和不足,敬请读者批评指正。

编 者
2018年5月

第一版前言

"石油化工产品概论"是石油院校非化工专业的特色课程。为满足石油院校非化工专业人才培养的需要,编者收集了大量资料并结合多年教学、科研经验编写了此书。

"石油化工产品概论"是一门主要研究石油化工产品种类及用途、性能等的课程。它涉及石油的起源、组成、性质,石油产品诸如燃料、润滑剂、溶剂和石油化工原料、石油沥青、石油蜡和石油焦等的基础知识,以及石油化工基本原料、精细石油化工产品和高分子合成材料的生产原理、工艺过程、性能和用途。通过本课程的学习,学生可以掌握石油化工产品的种类及用途、性能等,为今后参加工作和从事石油化工领域研究奠定必要的基础知识。

本书较完整地反映了石油化工产品体系。在教材编写时,我们遵循加强基础、面向实际、引导思维、启发创新、便于自学的原则。教材内容全面、系统,难度适中,便于不同水平的学生学习,适当引入了最新科技报道,开阔学生的视野,增强学生学习的兴趣,达到提高教学效率的目的。本书具有以下特点:

(1) 体系新颖。以应用为目的,从工作实际需要组织教材内容,有利于学生学以致用、掌握重点、了解概况、缩短学时和提高效率。

(2) 简明精炼。从应用的角度引用和深化已经学习过的内容,减少与其他课程的重复;将部分内容推陈出新,以适应学科的发展;在学时数保持不变的基础上,增加课程信息量。

(3) 注重实用。该教材重视实际应用能力的培养,增加了基本原理与实际应用之间的联系,加深了对概念的理解,可以提高学生解决实际问题的能力。

本书主要用作石油高等院校非化工专业本科生的教学,对从事化学、油品加工和有机合成等相关学科的科研人员、工程技术人员亦有一定的参考价值。同时它也是一本普及性的石油化工读物,可供炼油、石油化工企业的生产管理人员参考,还可满足高级职业技能人才继续教育的需要。

本书是根据石油院校非化工专业特色课程的教学需要而编写的。全书共分五章,主要内容包括石油与天然气的成因及化学组成、石油产品、石油化工基本有机原料、精细石油化工产品和高分子合成材料。参加本书编写工作的有:东北石油大学张娇静(绪论、第一章、第二章、第五章第一节至第四节)、宋军(第三章、第五章第五节)、高彦华(第四章、第五章第六节至第七节)。全书由张娇静整理定稿。

在本书的编写过程中,得到了东北石油大学教务处和化学化工学院全体教师的大力支持,在此一并表示衷心的感谢。

由于编者水平有限,书中难免存在缺点和不足,敬请读者批评指正。

编 者

2011 年 3 月

目　　录

绪论 ……………………………………………………………………………………… 1
　第一节　石油化学工业在国民经济中的地位 ………………………………………… 1
　第二节　石油化学工业的形成和发展 ………………………………………………… 4

第一章　石油与天然气的成因及化学组成 ……………………………………………… 7
　第一节　石油与天然气的成因 ………………………………………………………… 7
　第二节　石油的外观性质及化学组成 ………………………………………………… 9
　第三节　天然气的化学组成 …………………………………………………………… 13
　思考题 …………………………………………………………………………………… 14

第二章　石油产品 ………………………………………………………………………… 15
　第一节　汽油 …………………………………………………………………………… 16
　第二节　柴油 …………………………………………………………………………… 28
　第三节　喷气燃料 ……………………………………………………………………… 36
　第四节　燃料油 ………………………………………………………………………… 41
　第五节　石油焦 ………………………………………………………………………… 42
　第六节　润滑油 ………………………………………………………………………… 44
　第七节　石油蜡和石油沥青 …………………………………………………………… 51
　思考题 …………………………………………………………………………………… 53

第三章　基本有机化工产品 ……………………………………………………………… 54
　第一节　碳一化学品 …………………………………………………………………… 54
　第二节　乙烯及其衍生物 ……………………………………………………………… 61
　第三节　丙烯及其衍生物 ……………………………………………………………… 70
　第四节　C_4 烯烃及其应用 …………………………………………………………… 78
　第五节　芳烃的生产 …………………………………………………………………… 87
　第六节　重要的芳烃衍生物 …………………………………………………………… 97
　第七节　重要副产物的综合利用 ……………………………………………………… 107
　思考题 …………………………………………………………………………………… 117

第四章　高分子合成材料 ………………………………………………………………… 118
　第一节　概述 …………………………………………………………………………… 118
　第二节　聚合物的基本概念 …………………………………………………………… 121
　第三节　聚合实施方法 ………………………………………………………………… 126
　第四节　塑料 …………………………………………………………………………… 128

第五节	合成橡胶	149
第六节	合成纤维	163
第七节	功能高分子材料	172
思考题		178

第五章　精细石油化工产品　179

第一节	概述	179
第二节	石油添加剂	180
第三节	表面活性剂	195
第四节	催化剂	211
第五节	橡胶助剂	214
第六节	黏合剂	217
第七节	水处理剂	227
第八节	染料与颜料	235
第九节	其他精细化工产品	236
思考题		245

参考文献　246

绪 论

第一节 石油化学工业在国民经济中的地位

石油化工产品简称"石化产品",是指以石油和天然气为原料生产的产品,包括石油产品和石油化学品两类。其中,石油产品是指由石油直接生产的石油化工产品,如汽油、柴油、航空煤油、发动机润滑油、石油沥青等;石油化学品是指以石油为原料合成的各种石油化工产品,如塑料、合成橡胶、合成纤维及各种助剂和洗涤剂等。

石油化学工业是指以石油和天然气为原料,既生产石油产品,又生产石油化学品的工业。按加工与用途划分,石油化学工业有两大分支:一是石油经过炼制生产各种燃料、润滑油、石蜡、沥青、焦炭等石油产品;二是把石油分离成原料馏分,进行热裂解,得到基本有机原料,用于生产各种石油化学品。前一分支是石油炼制工业体系,后一分支是石油化工体系。因此,通常把以石油、天然气为基础的有机合成工业,即以石油和天然气为起始原料的有机化学工业称为石油化学工业,简称石油化工。

石油化工包括以下四大生产过程:基本有机化工生产过程、有机化工生产过程、高分子化工生产过程和精细化工生产过程。基本有机化工生产过程是以石油和天然气为起始原料,经过炼制加工制得三烯(乙烯、丙烯、丁二烯)、三苯(苯、甲苯、二甲苯)和乙炔、萘等基本有机原料。有机化工生产过程是在"三烯、三苯、乙炔、萘"的基础上,通过各种合成反应制得醇、醛、酮、酸、酯、腈等有机原料。高分子化工生产过程是在有机原料的基础上,经过各种聚合、缩合步骤制得合成纤维、合成树脂、合成橡胶等最终产品。精细化工生产过程是以合成化学品为原料,经过加工制得催化剂、表面活性剂、油品添加剂、三大合成材料用助剂等高档末端材料。精细化工产品主要是三药(医药、农药、炸药)、三料(涂料、染料、香料)以及各种溶剂、助剂、洗涤剂等。

利用石油、天然气、油田伴生气、炼厂气(炼油过程中产生的气体)为原料,可以生产出乙烯、丙烯、丁二烯、乙炔、苯、甲苯、二甲苯、萘等基本有机化工原料。基于这些原料,可以生产出诸如塑料、橡胶、合成纤维、合成洗涤剂等许许多多的化工产品。由于石油化学工业在生产工艺、产品数量、产品品种、动力消耗和产品成本等方面都优于传统的以粮食、农副产品、炼焦工业副产品煤焦油、电石为原料的有机化学工业,所以很快引起国内外的普遍重视,获得了高速发展。今天,石油除了用作能源以外,还为化学工业的发展,为人们的衣、食、住、行立下了汗马功劳。

一、石油和天然气变塑料

塑料是以石油或天然气为原料,经提炼、裂解成各种基本原料(单体)后,再经聚合反应(加成聚合或缩合聚合)而得的高分子树脂。塑料的用途是非常广泛的,有以下几大方面。

(一)汽车工业

20世纪90年代以来,许多国家汽车工业的重大变革之一是提高时速、降低能耗,而其主要对策是更多地采用塑料件以减轻车重。塑料大量地用于保险杠、油箱、仪表盘、方向盘、坐垫、蓄电池壳、顶篷、内装饰件、车灯罩、扶手以及各种零配件。国际上已将车用塑料特别是工程塑料用量的多少作为衡量一个国家汽车工业发展水平高低的重要标志。

(二)农业

农膜覆盖技术是提高单产的重要手段,该技术还可提高作物质量,例如蔬菜提前上市、鲜嫩可口、色泽好,还可使西瓜早熟、糖度提高等。近十年来,国内各种地膜、棚膜应用发展迅速,已成为增加单产、提高土地利用率的有效手段。另外氨化膜、青贮膜、饲料用缠绕保鲜膜、塑料育苗容器、遮阳网、防虫网、农药器械等均是塑料制品。

(三)建筑业

化学建材是当代继钢材、木材、水泥之后新兴的第四代新型建筑材料。建筑塑料是化学建材的一种,其特点是外形美观、密度小、比强度大、易成型、耐腐蚀、无毒无味、无污染,并兼有防水、密封、隔音、保温、抗震等功能。

塑料在建材中获得广泛应用,除了与塑料自身的优良性能有关外,还与世界能源日益紧张有很大关系。从材料生产能耗比较,如PVC(聚氯乙烯)为1,则钢材为4.5,铝材为8.8;从应用节能效果比较,塑料窗比铝窗采暖能耗节省约30%。目前,国外大量给排水采用PVC塑料管道,电缆导管采用HDPE(高密度聚乙烯)管,它们质轻、耐腐蚀、寿命长、容易铺设安装及维修。目前,塑料建材发展十分迅速。

(四)电子电气行业

百姓家庭的消费类电子产品(如电视、音像设备等)及办公设备都需要大量塑料;今后电子电气产品朝短、小、轻、薄的方向发展,家用电器、通信及动力用电线电缆也都需要石化工业提供大量塑料原料。如冰箱、电视机壳用的是ABS(丙烯腈—丁二烯—苯乙烯)树脂,洗衣机用的是PP(聚丙烯),包装材料用的是EPS(发泡聚苯乙烯)。

(五)航空航天工业

在航空航天领域中,高性能塑料的应用越来越普遍。

特种工程塑料已分别用作飞机的结构件和其他部件,如连接器、天线罩、发动机部件、离合器部件、尾舵部件、内装饰材料、舱内隔热板、绝缘隔热薄膜和耐高温胶黏剂等。有机硅模塑料能耐高电压、强电流,可制作飞机发动机微动开关等。

使用塑料是降低结构重量的主要途径,这对尖端技术和航天工业的发展具有巨大作用。特种工程塑料,如PPS(聚苯硫醚)、PES(聚芳醚砜)、PI(聚酰亚胺)和PEEK(聚醚醚酮)等可用作航天飞行器部件与隔热层、电器绝缘件、耐磨和高能量吸收部件等。PI还用作人造卫星的天线介电材料、卫星与运载工具之间的接插件以及在火箭上用的耐高温、高强度胶黏剂等。

二、石油和天然气变橡胶

多年以来,橡胶生产的原料都要依赖天然生长的橡胶树。橡胶树只能在热带和亚热带地区生长而且生长周期长,一颗橡胶树要生长6~8年才能割胶。生产1000t天然橡胶,要种300万棵橡胶树,占地3万亩(1亩=667m^2),需要5000个劳动力管理。

汽车工业发展与橡胶工业关系密切,汽车工业一直是橡胶工业的主要市场,其中轮胎占车用橡胶的60%~70%,其余还包括胶管、胶带密封件、雨刷胶条、挡泥板等。一辆小汽车就需要四个橡胶轮胎,载重卡车则要六个甚至更多的轮胎,加上其他用途,天然橡胶的产量已经远远不能满足需要。于是,出现了用人工方法制造的合成橡胶。合成橡胶的主要品种——丁苯橡胶、丁腈橡胶、顺丁橡胶、丁钠橡胶,都是用丁二烯做原料的。过去一直用乙醇制造丁二烯,而生产乙醇又需要消耗大量粮食。现在,炼油工业为合成橡胶提供了大量丁二烯,使合成橡胶工业有了宽广的原料来源。

三、石油和天然气变衣料

建设一个以石油为原料、年产10000t合成纤维的工厂,占地不过200亩,但生产10000t棉花却需要用地10多万亩。所以,20世纪90年代以来,合成纤维的产量已经大大超过了棉花。

合成纤维的品种也越来越多,除了尼龙(我国的商品名称为锦纶)之外,还有涤纶(俗称的确良),以及人称"合成羊毛"的腈纶和丙纶(又称聚丙烯纤维)等。

四、石油和天然气变化肥

化肥是重要的农业生产资料,是作物产量和品质的保证。要生产化肥如尿素、硫酸铵、碳酸氢铵等,先要生产氨。氨是用氢气和氮气做原料,在高温高压下合成出来的。过去,一直用煤生产水煤气(主要成分是一氧化碳和氢气),其中所含的氢气是合成氨工业的原料。大量的煤需要很大的运输力量,而且以煤为原料从技术上和环境保护的角度看,都不如用石油和天然气好。利用石油或天然气,在催化剂作用下,经过一系列反应,就可制得氢气,进一步反应得到氨气,这是合成氨工业的一大革新。

五、石油变食物

石油变食物,靠的是微生物。有一位研究葡萄的植物学家,发现了一种生长在葡萄上的霉菌,葡萄一沾上这种霉菌,不但皮和肉烂了,就连葡萄皮上的那层蜡,也被霉菌吃得一干二净。

在提炼石油的过程中,也生产出许多石蜡,那么,能不能用吃葡萄的微生物对付石油中的石蜡呢?试验的结果发现,微生物居然用石蜡做营养物大量地繁殖起来。经过分析,这些微生物中含有大量蛋白质和脂肪。

于是,石油化学工业中又产生了一个新兴的行业,利用微生物的发酵作用,将石油和天然气中的烃转化为蛋白质。这种蛋白质称为"石油蛋白",是一种带酵母味道的粉末状物质,现在已经用作动物饲料。如果能够把它的质量改进,便可以作为加工人造食物的原料,使人造食物在色、香、味、形体、口感以及营养价值上都能达到天然食物的水平。

石油蛋白的优点是资源丰富,生产速度比农业、畜牧业、养殖业生产粮食、鱼、肉、禽、蛋都要快得多。研究人造食物不仅仅在于它的实用价值,更重要的是想通过人造食物,为人类创造一种现代科学研究的新途径。

六、石油变合成洗涤剂

用肥皂洗衣服,已经有 1000 多年的历史了。生产肥皂需要消耗大量的动物油、植物油和烧碱,其生产成本较高。烧碱是很有用的工业原料,而动物油和植物油更是人们生活的必需品。到了 20 世纪中叶,肥皂遇到了一位强有力的竞争者,它就是合成洗涤剂。

与肥皂相比,生产合成洗涤剂的原料是石油,来源丰富,生产成本较低。因此,目前合成洗涤剂的产量已经远远超过了肥皂。特别是合成洗涤剂很容易溶解在水中,尤其适用于洗衣机洗衣服,很受人们欢迎。

综上,石油化学工业是极庞大的工业,它的产值占整个化学工业的绝大部分,它的产品能在一定程度上取代金属、棉麻、皮革、木材、玻璃、油漆等常用材料,而且新材料的性能往往更符合人们的需求。

石油化学工业在国民经济发展中具有举足轻重的地位和作用。发达国家石油化学工业的发展速度都超过同期国民经济的增长速度,因此,石油化学工业成为国家工业化和化工现代化的重要标志。

第二节 石油化学工业的形成和发展

一、石油化学工业的形成

最早,人们是以农副产品的"发酵"和"干馏"的方法获得品种有限的有机原料,如粮食发酵制取乙醇,木材干馏制得甲醇、丙酮、醋酸、苯酚等。19 世纪后半期,钢铁工业的发展带动了炼焦工业的发展。用煤炼焦时,副产约 3% 的煤焦油,煤焦油中富含苯、甲苯、萘等芳香烃,将这些芳香烃提取出来,为染料生产提供了原料。随后,人们用焦炭和石灰石熔炼出电石,电石与水反应轻而易举地制得乙炔,利用乙炔的特有活性可制得氯乙烯、醋酸乙烯、氯丁二烯、三氯乙烯、丙烯腈、乙醛、异戊二烯等有机原料,再由此衍生最终产品。由于这些化工原料,无论是烃类还是芳香烃类都是从煤的利用开始的,所以又统称为煤化工。自 20 世纪以来,一方面炼焦工业提供的芳香烃满足不了有机化工发展的需要;另一方面,由于电石生产乙炔消耗的电量太大,其发展受到限制。在这个时期,石油已经大量作为动力燃料,而且世界各地发现了不少大油田,采油技术迅速提高,石油产量猛增。炼制石油除了生产汽油、煤油等燃料外,还生产大量的不饱和烃、环烷烃和芳香烃等,都是极其有用的化工原料。化学工业由于应用了大量而价廉的石油化工原料,便从煤化工转到了石油化工。

二、石油化学工业的发展

石油化学工业的兴起始于美国。西·埃力斯(C. Ellis)于 1908 年创建了世界上最早的石油化工实验室,经过约 10 年的刻苦钻研,于 1917 年用炼厂气中的丙烯制成最早的石油化工产品——异丙醇。1920 年美孚石油公司采用他的研究成果进行工业生产,从此开创了石油化学工业的历史。1940 年,该公司又建成第一套用炼厂气为原料生产乙烯的装置。然而这一时期,石油化学工业只在美国得到了发展。20世纪50年代,德、日、英、意、苏等国相继建立起石油化工企业,使这一工业领域迅速扩大。20世纪60年代和70年代石油化学工业飞速发展,石化产品产量成倍增长,不断开辟新的原料来源和增加新的品种,不仅使化学工业的原料构成发生重大变化,而且促进和带动了整个化学工业,特别是有机化学工业的发展。

我国的石油化学工业是从20世纪50年代末期和60年代初期开始发展的。最初在兰州、大连和上海等地,利用炼厂气为原料,生产少量乙烯、丁烯、合成气及其他加工产品。

以石油和天然气为原料的石油化学工业的发展表现为一系列石化产品体系的形成。

(一)乙烯系产品的形成

在第一次世界大战以前,德国比特菲尔德的化学工厂,用无定形氧化铝在360℃下使乙醇脱水生产乙烯。在第一次世界大战中,各交战国又创造了多种制造乙烯的方法,生产的乙烯用来制造芥子气。1920年,美国联合碳化物公司进行了将乙烷和丙烷的混合气体进行脱氢和高温裂解制取乙烯的试验,并于1923年投入生产,建成了第一个石油化工基地。到20世纪50年代,广泛以石油和天然气为原料,用烃类裂解制取烯烃已成为制取化工原料的重要方法。以乙烯为原料可制取环氧乙烷、乙醛、氯乙烯、聚氯乙烯、醋酸乙烯等系列化工产品。

(二)丙烯系产品的形成

1851年,德国化学家雷诺(Reynolds)把戊醇蒸气通过红热的玻璃管,将生成的气体冷却、分离,发现了丙烯。在石油化学工业中,又相继发现了生产丙烯的多种方法。如将高级烃裂化制造汽油时,副产物是丙烯;由乙烷、丙烷和丁烷裂解制乙烯时,也可以生产丙烯;用轻汽油和更重的石油馏分裂解制乙烯时,也可以生产丙烯。近50年来,丙烯的利用迅速发展,一系列丙烯衍生物相继投入生产。1951年,英国帝国化学工业公司(ICI)创造了丙烯直接水合法制异丙醇。1952年,美国伊士曼公司把丙烯转化成正丁醛和异丁醛,并实现了工业化。这样一来,原来以电石乙炔为原料的某些重要的有机合成中间体,如丙烯腈、丙烯醛和丙烯酸酯等,逐渐改用廉价的丙烯做原料从而大规模地生产。由丙烯作基本原料,开发了羰基合成醇、异丙苯、丙烯腈、丙烯酸等系列产品的技术。

(三)石油制芳香烃

大约到1940年,创造了两种方法可以生产较大量的芳香烃。一是应用石油催化重整可以生产苯、甲苯和二甲苯等芳香烃;二是应用烃裂解法制乙炔,副产的裂解汽油中含有接近一半的芳香烃。因此,石油也成为制造芳香烃的重要来源。自石油制芳香烃技术出现以后,苯在化学工业上的需求量大大增加。其主要用于三方面:(1)生产苯乙烯,1925年美国开始生产苯乙烯,同年在德国建成一座年产500t的苯乙烯工厂,用以制造聚苯乙烯塑料和合成橡胶;(2)生产环己烷,作为生产合成纤维的中间体;(3)生产异丙苯,作为合成苯酚的中间体。

(四)石油制合成气

合成气是一氧化碳和氢的混合物,用于生产合成氨及一系列有机产品。1950年,美国首先用天然气生产合成气。1962年,英国帝国化学工业公司创造了轻汽油水蒸气转化法制合成气。巴斯夫公司开发了原油部分氧化制合成气的方法,经壳牌公司改进以后,从甲烷到重质油都可作为制合成气的原料。以石油和天然气代替焦炭制造合成气技术的发展,促进了合成氨、甲烷、乙醇、乙二醇、醋酸等技术的发展。

(五)石油制乙炔

石油裂解制乙炔的方法,代替了用电石制取乙炔的方法后,促进了乙炔化学体系的发展。当美国于 1951 年建成第一批天然气氧化裂解装置时,1t 乙炔的成本,如以电石为 100 计,则天然气电弧裂解法为 80,丙烷热裂解法仅为 40,氧化热裂解法为 55,因此,以天然气和石油做原料的化工产品生产路线获得了迅速地发展。特别是三大合成材料的原料几乎全是石油化工的产物。石油化工技术体系几乎全部取代了煤化工技术体系,改变了整个化学工业的面貌。

三、我国石油化学工业的发展

作为我国四大支柱产业之一的石油化学工业经历了 60 多年的建设和发展,目前,已经具有相当的规模和基础,以乙烯为标志的石油化工规模已位居世界前 5 位;主要石化产品三大合成材料和有机原料的产量都位居世界前列。我国已成为世界石油化工生产大国。

石油化学工业是我国国民经济的重要基础产业和支柱产业,近年来在下游相关行业的带动下,经济效益持续增长。2017 年石油化学工业全行业实现工业产值约 15 万亿元,成为我国工业产值最高的产业之一。同时,石油化学工业也是我国国民经济增长最快的领域之一,是经济和社会持续发展的重要推动力量。

 # 第一章 石油与天然气的成因及化学组成

石油及天然气的化学组成属于石油炼制(俗称炼油)的基础知识。研究石油及天然气的化学组成和性质,对于原油加工以及石油和天然气的综合利用都有非常重要的意义。

第一节 石油与天然气的成因

石油与天然气的成因是石油及天然气地质学中一个根本性的问题。道理很简单,物质是基础,没有物质基础,其他一切都无从谈起。油气成因是找油找气的基础,这一点是显而易见的。油气勘探必须有的放矢,比如,选择勘探区域、选定主要勘探目的层及确定目标区(又称靶区),这一步步的具体工作实际上都是在一定的油气成因理论(假说)指导下进行的。因此,阐明油气成因不仅具有理论意义,而且对于指导油气勘探具有重要的现实意义。

关于油气的成因,已经争论了一个多世纪,至今认识尚未完全统一。油气成因问题之所以这样难于解决,其原因在于:(1)油气是流体,可以流动是其天然属性,因此,一般现今产出油气的地方往往并非油气的发源地;(2)油气特别是石油是非常复杂的有机混合物,油气中的不同组分可能有不同的来历,加之其有机成分对外界物理、化学条件的变化较为敏感,在其经历的漫长地质历史过程中变数繁多、难于把握;(3)解决油气成因问题要涉及地质学科、化学学科以及其他学科等极其广泛的知识,人们对油气先体(原始母质)与油气之间的过渡形式至今缺乏明确的认识,因而难于追寻其形成的踪迹。

为此,一个多世纪来,不同专家学者曾提出过各种不同的油气成因假说。在众说纷纭的油气成因争论中,就其观点可归属于有机起源与无机起源两大学派。

一、无机起源说

19世纪中叶,伴随现代石油工业的诞生,石油成因广泛引起学者们的兴趣,各种无机起源说也应运而生。其中影响最大的是1876年俄国化学家门捷列夫提出石油无机成因的"碳化物说"。他认为,地球上分布最广的碳和铁在地球形成时有可能形成金属碳化物——碳化铁。当它与沿着裂缝渗入地壳深处的炽热的水相遇时,就可以生成碳氢化合物。因此,"碳化物说"认为生成石油的主要原始物质是金属碳化物。从化学角度看,该假说是成立的。关键在于地下有无足够数量的重金属碳化物存在以及上层的水能否穿越软流圈下渗到地壳深处。

石油无机起源说的另一典型代表是19世纪晚期由索柯洛夫(В. Д. СОКОЛОВ)提出的

"宇宙说"。其理论依据是在一些天体中发现有碳氢化合物,如在水星、土星、天王星、海王星等星球的气圈中以及彗星的头部都有发现。因此,他认为碳氢化合物是宇宙所固有的,早在地球尚处于熔融阶段时即已存在于气圈之中了,后来随着地球冷却被吸收并凝结在地壳的上部,这些碳氢化合物沿裂隙溢向地表过程中便可形成油气藏。在此值得一提的是这些碳氢化合物远不是平均相对分子质量大得多、成分复杂得多的石油。

20世纪50年代,苏联学者库德里扬采夫倡导石油无机成因,提出"岩浆起源说"。他认为,当地球深处的高温岩浆离开岩浆源而侵入地壳或喷出地表时,岩浆的温度逐渐降低,岩浆中的碳元素和氢元素在不同温度条件下发生不同的化学反应,产生不同的烃类化合物。在温度和压力适宜的地方,最终生成石油烃类,再经油气的运移作用进入邻近具有孔隙的沉积岩层或其他岩系。当其他形成油气聚集的条件具备时,就形成具有工业价值的油气藏。

此外,当时还出现过"火山说"等其他假说。总之,19世纪后半叶是石油无机起源说相当盛行的时期。由于石油无机起源说单纯从化学反应出发来考虑石油的生成,脱离了石油生成的地质条件,解释不了石油的复杂化学成分和油田的实际地质分布,所以20世纪以来这种观点影响越来越小,未能得到石油地质学界的普遍赞同和支持。

二、有机起源说

早在18世纪中叶,俄国化学家罗蒙诺索夫通过他对石油化学的研究,认为石油和煤炭一样是由泥炭在高温作用下(蒸馏)生成。这是最早的石油有机成因论,常被称为"蒸馏说"。罗蒙诺索夫是世界上最早研究石油并力图解释石油成因的学者。

石油有机起源说创立于19世纪中叶,随着油田地质和石油化学研究的深入,支持它的证据越来越多。例如:(1)石油中含有的"卟啉"与植物的叶绿素和动物的血红素相似;(2)石油的某些光学性质仅出现于生物体中;(3)石油所含的一些化合物只能来源于生物,尤其有力的证据是世界上99%以上的油田都产生在与生物作用关系密切的沉积岩中。因此,自20世纪50年代以来,石油有机起源说已被学术界公认。

石油有机起源说认为,石油是由动植物的遗体分解而成。海水中及海平面附近,各类动植物大量生长,这些生物死亡后沉到水底,通常聚集在海水平静而且缺氧的海底盆地,因而不至于被食肉的动物吞食或氧化。同时细菌分解这些生物遗体,使其中氧、氮及一些元素逸去,仅留下碳氢化合物。

生物遗体降落海底的同时,有许多颗粒大小不等的沉积物一起沉积(主要是河流带来的砂、粉砂、黏土),将生物遗体掩埋。越来越厚的沉积物,使其下的生物层压力、温度升高,于是发生一连串复杂的化学变化,把生物体变成小油滴及气泡。压力更大时,沉积物经过岩化作用变成沉积岩,小油滴及气泡被挤到附近孔隙度较大的砂岩中。由于石油密度比周围液体密度小,于是循着岩石的孔隙,逐渐向上移动,直达地表,从地面渗出。如果在到达地表前,遇到孔隙度小、无法渗透的岩层譬如泥岩,则被阻挡,与其他许多小油滴聚集成为油藏。

虽然经过无数的研究,但是到目前为止,国际上对石油的成因仍然没有定论,两种理论都有各自的依据。但是也有一些石油地质学家认为,两种说法并不相互矛盾。俄罗斯科学院石化合成研究所的科罗廖夫博士就结合自己的试验结果,推导出这样一种假说:从岩层断裂处释放出的地热,能促使岩石中的部分无机物、有机物和元素发生复杂的化学反应,生成石油。由此看来,石油究竟是如何形成的,还有待进一步的科学研究。

第二节　石油的外观性质及化学组成

一、石油的外观性质

天然石油通常是淡黄色到黑色的、流动或半流动的黏稠液体,相对密度一般都小于1。世界各地所产的石油在性质上都有不同程度的差异。从颜色看,绝大多数石油都是黑色的,但也有暗黑、暗绿、暗褐色的,更有一些石油呈赤褐、浅黄色。以相对密度论,绝大多数石油的相对密度介于0.8~0.98,但也有个别例外,如伊朗某地石油相对密度高达1.016,美国加利福尼亚州某地石油相对密度低到0.707。我国一些主要油田原油的相对密度都在0.86以上。根据美国《油气杂志》1976—1978年刊登的《世界原油指南》中102个原油相对密度数据,其中有44个原油相对密度大于0.86,因此,单从相对密度看,我国原油属较重的原油,但还不属于最重的原油。

我国油田原油的凝点以及蜡含量均较高,这也是我国主要油田原油的特点之一。除了上述类型原油外,我国还有少量性质比较特殊的原油。其中有一类为轻质原油,这类原油相对密度小于0.86,特点是相对密度小,轻油收率高,渣油含量少,而且均属低硫原油。另一类是属于低凝点、高密度的原油,其凝点最低可达-54℃(例如,新疆克拉玛依3号低凝原油),相对密度最高可达0.9495(例如,胜利油田的孤岛原油),这类原油是石油的低凝点产品和高质量道路沥青的宝贵原料。

二、石油的化学组成及表示方法

(一)石油的元素组成

石油外观性质上的差异是其化学组成不同的一种反映。对于石油这样复杂混合物的化学组成的研究,首先是从分析其元素组成入手。虽然原油产地不同,其物性差别也很大,但石油的碳、氢元素变化却在很窄的范围内。其中碳的含量为83%~87%,氢含量为11%~14%,两者合计一般为95%~99%。从氢碳原子比的数据上看,我国一些重要原油的氢碳原子比较高。在石油元素中除了碳、氢外,还有硫、氮、氧以及一些微量元素。这些非碳、氢元素总含量一般为1%~5%,然而这些元素都是以碳氢化合物的衍生物形态存在于石油中,因而含有这些元素的化合物所占的比例就要大得多。这些元素的存在,对石油的性质和石油加工过程有很大影响,必须予以充分重视。

我国大部分原油的硫含量都极低。例如,大庆和大港原油含硫量仅为0.12%,几乎接近于世界原油中硫的最低含量。即使是我国含硫较高的原油(孤岛和江汉原油),其含硫量与世界各地的高含硫原油比较也不算很高。从含氮量看,我国原油的含氮偏高。据统计,世界210个原油的含氮量数据中,含氮量高于0.3%的原油只有31个,而我国原油大部分的氮含量在0.3%以上。

除了碳、氢、硫、氮、氧这五种元素外,在石油中还发现许多微量元素。原油中的微量金属元素以钒和镍最为重要,因为它们对石油加工过程危害最大。我国原油钒含量都很低,但镍含量略高,我国多数原油中镍含量比钒含量至少高十几倍。在国外原油中,有的钒多于镍,有的镍多于钒。

除上述列举的微量元素外,在我国大庆、胜利、大港等原油中还含有钙(Ca)、钛(Ti)、镁(Mg)、钠(Na)、钴(Co)、锌(Zn)等微量金属元素以及硅(Si)、砷(As)等微量非金属元素共30余种。

(二)石油的烃类组成

虽然从元素组成上看石油并不复杂,但如果以化合物为单位来了解石油,其化学组成是非常复杂的。到目前为止,人们还没有能力完全了解它的全部化合物成分。如果把化合物按一定的规律分为"类"进行划分,主要可分为烃类和非烃类两大类。

所谓烃类,是指只含有碳(C)、氢(H)两种元素的有机化合物。烃类最大的特点是具有可燃性,可以作为燃料使用,是利用石油资源时主要的化合物。石油中的烃类主要有烷烃、环烷烃和芳香烃(芳烃),进行后续加工时还会出现烯烃。

所谓非烃类,是指除碳、氢外还含有一种或一种以上其他元素的化合物。当烃类的碳元素或氢元素被其他任何一种或多种元素取代后所形成的化合物,其物理和化学性质与烃类相比会发生较大的变化,因此,在生产和使用过程中就容易出现各种问题。如在生产燃料时,大部分精制过程中催化剂的中毒问题、石油化工厂的环境污染问题、石油产品的储存和使用等许多问题都与非烃类有密切的关系,所以在研究石油中烃类的同时,必须要研究非烃类。石油中的非烃化合物主要是含硫化合物、含氮化合物、含氧化合物以及同时含多种其他元素的、相对分子质量较大的胶质和沥青质。

1. 石油中的烷烃

烷烃是组成石油的主要成分之一。随着相对分子质量的增加,烷烃分别以气、液、固三态存在于各种相态石油中。

(1)气态烷烃。在常温下,从甲烷到丁烷是气态,它们是天然气和炼厂气的主要成分。

(2)液态烷烃。在常温下,$C_5 \sim C_{15}$ 烷烃为液态,其沸点随着相对分子质量的增加而上升。它们主要存在于汽油和煤油中。在蒸馏石油时 $C_5 \sim C_{10}$ 烷烃进入汽油馏分,而 $C_{11} \sim C_{15}$ 烷烃进入煤油馏分中。

(3)固态烷烃。常温下,C_{16} 以上的正构烷烃以及某些相对分子质量较大的异构烷烃是固态,一般多以溶解状态存在于石油中,当温度降低时就结晶析出,工业上称这样的固态烃类为蜡。

2. 石油中的环烷烃

环烷烃是石油的主要成分之一,也是润滑油的主要组分。

在石油中所含的环烷烃主要是环戊烷和环己烷及其衍生物。环烷烃在石油各馏分中的含量是不同的,它们的相对含量随馏分沸点的升高而增加。但在重的石油馏分中,因芳香烃的增加,环烷烃则逐渐减少。一般说来,汽油馏分中的环烷烃主要是单环环烷烃,在煤油、柴油馏分中除含有单环环烷烃以外,还出现了双环及三环环烷烃,而在高沸点馏分中则包括了单环、双环、三环及更多环的环烷烃。

3. 石油中的芳香烃

芳香烃也是石油的主要组分之一,在轻汽油(沸点 <120℃)中含量较少,而在较高沸点

(200~300℃)馏分中含量较多。一般在汽油馏分中主要含有单环芳香烃,煤油、柴油及润滑油馏分中不但含有单环芳香烃,还含有双环及三环芳香烃。三环及多环香芳烃主要存在于高沸点馏分及残油中。

4. 石油中的含硫化合物

所有的原油都含有一定量的硫,但不同的原油含硫量相差很大,可从万分之几到百分之几。如我国克拉玛依原油含硫量只有0.04%,而委内瑞拉原油含硫量却高达5.48%。由于硫对原油加工工艺影响大,对产品质量的影响是多方面的,所以含硫量常作为评价石油的一项重要指标。

通常将含硫量低于0.5%的称为低硫原油,大于2%的原油称为高硫原油,介于0.5%~2.0%之间的称为含硫原油。我国原油大多为低硫原油。

硫在原油中的分布一般随着石油馏分沸程的升高而增加,大部分硫集中在残油中。硫在原油中大多以有机含硫化合物形式存在,极少部分以单质硫存在。含硫化合物按性质可分为三大类。

(1)酸性含硫化合物。酸性含硫化合物主要为硫化氢(H_2S)和硫醇(RSH)。原油中硫化氢和硫醇含量都不高,它们大多是石油加工过程中其他含硫化合物的分解产物。硫化氢和硫醇大多数存在于低沸点馏分中,已经从汽油馏分中分离出十多种硫醇,但在高沸点馏分中尚未发现。

(2)中性含硫化合物。中性含硫化合物主要有硫醚(RSR)和二硫化物(RSSR)。硫醚是原油中含量较多的硫化物之一。硫醚在原油中的分布随馏分沸点的上升而增加,大量集中在煤油和柴油馏分中。二硫化物在石油馏分中含量较少,而且较多地集中于高沸点馏分内。二硫化物也不与金属作用,但它的稳定性较差,受热后可分解成硫醚、硫醇或硫化氢。

(3)热稳定性较高的含硫化合物。热稳定性较高的含硫化合物主要有噻吩(C_4H_4S)和四氢化噻吩(C_4H_8S)类化合物。噻吩具有芳香气味,在物理性质和化学性质上接近于苯及其同系物,主要分布在石油的中间馏分和高沸点馏分中。

5. 石油中的含氧化合物

石油中的含氧量一般都很少,在千分之几的范围内,但也有个别原油含量较高,超过2%~3%。石油中的氧大部分集中于胶质和沥青质中,这里讨论的是胶质、沥青质以外的含氧化合物。

石油中的含氧化合物可分为中性氧化物和酸性氧化物两类。

中性氧化物有醛、酮、醚、酯、呋喃类化合物等,在石油中含量极少。

酸性氧化物有环烷酸、脂肪酸以及石油酚类,总称石油酸。在石油的酸性氧化物中,环烷酸最为重要,约占石油酸性氧化物的90%,但它在石油中的含量一般在1%以下。环烷酸在石油馏分中的分布是:在中间馏分(沸程为250~350℃)中含量最高,而在低沸馏分和高沸馏分中其含量都比较低。大致从煤油馏分开始,随馏分沸点升高其含量逐渐增加,到轻质润滑油及中质润滑油馏分其含量达到最高点,以后又逐渐下降。

在石油的酸性氧化物中,除了环烷酸外,还有酚类,如苯酚、甲酚、二甲酚、萘酚等。酚类在石油直馏产品中的含量较少。

6. 石油中的含氮化合物

石油中的含氮量很少,一般在万分之几到千分之几。

石油馏分中的含氮量一般随馏分沸点升高而增加,因此,大部分以胶质、沥青质存在于渣油中。石油中的氮化物可分为碱性和中性两类:碱性氮化物主要有吡啶类、喹啉类和胺类化合物及其衍生物;中性氮化物主要有吡咯类和酰胺类化合物及其衍生物。碱性氮化物占20%~40%,中性氮化物占60%~80%。

含氮化合物在石油中含量虽少,但对石油加工及产品使用都有一定的影响。

7. 石油中的胶质、沥青质

在石油的非烃化合物中,很大一类物质是胶质和沥青质。它们在石油中的含量相当可观,我国各主要油田生产的原油中,含有约40%以上的胶质和沥青质。胶质、沥青质是石油中结构最复杂、相对分子质量最大的物质。在其组成中,除含碳、氢外,还含有硫、氮、氧和微量元素。

(1)胶质。胶质是一种很黏稠的液体或半固体状态的胶状物,颜色为深棕色至暗褐色。它的平均相对分子质量为1000~3000,氢碳原子比大约在1.4~1.5。一般把石油中溶于非极性的小分子正构烷烃(C_5~C_7)和苯的物质称为胶质。在胶质分子中有相当数目的环状结构,并且多为稠环系,在其结构中既有芳香环,也有环烷环和杂环(含硫、含氮、含氧的环),且这些稠环由不太长的烷基桥连接起来,在环上还有若干个烷基侧链。胶质在石油中的分布是从煤油馏分开始,随馏分沸点的上升,其含量不断增多,在渣油中的含量最大。胶质具有很强的着色能力,0.005%的胶质就能使无色汽油变为草黄色,所以油品的颜色主要是由于胶质的存在而引起的。胶质受热氧化时,会转变成沥青质。

(2)沥青质。沥青质是一种黑色的无定形固体。相对密度大于1.0。平均相对分子质量范围为3000~10000,氢碳原子比在1.1~1.3。一般把石油中不溶于非极性的小分子正构烷烃(C_5~C_7)而溶于苯的物质称为沥青质,它是石油中相对分子质量最大、极性最强的非烃组分。它没有挥发性,几乎全部集中在渣油中,但它是以胶体状态分散于石油中,而不像胶质一样与石油形成真溶液。沥青质在350℃以上时,会分解生成焦炭状物质和气体,经氢气还原会转化为胶质。

(三)石油馏分组成

原油是多组分的复杂混合物,其沸点范围很宽,从常温一直到500℃以上。所以,无论是对原油进行研究或进行加工利用,都必须对原油进行分馏。在炼厂里,石油加工的第一步是初馏——初步的分馏。分馏就是按照组分沸点的差别,使混合物得以分离的方法。在加工时,通常是把石油"切割"成几个馏分。例如分成小于200℃的馏分、200~300℃的馏分等。"馏分"意即馏出的部分,是混合物,只不过包含的组分数目比原油少得多。馏分常冠以汽油、煤油、柴油、润滑油等石油产品的名称。但必须指出,馏分并不就是石油产品,石油产品要满足油品规格的要求,还必须将馏分进行进一步加工才能变成石油产品。同一沸点范围的馏分也可以因目的不同而加工成不同产品,例如航空煤油(150~280℃)、灯用煤油(200~306℃)以及轻柴油(200~350℃)都包含着一段200~280℃的共同馏分。减压塔馏出的馏分既可加工成润滑油产品,也可作为催化裂化原料油。为了统一称呼,一般把原油从常压蒸馏开始馏出的温度到180℃的轻油馏分称为汽油馏分,常压蒸馏180~350℃的中间馏分称为煤柴馏分,由于原油从350℃开始即有明显的分解现象,所以对于沸点高于350℃的馏分,需在减压下进行蒸馏,在减压下蒸出馏分的沸点再换算成常压沸点。一般将相当于常压下350~500℃的高沸点馏分称为减压馏分或润滑油馏分,而减压蒸馏后残留的沸点超过500℃的油称为减压渣油。

(四)石油化学组成的表示方法

对石油化学组成的表示,可以根据不同目的而采用不同的表示方法。以单个化合物为单位表示化学组成的方法称为单体烃组成。在生产中更多的时候不需要了解得太详细,这时可以将物理和化学性质相似的化合物合为一类,称为族组成。如前面用的烷烃、环烷烃和芳香烃等分类法就是用的族组成表示法。

石油中除了简单的烃类外,还含有许多复杂结构的烃类。所谓复杂结构是指化合物中同时含有烷基链、环烷基和芳香基。这些复杂化合物的存在,给石油化学组成的表示带来了一定的困难。为了清楚地表示这类复杂化合物的组成,人们又建立了一种与石油中复杂结构的化合物及油品加工过程相适应的化学组成表示法,叫作结构族组成。其表示方法的基本出发点是:不管烃类多么复杂,都是由烷基、环烷基和芳香基这三个基本结构单元构成的,仅考虑这些单元的数量,而不考虑它们是怎样结合的。结构族组成对于人们了解石油、合理地加工石油、提高燃料的数量和质量都有重要意义。

第三节 天然气的化学组成

天然气是指埋藏于地层中自然形成的气体。天然气按其来源可分为伴生气和非伴生气。伴生气是伴随原油共生与原油同时采出的气体;非伴生气包括纯气田天然气和凝析气田天然气,两者在地层中均为均一的气相。凝析气田天然气由井口流出后,经减压、降温分离为气液两相。气相经净化后成为商品天然气。液相凝析液主要是凝析油(可能还有部分凝析出的水分)。纯气田天然气主要成分是甲烷,还有少量的乙烷、丙烷、丁烷和非烃气体,例如,氮气、硫化氢和二氧化碳等。凝析气田天然气(指井口馏出物)除含有甲烷、乙烷外,还含有一定数量的丙烷、丁烷及戊烷以上的一些轻油馏分。原油伴生气的组成与分离出凝析油之后的凝析气田的天然气很相似。

天然气主要是由甲烷及其低分子同系物组成的,因组成不同可分为干气(贫气)及湿气(富气)。在干气中,含有大量的甲烷和少量的乙烷、丙烷等气体;而湿气中,除含有较多的甲烷、乙烷以外,还含有少量易挥发的液态烃如戊烷、己烷直至辛烷的蒸气,还可能有少量的芳香烃及环烷烃存在。显然,纯气田的天然气主要为干气。从油气田得到的天然气,因与石油分离时条件不同,既可以是干气也可以是湿气。干气和湿气之间并无严格的界限,通常以天然气中丁烷以上的液态烃(称为气体汽油)的含量来区分。若在$1m^3$天然气中含有低于100g气体汽油时,称为干气。若在$1m^3$天然气中含有超过100g气体汽油时,称为湿气。有些湿气的气体汽油含量甚至达到700~800g。

在天然气中还经常含有非烃气体,其中最主要的是二氧化碳,它的含量可以从千分之几到百分之几。在个别天然气中,二氧化碳高达90%以上(例如,美国新墨西哥圣安得烈气田),我国胜利油田滨南油区的天然气中二氧化碳浓度也很高。除二氧化碳外,氮气也经常是天然气的组成部分,一般含量低于2%(体积分数)。在含氮气的天然气中,有时也有氦气存在,例如美国的犹他州桑卡尼昂气田含氦量高达1.3%(体积分数),我国四川威远气田含氦也达到0.316%(体积分数),具有工业开采价值。氦是很有价值的惰性气体,工业上需要的氦主要来源就是天然气。在含硫石油产地的天然气中,常有硫化氢存在。硫化氢的含量有时可高达百分之一到百分之几。个别产地的天然气中硫化氢含量高达55.4%(体积分数)(如加拿大的比佛贝莱气田)。天然气中一般不含氧,也不含一氧化碳及不饱和烃,氢含量极少(一般为万分之几至十万分之几)。某些天然气中氧的存在是由于混入了空气的缘故。

思 考 题

1. 对于油气成因理论,可分为哪几个学派?各种不同的油气成因理论是如何阐述油气形成过程的?
2. 石油化学组成的表示方法有哪些?
3. 石油中含有哪些烃类化合物?
4. 石油中含有哪些非烃化合物?
5. 石油馏分和石油产品的区别有哪些?
6. 天然气按其来源不同可分为哪几类?它们有什么区别?
7. 天然气按其组成不同可分为哪几类?如何区分?

第二章 石油产品

随着社会经济情况的变化和科学技术水平的提高,石油产品的品种和质量指标也是不断变化的。一般来讲,石油产品是指由石油直接生产的产品,并不包括以石油为原料合成的各种石油化工产品,现有石油产品达1000种以上。根据GB/T 498—2014《石油产品及润滑剂分类方法和类别的确定》规定,依据石油产品的主要特征,我国现将石油产品主要分为五大类,分别是燃料,溶剂和石油化工原料,润滑剂、工业润滑油和有关产品,石油蜡,石油沥青。

(1)燃料。《石油产品 燃料(F类) 分类 第1部分:总则》(GB/T 12692.1—2010)规定石油燃料根据燃料类型分为五种,包括气体燃料、液化石油气燃料、馏分燃料、残渣燃料和石油焦。

①气体燃料:主要由来源于石油的甲烷或乙烷,或它们混合组成的气体燃料。

②液化石油气燃料:主要由丙烷—丙烯,或者丁烷—丁烯,或者丙烷—丙烯和丁烷—丁烯混合组成,并且更高碳原子数的物质液体体积小于5%的气体燃料。

③馏分燃料:除液化石油气以外的石油馏分燃料包括汽油、煤油和柴油。重质馏分油可含少量蒸馏残油。根据发动机工作原理的不同,又可分为汽油机燃料(航空汽油和车用汽油)、柴油机燃料(高、中、低速柴油)、喷气发动机燃料(航空煤油)和锅炉燃料(炉用、船舶用燃料油)四大类。

④残渣燃料:含有来源于石油加工残渣的液体燃料,规格中应限制非来源于石油的成分。

⑤石油焦:由原油或原料油深度加工所得,主要由碳组成的来源于石油的固体燃料。

(2)溶剂和石油化工原料。石油炼制过程中得到的石油气、芳香烃以及其他副产品是石油化学工业特别是基本有机合成工业的基础原料和中间体。

(3)润滑剂、工业润滑油和有关产品。润滑剂包括液态的润滑油和半固态的润滑脂,被用以降低摩擦副的摩擦阻力、减缓其磨损的润滑介质。润滑剂对摩擦副还能起冷却、清洗和防止污染等作用,保护机件以延长它们的使用寿命并节省动力,虽然其数量不多,但又是每种机械必不可少的,故品种达到数百种之多。

(4)石油蜡。石油蜡属于石油中的固体烃类,主要用作食品及其他商品包装材料的防潮、防水,还可用作化妆品原料。

(5)石油沥青。石油沥青是原油加工过程的副产品,其性质和组成随来源和生成方法的不同而变化。石油沥青主要用于铺路、建筑防水等方面。

第一节 汽　　油

汽油是消耗量最大的石油产品之一,也是原油中最轻的馏分。汽油按具体用途可分为车用汽油、航空汽油、洗涤汽油和启动汽油。车用汽油是装配有汽油机的车辆和地面机械使用的燃料;航空汽油是活塞式航空发动机使用的燃料;洗涤汽油是用作清洗精密机件的油料;启动汽油是用作低温下启动发动机的汽油。

车用汽油洁净透明,其组成是碳原子数为 5~10 的各种烃类,已分离出的单体烃及有机硫化合物达 500 多种,沸点范围为 60~205℃,相对密度为 0.70~0.78,挥发性很强,闪点（-50℃）低,空气中含量为 74~123g/m³ 时遇火爆炸,属易燃、易爆液体,并且具有一定的毒害性。

一、汽油发动机的工作过程

在汽油发动机中,燃料是由电火花点燃的,故又称点燃式发动机。汽油发动机主要用于轻型汽车、摩托车及快艇等。按原料供给方式的不同,汽油发动机又可分为化油器式发动机和喷射式发动机(或称电喷式发动机)两种。化油器常见于老车型的发动机上,现在大部分发动机使用喷射式燃料供给方式。图 2-1 所示为喷射式发动机的结构示意图。

化油器式发动机利用化油器的压力将汽油雾化并与空气混合。喷射式发动机则是由二氧化锆传感器反馈电子控制的电动泵供油,可根据从尾气得到的含氧量信号判断燃烧是否充分,从而调整供油量。所以,喷射式发动机与化油器式发动机相比,突出的优点是能准确控制混合气的质量,保证气缸内的燃料燃烧完全,降低废气排放物和燃油消耗,同时还提高了发动机的充气效率,增加了发动机的功率和扭矩。电子控制燃油喷射装置的缺点就是成本比化油器高,故障率虽低,一旦坏了难以修复(电脑件只能整件更换)。但是与它的运行经济性和环保性相比,这些缺点就微不足道了。

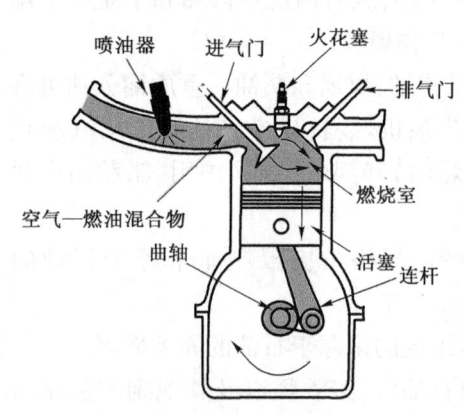

图 2-1　喷射式发动机的结构示意图

汽油发动机的工作原理是将油品燃烧所产生的热能转变成机械能,然后通过曲轴传给车轮。

活塞在气缸中上行所能达到的最高位置称为"上止点",下行所能达到的最低位置称为"下止点"。图 2-2 所示为这两种情况,其中 V_1 为气缸总体积,V_2 为燃烧室体积,两者之比 V_1/V_2 称为压缩比,它表示活塞从下止点移到上止点时气缸内气体被压缩的程度,与发动机经济性和功率有直接关系,是表征发动机性能的一个重要指标。从上止点到下止点之间的直线距离称为冲程。

除有些种类的摩托车的发动机为二冲程外,其余的大多数发动机多为四冲程,即都要经历进气、压缩、做功和排气四个工作过程(图 2-3)。

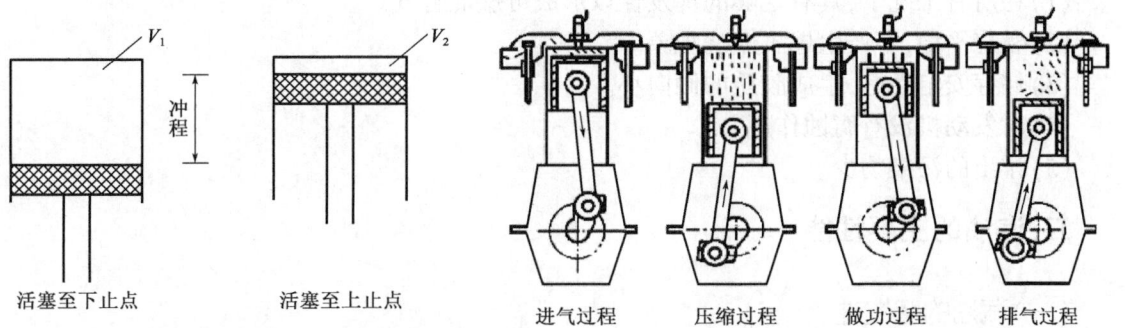

图2-2 汽油机上止点与下止点示意图
V_1—气缸总体积；V_2—燃烧室体积

图2-3 四冲程汽油发动机工作过程图

(1) 进气过程。在这一冲程中，活塞由上止点下行，进气阀打开，由于在气缸中形成了一定的真空，因此过滤后的空气被吸入；在空气流动的途中经过一个叫作喉管的狭窄通道，在喉管处流速增加，压力下降，从而形成一定的真空；使处于大气压力下的燃料从喷嘴喷出，被高速空气流击碎，而雾化成小的汽油液滴；在混合室边流动边汽化，形成油气和空气的可燃气进入气缸；如果汽油的汽化性能差，则会形成较大的液滴，沉积在进气管壁上形成油膜，沿管壁流入气缸，最后形成沉积物。进气终了时，进气阀关闭，活塞达到下止点。

(2) 压缩过程。在压缩冲程中，进、排气阀关闭活塞由下止点上行，压缩混合气，使混合气的温度和压力升高，所含油雾全部汽化，一般在压缩结束时温度可达300～500℃，压力达0.6～1.2MPa。

(3) 做功过程。在压缩冲程结束前(约为曲轴回转角到达上止点前25°～35°)火花塞点火，混合气开始燃烧，燃烧火焰速度为20～50 m/s，在0.002～0.01 s内燃烧完毕，最高燃烧温度达2000～2500℃，压力为2.5～4.0 MPa。燃烧开始后的瞬间就开始了膨胀过程，此时高温高压气体推动活塞下行，带动连杆使曲轴对外做功。当活塞达到下止点时，膨胀过程结束。

(4) 排气过程。当做功过程结束后，排气阀开启，活塞由下行点向上运动，燃烧后的废气排出气缸，废气的温度为700～800℃。然后开始一个新的循环过程。

经历上述四个过程后，汽油机就完成了一个工作循环，紧接着又进入下一个工作循环，如此周而复始，循环进行。一般汽油机都是由四个、六个、八个、十个或十二个气缸按一定顺序组合而连续进行工作的。

目前汽油机中气缸排列形式主要有L形(直列式)、V形、W形、H形(水平对置式)。

(1) L形(直列式)：所有气缸排成一列，体积紧凑应用广泛，多见于小排量车型，一般2.5L以下最为多见，大多数家用轿车均搭载此类型发动机，常见L4、L6(数字代表气缸数量)。

(2) V形：气缸分为2组，相邻气缸以一定夹角布置，侧面看成V字形，驾乘感受相对于L形是质的飞跃，适合3.0L及以上排量车型，常见V6、V8、V10。

(3) W形：将V形发动机小角度错开，相当于2个V形发动机叠加，为大众公司首创，常见W8、W12。

(4) H形(水平对置式)：两列气缸呈180°水平相接，活塞做水平的往复运动，重心低、操控极佳，常见H4、H6。

二、汽油机对燃料的使用要求

汽油是可用作点燃式发动机燃料的石油轻质馏分。对汽油的使用要求主要有以下几点。

(1)在所有工况下,具有足够的挥发性以形成可燃混合气。
(2)燃烧平稳,不产生爆震燃烧现象。
(3)储存安定性好,生成胶质的倾向小。
(4)对发动机没有腐蚀作用。
(5)排出的污染物少。

三、汽油的主要性能

(一)汽油的蒸发性

汽油的蒸发性指汽油蒸发的难易程度。它对发动机的启动、暖机、加速、气阻、燃料耗量等都有重要影响。蒸发性是汽油的质量要求中最重要的指标之一。

车用汽油在汽油发动机气缸内燃烧是在气态下进行的,这就是说,车用汽油的汽化过程先于燃烧过程。车用汽油在进入汽油发动机气缸前,必须经过汽化器汽化并与空气混合。

车用汽油的蒸发性越强,就越容易汽化,与空气混合越均匀。由于汽化良好、混合均匀的混合气燃烧速率快,并且燃烧也比较完全,因而不仅发动机易于启动、加速及时、各工况间转换灵敏柔和,而且能减少机械磨损、降低油耗。但是蒸发性也不能过强,蒸发性过强的汽油在夏季以及高原地区使用时容易产生气阻,且在储存和运输过程中,蒸发损失也会增大。

蒸发性很弱的车用汽油则不能形成汽化良好、混合均匀的可燃混合气。这样不仅会造成发动机启动困难、加速缓慢,而且未汽化的悬浮油粒还会使发动机工作不稳定、耗油率上升。若未烧尽的油粒附着在气缸壁上,还会破坏润滑油膜,甚至窜入曲轴箱中稀释润滑油,从而增大机械磨损。因此,汽油发动机不应使用蒸发性不良的汽油。车用汽油的蒸发性用馏程、饱和蒸气压和气液比三项指标来衡量。

1. 汽油的馏程

对于纯物质,在一定外压下,当加热到某一温度时,其饱和蒸气压等于外界压力,此时在气液界面和液体内部同时出现汽化现象,这一温度即称为沸点。在一定外压下,纯化合物的沸点是一个常数。石油馏分与纯化合物不同,没有恒定的沸点。在一定外压下加热汽化时,其残液的蒸气压随汽化率增加而不断下降,所以其沸点表现为一定宽度的温度范围,称为馏程(或沸程)。

汽油是一个主要由多种烃类及少量烃类衍生物组成的复杂混合物,没有确定的沸点,其沸点表现为很宽的范围——馏程。当加热汽油时,首先蒸发出来的主要是相对分子质量小的、沸点低的组分,随着加热温度的升高,相对分子质量大的、沸点高的也逐渐蒸发出来,直到最后高沸点的物质全部蒸发出来为止。馏程测定的实质是将一定体积或质量的油品加热蒸馏,测各馏出量的相应温度,或相当于一定馏出温度的馏出量。油品馏程用恩氏蒸馏来测定,如图2-4所示。

所谓恩氏蒸馏是在规定条件下,对油品进行加热,由于相对分子质量小的轻组分沸点低,首先汽化出来,因此,可以用蒸馏所得到的气相的温度来表示当前汽化出来的烃类的大致沸点,当油品在恩氏蒸馏设备中按规定条件加热时,馏出第一滴冷凝液时的气相温度称为初馏点。蒸馏过程中,烃类分子按沸点从低到高顺序逐渐蒸出,气相温度也逐渐升高,馏出物体积为10%、30%、50%、70%、90%时的气相温度分别为10%、30%、50%、70%、90%的馏出温度,蒸馏到最后所能达到的最高气相温度称为终馏点或干点。初馏点到干点这一温度范围称为馏程。

在汽油燃料的规格中,只要求测定具有代表性的10%、50%和90%馏出温度及终馏点。因为这四个馏出温度是汽车使用性能好坏的主要指标。

(1)10%馏出温度与启动的性能有关。10%的馏出温度表示汽油中所含低沸点馏分的多少,对汽油机启动的难易有影响,同时也与产生气阻的倾向有密切关系。10%的馏出温度越低,表明汽油中所含低沸点馏分越多、蒸发性越强,能使汽油机在低温下易于启动。但是,该馏出温度若过低,则易产生气阻。我国车用汽油质量标准中要求其10%的馏出温度不高于70℃。

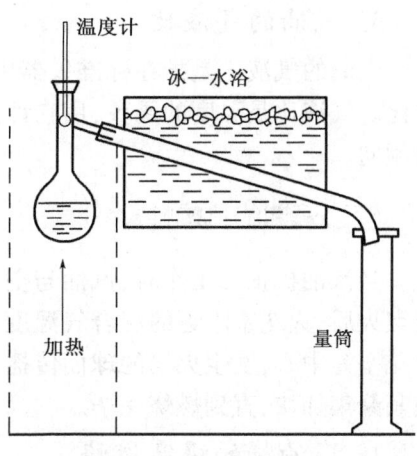

图2-4 馏程测定装置

(2)50%馏出温度与加速性能有关。50%馏出温度表示汽油的平均蒸发性能,与汽油机启动后升温时间的长短以及加速是否及时均有密切关系。汽油的50%馏出温度低,在正常温度下便能较多地蒸发,从而能缩短汽油机的升温时间,同时,还可使发动机加速灵敏、运转柔和。如果50%馏出温度过高,当发动机需要由低速转换为高速、供油量急剧增加时,汽油来不及完全汽化,导致燃烧不完全,严重时甚至会突然熄火。我国车用汽油质量标准中要求50%馏出温度不高于120℃。

(3)90%馏出温度反映燃料重质组分的含量,它关系到燃料是否充分蒸发燃烧的情况。90%馏出温度越高,重质组分越多,燃料燃烧不易完全,一般来说,燃料90%馏出温度低些好。我国车用汽油质量标准中要求90%馏出温度不高于190℃。

(4)终馏点表示燃料中所含最重馏分的沸点,此温度越高,越易稀释润滑油和增加机械磨损。同时会由于燃烧不完全,形成气缸上油渣沉积或堵塞油管。我国车用汽油质量标准中要求终馏点不高于205℃。

2. 汽油的饱和蒸气压

汽油的饱和蒸气压是用规定的仪器,在燃料蒸气与液体的体积比为4:1以及在38℃的条件下测定的。国外将此指标称为雷德蒸气压(RVP),它是反映汽油在燃烧系统中产生气阻的倾向和发动机启动难易程度的指标。同时还可相对地衡量汽油在储存、运输过程中的损耗倾向。我国《车用汽油》(GB 17930—2016)质量标准中规定从每年的11月1日至次年的4月30日使用的车用汽油(U)饱和蒸气压不高于85kPa,从每年的5月1日至10月31日使用的汽油饱和蒸气压不高于65kPa。

饱和蒸气压是液体燃料蒸发性好坏的重要标志。汽油的饱和蒸气压越大,蒸发性也就越强,这样,发动机越易于冷启动,但产生气阻的倾向越大,蒸发损耗也越大。汽油中轻组分含量多,油路气阻倾向大,汽车容易熄火;反之,则燃料不能迅速蒸发,启动困难。

汽油的蒸气压要根据季节、地区和用途进行调整。冬季用汽油要有较高的蒸气压,夏季使用蒸气压较低的汽油;高海拔地区汽油的蒸气压相应低些。对于航空汽油来说,飞行高度越高,气压越低,则燃料中轻馏分越易蒸发。但在高空气温降低,如飞机在气温高的地面迅速升入高空,油箱温度来不及降低,则由于燃料的迅速蒸发产生气阻而引起事故。所以,航空汽油要求的蒸气压比车用汽油的低。

3. 汽油的气液比

汽油的气液比是指在标准仪器中,液体燃料在规定温度和大气压下,蒸气体积与液体体积之比。气液比是温度的函数,用它评定、预测汽油气阻倾向,比馏程及蒸气压指标更能反映气阻倾向。

(二)汽油的抗爆性

当汽油机正常工作时,汽油与空气均匀混合,随着活塞的压缩,过氧化物逐渐聚集,经火花塞点火后,火花塞附近的混合气温度急剧升高,氧化剧烈,进而形成最初的火焰中心。然后以火花塞为中心,发生火焰的球面传播,逐层向未燃混合气推进,速度为30～70m/s,压缩未燃物使其聚集加快,直到燃烧完毕。

1. 汽油机的爆震燃烧

爆震是汽油机的一种不正常燃烧现象,它发生在汽油燃烧的后期。如果在火焰未到达的区域内,混合气在已燃气体的压缩和火焰的辐射作用下,温度、压力急剧升高,并超过其自燃点(即将油品加热到某一温度,令其与空气接触,不需引火油品自行燃烧的最低温度),则其氧化反应加速,过氧化物急剧分解,就会在未燃气体中产生许多燃烧中心,并从这些燃烧中心以100～300m/s(轻度爆震)直到800～1000m/s(强烈爆震)的速度传播火焰,使燃烧以爆炸的形式进行,此时在气缸内出现剧烈的压力振荡,从而产生速度很高的冲击波,这种冲击波在活塞与气缸壁间多次反射,就会产生频率很高的金属敲击声,同时由于火焰燃烧速度太快导致燃烧不完全,而排出黑烟,这就是汽油机的爆震现象。

2. 汽油的抗爆性的表示方法

汽油的抗爆性是指汽油在发动机气缸内燃烧时抗爆震的能力,用辛烷值评定。辛烷值是用来表示点燃式发动机燃料抗爆性的一个约定数值,它指是与实际汽油抗爆性相当的标准汽油中异辛烷的体积分数。标准汽油是由异辛烷(2,2,4－三甲基戊烷)和正庚烷组成的。异辛烷的抗爆性好,人为规定其辛烷值为100;正庚烷的抗爆性差,在汽油机上容易发生爆震,其辛烷值规定为0。两者的混合物则以其中异辛烷的体积分数为其辛烷值。例如,80%异辛烷和20%正庚烷的混合物的辛烷值即为80。汽油辛烷值是在规定条件下的标准发动机试验中,通过和标准燃料进行比较来测定的,用和被测定燃料具有相同抗爆性的标准燃料中的异辛烷的体积分数表示。如果汽油的牌号为90,则表示该牌号的汽油与含异辛烷90%、正庚烷10%的标准汽油具有相同的抗爆性。

车用汽油是按照其辛烷值的高低以牌号来区分的,辛烷值是表示汽油抗爆性的指标,它是汽油重要的质量指标之一。目前,世界各国最常用的辛烷值测定方法有两种:研究法和马达法。这两种方法都是在标准的可变压缩比发动机中与标准燃料进行比较而测定的,但是两种方法的测定条件是不同的,因此两种方法测出的数值是不一样的。

研究法辛烷值(RON)是表示发动机在测定工况为进气温度51.7℃、冷却水温度100℃、发动机转速600r/min、点火提前角为13°时汽油的抗爆性能。试验是在较低的混合气温度(一般不加热)下进行的。用研究法测得的辛烷值代表车辆在常有加速的情况下低速行驶时汽油的抗爆性能,美国和西欧国家多采用研究法辛烷值,优质汽油研究法辛烷值一般为96～100,普通汽油为90～95。

马达法辛烷值(MON)是表示发动机在测定工况为进气温度149℃、冷却水温度100℃、发动机转速900r/min、点火提前角为上止点前14°～26°时汽油的抗爆性能。测定是在较高的混合气温度(一般加热至149℃)下进行的。用马达法测得的辛烷值代表车辆在重负荷条件下高速行驶或高速长途行驶时汽油的抗爆性能。由于马达法规定的条件比研究法苛刻，因此所测出的辛烷值比较低。同一种燃料油用马达法测出的辛烷值为85时，相当于研究法辛烷值为92；马达法为90时，研究法为97。

此外，还有一种叫道路法辛烷值也称行车辛烷值，用汽车进行实测，或在全功率实验台上模拟汽车在公路上行驶的条件进行测定。道路辛烷值也可用马达法辛烷值和研究法辛烷值按经验公式计算求得。

美国、西欧和日本等国以研究法为主，研究法已被定为国际标准方法。我国车用汽油的牌号也是采用研究法测定的数值。目前，我国使用的车用汽油牌号主要有3种：89号、92号和95号车用汽油。89号车用汽油的研究法辛烷值在89以上，92号车用汽油的研究法辛烷值在92以上，以此类推。

3. 汽油的抗爆指数

采用不同实验方法所测定的辛烷值，在数值上有一定差异。研究法辛烷值和马达法辛烷值都不能全面反映车辆运行中燃烧的抗爆性能，因此提出了计算车辆运行中抗爆性能的经验公式：

$$抗爆指数 = K_1 \cdot RON + K_2 \cdot MON + K_3$$

式中，K_1、K_2和K_3为系数，RON为研究法辛烷值，MON为马达法辛烷值，对不同类型的车辆其数值不同，与发动机的运转特性和运转条件有关，它们都是通过典型的道路试验来确定的。一般简化式是采用总车辆数的平均抗爆性能。通常，$K_1=0.5$，$K_2=0.5$，$K_3=0$，即抗爆指数公式为

$$抗爆指数 = \frac{RON+MON}{2}$$

目前，我国使用的89号、92号和95号车用汽油的抗爆指数分别为84、87和90。89号车用汽油的抗爆指数在84以上，92车车用汽油的抗爆指数在87以上，以此类推。

汽油中烃类的化学组成对汽油辛烷值的影响是很大的。这种影响主要有两个方面：一个是烃类化合物的分子结构，另一个是烃类的分子大小。相对分子质量大致相近的不同烃类中，正构烷烃的辛烷值最低；高度分支的异构烷烃、异构烯烃和芳香烃的辛烷值最高；环烷烃和分支少的异构烷烃、异构烯烃介于中间。而对于同一类型的烃类，则相对分子质量越小，沸点越低，则其辛烷值越高。

从汽油的生产工艺的角度，可以通过催化重整、烷基化、异构化等工艺过程直接生产高辛烷值汽油。另外还可采用三种方法：一是加入抗爆剂，例如四乙基铅，但由于铅是有毒物质，并会带来大气污染、影响人类健康，因而已被限制使用；二是加入汽油掺合剂，例如甲基叔丁基醚(MTBE)，利用其本身很高的辛烷值来提高汽油的抗爆性，目前，MTBE在我国已大量使用；三是生产乳化汽油和水合醇汽油，此方法是利用表面活性物质使油水形成油包水型乳状液，从而降低发动机气缸温度，使过氧化物聚集较慢，预防爆震，同时又可节约汽油耗量，但该技术还不成熟。

(三)汽油的腐蚀性

汽油在使用和储存过程中，都与金属相接触，为了保证发动机和储运设施的正常工作和使

用寿命,要求汽油对金属没有腐蚀性。所以汽油的腐蚀性是一项重要的质量指标。

汽油中会引起腐蚀的物质主要有硫及含硫化合物、有机酸和水溶性酸或碱。评定汽油腐蚀性的指标有酸度、水溶性酸或碱、铜片试验和硫含量。汽油中的烃类没有腐蚀性,但一些非烃类物质,如活性硫化物、有机酸、水溶性酸或碱等对金属都有腐蚀作用。汽油中的活性硫化物主要是低分子的硫醇,用一般的碱洗的办法难以全部除去,危害极大。它不仅使汽油具有恶臭味,显著地促进胶质的生成,而且腐蚀金属,用硫含量来评定。汽油中的有机酸主要是环烷酸,含量很少,引起腐蚀的酸性物质主要是汽油储存中氧化生成的酸性物质。它随着时间的增长而增多,用酸度来评定。成品汽油中应不含水溶性酸或碱,它是在油品用酸精制除去硫及后面用碱中和过程中带入的,因水洗过程操作不良而残留在汽油中,用水溶性酸或碱来评定。而铜片试验是一个总体的评价方法,就是将一个铜金属片放入汽油中,达到规定时间后看金属是否有被腐蚀的迹象。汽油标准中"博士试验"一项,是专门用于测定汽油中硫醇腐蚀的。

(四)汽油的氧化安定性

油品在运输、储存或使用过程中保持其质量不变的性能,称为油品的安定性。

油品在储存和运输过程中,添加剂被水溶解或析出沉淀而引起的质量变化,都是物理性质的变化,属于物理变化的范畴。此外,油品在运输、储存或使用过程中,还常有颜色变深、胶质增加、酸度增大、生成沉渣的现象,这是由于油品在常温条件下氧化变质的结果,是化学变化,属于化学安定性的范畴,又称抗氧化安定性。而油品在较高的使用温度下,产生氧化变质的倾向,是属于热氧化安定性的范畴,又称热安定性。一般讨论油品安定性指的是其化学安定性或热氧化安定性。

汽油在常温、液相条件下抵抗氧化的能力称为汽油的氧化安定性。氧化安定性不好的汽油,在储存和输送过程中容易发生氧化反应,生成胶质,使汽油的颜色变深,甚至会生成沉淀。从而影响发动机供油、引起火花塞短路、导致进排气阀门关闭不严以及增大爆震燃烧的倾向等。

引起汽油氧化安定性差的最根本原因是其中所含的各种不饱和烃容易发生氧化和叠合等反应,从而生成胶质。另外汽油中的含硫化合物和含氮化合物也能促进胶质的生成。如硫酚和硫醇等。

评定汽油氧化安定性的指标有:碘值、实际胶质和诱导期。碘值是利用不饱和烃能够与碘发生加成反应来测定不饱和烃的含量的;实际胶质是指在150℃的温度下,用热空气吹过汽油表面使其蒸发至干,残留的棕色或黄色的残余物量。诱导期是指将一定油样放入标准的钢筒中,充入一定压力的氧气,然后放入100℃的水中,当发生氧化反应后,氧压会明显下降,从油样放入到氧压明显下降所经历的时间。

四、汽油的质量

(一)汽油的质量对发动机的影响

1. 对发动机工作可靠性的影响

发动机工作的可靠性,指的是发动机能否顺利启动、能否达到设计功率以及是否安全性等问题。

车辆在低温下能否顺利启动,除受车辆及发动机构造等因素影响外,还与燃料和润滑油的性质有关。汽油馏分如果过重,低温下不能形成可燃混合气则发动机不易启动;若低温下润滑油的黏度过大、凝点过高,就不能顺利地泵送到摩擦部位,也影响发动机的启动。

汽油发动机如果使用胶质过多的汽油,胶质黏附在汽油滤清器上,会堵塞过滤介质,使供油量减少甚至中断;胶质黏附和沉积在汽化器的量孔、喷管口和输油管处,会使这些部位的截面积减少,输油量不足,致使可燃混合气变稀,发动机达不到设计功率;胶质沉积在进气门上发生炭化时,会使气门产生黏附现象,轻者使气门关闭不严密,造成发动机的动力性和经济性下降,严重者使气门不能关闭,以致发动机不能工作。

2. 对发动机使用寿命的影响

发动机的使用期与油品的质量有直接关系。油品质量差或用油不当,除直接引起发动机的摩擦、磨损、锈蚀外,燃烧产物也会给发动机带来危害,从而影响发动机的使用寿命。

汽油中所含的非活性硫化物,燃烧后形成的 SO_2 或 SO_3 会引起排气系统的腐蚀。若该产物进入润滑油中,不仅加速润滑油的变质,还会造成润滑系统的腐蚀。

如果汽油的抗爆性不好或选用汽油牌号不当,则容易使发动机发生爆震。爆震时,爆震波的速度很大,燃烧中的高温气体在单位时间内撞击气缸壁、活塞顶和其他零件(如气门、火花塞等)的次数增多,因而传给气缸及零件的热量大为增加,引起过热,降低金属强度。在爆震波的冲击下,能使气门、活塞环等损坏。有时也可能使火花塞及其绝缘材料损坏,严重持久的爆震还会把活塞环打坏、连杆折断,大大缩短了发动机的使用寿命。

3. 对发动机经济性的影响

发动机的经济性与油品的质量和合理使用有密切的关系。燃料充分燃烧和机械润滑良好,既可以节约燃料、润滑油脂,又会减少摩擦、磨损。

提高发动机的压缩比和汽油的辛烷值,也是提高发动机经济效益的途径之一。压缩比提高一个单位,经济效益可提高 4%~12%。但压缩比每提高一个单位,汽油辛烷值也相应地需要提高。

此外,合理利用轻质汽油,可扩大油品使用范围。如在夏季,环境温度较高,汽油的挥发性好,可适当使用较重一点的馏分;而在冬季,可适当地使用较轻一点的馏分,不但不会发生气阻,还可改善冬用汽油的启动性。这样做不仅有利于汽油的合理使用及提高油品的质量,同时,因为改善了启动性和燃烧性,还可节省汽油 1%~3%。

(二)汽油的质量变化历程

作为能源的石油燃料燃烧后排出的废气成为大气的主要污染源。这些物质不仅污染了大气,还会导致酸雨、光化学烟雾和臭氧层破坏等环境问题。为此,各国制定了诸如《大气清洁法》等法规,对汽油质量不断提出新的要求。

汽油的质量变化大致经过了四个阶段。

1. 汽油规格的变化

汽油规格的改进经历了两个阶段。首先是汽油牌号的升级,它是为了适应发动机压缩比的提高而产生的。1956—1964 年汽油牌号是 56 号、66 号和 70 号;1965—1975 年汽油牌号是 70 号、75 号、80 号和 85 号;1998 年基本没有了 70 号汽油,主要生产 90 号、93 号和 97 号三个品种;自 2018 年 1 月 1 日起,汽油牌号由 90 号、93 号和 97 号分别调整为 89 号、92 号和 95 号。

第二个阶段是汽油的无铅化,大致经历了含铅汽油、低铅汽油、无铅汽油三个过程。我国汽油无铅化进程比较快,1997年在全国各大城市供应无铅汽油,从2000年1月1日起,全国所有汽油生产企业一律停止生产车用含铅汽油,2000年7月1日全国实现汽油无铅化。

2. 蒸发性指标的变化

1) 馏程的变化

从1993年起,我国《车用汽油》(GB 484—1993)将车用汽油馏程指标放宽了,10%馏出温度由不大于75℃前移到了不大于70℃,90%馏出温度由不大于180℃后移到了不大于190℃,相应的终馏点由不大于195℃后移到了不大于205℃,同时,残留量也由1.5%放宽到了2.0%。从炼厂的角度来讲,由于国标的限制较宽,不同地区可以根据当地的气候特点灵活地实施生产方案,生产出合格的汽油产品。

例如在南方地区的夏季,气温特别高,汽油的蒸发性很强,易于产生气阻,则可以在符合国标的前提下将10%馏出温度和90%馏出温度后移;而在北方地区的冬季,由于气温低,汽油不易蒸发,需要蒸发性良好的汽油,因此,可以将10%馏出温度和90%馏出温度前移,生产出低温启动性良好的汽油;在青藏高原地区,气压低,汽油的蒸发性强,可以适当地将10%馏出温度和90%馏出温度后移。这样不但可以生产出合格的汽油产品,而且汽油馏分还可以保持轻、窄、收率高、质量好的特点。

2) 蒸气压的变化

由于车用汽油的饱和蒸气压与大气压力和使用时的大气温度有关,大气压力越低,使用时的温度越高,则车用汽油的饱和蒸气压也随着增大。因此,冬季汽油的蒸气压还有进一步调高的可能性。这样即可以充分利用轻质油资源,又改善了汽油的燃烧性能和发动机的低温启动性能。而在夏季,由于气温高,汽油的蒸发性强,易产生气阻,要求汽油的蒸发性不能过高,因此,国标将蒸气压完全分为冬、夏两个标准。

3. 腐蚀性指标的变化

1) 硫含量的变化

汽油中硫和含硫化合物分为活性硫和非活性硫。活性硫(硫化氢、元素硫、硫醇)会引起发动机部件严重腐蚀,特别是在水存在下腐蚀显著增加。非活性硫(硫化物和噻吩等)在常温下虽然对金属的腐蚀作用不明显,但除环状硫化物外,其热安定性都不好,易受热生成活性硫,使发动机部件严重腐蚀。此外,它们燃烧后生成的二氧化硫及三氧化硫,与水蒸气一起窜入曲轴箱,遇冷将生成强腐蚀性的亚硫酸及硫酸,不仅加速润滑油的变质,还会造成润滑系统的腐蚀。在冬季,硫的氧化物还会引起排气管的腐蚀。

1993年的车用无铅汽油标准中规定硫含量不大于0.1%,其中在北京、上海及广州三大城市执行时不大于0.08%;2003年1月1日我国开始在全国范围内执行硫含量不大于0.08%的标准;为进一步减少汽车污染物排放,自2018年1月1日起,全国范围内执行硫含量不大于0.001%,这与欧洲现行标准水平相当。

2) 硫醇硫含量

以前的国标中只规定了硫含量及铜片腐蚀,1993年以后国标除以上规定之外,还增加了硫醇硫含量这一项指标,可直接测定硫醇硫含量或者以博士试验是否通过来确定。这主要是因为当汽油中不含硫醇时,元素硫的含量达到0.005%时才会引起铜片的腐蚀;而当汽油中含有0.001%的硫醇硫时,只要有0.001%元素硫就会在铜片上出现腐蚀。因此,在汽油的质量指标中不仅规定了硫含量指标,还规定了硫醇硫含量不大于0.001%,以及铜片腐蚀(50℃,3h)符合要求。

4. 环保性指标的变化

我国以前的国标制定对环境保护考虑较少,但是随着我国汽车数量的急剧增加,废气排放量越来越大,造成的大气污染问题越来越严重。因此,出于环境保护的考虑,车用无铅汽油的新标准限制了苯、芳香烃及烯烃的含量。

1) 苯含量

我国的车用无铅汽油标准中规定苯含量不大于2.5%(体积分数)。苯主要来自催化重整汽油,它是车用汽油的高辛烷值调和组分之一。但是苯是致癌物质,对人体健康的危害较大;此外,苯是优良的溶剂,对橡胶垫有溶胀作用,影响行车安全。限制汽油中的苯含量,是控制苯排放的最有效的途径,从而减轻对环境的污染。

2) 芳香烃含量

芳香烃类化合物是汽油中的高辛烷值组分之一,可以很好地提高汽油的抗爆性。但芳香烃的燃烧会导致有毒物质苯的排放,增加发动机燃烧室的沉积,并使尾气 CO_2 排放增加。我国现行的车用无铅汽油标准规定芳烃含量不大于40%,与欧美等严格控制排放的国家还有较大的差距。

3) 烯烃含量

烯烃主要在石油炼制工艺的部分二次加工过程中产生,具有较好的抗爆性。烯烃的最大危害在于其较强的挥发性和很高的臭氧生成活性,容易蒸发、排放入大气,加速平流层臭氧的生成;而且由于它的含碳量高,燃烧时的火焰温度也略高,因而导致更高的 NO_x 排放。此外,由于烯烃的热稳定性差,容易氧化而堵塞发动机的喷嘴,在发动机进气阀及燃烧室中生成沉积物,影响发动机的性能,使尾气排放恶化,只有控制烯烃含量并适量加入清净剂才能使这种情况得到缓解。因此,我国车用无铅汽油标准规定烯烃含量不大于35%(体积分数),首先在北京、上海和广州实施,自2003年1月1日在全国范围内实施。为了进一步降低汽油蒸发排放造成的光化学污染,减少汽车发动机进气系统沉积物,自2018年1月1日起,全国范围内执行烯烃含量不大于24%(体积分数)。

(三) 汽油质量的鉴别

(1) 看颜色。一般汽油是淡黄色或无色透明的,劣质油品颜色发暗、呈乳白色或混浊,颜色发暗是掺配汽油或汽油存放期过长,乳白色或混浊的是混入了水分。

(2) 闻气味。汽油油味正常,没有异味,如有异味、臭味是含铅汽油,或其他低牌号油及油中混入水分。

(3) 听声音。加油后,车辆在运行中,汽车尾气(化油器)放炮或有敲缸声,是低牌号油或油中混入水分。

五、含铅汽油

汽油在气缸中正常燃烧时火焰传播速度为20~50m/s,在爆震燃烧时可达1500~2000m/s。为提高车用汽油的辛烷值、改善其抗爆性能,需向汽油中加入能够提高汽油抗爆性能的添加剂。四乙基铅[$(C_2H_5)_4Pb$]是一种高效的汽油抗爆添加剂,一般的直馏汽油加入0.1%的四乙基铅,辛烷值可提高14~17个单位。过去,在车用汽油中加入一定量的四乙基铅作抗爆剂,称含铅汽油。四乙基铅是一种有水果香味、有剧毒的油状液体,它能通过呼吸道、食道以及无伤口的皮肤进入人体,并且很难排泄出来。当人体内的铅累积到一定量时,会严重影响人的神经系统,造成积累性中毒,轻度中毒者会有头晕、头痛、没有食欲、疲倦、乏力、失眠和血压下降等症状;重度中毒者会发生腹部痛和神经系统错乱,甚至死亡。孕妇体内的铅会在血液中积累,进而对胎儿产生危害,由于胎儿抵抗力不足,受害更大,可引起铅中毒和胎儿先天性发育畸形。另外,铅对儿童大脑早期发育的影响也尤为严重。因此,含铅汽油对环境及人类造成的危害是很大的。此外,随着汽车尾气中CO、NO_x、SO_x和烃类等污染物的排放标准的提高,为控制上述污染物在汽车上安装发动机尾气催化转化器,将有害物质转化为CO_2、N_2、H_2O等,而铅会使转化器中催化剂中毒失效。因此,减少汽油中的加铅量,推广使用无铅汽油是可持续发展的一种必然趋势。

1998年2月,国务院办公厅颁发文件,规定从2000年7月1日起全国所有加油站一律停止销售车用含铅汽油,所有汽车一律停止使用含铅汽油。

六、新配方汽油

为了解决随着汽车拥有量的不断扩大而引起的日益严重的环境污染问题,世界各国相继提出降低汽油含铅量至完全禁止加铅的要求,上市了所谓无铅汽油。为了使汽油既达到上述从环保角度提出的要求,又具有较好的抗爆性,采取的措施主要是掺入一定量的醚类化合物,主要有甲基叔丁基醚(MTBE)、乙基叔戊基醚(ETBE)和甲基叔戊基醚(TAME)三种醚类,它们的研究法辛烷值分别为118、118和115,其中常用的是MTBE。这些醚类化合物都能与烃类完全互溶,具有良好的化学稳定性,蒸气压也不高,加入汽油中还有助于降低汽油机尾气中污染物的含量。这样,醚类便成为新配方汽油的关键组分。

七、清洁汽油

清洁汽油是指产品牌号为89号及以上规格、硫含量小于800mg/kg、烯烃含量小于35%(体积分数)、芳烃含量小于40%(体积分数)、苯含量小于2.5%(体积分数)的无铅汽油。2003年1月1日我国开始推广使用清洁汽油。

清洁汽油适用于各种汽油发动机车辆,尤其适用于电喷发动机车辆。使用清洁汽油对汽油发动机,尤其是电喷发动机的汽车具有以下几点好处:

(1)减少污染。使用清洁汽油的汽车,尾气排放中的碳氢化合物(HC)、一氧化碳(CO)、氮氧化物(NO_x)大大减少,减轻了对环境的污染。

(2)清洁汽车部件。使用清洁汽油的汽车能够保持发动机燃油系统清洁,如化油器或喷嘴、进排气阀、火花塞、燃烧室、活塞等,燃油系统不会产生积炭,减少机械磨损,延长汽车使用寿命。

(3)清除积炭。可清除由于未使用高清洁汽油而使发动机燃油供给系统各部位已经形成的油垢、胶状物和积炭。

(4)省油。燃油系统清洁,油品的雾化程度提高,混合气完全燃烧,功率达到最大化。

(5)改善行驶性能。发动机容易启动,转速平稳,加速性能好。

(6)乘车感舒适。

八、甲醇汽油

能源与环境问题已成为影响中国乃至世界经济和社会发展的重要因素。因此,积极寻求和发展清洁能源已成为各国的头等大事。甲醇汽油作为一种新型燃料,可直接替代普通汽油,缓解汽油紧张的局面,同时具有很好的环保效益,对国家生态经济的可持续发展、社会的进步都具有十分重要的意义。

甲醇汽油燃料是指国标汽油(92号、95号等)、甲醇、添加剂按一定的体积(质量)比例经过严格的流程调配而成的一种新型环保燃料,其通过"以煤代油",实现了对原油的部分替代。甲醇汽油相比传统汽油具有以下优势:

(1) 环保、清洁。由于甲醇含氧原子,能使汽油充分燃烧,是一种绿色增氧剂,在改善汽油品质的同时,能有效降低汽车尾气排放有害气体总量的50%以上,并且不含铅等重金属,污染物排放远低于汽柴油,有利于保护大气环境。

(2) 成本低,经济性好。甲醇燃料不仅含氧助燃,能自行清除积炭、油垢,延长发动机寿命,而且车用甲醇燃料成本比汽油降低40%左右。

(3) 使用方便,无须改动装置。汽车如果使用石油液化气燃料需增加特制装置,增加了汽车成本。而甲醇汽油可与石油产品装置同时使用,不仅节省汽油费用,而且还可节约改制装置费用,单独使用或混合使用均可。

(4) 生产不受季节和规模限制。甲醇汽油一年四季均可生产,与生产汽油、润滑油等产品相比,无须加温、加压、无水状态中生产。

综上,甲醇汽油作为一种新型燃料,集新能源、环保、节能技术为一体,有助于减少汽车尾气污染物的排放、保护大气环境、改善空气质量,成为新能源的重要组成部分和发展方向。

九、乙醇汽油

乙醇汽油是一种由粮食及各种植物纤维加工成的燃料乙醇和普通汽油按一定比例混配形成的新型替代能源。乙醇汽油作为一种新型清洁燃料,是当前世界上可再生能源的发展重点,符合我国能源替代战略和可再生能源发展方向,技术上成熟安全可靠,在我国完全适用,具有较好的经济效益和社会效益。2018年,我国已经大力推广乙醇汽油。

乙醇汽油与传统汽油相比具有以下优势:

(1) 减少尾气排放。乙醇含氧量高达35%,在汽油中含10%的乙醇,含氧量就能达到3.5%。这样燃料燃烧更加充分,据国家汽车研究中心所作的发动机台架试验和行车试验结果表明,使用车用乙醇汽油,在不进行发动机改造的前提下,动力性能基本不变。国内研究表明,E15乙醇汽油(汽油中乙醇含量为15%)比纯车用无铅汽油碳烃排量下降16.2%,一氧化碳排量下降30%,有效地降低和减少了有害尾气的排放。

(2) 辛烷值高,抗爆性好。乙醇辛烷值高(RON为111),抗爆性好,不容易爆震。另外,可采用高压缩比提高发动机的热效率和动力性;再加上其蒸发潜热大,可提高发动机的进气量,从而提高发动机的动力性。

(3) 积炭减少。因车用乙醇汽车的燃烧特性,能有效地消除火花塞、燃烧室、气门、排气管、消声器部位积炭的形成,避免了因积炭形成而引起的故障,延长部件使用寿命。

(4) 使用方便。乙醇常温下为液体,操作容易,储存、运输和使用方便,与传统发动机技术有继承性,特别是使用乙醇汽油混合燃料时,发动机结构变化不大。

(5) 燃油系统自洁。车用乙醇汽油中加入的乙醇是一种性能优良的有机溶剂。具有良好的清洁作用，能有效地消除汽车油箱及油路系统中燃油杂质的沉淀和凝结（特别是胶质胶化现象），具有良好的油路疏通作用。

(6) 可再生且资源丰富。我国生产乙醇的主要原料为粮食及各种植物纤维，这些都是可再生资源且来源丰富，还可促进农业的生产。因而使用乙醇燃料可减少车辆对石油资源的依赖，有利于我国能源安全。

十、汽油牌号的选择

汽油的牌号，即汽油的辛烷值，是汽油抗爆性的评价指标。发动机的压缩比越高，所选汽油的牌号应越高，这时汽油的燃烧速度越慢，爆震的可能性越低；反之，发动机压缩比较低，则可选用低牌号汽油。因此，选用汽油主要依据发动机的压缩比。发动机压缩比在 8 以上的汽车，要选用 92 号以上的车用汽油，以保证汽油发动机的正常工作。

燃油的牌号还涉及发动机点火正时的问题。低牌号汽油燃烧速度快，点火角度滞后；高牌号燃油燃烧速度慢，点火角度提前。如果压缩比高的发动机使用了低牌号汽油，需要调整点火时间，否则，发动机会产生爆震，但是，这样做会产生燃油消耗的增加和功率的损失。根据行车试验，发动机使用牌号偏低的汽油，油耗会增加 3% 左右，还会造成发动机气缸和喷油嘴积炭增加、汽车的故障率提高、用户的维修费用增加。同时，由于发动机内汽油燃烧不充分，尾气排放劣化，加剧了对大气环境的污染；同时也会给用户造成经济损失。因此，应该根据汽油机的压缩比，选择相应牌号的汽油。

汽油不是牌号越高越好。汽车和用油之间有一个相互匹配的问题。汽油牌号选择的主要依据是发动机的压缩比。压缩比、点火提前角等参数已经在发动机电脑中设置好了，车主应严格按照使用说明的要求选择汽油牌号。比如现代汽车的发动机电脑程序中，对抗爆性较差的汽油设置了微调节的适应性程序，而对高牌号汽油则没有相应的程序。所以，如果低压缩比的发动机盲目使用高辛烷值的汽油，不仅经济上造成浪费，还会引起着火慢，燃烧时间长，以致燃烧热能不能充分转变为功率，在行驶中产生加速无力的现象，汽油高抗爆性的优势无法发挥出来，并且还因为燃烧气体的温度过高，高温废气可能烧坏排气门。

第二节 柴 油

柴油是压燃式发动机的燃料。柴油分为轻柴油（沸点范围为 180～370℃）和重柴油（沸点范围为 350～410℃）两大类。根据柴油机的转速不同，应使用不同类型的柴油。转速为 1000r/min 以上的高速柴油机以轻柴油为燃料，转速为 500～1000r/min 的中速柴油机及转速低于 500r/min 的低速柴油机则使用重柴油。本节中涉及的主要是轻柴油。

一、柴油机的工作过程

柴油机的工作过程与汽油机很相似，两者的燃烧都是在气缸中进行，燃烧气体膨胀，推动活塞运动对外做功，每一个工作循环都是经过进气、压缩、膨胀做功和排气四个过程。但柴油机和汽油机又有着根本的差别，即柴油机吸入和压缩的仅仅是空气，燃料直接喷入气缸与高温空气混合压缩自燃,所以称为压燃式发动机;而汽油机是由汽化器把空气和燃料在气缸外形成可燃混合气,引入气缸后由电火花点燃进行燃烧,因而称为点燃式发动机。

柴油机与汽油机相比各有所长。汽油机具有转速高(最高转速达5000~6000r/min)、重量轻、噪声小、启动容易、制造和维修费用低等优点;其不足之处在于耗油率高,经济性差。柴油机因压缩比高(一般为16~22),耗油率平均比汽油机低20%~30%,所以经济性好;其缺点是转速较汽油机低、重量大、制造和维修费用高。

二、柴油机对燃料的使用要求

由于柴油机与汽油机的工作过程有本质的区别,因此,对燃料的质量要求也与汽油机有所不同。柴油发动机对燃料的要求主要有:

(1)良好的燃烧性能;
(2)良好的低温流动性;
(3)适当的蒸发性;
(4)良好的安定性;
(5)良好的雾化性能;
(6)对机件没有腐蚀作用。

三、柴油的主要性能

(一)柴油的抗爆性

1. 柴油机的爆震燃烧

柴油在柴油机中的燃烧分为四个阶段:滞燃期、速燃期、慢燃期和后燃期。所谓滞燃期又称为着火延迟期,是指从喷油开始到混合气开始着火之间的一段时间,一般只有1~3ms。如果所用柴油的自燃点太高,会使滞燃期时间增长,一旦出现自燃,由于积累的燃料太多,燃烧极为迅速,出现金属敲击声,并由于火焰燃烧速度太快导致已燃气和未燃气的混合,使燃烧不完全,而排出黑烟,这就是柴油机的爆震现象。

柴油机的爆震,表面现象与汽油机相同,但产生的原因却根本不同。汽油机的爆震是汽油混合气在火焰未传播到的区域内,由于汽油的自燃点太低,超前燃烧引起的;而柴油机的爆震现象是由于柴油的自燃点太高,使得从喷油到出现自燃的时间即滞燃期延长,拖后燃烧引起的。

2. 柴油抗爆性的表示方法

柴油的十六烷值是表示柴油抗爆性的指标,它是指与柴油自燃性相当的标准燃料中所含正十六烷的体积分数。标准燃料是用正十六烷与α-甲基萘按不同体积分数配成的混合物。其中正十六烷自燃性好,设定其十六烷值为100;α-甲基萘自燃性差,设定其十六烷值为0。例如某柴油的抗爆性与含51%正十六烷的标准燃料相同,该柴油的十六烷值就等于51。十六烷值测定是在实验室标准的单缸柴油机上按规定条件进行的。十六烷值高的柴油容易启动,燃烧均匀,输出功率大;十六烷值低的柴油,着火慢,工作不稳定,容易发生爆震。

柴油的十六烷值是由其化学组成和馏分组成决定的。各族烃类十六烷值的变化规律是:相同碳数的不同烃类,正构烷烃的十六烷值最高,烯烃、异构烷烃和环烷烃居中,芳香烃特别是稠环芳香烃的十六烷值最小。烃类的异构程度越高,环数越多,其十六烷值越低;环烷和芳香烃随所带侧链长度的增加,其十六烷值增高,而随侧链分支的增多,十六烷值减小。因此,石蜡基原油如大庆原油生产的柴油,其十六烷值比环烷基原油如孤岛原油生产的柴油高。催化裂化和焦化柴油因含有较多芳香烃特别是多环芳烃,所以十六烷值较低。

加添加剂可提高柴油的十六烷值,常用的添加剂有硝酸戊酯或己酯。

(二)柴油的蒸发性

柴油雾化后迅速汽化、与空气均匀混合的能力称为柴油的蒸发性能。柴油在柴油机气缸中燃烧是在气态下进行的,因而必须先汽化并与空气形成可燃混合气后,才能使柴油机启动和正常工作。柴油的蒸发性能与柴油的轻重以及燃烧室内的空气温度有关。如果柴油过重,则蒸发速度太慢,从而燃烧不完全,导致功率下降,油耗增大,以及润滑油被稀释而磨损加重;若柴油的馏分过轻,则由于蒸发速度太快而使发动机气缸压力急剧上升,从而导致柴油机的工作不稳定。由于柴油机可燃混合气的形成与气缸内的空气温度和运动也有关,因此,不同类型的燃烧室对柴油的蒸发性能的要求也有差异。

评定柴油蒸发性的指标有馏程和闪点。

1. 馏程

柴油的蒸发性可用馏程表示。作为产品质量的馏程,和汽油一样,也是在恩氏蒸馏设备上进行的,它是一个有严格规定的条件性试验。所得到的气相温度的高低与所蒸出的气体的沸点有关,而沸点又和柴油的轻重馏分含量有关。柴油的馏程主要是50%、90%和95%馏出温度。

1) 50%馏出温度

50%馏出温度越低,说明柴油的轻馏分越多,则柴油机易于启动,我国国家标准一直规定轻柴油50%馏出温度不高于300℃。研究表明,柴油中小于300℃的馏分的含量对耗油量的影响很大,小于300℃的馏分含量越高,则耗油量越小。

2) 90%馏出温度及95%馏出温度

90%馏出温度及95%馏出温度越低,说明柴油中的重馏分越少。我国历次国家标准都规定轻柴油的90%馏出温度不高于355℃,95%馏出温度不高于365℃。

馏程是对柴油挥发性的要求,主要与本身化学组成有关。重组分经济性好,但会引起发动机内部积炭增加、磨损增加及尾气排放黑烟;轻组分使发动机在各种运转条件下燃烧完全且容易启动。对于中负荷和负荷起伏较大(如公共汽车和卡车)的中速柴油发动机,挥发性好(轻组分较多)的柴油性能较好。

由于对柴油的需求日益增多,为了多产柴油,将其馏程趋向于放宽。我国轻柴油的馏程一般控制在180~370℃范围内。

2. 闪点

闪点是指石油产品在规定条件下,加热到其蒸气和空气的混合物与火焰接触时会发生闪火现象的最低温度。此时燃烧的只是其上方已积存的可燃蒸气与空气的混合气,因在闪点温度下液体油品的蒸发速度还比较慢,不足以维持油品继续燃烧,所以一闪即灭。油品的闪点与其馏分组成、压力有关。油品的沸点范围越小,则其闪点越低;油品的闪点随压力增大而增高。因为压力增大,油品的沸点范围变大,不易蒸发,故油品的闪点也升高。

闪点的测定方法有闭口杯法和开口杯法两种。它们的区别在于加热蒸发及引火条件的不同,所测得的闪点数值也不一样,适用的油品也不同。开口闪点仪器中,一般用来测定重质油如润滑油、残油等,闭口闪点则对轻、重油品都适用。

为了控制柴油的蒸发性不致过强,国家标准中规定了各号柴油的闭口闪点,要求-35号及-50号轻柴油的闪点不低于45℃,-20号轻柴油的闪点不低于50℃,其余各牌号的柴油的闪点均要求不低于55℃。美国柴油的闪点普遍较低,而我国轻柴油的闪点指标偏高。闪点偏高对扩大柴油轻馏分、增加轻柴油产量会造成障碍,但从储存和运输来看,闪点过低的柴油不仅蒸发损失大,而且也不安全。所以柴油的闪点也是保证安全性的指标。

(三)柴油的雾化性

柴油经高压喷嘴喷入气缸后,必须在很短的时间内迅速地雾化成小油滴,然后很快地蒸发为气体,与空气均匀混合,才能高效地发出动力。柴油喷出后的雾滴的大小称为柴油的雾化性能。

黏度是表示液体流动时内摩擦力的物性数据,是表征柴油使用性能的重要指标。柴油的黏度与柴油机供油量大小及雾化的好坏有密切关系。由于柴油是采用高压泵将油喷入气缸,因此,柴油的黏度是影响喷油雾化的主要因素。黏度过大,使油泵的抽油效率下降,减少了供油量,同时喷油的雾滴大、喷射角小、射程远,使油滴的有效蒸发面积减小,蒸发速度减慢,从而使混合气组成不均匀、燃烧不完全、燃料消耗大。由于射程远,油滴可能大量落在气缸壁和活塞头上,导致燃烧不完全而形成积炭,使发动机的功率下降、耗油量增加。反之,黏度如果过小,雾化程度虽有所改善,但喷油的射程近而喷射角大,使喷入的柴油集中在喷油嘴附近,不可能与气缸中全部空气混合,致使混合气中空气不足、燃烧不完全、发动机功率下降、耗油量增大、排气管排放黑烟。柴油的黏度过小,还容易从高压油泵的柱塞和泵筒之间的间隙中漏出,因而使喷入气缸的燃料减少,造成发动机功率下降。因此,柴油的黏度必须在一定的范围内才能保证油泵正常工作。在柴油的质量标准中对各种牌号柴油都规定了允许的黏度范围。各国标准对黏度要求基本在相近的范围内。

(四)柴油的低温流动性

柴油在低温下的流动性能,不仅关系到柴油机燃料供给系统在低温下能否正常供油,而且与柴油在低温下的储存、运输等作业能否正常进行有密切的关系。柴油以浊点、凝点和冷滤点表示其低温流动性。低温流动性指标只表明柴油在使用时对周围环境温度的适应性。

所谓浊点就是油品在实验条件下,开始出现烃类的微晶粒或水雾而使油品呈现浑浊时的最高温度。有些国家用浊点作为柴油的牌号。

油品是一种复杂的混合物,它没有固定的"凝点",所谓油品的"凝点"是在规定的实验条件下,试样开始失去流动性的温度。而所谓失去流动性,也完全是条件性的,即在油品冷却到某一温度时,把装有试油的规定试管倾斜45°,经过1min后,肉眼看不出试管内油面有所移动,此时就认为油品凝固了。英美各国是把装有试油的规定瓶子转成水平的位置,经过5s后液体不再移动的最高温度称为凝点。这两种方法测定的油品凝点大致相同。我国用凝点作为轻柴油的牌号。

由于凝点不能够直接表征柴油在低温下堵塞发动机滤网的可能性,一般选用柴油的凝点需低于环境温度3~5℃,在实际使用中,柴油在低温下会析出结晶体,晶体长大到一定程度就会堵塞滤网,因而提出"冷滤点"这一指标。与凝点相比,它更能反映柴油的实际使用性能。

冷滤点的测定方法是在规定压力和一定冷却温度下测定20mL试油开始不能通过规定滤网时的最高温度,这个温度称为冷滤点。与凝点相比,它更能反映实际使用性能。对同一油品,一般冷滤点比凝点高1~3℃。采用脱蜡的方法,可降低凝点,得到低凝柴油。

柴油浊点、冷滤点和凝点是对柴油低温流动性的要求。随着温度不断降低,柴油蜡结晶从出现、积聚直至完全凝固,造成过滤器阻塞,使发动机无法运转。浊点、冷滤点和凝点的高低与柴油的组成有关,烷烃最高,芳香烃最低。一般认为冷滤点能够比较实际地反映使用时的气候条件,因此,GB 19147—2016《车油柴油》规定了6种牌号柴油的冷滤点要求(即5号、0号、-10号、-20号、-35号和-50号柴油的冷滤点分别不高于8℃、4℃、-5℃、-14℃、-29℃和-44℃),并开始逐渐用冷滤点代替柴油凝点作为油品的低温流动性指标。美国柴油规格的浊点根据美国各州月风险率10%的最低温度规定;欧洲柴油规格根据不同气候分别规定冷滤点和浊点。

(五)柴油的氧化安定性

氧化安定性是指柴油在储存和运输过程中,在空气和少量水存在的情况下,生成沉淀物和胶质的趋势。如果氧化安定性不好,生成的沉淀就会使过滤器堵塞,在燃烧室形成大量积炭,使柴油喷射系统形成漆膜并使活塞环黏滞和加大磨损。其物性指标用总不溶物的含量(mg/100mL)来表示。

柴油的安定性取决于其化学组成。二烯烃、多环芳香烃和含硫、含氮化合物都是不安定性成分,它们能使发动机中沉积物的数量显著增加。因此,必须通过各种精制方法减少这些化合物的含量。

GB 19147—2016统一要求总不溶物不大于2.5mg/100mL,多环芳香烃含量不大于11%(质量分数),这与欧盟的标准相同。美国没有对这项指标进行直接限制,但通过水和沉淀物指标来间接进行限制。

(六)柴油的腐蚀性

柴油中含硫化合物对发动机的工作寿命影响很大,其中活性含硫化合物对金属有直接的腐蚀作用。所有的含硫化合物在气缸内燃烧后都生成SO_2或SO_3,这些氧化硫不仅会严重腐蚀高温区的零部件,而且还会与气缸壁上的润滑油起反应,加速漆膜和积炭的形成。同时,柴油机排出尾气中的氧化硫还会污染环境。因此,为了保护环境及避免发动机腐蚀,GB 19147—2016质量标准中规定了硫含量不大于0.001%。此外,还规定了铜片腐蚀(50℃,3h)不大于1级。随着环境保护要求的日益严格,柴油的硫含量指标将会进一步减小。

为防止腐蚀,在质量标准中还要求柴油中不含油水溶性酸或碱,并对其酸度限定不大于7mg KOH/100mL。

四、柴油的质量

(一)柴油质量对发动机的影响

柴油的质量是影响柴油发动机工作性能和使用寿命的关键因素。

1. 对发动机工作性能的影响

柴油发动机工作时是通过喷油泵产生的高喷射压力将柴油喷入气缸。如果使用含杂质较多的柴油,喷油嘴容易被堵塞,使喷油器工作压力降低,柴油雾化性能下降从而产生较大油滴,致使柴油与空气混合不充分,导致燃烧不完全,动力性能降低,燃油消耗增加。另外,使用杂质较多的柴油还会加快喷油泵的柱塞、出油阀和喷油嘴偶件的机械磨损,导致密封性能大大降低,使油泵的供油量迅速下降,这将严重影响柴油机的启动和运行性能。

2. 对发动机使用寿命的影响

如果柴油中除了含有不能燃烧的杂质外,还含有机酸、水溶性酸或碱,将会造成容器、供油设备和其他零件的腐蚀,加速在喷油嘴结焦,增加积炭的坚硬性和腐蚀性,使缸套擦伤或黏着拉缸,造成缸套严重损坏。

如果使用硫含量多的柴油,经燃烧后将产生过多的二氧化硫和三氧化硫气体,若在气缸和排气管中遇到冷凝水时就会产生亚硫酸或硫酸,从而引起对喷油器、缸套、活塞的化学蚀损。另外,含硫的废气还会窜入曲轴箱,将大大增加润滑油沉淀物和促使润滑油老化变质,大大缩短发动机的使用寿命。

(二) 柴油质量变化的原因

柴油质量要满足环境保护的要求,并要适应汽车工业的发展。

1. 环保的要求

我国大中城市中,汽车尾气造成的污染相当严重。虽然在我国一次消费中石油所占比例远低于世界平均水平,但由于我国汽车大都集中在大中城市,如北京市汽车保有量约占全国的1/10,再加上我国城市道路建设滞后、车辆行驶速度相对较低、卡车超载现象比较普遍等原因,更加重了汽车尾气的排放。据环保部门统计,1998年我国机动车排放对大气污染的分担率,在北京CO达63%,NO_x达37%,HC(碳氢化合物)达74%;在上海则分别达86%、56%和96%,空气污染问题已经到了非治理不可的程度。虽然汽油机的数量很大,但汽油机的排放和汽油质量早已受到限制,相反,由于我国一直对柴油机的排放和柴油质量控制得不严格,导致了由于柴油质量引起的污染不断加大,特别在大城市尤为严重。

控制柴油汽车尾气排放的主要方法有机内净化、提高柴油质量及安装催化转化器。20世纪90年代以来,发达国家提出了从源头上解决汽车尾气污染的措施,即炼厂采用新工艺、新技术生产清洁柴油,为汽车提供低硫、低芳烃、高十六烷值柴油,从根本上减少污染物的来源,因为柴油的组成对汽车尾气中的排放有很大的影响。欧、美等发达国家对此进行了深入研究,分析出柴油性质与尾气中有害物质排放的关系,并在此基础上科学地制定出清洁柴油质量标准。

2. 汽车工业发展的要求

汽车制造技术的发展也对柴油质量提出了更高的要求。1940年增压技术首次使用,20世纪60年代涡轮增压中冷技术开始使用。采用增压能增加进气量,使过量空气系数增大,从而降低油耗、增加功率。中冷技术就是降低增压后空气的温度,使进入气缸中的空气密度增加,以提高柴油机的功率。涡轮增压就是利用排放的废气推动涡轮来进行增压。就目前而言,低增压的柴油机能增加功率30%,增压加中冷技术能增加功率50%~60%,省油5%。柴油电控技术已从第一代的位置控制、第二代的时间控制发展到今天的共轨式电控高压喷射。电子控制柴油机高压喷射技术的应用可使柴油机通过最佳喷油定时、最佳喷油率和预喷射,与发动机转速、负荷之间的关系进行连续调节,使颗粒物排放降低40%。尾气转化器的采用也对柴油质量提出了更高的要求。柴油机排气后处理可以用氧化催化转化器,以降低HC和CO的排放量和颗粒物中的有机成分;用选择性还原催化转化器在富氧条件下还原NO_x,用微粒过滤装置收集柴油机排气中的颗粒状物质等。但柴油中的硫能使尾气转化催化剂中毒、损害氧传感器和车载诊断系统的性能等,对这些组分必须加以严格限制。

(三)柴油质量的鉴别

柴油质量的鉴别主要有三点。

(1)颜色:一般柴油的颜色是暗红色或深茶色,稍透明、无混浊现象,颜色发黑或暗绿色的是低牌号掺配油,有混浊现象的是混入水分。

(2)气味:柴油油味正常,手捻有油感,如有异味或腥辣难闻的是再生油,如油感太浓是混入其他润滑油。

(3)使用温度:0号柴油在春秋或夏季使用,-10号柴油一般在冬季使用,0号柴油在4℃以上的气温下使用,-10号柴油在-5℃以上的气温下使用,如在使用中发生析蜡(结冰)现象,是因为牌号不够。

五、甲醇柴油

随着柴油机动车辆的剧增,成品油价格也随之猛升,大量的汽车厂家正在增加柴油发动机的机动车辆,以开发市场、降低成本、促进销售。大量柴油机动车辆的上市,势必造成柴油需求量的猛增,加之其他商用柴油的普及,柴油的需求量越来越大。但现有柴油的甲醇含量较低,难以大幅度降低燃油成本。甲醇柴油(即复合甲醇柴油)是柴油、甲醇、添加剂按照一定的体积或质量比经过严格的流程调配而成的新型环保清洁节能燃料,可以解决以上问题。

甲醇柴油特点如下:

(1)环保节能。甲醇柴油含氧量高、清洁性好,燃烧充分,使其有害排放物CO、HC和NO_x减少30%,烟度值下降幅度超过80%。

(2)动力性强。马力强劲,油耗与原柴油相当,易启动,燃烧完全。

(3)冷滤点降低。该产品的冷凝点和滤点可比同标号柴油降低7~9个单位。

(4)通用性好。无须改变柴油发动机结构及参数的情况下,直接使用能满足发动机的要求和稳定运行。

(5)适用范围广。甲醇柴油适用于各种用途的柴油发动机及以柴油为燃料的机械设备。

(6)性能稳定。甲醇柴油配制过程中复配了对油品中不安定化学组分的自动氧化反应起抑制作用的组分,成品甲醇柴油可保持三个月内不分层、不变色。

(7)无限互溶。成品甲醇柴油可与国标柴油以任意比例互溶,不分层、不变色。

(8)调配成本低。甲醇柴油调配设备简单,原材料成本低,易采购。

六、生物柴油

生物柴油于1988年诞生,由德国聂尔公司发明。生物柴油是指植物油(如菜籽油、大豆油、花生油、玉米油、棉籽油等)、动物油(如鱼油、猪油、牛油、羊油等)、微生物油脂或废弃油脂与甲醇或乙醇经过酯化或酯交换工艺制得的主要成分为长链脂肪酸甲酯或乙酯的新型燃料。其突出的环保性和可再生性,引起了世界发达国家,尤其是资源贫乏国家的高度重视。生物柴油是典型的绿色能源,大力发展生物柴油对经济可持续发展、推进能源替代、减轻环境压力、控制城市大气污染具有重要的战略意义。

按化学成分分析,生物柴油燃料是一种高脂酸单酯,它是通过以不饱和油酸 C_{18} 为主要成分的甘油酯分解而获得的。与常规柴油相比,生物柴油具有下述优良的性能。

(1) 具有优良的环保特性。主要表现在由于生物柴油中硫含量低,使得二氧化硫和硫化物的排放低,可减少硫排放约 30%(有催化剂时为 70%);生物柴油中不含会对环境造成污染的芳香烃,因而其废气对人体的损害低于柴油。检测表明,与普通柴油相比,使用生物柴油可降低 90% 的空气毒性,降低 94% 的患癌率;由于生物柴油含氧量高,其燃烧时排烟少,一氧化碳的排放与柴油相比减少约 10%(有催化剂时为 95%);生物柴油的生物降解率高。

(2) 具有较好的低温发动机启动性能。无添加剂的冷滤点达 -20℃。

(3) 具有较好的润滑性能。使喷油泵、发动机缸体和连杆的磨损率降低,使用寿命延长。

(4) 具有较好的安全性能。由于闪点高,生物柴油不属于危险品,因此在运输、储存、使用方面的安全性好是显而易见的。

(5) 具有良好的燃料性能。十六烷值高,使其燃烧性好于柴油,燃烧残留物呈微酸性,使催化剂和发动机机油的使用寿命加长。

(6) 具有可再生性能。作为可再生能源,与石油储量不同,其通过农业和生物科学家的努力,生物柴油的供应量不会枯竭。

(7) 具有较好的通用性。无须改动柴油机,可直接添加使用,同时无须另添设加油设备、储存设备及人员的特殊技术训练。

(8) 具有较好的节能降耗特性。生物柴油以一定比例与普通柴油调和使用,可以降低油耗、提高动力性,并降低尾气污染。

七、清洁柴油

清洁柴油指硫含量小于 800mg/kg、氧化安定性指标总不溶物小于 2.5mg/100mL、十六烷值大于 45 的轻柴油。我国是从 2002 年 1 月 1 日起推广使用清洁柴油的。对于大中城市,还必须使用优质车用柴油,即硫含量小于 500mg/kg、双环以上芳烃限量、十六烷值进一步提高的柴油。

八、柴油牌号的选择

国产柴油的种类和质量标准根据使用对象不同,分为轻柴油、重柴油、农用柴油和军用柴油等几类。

轻柴油作为高速柴油机的燃料,质量要求较高,主要是直馏产品或直馏和裂化馏分的调和产品,按凝点分六个牌号:5 号、0 号、-10 号、-20 号、-35 号和 -50 号。根据不同地区、季节及发动机情况选用。

重柴油是中速和低速柴油机的燃料,按凝点分为 10 号、20 号和 30 号三个牌号。重柴油的凝点较高,在储运和使用中都必须备有燃料的加热设备和完善的过滤设施。

农用柴油是拖拉机和排灌机械用柴油机燃料,质量要求较低。

此外还有一些专用柴油,如军用柴油,其凝点要求很低,为 -10℃、-35℃ 和 -50℃,大多数是由克拉玛依低凝原油生产的 200~300℃ 直馏产品。舰艇专用柴油,因工作条件苛刻、舰舱小、室温高,要求启动性好、启动后功率大、燃烧完全、不冒黑烟、排气刺激性小、润滑油和燃料消耗少,因此要求较严格。规定舰艇专用柴油的闪点比普通柴油高 30~40℃、馏分窄、轻质和重质组分都少、十六烷值适当,并尽量降低硫含量。主要用于高速、大马力的快艇、潜艇等的主机。

柴油的燃烧性能主要是以十六烷值来表示的。十六烷值越高,柴油的燃烧性能越好,但其凝点也越高。凝点是柴油的重要指标之一,但凝点与柴油的低温使用性能没有直接的对应关系。因此,选用柴油的依据是使用时的温度。使用柴油发动机的汽车要注意根据使用地的环境温度来选择适当牌号的油品。一般来说,气温低选取凝点较低的轻柴油;反之,则选用凝点较高的轻柴油,凝点应低于当地气温5℃。柴油汽车主要选用0号、-10号、-20号、-35号和-50号这5个牌号的柴油。温度在4℃以上时选用0号柴油;温度在4~-5℃时选用-10号柴油;温度在-5~-14℃时选用-20号柴油;温度在-14~-29℃时选用-35号柴油;温度在-29~-44℃时选用-50号柴油。具体地说,0号轻柴油适于我国各地4~9月使用,长江以南冬季亦可使用;-10号轻柴油适于长城以北地区冬季和长江以南地区严冬使用;-20号轻柴油适于长城以北地区冬季和长城以南、黄河以北地区严冬使用;-35号轻柴油适于东北和西北地区严冬使用。

如果使用温度低于所选用的柴油的牌号,发动机中的燃油系统就可能结蜡,堵塞油路,影响发动机的正常工作。因此为了保险起见,常选较低凝点的柴油,这样可以保证发动机正常工作,但不利于合理使用能源。

第三节 喷气燃料

喷气燃料,即喷气发动机燃料,又称航空涡轮燃料,是一种轻质石油产品。主要由原油蒸馏的煤油馏分经精制加工,有时还加入添加剂制得,也可由原油蒸馏的重质馏分油经加氢裂化生产。分宽馏分型(沸点60~280℃)和煤油型(沸点150~315℃)两大类,广泛用于各种喷气式飞机。煤油型喷气燃料也称航空煤油。喷气燃料产量,在第二次世界大战后,随喷气式飞机的发展而急剧增长,目前,已远超过航空汽油。

一、喷气发动机的特点和对燃料质量的要求

(一)喷气发动机的特点

点燃式航空发动机受高空空气稀薄及螺旋桨效率所限,只能在10000m以下空域飞行,时速无法超过900km。喷气发动机的出现改变了这一状况。喷气发动机是借助高温燃气从尾喷管喷出所形成的反作用力推动前进的,它的突出优点是可以在20000m以上高空以2马赫(马赫数为音速的倍数,通常用 Ma 表示,音速约为1180km/h)以上的高速飞行。而且时速越高,喷气发动机的重量与点燃式发动机重量之比越小,当时速为1000km时,这个比值是1/10,时速增大到2000km时,此比值降到1/50。喷气发动机另一优点是热功率较高,随着飞行速度的提高,经济性能更好。目前,喷气发动机不仅在军用而且在民用上基本取代了点燃式航空发动机。

(二)喷气发动机对燃料质量的要求

喷气发动机的推力是借助燃料的热能转变为燃气的动能产生的。这个能量的转换过程是在高空飞行条件下实现的,所以对燃料的质量要求非常严格,以保证安全可靠。对喷气发动机燃料质量的主要要求如下:

(1)良好的燃烧性能。喷气燃料应具有适当的化学成分,保证在各种工作条件下,喷气燃

料都具有良好的起动性、燃烧稳定性和完全性。所以,为保证燃料燃烧的连续性与完全,目前使用的喷气燃料馏分不能太重,终馏点限制在300℃以下。

(2) 适当的蒸发性。适宜的饱和蒸气压、均匀的馏程分布,可保证高空飞行不产生气阻、储存、运输和高空飞行时蒸发损失小、燃烧稳定。

(3) 较高的热值和密度。保证飞机有较大的活动半径。

(4) 良好的安定性。喷气燃料在储存和使用过程中,应性质稳定,不易氧化变质而生成胶质或沉淀。特别是在超音速飞机中使用的喷气燃料,应具有良好的热安定性,不易产生沉淀物,堵塞油滤。

(5) 良好的低温性。喷气燃料在低温工作条件下不析出烃结晶和冰结晶,以保证发动机的正常供油。

(6) 无腐蚀性。保证燃油系统零部件不发生液相腐蚀、燃气系统零部件不发生气相腐蚀。

(7) 良好的洁净性。喷气燃料中机械杂质、水、表面活性物的含量应严格符合质量标准的要求。

(8) 较小的起电性。保证飞行、运输和加油时的安全。

(9) 适当的润滑性。保证燃油系统零部件正常润滑无磨损。

二、喷气燃料的主要性能

(一) 喷气燃料的燃烧性能

1. 燃料的启动性、燃烧稳定性及燃烧完全度

喷气燃料燃烧时,首先要求易于启动和燃烧稳定,其次要求燃烧完全。燃料的启动性取决于燃料的自燃点、着火延滞期、爆炸极限、可燃混合气发火所需的最小点火能量、燃料的蒸发性和黏度等性质。燃料燃烧的稳定性除与燃烧室结构和操作条件有关外,还和燃料的烃类组成及馏分轻重有密切关系。研究表明,正构烷烃和环烷烃的爆炸极限较芳香烃的宽,特别是在温度低的情况下更为明显。所以,从燃烧的稳定性角度看,烷烃和环烷烃为较理想的组分。所以,喷气燃料一般采用爆炸极限宽、燃烧较稳定的煤油馏分。燃烧完全度指单位燃料燃烧时实际放出的热量占燃料净热值的百分率,它直接影响飞机的动力性能、航程远近和经济性能。燃料燃烧的完全度一方面受进气压力、进气温度和飞行高度等工作条件的影响,另一方面也受燃料黏度、蒸发性和化学组成的影响。

2. 喷气燃料生成积炭的倾向

喷气燃料在燃烧过程中会产生炭质微粒,炭质微粒积聚在喷嘴、火焰筒壁上就形成积炭。喷嘴上积炭会恶化燃料的雾化质量,使燃烧过程变差;火焰筒积炭会使之受热不均而开裂;另外脱落的炭碎片会进入涡轮而损坏叶片。喷气燃料在发动机中生成积炭的倾向与燃烧室构造、发动机工作条件及燃料的性质都有关。就燃料而言,化学组成对积炭影响最大,最易生成积炭的成分是芳香烃,尤其是双环芳香烃。因此,在喷气燃料的质量标准中除限制芳香烃含量外,还规定萘系烃的含量不大于3%。

在喷气燃料技术标准中,表征其积炭倾向的指标可以是萘系含量、烟点或辉光值。烟点(无烟火焰高度)是在特制的灯中测定燃料火焰不冒烟时的最大高度。烟点越高,燃料生成积炭的倾向越小。油品含芳香烃越低,烟点越高。辉光值是用来表示燃料燃烧时火焰的辐射强

度,一般喷气燃料规定辉光值不得低于45。

3. 热值和密度

喷气式飞机的速度快、续航里程长、发动机功率大,但油箱容积有限,因而要求燃料具有较大的能量。

喷气燃料的能量特性以质量热值(kJ/kg)和体积热值表示。数值越大,表明能量特性越好。热值又称为燃烧热,是指1kg(或1L)燃料完全燃烧所放出的热量。喷气燃料的热值一律以净热值(即低热值)表示,这是因为发动机喷出的燃气处于高温状态、水蒸气的凝结热无法利用的缘故。

质量热值随燃料元素组成中氢含量增高而增大。质量热值越高,发动机燃料的消耗越低。对于续航时间不长的歼击机,为了减轻负载,应使用质量热值高的燃料。

体积热值随密度增大而增高。由于远程飞机的燃料油箱容积有限,为了保证最大的航程,除质量热值应保持一定水平外,还要求具有尽可能高的体积热值。换言之,即要求具有高的质量热值和较大的密度。国产喷气燃料要求,净热值不得小于42.8MJ/kg,相对密度不能小于0.775。现今喷气燃料的相对密度最高为0.845。

喷气燃料的热值与密度都同其化学组成和馏分组成有关。用各族烃比较,含氢量以烷烃最高、芳香烃最低,所以烷烃质量热值最高、环烷烃次之、芳香烃最低。体积热值正好相反,芳香烃的密度最大,因而体积热值最大、环烷烃次之、烷烃最小。异构烷烃的质量热值与正构烷烃相近,但体积热值比正构烷烃有明显的增大。对于同一族烃来说,随沸点升高、密度增加,质量热值减少。

由此可见,质量热值与体积热值是相辅相成的。为了使喷气燃料具有良好的能量性能,其理想组分是带侧链的环烷烃和异构烷烃,馏分组成是煤油型的。芳香烃不仅质量热值低,燃烧时还易生成积炭,所以必须限制其含量,我国喷气燃料标准规定芳香烃含量不得大于20%(质量分数)。

(二)喷气燃料的安定性

喷气燃料的安定性包括储存安定性和热安定性。

1. 储存安定性

喷气燃料在储存过程中容易变化的质量指标有胶质、酸度及颜色等。胶质和酸度增加的原因是其中含有少量不安定的成分,如烯烃、带不饱和侧链的芳香烃以及非烃等。喷气燃料质量标准中对实际胶质、碘值、硫、硫醇含量都作了严格的规定。

储存条件对喷气燃料的质量变化有很大影响,其中最重要的是温度。当温度升高时,燃料氧化的速度加快,使胶质增多及酸度增大,同时也使燃料的颜色变深。此外,与空气的接触、金属表面的接触以及水分的存在,都能促进喷气燃料氧化变质。

2. 热安定性

当飞行速度超过音速以后,由于与空气摩擦生热,飞机表面温度上升,油箱内燃料的温度也上升,可达100℃以上。在这样高的温度下,燃料中的不安定组分更容易氧化生成胶质和沉淀物。这些胶质沉淀在热转换器表面上,导致冷却率降低;沉积在过滤器和喷嘴上,则会使过滤器和喷嘴堵塞,并使喷射的燃料分配不均,引起燃烧不完全等。因此,对长时间作超音速飞行的喷气燃料,要求具有良好的热安定性。

喷气燃料的热安定性主要取决于其化学组成。研究表明,喷气燃料中的饱和烃生成的沉淀物很少,而加入芳香烃后沉淀物就成十倍地增多;而燃料中所含胶质和含硫化合物也会使其热安定性显著变差,使产生的沉淀物量大大增加。

(三)喷气燃料的低温性能

喷气燃料是在高空的低温条件下工作,必须具备在低温下能顺利通过滤清器和用泵输送的性能。喷气燃料的低温性能是指在低温下燃料在飞机燃料系统中能否顺利地泵送和过滤的性能。喷气燃料的低温性能是用结晶点或冰点表示的。结晶点是燃料在低温下出现肉眼可辨的结晶时的最高温度;冰点是在燃料出现结晶后,再升高温度至结晶消失时的最低温度。

对喷气燃料的低温性能要求,决定于地面和飞行时油箱中可能达到的最低温度。一般喷气飞机在 $-40℃$ 低温大气层或同温层(温度约为 $-54℃$)中飞行,因而必须保证军用航煤的结晶点不高于 $-60℃$,个别不高于 $-50℃$。大型超音速喷气飞机燃料,因机件与空气摩擦产生大量热量,此时燃料兼作循环冷却液之用,因而对结晶点的要求可以放宽到 $-40℃$。

影响燃料低温性能的因素有两方面。一方面是燃料的化学组成,正构烷烃和芳香烃的结晶点较高,而环烷烃和烯烃的较低;在同一族烃类,随沸点升高,结晶点增高。用石蜡基原油如大庆原油生产的直馏航煤,结晶点只能达到 $-50℃$,而用中间基原油可以直接生产结晶点为 $-60℃$ 以下的航煤。另一个方面是燃料中含有微量溶解水或呈细小液滴分散状或乳化状的水,这些水的含量虽微,但在低温下呈冰晶析出,同样会堵塞燃料泵的过滤系统。

微量水分的出现,除了与管理不善有关以外,还与烃类对水的溶解度有关。不同烃类对水的溶解度不同,其中以芳香烃特别是苯的溶解度为最高,因此,也需要限制航煤中的芳香烃含量。

(四)喷气燃料的腐蚀性

喷气燃料的腐蚀可分为液相腐蚀和气相腐蚀。

1. 液相腐蚀

液相腐蚀是指喷气燃料对储运设备和发动机燃料系统产生的腐蚀。对金属材料有腐蚀作用的主要是燃料中的含氧、含硫化合物和水分。

2. 气相腐蚀

喷气燃料在燃烧过程中,对燃烧室内的火焰筒有烧蚀现象,涡轮及尾喷管等也常受到燃烧产物的侵蚀。这种在高温条件下燃气对金属的侵蚀,称为气相腐蚀。

所以为了防止燃料对油泵精密部件的腐蚀,对油品的总硫量、硫醇性硫、酸度、铜片腐蚀等指标均需要加以控制。由于喷气发动机高压油泵一般采用镀银机件,而银对硫化物的腐蚀极为敏感,因此还专门增加了银片腐蚀试验。

(五)喷气燃料的洁净度

喷气发动机燃料系统机件精密度很高,因而,即使较细的颗粒物质也会造成燃料系统的故障。引起燃料脏污的物质主要有水、表面活性物质、固体杂质及微生物。在喷气燃料标准中,要求游离水含量不得超过 $30mg/kg$,固体颗粒 $1L$ 燃料中不应多于 $1mg$,微粒直径不得超过 $5\mu m$。

(六)喷气燃料的起电性

喷气发动机的耗油量很大,在机场往往采用高速加油,在泵送燃料时,燃料和管壁、阀门、过滤器等高速摩擦,油面就会产生和积累大量的静电荷,其电势可达到数千伏甚至上万伏。这样,到一定程度就会产生火花放电,如遇到可燃混合气,就会引起爆炸失火,酿成重大灾害。

影响静电荷积累的因素很多,其中之一是燃料本身的电导率(电导率是物体传导电流的能力)。电导率小的燃料,在相同的条件下,静电荷的消失慢而积累快;反之,电导率大的燃料,静电荷消失速度快而不易积累。质量标准中要求喷气燃料的电导率大于 50~450pS/m(电导率的基本单位是西门子 S)。

(七)喷气燃料的润滑性

在喷气发动机中,燃料泵的润滑依靠的是自身泵送的燃料。当燃料的润滑性能不足时,燃料泵的磨损增大,这不仅降低油泵的使用寿命,而且影响油泵的正常工作,引起发动机运转失常甚至停车等故障,威胁飞行安全。

燃料的润滑性是由它的化学组成决定的。据研究,燃料组分的润滑性能按照非烃化合物、多环芳香烃、单环芳香烃、环烷烃、烷烃的顺序依次降低。这是由于非烃化合物具有较强的极性,易被金属表面吸附,形成牢固的油膜,可有效地降低金属间的摩擦和磨损。

含有少量的极性物质,对喷气燃料的润滑是有利的。当然,含量不能过多,否则会引起腐蚀等其他弊端。由此可见,对喷气燃料的精制深度要适当,若精制过深,则会使其润滑性能变差。

三、喷气燃料的牌号

喷气燃料主要用作喷气式发动机燃料,目前,大型客机均使用喷气燃料。喷气燃料的牌号有 1 号喷气燃料、2 号喷气燃料、3 号喷气燃料、宽馏分喷气燃料(原称 4 号喷气燃料)、高闪点喷气燃料(原称 5 号喷气燃料)及大密度喷气燃料(原称 6 号喷气燃料)。原 1 号和 2 号喷气燃料已不再生产,后三种是军用喷气燃料,最常用的是 3 号喷气燃料。

1 号喷气燃料代号 RP-1,结晶点不高于 -60℃。1 号喷气燃料在我国喷气燃料产量中一直未占主导地位,产量最多时也从未超过我国喷气燃料总产量的 15%。这是因为我国原油多为石蜡基,生产 -60℃ 喷气燃料非常困难,收率低、成本高而且产量有限。2 号及 3 号喷气燃料标准推广后,1 号喷气燃料生产逐渐萎缩,到 20 世纪 90 年代末完全停产。

2 号喷气燃料代号 RP-2,结晶点为 -50℃。2 号喷气燃料由于主要用低硫石蜡基原油生产,烷烃含量高,硫、氧、氮等非烃化合物含量低,所以一般不需要苛刻的精制即能满足标准中各项指标要求。由于未经过加氢精制,天然非烃化合物能保存下来,因而产品具有良好的抗磨润滑性和材料相容性,同时产品组成中烷烃含量高,因而产品的燃烧性能也较好。2 号喷气燃料的闪点为 28℃,不适应国际标准要求,现已逐渐为闪点不低于 38℃ 的 3 号喷气燃料所取代。我国 20 世纪 90 年代 2 号喷气燃料已基本停产。

3 号喷气燃料代号 RP-3,为适应国际通航和喷气燃料进出口,该产品于 20 世纪 70 年代末开始研制,80 年代初得到完善并投入大量生产,广泛用于出口、民航飞机和军用飞机。最初 3 号喷气燃料相对于 2 号喷气燃料最主要的改变是闪点较高(不低于 38℃),采用冰点代替结晶点作为低温性能指标,并规定冰点最高为 -47℃。此外不控制初馏点,10% 馏出温度不高于

205℃,这给不同原油生产喷气燃料和按不同工艺生产喷气燃料提供了比较大的灵活性,特别是适合当初主要用国内低硫石蜡基原油生产喷气燃料的状况。目前,3号喷气燃料用于各型飞机和直升机。

4号喷气燃料代号RP-4,已通过全部试验鉴定程序和试用,但未大量投产使用。4号喷气燃料质量主要的特点是:馏分宽,因而喷气燃料的收率高;相对密度允许不小于$0.751g/cm^3$;冰点允许不高于-50℃,对闪点无要求。国内在一般情况下不会使用RP-4,而是作为特殊情况下的应急备用燃料。

5号喷气燃料代号RP-5,与美国的JP-5相类似,闪点高,主要用于海军舰载飞机。

6号喷气燃料代号RP-6,为适应我国军用飞机特殊需要,在20世纪70年代和80年代初,开展了大密度的喷气燃料试制、试产和试验鉴定工作。在6号喷气燃料研制时,因受原油和加工成本等限制,RP-6型喷气燃料的产量较低,只能作为特殊喷气燃料使用。现国内开展煤液化生产油品技术,其喷气燃料馏分是很好的大密度喷气燃料原料,可以扩大大密度喷气燃料产量。

第四节 燃 料 油

一、燃料油的分类

燃料油是原油炼制出的成品油中的一种,产品质量有着较强的特殊性,最终燃料油产品形成受到原油品种、加工工艺、加工深度等许多因素的制约。根据不同的标准,燃料油有不同的分类。

(1)根据出厂时是否形成商品,燃料油可以分为商品燃料油和自用燃料油。商品燃料油指在出厂环节形成商品的燃料油;自用燃料油指用于炼厂生产的原料或燃料而未在出厂环节形成商品的燃料油。

(2)根据加工工艺流程,燃料油又称为重油,可以分为常压重油、减压重油、催化重油和混合重油。常压重油指炼厂催化、裂化装置分馏出的重油(俗称油浆);混合重油一般指减压重油和催化重油的混合,包括渣油、催化油浆和部分沥青的混合。

(3)根据用途,燃料油分为船用内燃机燃料油和炉用燃料油两大类。前者是由直馏重油和一定比例的柴油混合而成,用于大型低速船用柴油机(转速小于150r/min)和小型锅炉。后者又称为重油,主要是减压渣油、裂化残油或二者的混合物,或调入适量裂化轻油制成的重质石油燃料油,供各种工业炉或锅炉作为燃料。

二、燃料油的主要质量要求

燃料油的主要质量要求有黏度、含硫量、闪点、水分、灰分和机械杂质。

1.黏度

黏度是燃料油最主要的质量指标,是划分燃料油等级的主要依据。它是对流动性阻抗能力的度量,它的大小表示燃料油的易流性、易泵送性和易雾化性能的好坏。目前国内较常用的是40 ℃运动黏度(馏分型燃料油)和100 ℃运动黏度(残渣型燃料油)。

2. 含硫量

燃料油中的含硫量过高会引起金属设备腐蚀和环境污染。根据含硫量的高低,燃料油可以划分为高硫、中硫和低硫燃料油。

3. 闪点

闪点是油品安全性的指标。闪点越高越安全,闪点过低会带来着火的隐患。

4. 水分

水分的存在会影响燃料油的凝点,随着含水量的增加,燃料油的凝点逐渐上升。此外,水分还会影响燃料机械的燃烧性能,可能会造成炉膛熄火、停炉等事故。

5. 灰分

灰分是燃烧后剩余不能燃烧的部分,特别是催化裂化循环油和油浆渗入燃料油后,硅铝催化剂粉末会使泵、阀磨损加速。另外,灰分还会覆盖在锅炉受热面上,使传热性变坏。

6. 机械杂质

机械杂质会堵塞过滤网,造成抽油泵磨损和喷油嘴堵塞,影响正常燃烧。

三、燃料油的主要用途

我国燃料油消费主要用途集中在发电、交通运输、冶金、化工、轻工等行业。根据国家统计局统计,其中电力行业的用量最大,占消费总量的32%;其次是石化行业,主要用于化肥原料和石化企业的燃料,占消费总量的25%;再次是交通运输行业,主要是船舶燃料,占消费总量的22%;近年来需求增加最多的是建材和轻工行业(包括平板玻璃、玻璃器皿、建筑及生活陶瓷等制造企业),占消费总量的14%,钢铁部门的燃料油消费占消费总量的7%左右。

第五节　石　油　焦

石油焦是黑色或暗灰色固体石油产品,它是带有金属光泽、呈多孔性的无定形碳素材料。石油焦主要的组分是碳氢化合物,含碳88%~95%、氢3%~4%、氮1%~2%、硫0.58%~6%和氧1%~7%,其余的是氯及重金属化合物。石油焦一般是减压渣油经延迟焦化而制得,广泛用于制碳素材料、冶金、化工等部门,作为制造石墨电极或生产化工产品的原料,也可直接用作燃料。

一、石油焦的分类

石油焦通常有下列四种分类方法:

(1)按生产工艺不同,可分为延迟焦、流化焦、釜式焦和平炉焦。我国石油焦主要为延迟焦,其他三种焦相对较少。

(2)按加工方法的不同,可分为生焦和熟焦。前者由焦化装置的焦炭塔得到,又称原焦,它含有较多的挥发分,强度较差;后者是生焦经过高温煅烧(1300℃)处理除去水分和挥发分而得,又称煅烧焦。煅烧焦再在2300~2500℃下进行石墨化,使微小的石墨结晶长大,最后可以加工成电极。

(3)按硫含量的高低,可分为高硫焦(硫含量大于4%)、中硫焦(硫含量2%~4%)和低硫焦(硫含量小于2%)。硫含量增高,焦炭质量降低,其用途也随着而改变。高硫焦一般只能作水泥厂和发电厂的燃料,低硫焦主要用于生产铝电解碳素阳极和石墨电极。焦炭的硫含量主要取决于原料的硫含量。

(4)按其显微结构形态的不同,可分为海绵焦、蜂窝状焦和针状焦。海绵焦多孔如海绵状,又称普通焦,其结构疏松,含杂质较多,主要用作燃料;蜂窝状焦呈蜂窝状结构,分布着均匀小孔,可做碳素原料;针状焦致密如纤维状,又称优质焦,它在性质上与海绵焦有显著差别,具有密度高、强度高、热膨胀系数低等特点,在导热、导电、导磁和光化学上都有明显的各向异性。针状焦主要是从芳烃含量高且非烃含量少的原料制得,是一种优质的碳素原料。

二、石油焦的主要质量指标

(1)挥发分。石油焦挥发分大小可表明其焦化温度的高低。挥发分越小,其焦化温度越高。如石油焦中所含挥发分的量太多,在煅烧时焦炭易于破碎。

(2)硫含量。硫含量是石油焦最关键的质量要求。因为在生产石墨电极焦时,即使在高温煅烧石墨化过程中,硫也不能全部释出,仍残留在石墨电极里。但当电极处在1500℃以上的高温时,硫会分解出来,使电极晶体膨胀,再冷却时又会收缩,以致使电极破裂。对于化学工业用石油焦,硫含量高也有不良影响,如生产电石时会生成硫化氢污染环境。

(3)灰分。在高温石墨化过程中,部分灰分会挥发而形成孔隙,从而使成品电极的机械强度和电性能降低。此外,石墨电极中灰分的存在还会影响冶金产品的纯度。石油焦中的灰分视石油渣油中硫含量和焦化条件而定,一般碳素原料石油焦灰分含量应不大于0.5%,生产高纯石墨的石油焦的灰分含量应不大于0.15%。

三、延迟石油焦

延迟石油焦也称普通焦,按其用途划分为三个牌号即1号、2号和3号。1号主要用于制造炼钢工业中的普通功率的石墨电极。2号用于制造炼铝工业中的电极。3号用于制造化学工业中的碳化物(电石和碳化硅)或用作金属铸造等的燃料。这三个牌号按质量差别又各分A和B两档。

四、针状焦

针状焦的质量指标中,除对其硫含量、灰分和挥发分有更严格的规定外,还要求其具有较大的真密度及较小的热膨胀系数。真密度能大体反映针状焦的结晶度,真密度大表示其结晶度高、结构致密,这样便可确保成品电极的机械强度高。热膨胀系数小反映针状焦的抗热冲击性能好,这是指其在承受突然升至高温或从高温急剧冷却时不易破裂。针状焦主要用作制造炼钢用高功率和超高功率的石墨电极,用针状焦生成的石墨电极具有热膨胀系数低、电阻低、结晶度高、纯度高、密度大等优良性能,从而可以提高电炉炼钢的冶炼强度,缩短冶炼时间。

五、特种石油焦

特种石油焦是核工业和国防工业上不可缺少的重要原料,它是生产核反应堆用石墨套管的原料,反应堆内层的中子反射层也是石墨制成。因此,要求它有更高的质量,所含的灰分、含硫量、挥发分都要更少。

第六节 润 滑 油

润滑剂是很重要的一类石油产品,可以说所有有运动部件的机器都需要润滑剂,没有润滑剂就无法正常运行。虽然润滑剂的产量仅占原油加工量的2%左右,但因其使用条件千差万别,润滑剂的品种多达数百种,而且质量要求非常严格,其加工工艺也较复杂。润滑剂包括润滑油和润滑脂。润滑油呈液体状,洁净的润滑油呈墨绿色;由于绝大多数润滑脂是半固体,而且一般呈黄色,所以俗称黄油。本节仅就润滑油进行讨论。

一、润滑油的分类

由于各种机械的使用条件相差很大,所需润滑油的要求也大不一样,因此,润滑油按其使用的场合和条件的不同,分为很多种类。各类润滑油的性质各异,均有其特定的用途,切不可随意使用,不然,会影响机器的正常运转,甚至导致机件的烧损。

我国基本上是按照国际标准化组织(International Standardization Organization)的ISO 6743—0—1981润滑剂分类标准制定了GB/T 7631.1—2008国家标准,把润滑剂分为18组,见表2-1。在每一类中又分为若干个品种,如内燃机油类就包括了汽油机油、柴油机油、铁路内燃机车用油、船用气缸油、航空发动机油和二冲程汽油机油等,在每个品种中再细分成许多牌号。

表2-1 润滑剂和有关产品的分类

类 别	名 称	类 别	名 称
A	全损耗系统用油	N	电器绝缘
B	脱模	P	气动工具
C	齿轮	Q	热传导液
D	压缩机(包括冷冻机及真空泵)	R	暂时保护防腐蚀
E	内燃机油	T	汽轮机
F	主轴承、轴承、离合器	U	热处理
G	导轨	X	用润滑脂的场合
H	液压系统	Y	其他应用场合
M	金属加工	Z	蒸汽气缸

为了方便起见,习惯上将润滑油按其使用场合分为下列四类:

(1)内燃机润滑油。包括汽油机油、柴油机油等。这是需要量最多的一类润滑油,约占润滑油总量的一半。

(2)齿轮油。齿轮油是在齿轮装置上使用的润滑油,其特点是在机件间所受的压力很高。

(3)液压油及液力传动油。它是在传动、制动装置及减震器中用来传递能量的液体介质,同时也起润滑及冷却作用。

(4)工业设备用油。其中包括机械油、汽轮机油、压缩机油、气缸油以及不起润滑作用的电器绝缘油、金属加工油等。

二、润滑油的基础油

由于机械要求和使用条件的千差万别,润滑油的品种多达数百种,假如每种润滑油都单独生产,那就不胜其烦。为了简化润滑油生产,目前,各国都采取先制成一系列符合一定规格的、黏度不同的基础油,然后根据市场需要将不同牌号的若干种基础油进行调和,并加入适量的添加剂,以制得各种规格的润滑油商品。这样不仅使润滑油的生产规范化,达到事半功倍的效果,同时还易于根据市场的变化及时调整产品结构。

由此可见,润滑油的品种虽然很多,但都是以基础油为主体并加入各种添加剂而制成的。基础油又可分为矿物油和合成油两大类。所谓矿物油,就是以原油的减压馏分或减压渣油为原料,并根据需要经过脱沥青、脱蜡和精制等过程而制得的润滑油基础油(习惯上,将从原油减压馏分制取的基础油称为中性油,将从减压渣油制取的基础油称为光亮油),矿物油是目前生产各种润滑油的主要原料。但是,矿物油有时还不具备航空、航天和国防等特殊场合所要求的耐低温、耐高温、高真空、抗燃、抗辐射等性能。因此,还需通过合成的途径制取一些具有特殊性能的合成润滑油。本节只讨论以石油为基础的润滑油,不涉及合成润滑油。

对于从原油制取的润滑油基础油,我国原来是按原油类别将其质量标准分为石蜡基基础油系列、中间基基础油系列及环烷基基础油系列。但是,实际上基础油的性质不仅与原油的基属有关,很大程度上还取决于所用的加工方法,例如日益广泛采用的加氢技术可使基础油的质量有很大改善。

三、内燃机润滑油

内燃机润滑油简称内燃机油,也称发动机油或曲轴箱油,用于汽油机、柴油机、航空发动机、船用发动机中,在润滑油中的用量最大、要求也最严格。

(一)内燃机润滑油的工作条件

内燃机润滑系统见图2-5,它是由曲轴箱、润滑油泵、润滑油散热器、粗滤清器、细滤清器所组成。润滑油是通过油泵的压力循环或通过激溅等方法,送到气缸和活塞之间以及连杆轴承、曲轴轴承等摩擦部位,以保证发动机的正常润滑和运转。随着内燃机向高速和大功率的方向发展,内燃机油的工作条件越来越苛刻,其工作条件的主要特点如下:

(1)使用温度高。内燃机的气缸和活塞都直接与燃气接触,而燃气的温度最高可达2000℃以上。这样,汽油机活塞顶部的温度可达250℃;而柴油机的条件更苛刻,其活塞顶部的温度更要高一些,约为300℃左右。曲轴箱油温也约为100℃。

(2)摩擦件间的负荷较大。主轴承处的负荷为5~12MPa,连杆轴承处可达35MPa。

(3)运动速度多变。活塞在气缸中的运动速度是周期性变化的,其速度最快时达每秒数十米,而在上止点和下止点时速度为零。

(4)所处的环境复杂。内燃机润滑油是循环使用的,它长期与空气中的氧以及多种能对氧化反应起催化作用的金属接触。

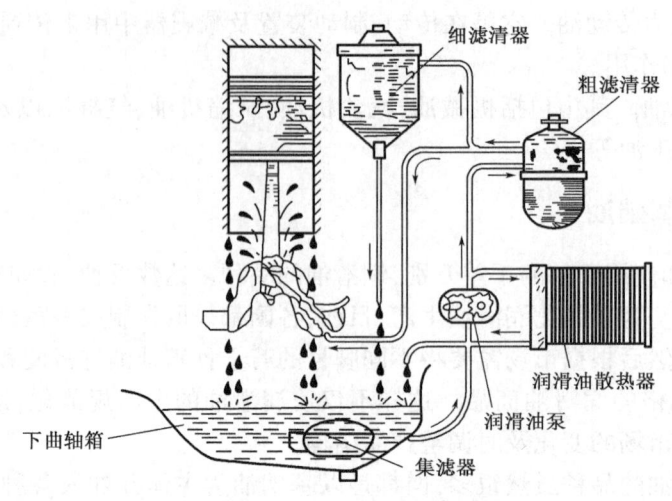

图 2-5 内燃机润滑系统

（二）润滑油在内燃机中的作用

1. 润滑与减摩作用

润滑油的首要任务是供给发动机各主要部件如活塞、气缸壁、轴与轴承等适当的润滑，即在相互运动的金属摩擦面之间形成一层保持一定黏度和厚度的油膜，避免金属面接触摩擦而造成磨损加剧，以减少内燃机各运动部件之间的磨损和因摩擦引起的功率损失和摩擦热，这样就增加了机械的有效功率，降低了燃料的消耗，节约了能量，同时也延长了机械的使用寿命。

2. 冷却发动机部件作用

燃料在内燃机中的燃烧会产生很高的温度，如不对机件加以冷却，内燃机就不能正常工作。内燃机的冷却介质是润滑油、水或空气等。新设计的内燃机常采用风冷而不是水冷，这就更增加了润滑油冷却作用的负荷，要求润滑油有更好的耐高温性能和冷却发动机的性能。

3. 密封作用

发动机各机件间，如气缸和活塞间、活塞环与环槽间都有一定的间隙，这些间隙如果不密封，燃烧室就会漏气，漏气会降低气缸压力，从而降低发动机输出功率。同时，废气还会从燃烧室经过活塞环与气缸壁的间隙，向下窜进油底壳，造成油底壳内润滑油稀释和污染。从密封的角度来看，高黏度润滑油比低黏度润滑油的作用大。

4. 保持摩擦部件清洁作用

发动机油在发动机内受恶劣环境影响，机油的氧化是无法完全避免的。氧化物易形成油泥、积炭，使润滑油和发动机变脏，造成局部过热、磨损加剧、机件损坏等。同时，不完全燃烧的燃料窜入润滑油的油箱中，形成油泥的母体，它与发动机油深度氧化的产物一起进入活塞环区，在高温下形成漆膜，严重时会把活塞黏死，使活塞环失去密封作用。同时漆膜的导热性很差，漆膜太多使活塞所受的热不能及时传出，导致活塞过热而膨胀，以致发生拉缸现象。API SD 以上质量级别的润滑油含有金属清净剂和无灰分散剂，能够清洁金属表面、分散污垢，保持发动机部件清洁。

5. 防锈和抗腐蚀作用

发动机在运转或存放时，大气中的水或机油中的水及燃烧时产生的酸性气体窜入曲轴箱，都会对机件产生锈蚀、腐蚀作用,进而在摩擦面上造成腐蚀磨损或磨粒磨损,使发动机损坏。为了使发动机能长期可靠地运转,要求润滑油有防锈性。API SD 以上质量级别的润滑油中添加有防锈剂或具有防锈性能的多效添加剂,可有效抵御各种腐蚀介质;同时,使油品具有中和及增溶酸的能力,以减少腐蚀介质侵蚀金属表面,起到良好的抗腐蚀作用。

(三)内燃机润滑油的主要质量要求

内燃机润滑油的质量要求很多,主要有以下 6 方面。

1. 黏度

要使摩擦副保持液体润滑,润滑油黏度的大小必须足以使它能在机件之间形成连续的油膜。假如润滑油的黏度太小,就会导致油膜厚度太薄,从而加大机件的磨损,甚至烧坏;假使润滑油的黏度太大,则用于克服液体内摩擦所耗的能量就会太大,也是不经济的。此外,从润滑油的冷却作用来看,黏度较小的润滑油冷却效果较好;从密封作用来看,则要求润滑油的黏度不能太小。至于黏度以多大为宜,则要根据不同内燃机的具体工作条件来确定。因此,往往需要生产一系列黏度不同的内燃机润滑油以供用户选择。

润滑油黏度的选择由其机械工作时的温度、负荷、转速等条件来决定。一般来说,负荷小、工作温度低、机械转速快时应选用黏度较小的润滑油。负荷较大、工作温度较高,应选用黏度较大的润滑油,其 100℃ 的运动黏度在 $6 \sim 22 mm^2/s$。

润滑油的黏度取决于其馏分组成与化学组成。就馏分组成而言,润滑油的沸程越高,其黏度也越大,所以,当要求黏度较大时,要以较重的减压馏分甚至减压渣油作为原料。就化学组成而言,当相对分子质量相近时,具有环状结构的分子的黏度大于链状结构的,而且,分子中的环数越多,其黏度也就越大。

2. 黏温性质

内燃机在正常运转时,有些部位的温度可高达 300℃,而在启动时温度又比较低。假如内燃机油的黏温性质不好,在高温时太稀,不能保持必要厚度的油膜,将使机械的磨损加大;而在低温时太稠,不仅会造成启动困难,也会导致磨损。这就要求内燃机润滑油的黏度随温度变化较小,即具有较好的黏温性质。

润滑油的黏温性质取决于其烃类分子结构。大体上,烃类中除正构烷烃的黏温性质最好外,带有少分支的长烷基侧链的少环烃类和分支程度不大的异构烷烃的黏温性质也比较好,而多环短侧链的环状烃类的黏温性质是很差的。

3. 抗氧化安定性

内燃机润滑油不仅使用的温度高,而且是循环使用,在不断与含氧的气体接触的过程中,易被氧化而变质。因此,需要设法提高润滑油的氧化安定性,以延长其使用寿命。

润滑油的烃类和非烃类组成对其氧化安定性的影响比较复杂。总的来说,在润滑油中饱和烃和单环芳香烃的含量高有利于改善其氧化安定性。同时,含有一定量的硫对烃类的氧化能起抑制作用,而多环芳香烃和碱氮的含量高则对润滑油的氧化安定性不利。针对我国大部分原油含氮量高、含硫量低的特点,为了改善润滑油的氧化安定性,必须通过精制把其中所含的氮尤其是碱性氮脱到相当低的水平,但同时又要注意保存一定量的硫。

实际上,单靠用精制手段来除去非理想组分的方法,还不能使其符合内燃机润滑油氧化安定性的要求,一般还需添加适量的抗氧化添加剂。

4. 清净分散性

内燃机润滑油还要具有能把在使用过程中因老化、衰败生成的各种沉积物从金属表面上洗涤下来并分散于润滑油中的能力。其沉积物包括积炭、漆膜和油泥。

积炭是高温分解的产物,为棕色到黑色的固体物质,它主要生成于活塞顶部、燃烧室壁、阀门等高温部位,会使金属部件磨损甚至烧蚀。

漆膜是氧化缩合的产物,为淡棕色到黑色的薄而坚固的膜,它主要生成于活塞环槽及活塞裙部等处,会使活塞环黏结剂传热变差,导致密封不严及磨损增大。

油泥是由水、润滑油及固态杂质等形成的乳状沉积物,为灰棕色到黑色的凝块。它主要沉积于曲轴箱及输油管等低温部位,会导致油路堵塞。

5. 低温流动性

良好的低温流动性是润滑油低温泵送性能的保障。影响润滑油低温流动性的因素主要有两个方面,一是在使用温度下因形成蜡结晶而丧失流动性;二是在使用温度下因黏度大、流动太慢而造成润滑油泵抽空或供油不足。

从化学组成来看,各种烃类中正构烷烃的凝点最高,易于凝固,这对于低温性能不利的;此外,多环烃类的低温黏度一般较大,所以从低温流动性角度来看,它们也不是理想组分。良好的低温流动性是润滑油低温泵送性能的保障。

6. 抗磨性

由于在气缸壁上油膜很难维持,所以,气缸壁与活塞之间经常处于边界润滑或混合润滑状态,同时,在主轴承和连杆轴承上的负荷也比较大,这要求内燃机润滑油具有良好的抗磨性能。各种烃类的抗磨性能虽有差别,但都还没能满足要求,这就需要加入具有抗磨作用的添加剂来改善这方面的性能。

上述内燃机润滑油的性能要求中,主要取决于基础油的化学组成结构以及馏分组成,但清净分散性和抗磨性能一般靠加入相应的添加剂来改善。

(四)识别内燃机润滑油的牌号和性能的方法

机油桶上除了商标、油品公司名称、油品名及特有名称外,还有国际通用规格型号,它由许多英文和数字组成,新手往往看得一头雾水。其实只要了解简单的规则就可以看懂机油桶上的标志,以便为自己的爱车选择合适的润滑油。

通常在机油桶上可以看到 API 及 SAE 两组字母,其代表的意义如下:

(1) API 是美国石油协会的简称,API 等级代表发动机油质量等级的分类。当一种发动机油已经标明质量等级,也就表明该油通过了发动机台架试验。

发动机分为汽油发动机和柴油发动机,发动机油也相应分为汽油发动机油和柴油发动机油。汽油机油以"S"系列代表,如果包装上只标有 API S*(*代表 A、B、C、D、E、F、G、H、J、K、L)的是汽油机油,从"SA"一直到"SL",每递增一个字母,机油的性能都会优于前一种,机油中会有更多的用来保护发动机的添加剂,即字母越靠后,质量等级越高(SH、SJ、SK、SL 几个等级之间的差距并不大,主要的差别在于含磷量的多少,及对于催化转化器的毒害程度,字母越靠后含磷量越少,毒害催化剂的程度也越轻微);柴油机油以"C"系列代表,如果包装上只标有 API C*(*代表 A、B、C、D、E、F、G 或 H)的是柴油机油,字母越靠后,质量等级越高。当"S"和"C"两个字母同时存在为汽柴通用型油,若包装上标有 API S*/C* 或 C*/S*,如 API SF/

CD 或 CF-4/SG,则表示此机油是适用于柴油发动机和汽油发动机的两用机油。如"S"在前则主要用于汽油发动机,"C"在前则主要用于柴油发动机。

（2）SAE 是美国汽车工程师学会的简称,它规定了机油的黏度等级,该分类将机油分为冬季、春秋与夏季用油,黏度从低到高有 11 个等级:0W、5W、10W、15W、20W、25W、20、30、40、50、60。

"W"为英文"winter(冬天)"的缩写,意指含"W"等级的发动机油,适合在冬天的低温气候使用。其牌号是根据最大低温黏度、最低边界泵送温度以及 100℃的运动黏度范围划分的。如 5W、10W、15W 发动机油其最低泵送温度分别为 -30℃、-25℃、-20℃。号数越低,表示其所适用的环境温度也越低,低温的流动性越好,对发动机于低温启动的磨损保护也就越好。

不带"W"的为春秋与夏季用油,牌号仅根据 100℃时的运动黏度划分。号数越大,表示其高温时的黏度越大,适用的最高气温越高,对发动机高温下的保护也就越好,低温性能越差。

以上 11 个级号的油品,只符合一个黏度等级的要求,称为"单级油"。如果一种机油的黏度既符合"W"系列的低温黏度级别,又符合非"W"系列的 100℃运动黏度级别,即具有两个黏度等级,则称为多级油。SAE 标准把多级油分为 12 个级号,即 5W/10、5W/20、5W/30、5W/40、5W/50、10W/20、10W/30、10W/40、10W/50、20W/30、20W/40、20W/50。多级油能同时满足高温及低温环境的要求,全年都适合使用,不需按季节换油。

根据以上车用润滑油的基本知识,就很容易解读润滑油外包装上常见符号的意义,如"API SE/CC SAE 20W/40",表示这是一种汽油机、柴油机通用油,主要适用于汽油发动机,但柴油发动机也可使用,适用气温为 -15~45℃的多级润滑油。而"API CD SAE40"则表示这仅适用于柴油发动机,适用气温为 30℃以上的单级油,其余可由此类推。

国外进口和中国香港的发动机油,通常以 SAE 开头,后面标注黏度代号;而按 API 质量分类的发动机油标号一般省略 API,直接标注质量等级代号。例如:标号为"SAE 10W SD",表示黏度分类是 SAE 10W、质量级别为 API SD 的冬季汽油机油。

（五）内燃机润滑油质量的鉴别

（1）颜色:国产正牌散装机油多为浅蓝色,具有明亮的光泽,流动均匀。凡是颜色不均、流动时带有异色线条者均为伪劣或变质机油,若使用此类机油,将严重损害发动机。进口机油的颜色为金黄略带蓝色,晶莹透明,油桶制造精致,图案字码的边缘清晰、整齐,无漏色和重叠现象,否则为假货。

（2）气味:合格的机油应无特别的气味,只略带芳香。凡是对嗅觉刺激大且有异味的机油均为变质或劣质机油,绝对不可使用。

另外,购买机油时要注意应尽量选择知名品牌的润滑油,尽可能到知名品牌的专卖店去购买,根据 API 表示的机油质量等级来辨别品质高低、油品的包装上生产厂家的地址、生产日期、批号是否完整、清晰。

四、齿轮油

齿轮油是专用于齿轮传动装置的润滑油,齿轮油又名传动润滑油。齿轮传动是机械传动中最主要的一种方式。由于它具有传动比恒定、传递动力准确可靠、传递功率较高等特点,在汽车、拖拉机、机床和轧钢机等机械设备中已得到广泛应用。

齿轮油主要用于润滑汽车、拖拉机传动系中的变速器、减速器和差速器的各种齿轮,齿轮油的黏度较润滑油大,略呈黑色,因此也称其为黑油。由于齿轮的齿形不同,对齿轮油的要求也不同,一般分为普通齿轮油和双曲线齿轮油。两者应按说明书要求的品种加注,不能混淆。

齿轮油的工作条件与其他润滑油有很大差别,其主要特点有以下几点:

(1)齿轮间啮合部位的接触面很小,因而这部分承受很大的压力。一般汽车和拖拉机齿轮的压力高达 2000~2500MPa,双曲线齿轮啮合部位顶端压力达 3000~4000MPa。

(2)齿轮在运行中,齿轮表面摩擦速度高,变化大,常达 3.0~5.0m/s,同时存在滚动和滑动两种运动形式。在这种情况下,齿轮油极易从齿轮挤压流出。

(3)在齿轮传动装置中,除摩擦热以外,没有其他热源,所以齿轮油的工作温度随气温和摩擦热而变化。一般温度不太高,对于大负荷齿轮,温度最高达 150℃左右。

根据上述工作特点,齿轮油的主要使用性能就是黏度、负载性、低温流动性和抗氧化安定性。

五、液压油及液力传动油

液压传动是机械设备中常用的一种传动装置,是利用液体作传动介质,利用液体的压力和动能来传递能量的系统。液压传动离不开液压介质,液压介质是液压系统中传递和转换能量的工作介质,同时还具有润滑、冷却、防锈、减震等功能。通常把液压介质分为两类:将利用液体动能的液力传动系统所用的介质称为液力传动油,应用液体压力能的液压系统所使用的液压介质称为液压油。

液力传动油又称自动传动液(ATF)、液力油、液力变扭器油等,它是自动变速器中用来传递能量的介质和润滑、冷却零件的液体。其中主要是汽车自动传动液,它用于轿车和轻型卡车的自动变速系统,使汽车能自动适应行驶阻力的变化,做到启动无冲击,变速震动小,乘坐舒适;也用于大型装卸车的变速传动箱、动力转向系统、农用机械的分动箱。其主要性能为:在扭矩转换器中作为流动动能的传动介质;在伺服结构和压力环路系统中作为静压能的传递介质;在离合器中作为滑动摩擦能的传递介质;它同时还起润滑及冷却作用。

液压油是根据帕斯卡(Pascal)原理传递液体静压能的介质,可用于操纵各种机械。由于液压传动具有结构紧凑、反应灵敏、易于实现自动化等优点,所以广泛应用于工业、车辆、船舶和航空设备上。目前,液压传动技术已经成为我们日常生活的一部分。我们很难找到不用液压系统进行操作的机器和飞行器。液压油在系统中的主要作用除了传递静压能外,它还具有润滑、冷却、防锈、减震等作用,以保证液压系统在不同的环境和工作条件下长期、有效地工作。液压油又可分为抗磨液压油、低凝液压油及数控液压油等。液压油是工业润滑油中用量最大的品种,占工业润滑油的 40%~50%。

六、机械油

机械油可分为两大类,一类是专用机械油,另一类是通用机械油。

专用机械油有仪表油、精密仪表油、车轴油、缝纫机油和轧钢机油等。根据润滑对象的不同,具有不同的特殊要求。

通用机械油简称机械油,主要用于润滑机床和各种机械。其使用条件比较缓和,一般温度低于 100℃并且不与水蒸气、热空气和其他气体接触,多在室内工作,环境温度变化不大,而且大多是滴油式润滑,一次通过机件。因此,这种油除要求有一定的黏度外,只要求不含有机械杂质和水溶性酸碱。我国的机械油按 50℃运动黏度分成 5 号、7 号、10 号、20 号、30 号、40 号、50 号、70 号、90 号 9 个牌号,其代号为 H J,J 即"机"字拼音字头,数字代表黏度值。5 号、7 号称为高速机械油,主要用于润滑纺织机械中的纱锭,也可用来润滑高速机床等。10~90号为一般通用的机械油,根据机械的负荷和转速,选用合适黏度的润滑油。高速低负荷条件下用黏度较小的润滑油,反之用黏度较大的润滑油。

七、电器绝缘油

电器绝缘油主要用于电工设备中,作为绝缘介质和导热介质,并不起润滑作用,只是由于其馏分范围和加工方法与润滑油相似,按习惯归在润滑油大类中。国产电器用油有变压器油、电缆油、电容器油等品种,其中变压器油占95%以上。我国电器绝缘油中列入国家产品标准的为变压器油。变压器油按照凝点分为10、25和45三个牌号,10、25两个牌号的倾点不大于-7℃、-22℃,45牌号的凝点不高于-45℃。它们的介质损耗因数都不大于0.005,击穿电压均不小于35kV。

八、金属加工油

金属加工油是适用于金属切削、磨削、冲压、轧制、拉拔等各种加工过程的一类润滑剂。根据金属加工工艺的不同,可将金属加工油分为金属成型、金属切削、金属保护和金属处理等四大类,其中金属成型和金属切削液的需求量占整个金属加工油总量的80%以上。各种金属加工工艺不同,润滑剂所发挥的作用也不同,但大多数金属加工润滑剂都具有控制摩擦、减小磨损、控制热量和金属表面保护等基本性能。

第七节 石油蜡和石油沥青

在炼油厂以原油为原料生产燃料、化工原料和润滑油等液体油品的同时,还能得到一些固体石油产品——石油蜡和石油沥青。它们有的数量虽然不多,但因特殊的性质和用途,其产品价值较高,在国民经济的各个领域,甚至国防、尖端科学技术中都有应用。

一、石油蜡

石油蜡是炼油工业的副产品之一。按石油蜡的组成和性质,可分为石蜡和微晶蜡两大类。

我国原油90%以上是含蜡和高蜡原油,如大庆原油、沈北原油、南阳原油等都适合生产石蜡,后两种原油还能生产一定数量的微晶蜡。我国石蜡资源丰富、产品质量优良,不仅能满足国内需要,还能出口到国际市场销售。

(一)石蜡

石蜡是指从原油350~500℃馏分油中制取的蜡,以正构烷烃为主,呈大的片状结晶。石蜡的应用非常广泛,在蜡烛、包装、绝缘材料、造纸、文教用品、火柴、轮胎橡胶、制皂、食品、医药、化妆品等行业中都有应用。石蜡产品按其精制程度及用途,可分为粗石蜡、半精炼石蜡(又称白石蜡)、全精炼石蜡(又称精白蜡)、食品用石蜡四个系列。四类产品的主要差别是食品用石蜡、全精炼石蜡和半精炼石蜡经过较深度的精制和脱油过程,因此颜色较白,含油量较低。粗石蜡、半精炼石蜡、全精炼石蜡的含油量指标为2.0%、1.5%、0.4%。同一牌号的半精炼石蜡,其含油量比全精炼石蜡高,但比粗石蜡低。半精炼石蜡的精制深度不如全精炼石蜡,所以色泽不如全精炼石蜡,光安定性也较差。粗石蜡经过滤除去机械杂质,但没有经过白土吸附精制除去有色和不安定的组分,所以通常呈淡黄色。石蜡的主要质量指标有熔点、含油量、色度、光安定性、臭味、水分、机械杂质、水溶性酸和碱等。

石蜡以熔点作为商品的牌号,我国的产品规格中规定石蜡有52号、54号、56号、58号、60号、62号、64号、66号、68号、70号10个牌号。60号、62号、64号、66号、68号及70号6个牌号是高熔点石蜡,主要用于制造无线电器材和商品包装纸。

石蜡的含油量低,使用中高温性能好,适用于高频瓷、电容器及铁笔蜡纸的生产。

光安定性是石蜡精制深度的重要标志,它表示在光照射下,石蜡逐渐变色的性质。石蜡中如有微量含硫、氮、氧的化合物及不稳定的烯烃和芳香烃,在光的照射下,颜色就会逐渐变深、变暗,所以石蜡的光安定性决定于杂质的性质和含量。一般来说,随石蜡精制深度增加,光安定性变好。因而食品用石蜡和精白蜡最安定,白石蜡次之,粗石蜡的光安定性最差。

我国食品用石蜡分为食品石蜡和食品包装石蜡两种。食品包装石蜡普遍用作糖果、食品的包装纸的涂层以及中药丸的蜡壳等。此外,食品用石蜡还广泛应用于化妆品。由于涉及人体健康,所以对食品用石蜡的质量有严格的规定,如要求限制稠环芳烃的含量,规定砷含量在 $2\mu g/g$ 以下,重金属含量在 $10\mu g/g$ 以下。

(二)微晶蜡

我国过去把微晶蜡称为地蜡。微晶蜡是指从大于500℃减压渣油中制取的蜡,除正构烷烃外,还含有大量异构烷烃和带长侧链的环烷烃,呈细微的针状结晶。

微晶蜡的相对分子质量大、熔点高、硬度小、延伸度大,受力后可发生塑性变形,不像石蜡那样脆、易碎裂,具有良好的密封性、防潮性、柔韧性和绝缘性。微晶蜡常用于电气绝缘材料、密封材料、铸模造型材料,是制造许多日用品,如软膏、香脂、发蜡、鞋油、地板蜡、食品包装纸、蜡纸等的原料,也是制造润滑脂和特种蜡的原料。随着应用范围的不断扩大,需求量增加较快。在国外,微晶蜡用量约为石蜡类产品总量的1/10。

微晶蜡无明显的熔点,一般用滴点表示其耐热性能,同时微晶蜡也是以滴点区分商品牌号等级的。滴点是指在规定条件下将已冷却的温度计垂直侵入试样中,使试样黏附在温度计小球上,然后把附有试样的温度计放入试管中,通过水浴加热使其熔化,直至从温度计滴落第一滴试样时的温度。

二、石油沥青

常温下石油沥青为黑色固体或半固体黏稠物,它是从残渣油中得到的,产量约占石油产品总量的3%。石油沥青具有良好的黏结性、绝缘性、不渗水性,并能抵抗多种化学药物的侵蚀,因而广泛用于铺路、建筑工程、水利工程、绝缘材料、防护涂料、橡胶、塑料、油漆等工业原料以及保持水土、改良土壤等领域。石油沥青按用途可分为道路沥青、建筑沥青、乳化沥青和专用沥青四种。乳化沥青是用加水、加乳化剂的方法将沥青稀释,便于施工时喷撒。专用沥青包括绝缘沥青、油漆沥青、橡胶沥青和电缆沥青等。其中道路沥青的用量最大。

沥青的规格中,最基本的要求是软化点、针入度和延(伸)度三项。道路沥青和建筑沥青是以针入度的数据作为商品牌号的。

软化点表示沥青的耐热性能,软化点越高则热性能越好。软化点是用环球法测定。把沥青样品放在规定的圆环中制成标准试样,上面放一个规定的钢球,然后置于甘油浴中升温,直至沥青软化,钢球穿过沥青落到底板上,这时的温度称为软化点。由于沥青在加热过程中没有明显的熔点,也没有急剧的状态变化,所以软化点测定是一个严格的条件性试验。对于建筑沥青和防腐沥青都要求高的软化点。

针入度表示沥青的软硬程度或稠度,反映沥青的流变性能。针入度越大,表示沥青的稠度越小,也就是越软。针入度是在待定的仪器中测定的,其测定方法是在一定温度和时间内,计量加有100g负荷的特制针刺入沥青的深度,用1/10mm为单位表示。不同用途的沥青,其针入度要求不同,道路沥青为了能与砂石黏结紧密,需要高的针入度,而作为防腐的专用沥青,通常敷在油管表面,需要低的针入度,否则易造成流失。

延度表示沥青的抗张性和塑性,是以沥青试样的剪切应力大于沥青内部黏结力、以沥青试样断裂时的长度来表示的。测定延度是把制成蜂腰形的沥青试样,放在规定温度的恒温水浴中,用一定的拉伸速度和拉力,把试样从蜂腰处拉成细丝,记录细丝断裂时所拉开的距离,用cm为单位表示沥青的延度。延度与沥青的组成有关,沥青含油太多或含沥青质太多,其延度都不大。道路沥青对延度要求最高,为了保证在低温下受外力作用时路面不出现裂缝,除测定沥青25℃的延度外,有的还要求较低温度(例如15℃、0℃或−5℃时)的延度。

思 考 题

1. 我国现将石油产品主要分为哪几类?
2. 汽油发动机按原料供给方式不同可分为哪几类?它们有什么区别?
3. 四冲程汽油发动机是如何工作的?
4. 目前,汽油机中气缸的排列形式主要有哪些?如何区分?
5. 衡量汽油蒸发性的指标有哪些?
6. 汽油腐蚀性的评价指标有哪些?
7. 汽油质量对发动机有哪些影响?
8. 汽油质量变化大致经过了哪几个阶段?
9. 什么是清洁汽油?使用清洁汽油对汽油发动机有哪些好处?
10. 乙醇汽油与传统汽油相比具有哪些优势?
11. 如何选择汽油的牌号?
12. 汽油发动机与柴油发动机工作原理有何异同?
13. 汽油发动机与柴油发动机爆震燃烧有何异同?
14. 柴油质量对发动机有哪些影响?
15. 柴油质量变化的因素有哪些?
16. 甲醇柴油与常规柴油相比具有哪些优点?
17. 生物柴油与常规柴油相比具有哪些无法比拟的性能?
18. 如何选择柴油的牌号?
19. 喷气发动机和点燃式航空发动机相比有哪些优点?
20. 喷气发动机对燃料的质量要求有哪些?
21. 内燃机润滑油的主要作用有哪些?
22. 内燃机对润滑油有哪些质量要求?
23. 石蜡、微晶蜡和石油沥青分别用哪个质量指标作为其商品牌号?
24. 石蜡的用途有哪些?

第三章 基本有机化工产品

基本有机化学工业,也称基本有机合成工业,是以石油、天然气、煤等为基础原料,主要生产各种有机原料的工业。通过绪论部分的学习,可以知道,以石油和天然气为原料,通过各种化学加工方法,可以制成一系列重要的有机化工产品,如"三烯、三苯、乙炔、萘",这些产品同时也可以作为原料(也称一级基本有机化工原料),通过各种合成反应制得醇、醛、酮、羧酸及其衍生物、卤代物、环氧化合物及有机含氮化合物等基本有机化工产品,这些化学品,有些具有独立用途,如溶剂、萃取剂、抗冻剂等,广泛地应用于油漆工业、油脂工业、运输工业及其他工业;但更大量的主要是作为高分子合成材料(合成树脂及塑料、合成纤维、合成橡胶、成膜物质等)的单体和合成洗涤剂、表面活性剂、水质稳定剂、染料、医药、农药、香料、涂料、增塑剂、阻燃剂等精细有机化学工业的原料和中间体。基本有机化学工业与农业、国防等许多国民经济的重要部门都有密切关系,是发展各种有机化学品生产的基础,是一门重要的基础化学工业。

有机化工产品的品种繁多,为了使读者更方便地学习,本章将选取应用广泛、较有代表性的产品,并且大致按照碳原子数把这些产品分类加以介绍。

第一节 碳一化学品

人们在利用石油、天然气和煤炭资源的过程中,发现了一系列的催化反应,且能从煤炭、天然气、石油甚至炼厂气和钢铁厂废气等过程中所产生的一些小分子出发,合成一系列基本化工产品,如甲醇、乙烯、醋酸等。仔细研究这些反应,大致具有共同的特点,即由含一个碳原子的化合物(如 CO、CO_2、甲醇、甲烷等)为原料来合成化工产品。人们称研究这类催化反应及其应用的科学为碳一(C_1)化学。以天然气或合成气为原料,沿着碳一化学路线可生产多种燃料或石油化工产品。

碳一化工最重要的起始原料——甲烷的转化利用途径有直接转化、间接转化两类。由于甲烷分子非常稳定,C—H 键键能达 435kJ/mol,生产需在高温、高压、高能耗的苛刻条件下进行,限制了甲烷直接转化利用的发展,甲烷直接转化生产乙炔、炭黑、氯甲烷、氢氰酸、硝基甲烷、二硫化碳等化工产品的规模小、污染较严重,难以继续发展。目前工业大规模应用主要集中在甲烷间接转化,将甲烷首先转化为合成气,然后将其转化为氨、甲醇、二甲醚、低碳混合醇、低碳烯烃等重要基础化工原料或合成液体燃料等,是目前和将来研究甲烷转化利用最主要的课题。无氧及有氧条件甲烷直接合成芳香烃、甲烷氧化偶联生产甲醇及烯烃等能耗低、环保,碳、氢利用率高的工艺路线成为甲烷直接利用的研究重点。

合成气作为碳一化工最重要的原料，最早的生产源于煤炭、重油，但随着能源化工行业的兴起，合成气的生产原料转向轻烃，富含甲烷的天然气、煤层气、页岩气等。合成气也是氢气和一氧化碳的重要来源。以合成气为基础原料的碳一化工产品分布主要集中在含氧化合物、含氮化合物、液体燃料及烯烃、芳烃等基本有机化工原料四类。含氧化合物产品主要有甲醛、甲酸、甲醇、二甲醚、乙醇、乙二醇、乙酸、甲酸甲酯、低碳混合醇、碳酸二甲酯以及各种高级羰基合成醇等。这些产品主要采用合成气或甲醇作为基础原料，通过羰基合成、氢甲酰化、烯烃氢甲酰化等反应实现。利用碳一化工合成路线制取含氧化合物，同传统的石油及煤化工路线相比，具有明显的技术经济优势。

一、合成氨和尿素

（一）氨

1. 性质和用途

氨在常温、常压下为无色气体，相对分子质量为 17.03，沸点（0.1013MPa）为 -33.35℃，冰点为 -77.7℃。比空气轻，具有刺激性气味，能灼伤皮肤、眼睛，刺激呼吸器官黏膜。氨极易溶于水，溶解时放出大量的热。氨是一种可燃性气体，自燃点为 630℃，故一般较难点燃。氨与空气或氧可形成爆炸性混合物，爆炸极限分别为 15.5%～28%（体积分数）和 13.5%～82%（体积分数）。氨的水溶液呈弱碱性，易挥发。气态氨较易液化，温度 25℃、压力 1MPa 时，气态氨可液化为无色的液氨。氨的液氨密度（0.1013MPa，-33.4℃）为 0.6818kg/L，液氨挥发性很强，汽化热较大，是食品、冷冻工业中最好、最常用冷冻剂。液氨或干燥的氨气对大部分物质不腐蚀，有水存在时，对铜、银、锌等金属有腐蚀。

氨是氮肥（主要是尿素）生产的主要原料，氮肥在化学肥料中占很大的比例，是化学工业中一个极为重要的产品，全球氮肥的 97% 来自合成氨。氨不仅对农业有着重要作用，而且也是重要的工业原料。基本化学工业中的硝酸、含氮无机盐，有机化学工业中的含氮中间体，制药工业中的磺胺类药物、维生素、氨基酸，化纤和塑料工业中的己内酰胺、己二胺、甲苯二异氰酸酯、人造丝、丙烯腈、酚醛树脂等，都需要以氨作为原料，氨可以加工成胺与磺胺，是合成纤维及制药的重要原料。氨对国防工业的发展也十分重要，氨氧化可制成硝酸，硝酸做硝化剂可以制得三硝基甲苯、三硝基苯酚、硝化甘油及其他各种炸药；导弹、火箭的推进剂和氧化剂也需要氨。尿素不仅是高效肥料，而且又是制造塑料、合成纤维和医药的原料，在制碱、石油炼制和橡胶工业以及冶金、采矿、机械加工等工业部门，具有广泛的应用。

2. 生产方法

20 世纪初，德国物理化学家哈勃（F. Haber）成功采用化学合成法将氢气和氮气通过催化剂，在高温、高压下制取氨，开创了工业催化、氨人工合成的先河，至今为止合成氨仍是全球化学工业中产量最大的化学品之一。

合成氨的原料是氮气和氢气，氨的合成首先必须制备合格的氢、氮原料气。氮气可取之于空气或将空气液化分离而得，或使空气通过燃料层燃烧，将生成的 CO 和 CO_2 除去而制得。氢气来源很广泛，可用碳氢化合物制取（如气态或液态烃），也可用煤与水蒸气制取，还可以直接电解水而得到氢气。合成氨的生产过程基本上可分为三个步骤：原料气的制备、原料气的净化、氨的合成。由于原料路线的不同，氨合成的工艺过程也不尽相同。

(二)尿素

1. 性质及用途

尿素化学名称为碳酰二胺,分子式为 $CO(NH_2)_2$。纯尿素为无色、无味针状或柱状晶体,工业产品为白色或淡黄色,熔点为 132.6℃,结晶尿素相对密度为 1.335。20℃时比定压热容为 $1.334J/(g·K)$,临界温度 102.3℃。常压下受热温度高于熔点时会发生缩合反应,生成缩二脲、缩三脲和三聚氰酸。尿素易吸湿,易溶于水和液氨、乙醇、甘油中,不溶于乙醚和氯仿。20℃时,100mL 水中可溶解尿素 105g,所得水溶液呈微碱性,溶解度随温度升高而增大,几乎能与所有的直链有机化合物(如醇、酸、醛、烃类等)作用。常温下尿素在水中缓慢水解,转化为氨基甲酸铵(简称甲铵),然后形成碳酸铵,最后分解为氨和二氧化碳。目前,生产的尿素多为颗粒状,表面包有疏水物质,如石蜡等,使其吸湿性大大降低。

尿素在工农业中具有广泛的用途。尿素是一种高浓度氮肥,属中性速效肥料,也可用于生产多种复合肥料。在工业上,尿素可作为高聚物合成材料,制成尿素—甲醛树脂,用于生产塑料、漆料和胶合剂等。此外,医药、纤维素、石油脱蜡、纺织、制革等生产中也要用到尿素。此外,尿素还可用作牛、羊等反刍动物的辅助饲料。

2. 生产方法

当前尿素工业生产采用氨、二氧化碳在高温、高压下直接合成,反应方程式见式(3-1)。工业过程包括以下几个步骤:氨与二氧化碳的供给与净化;氨与二氧化碳反应;反应生成的尿素熔融液与未反应物的分离;氨与二氧化碳的回收;尿素熔融液加工成尿素成品。

$$2NH_3(L) + CO(g) \Longleftrightarrow CO(NH_2)_2(L) + H_2O(L) \qquad (3-1)$$

二、甲醇系列产品

(一)甲醇

1. 性质和用途

甲醇(methanol,methyl alcohol)又名木醇、木酒精、甲基氢氧化物,是一种最简单的饱和醇,化学分子式为 CH_3OH,相对分子质量 32.04,相对密度 (d_4^{20}) 0.791,熔点 -97.6℃,沸点 64.8℃,闪点 12.22℃,自燃点 463.89℃。

甲醇是一种无色、透明、易燃、易挥发的有毒液体,略有乙醇气味。可与水、乙醇、乙醚、苯、酮、卤代烃等互溶,遇热、明火或氧化剂易燃烧。甲醇蒸气与空气混合物爆炸下限 6% ~ 36.5%。由于甲醇分子中含有烷基和羟基,因此,氮气、氢气、氧气等气体在甲醇中有良好的可溶性。

甲醇用途广泛,是基础的有机化工原料和优质燃料,主要应用于精细化工、塑料等领域,用来制造甲醛、醋酸、氯甲烷、甲胺、硫酸二甲酯等多种有机产品,也是农药、医药的重要原料。甲醇大量用于生产甲醛和对苯二甲酸二甲酯。甲醇法合成醋酸的产量已占整个醋酸产量的 50%。甲醇经醚化生成的甲基叔丁基醚已成为当前高辛烷值汽油的主要添加剂。目前,用甲醇为原料制汽油、低碳烯烃、芳烃,以及甲醇与甲苯反应制对二甲苯的过程,已先后工业化。用甲醇还可以合成人造蛋白,以代替粮食作为禽畜的饲料。在发达国家,甲醇产量仅次于乙烯、丙烯和苯,居第四位,在我国则即将跃为第一位。

2. 甲醇的合成

甲醇是重要的有机化工原料,在当代化学工业中占有重要地位,其下游产品有几十甚至上百种。甲醇的生产,主要是合成法,尚有少量从木材干馏作为副产物回收。合成法制甲醇可以固体(如煤、焦炭)、液体(如原油、重油、轻油)或气体(如合成气、天然气及其他可燃性气体)为原料,经造气净化(脱硫)变换,除去二氧化碳,配制成一定的合成气(一氧化碳和氢气)。在不同的催化剂存在下,选用不同的工艺条件。与轻油或煤为原料相比,合成气制甲醇具有占地面积小、投资省、成本低等一系列优点。

合成气制甲醇的反应过程如下:

$$CO + 2H_2 \rightleftharpoons CH_3OH(g)$$

当反应物中有 CO_2 存在时,还能发生如下副反应:

$$CO_2 + 3H_2 \rightleftharpoons CH_3OH + H_2O$$
$$2CO + 4H_2 \rightleftharpoons (CH_3)_2O + H_2$$
$$CO + 3H_2 \rightleftharpoons CH_4 + H_2O$$
$$4CO + 8H_2 \rightleftharpoons C_4O_9OH + 3H_2O$$
$$CO_2 + H_2 \rightleftharpoons CO + H_2O$$

此外还能生成少量的乙醇和微量醛、酮、酯等副产物。

合成气制甲醇有高压法和低压法两种。高压法为巴斯夫(BASF)最先实现工业合成的方法,但因其能耗大、工序复杂、材质要求苛刻、产品中副产物多,高压法合成甲醇早已被低压法代替。在英国 ICI 法、德国 Lurgi 法、丹麦 Topsoe 法和日本三菱 MGC 法这四种典型的低压法工艺中,以前两种为主,但每种方法都有其特色的合成催化剂、反应器及转化工艺。我国已掌握了低压合成甲醇技术。

(二)甲醛

1. 性质与用途

甲醛(formaldehyde)别称蚁醛,分子式 CH_2O,相对分子质量 30.016,相对密度(d_4^{20})0.815。室温下,甲醛是一种无色、有强烈刺激性气味的气体,熔点 91.5℃,沸点 -23.4℃,能与空气形成爆炸性混合物,其爆炸极限为 7.0%~73%。甲醛易溶于水、醇和醚。35%~40% 的甲醛水溶液叫作福尔马林。甲醛分子中有醛基,易发生缩聚反应,得到酚醛树脂(电木)。甲醛中常含有微量杂质,很容易聚合。甲醛在工业上一般有三种存在形态:(1)35%~55% 的水溶液,其中 99% 以上的甲醛为水合物或多聚甲醛的混合物;(2)甲醛经酸催化可聚合生成环状三聚物,即三聚甲醛;(3)甲醛的聚合物,也称为聚甲醛,用甲醛水溶液蒸发制得,聚甲醛在热或酸作用下,可逆向分解为甲醛。

甲醛属用途广泛、生产工艺简单、原料供应充足的大众化工产品,是甲醇下游产品中的主干,世界年产量在 2500×10^4 t 左右,30% 左右的甲醇都用来生产甲醛。因甲醛常以浓度较低的水溶液存在,从经济角度考虑不便于长距离运输,所以一般都在主消费市场附近设厂,进出口贸易也极少。甲醛除可直接用作消毒剂、杀菌剂、防腐剂外,主要还用于有机合成、合成材料、涂料、橡胶、农药等行业,其衍生产品主要有多聚甲醛、聚甲醛、酚醛树脂、脲醛树脂、氨基树脂、乌洛托产品及多元醇类等。人造板工业发达,对甲醛的需求量也甚大。

2. 甲醇制甲醛的过程

由于工业甲醛的生产方法与原料的供应有着密切的关系,因而自1888年德国实现甲醛工业以来,历史上曾经先后出现过以下几种类型的生产方法:(1)以液化石油气为原料的非催化氧化法;(2)二甲醚氧化法;(3)甲烷氧化法;(4)甲醇空气氧化法。工艺比较成熟的有甲醇空气氧化法(其中包括甲醇过量法)和甲烷氧化法。

1923年,德国BASF公司实现合成气大规模地生产工业甲醇后,工业甲醛的大规模发展具备了良好的原料基础,此后,甲醇空气氧化法生产工业甲醛逐步占据了主导地位。根据工艺过程的不同,甲醇空气氧化法又分为银催化氧化法(甲醇过量法)和铁钼氧化物催化氧化法(空气过量法)。甲醇与空气的混合气体的爆炸范围中甲醇浓度为6%~37%(体积分数),因此,合成反应必须在甲醇的爆炸范围以外进行。

为了制取高浓度甲醛、提高能量综合利用效率,又相继开发了尾气循环法和甲醛氧化法,现阶段正在研究开发的还有甲醇脱氢法新工艺。

(三)碳酸二甲酯

1. 性质与用途

碳酸二甲酯(DMC)分子式为$CH_3O—CO—OCH_3$,为无色、透明、可燃液体,沸点为90.1℃,闪点为17℃,蒸发热低(369.06J/g),无腐蚀性,无毒或微毒,空气中爆炸极限为3.8%~21.3%(体积分数)。任意比与醇、酯等混溶,微溶于水,是一种优异的有机溶剂。氧含量高(53%)且和汽油相溶性好,蒸气压低,RON为110,MON为97,毒性远小于甲基叔丁基醚。

DMC是近几十年来受到国内外关注的绿色化工产品,1992年DMC在欧洲通过了非毒化学品的注册登记,属于无毒或微毒化工产品。DMC具有良好的溶解性能,作为低毒溶剂用于涂料和医药工业。DMC分子中的多种官能团可发生羰基化反应、甲基化反应、羰基甲氧化反应,是重要的工业碳酸酯和用途广泛的有机合成中间体。目前,我国是世界上DMC生产能力和产量最大的国家。

2. 生产方法

碳酸二甲酯的合成路线较多,迄今为止可分为以下5种:光气法、酯交换法、甲醇氧化羰基化法、甲醇和CO_2直接合成法、尿素和甲醇醇解法。光气法由于原料剧毒已逐步被淘汰。目前,工业应用的主要为以甲醇为原料的酯交换法和甲醇氧化羰基化法。其他一些新方法正在研究开发之中。

三、燃料

石油的安全有效供应和环保压力已成为制约世界各国发展的桎梏,对发展中国家更是如此。20世纪60年代以来,随着人们环保意识的提高和石油危机的影响,各国政府积极开展替代能源研究。然而,在还未发现真正大规模的替代能源前,天然气需求量会不断增加。自20世纪80年代开始,我国加快天然气勘探、开采与利用的步伐。与石油的开采与利用将逐渐处于递减状态不同,天然气在未来能源消耗中所占的比例将不断加大。此外,随着原油重质化日益严重,能源需求将更加紧张。因此,新能源,特别是洁净高效液体燃料的需求量将不断增加。

以我国丰富的煤炭资源、煤层气、页岩气、大量炼焦副产物焦炉气等为原料,制取合成气,再由合成气合成液体燃料,以炼焦副产物煤焦油为原料加氢转化为液体燃料,已促使碳一化工在能源化工中发挥越来越大的作用。

(一)费-托法合成燃料油

1. 概述

将天然气、煤通过合成气,再经费-托合成液体燃料是天然气化工和煤化工的研究、发展方向。以合成气为原料经费-托(F-T)合成生产各种烃类及含氧化合物是煤液化的主要方法之一。合成的产品包括气体、液体燃料以及石蜡、乙醇、丙酮和乙烯、丙烯、丁烯和高级烯烃等基本有机化工原料。F-T合成燃料工艺技术的不断创新和改造,经济性和竞争力大大加强。合成液体燃料绝大多数为直链烷烃和烯烃,不含硫、氮、氧、金属等非烃化合物,芳烃含量极少,100%为烃类化合物,满足清洁燃料的质量要求,是环境友好型燃料和良好的化工原料。

费-托合成法最初是在1923年由费歇尔(F. Fisher)和托罗普歇(H. Tropsch)采用含碱的铁催化剂在15MPa、400℃的条件下,由水煤气合成醇和烃时发现的,其后主要由德国进行了开发。费-托合成燃料油是在Co催化剂存在下,反应压力3MPa、反应温度200℃左右进行的由$CO+H_2$反应生成汽油、柴油等燃料的过程,化学反应方程式如下:

$$CO + 2H_2 \longrightarrow —CH_2— + H_2O$$

费-托合成反应生成物的碳数分布从CO的碳一化合物开始直至碳数为1~10000的烃的聚合物,如果考虑汽油燃料油时则为$C_4 \sim C_{12}$,作轻灯油时则为$C_{10} \sim C_{20}$,一般来说,费-托合成反应包括引发反应、链增长反应、链终止反应、二次反应等单元反应。

2. 催化剂

第Ⅷ族金属和钼、钨等,所有的处于金属状态对CO加氢都具有活性,其活性受载体和助催化剂的影响很大,而Ru、Ni、Co、Fe、Rh等活性高,Pd、Pt、Ir等活性低,然而在这些金属上,反应的主要产物多数情况下是甲烷。在费-托反应中,能产生液体或固体烃的金属活性组分仅有Ru、Co、Fe、Ni以及在特殊情况下的ThO_2,从发展历史看,铁是最早发现的,而实用化则钴最早。

(二)甲醇制汽油

20世纪70年代,能源危机使甲醇制汽油技术获得了新的活力,从而发展成为一个新的燃料工业工艺。相比甲醇直接与汽油掺和制混合燃料,甲醇制汽油(MTG)不会对环保、发动机等造成影响且添加方便,因而更具吸引力。

甲醇制汽油工艺总体流程是以煤或天然气做原料生产合成气、合成气制甲醇,最后粗甲醇转化为高辛烷值汽油,甲醇转化过程使用ZSM-5择形分子筛。由于通过MTG制得的汽油具有良好的抗爆震性能、烃类组成与常规汽油相似,且不存在常规汽油中的硫、氯等组分,MTG工艺被认为是自F-T合成以来煤制液体燃料领域的重要突破。

世界首套MTG工业示范装置于1984年由Mobil公司在德国波恩附近建成,采用固定床MTG工艺,汽油产能为100bbl/d,随即又建成了一套同样规模的流化床示范装置。1985年世界上第一个MTG工厂在新西兰新普利茅斯投产,该工厂采用Mobil公司技术,以天然气($15.5 \times 10^3 m^3/h$)为原料,H-ZSM-5作为催化剂,设计产能为14500bbl/d。近年来,随石油价格的高位运行和甲醇生产成本的持续下降,MTG技术重新受到关注,与石油炼制生产汽油工艺的竞争不断凸显。

(三)醇基燃料

为缓解石油资源短缺,改善大气环境质量,开发替代能源和清洁能源成为世界各国面临的越来越迫切的任务。20世纪60年代,为了改善内燃机的排气净化,一些国家开始研究低污染的醇基燃料。70年代初的"石油危机"促使许多国家为能源安全积极寻找石油替代能源。在这种力量的推动下,醇基燃料(主要是甲醇和乙醇)作为液体燃料,因其原料资源丰富,燃烧干净,且其储运、分配、携带、使用与传统的汽油、柴油相似,受到重视。醇基燃料是指以醇类(如甲醇、乙醇、丁醇等)物质为主体配置的燃料,主要包括甲醇燃料和乙醇燃料。1976年,多国代表在瑞典召开第一次国际醇燃料会议,推动醇燃料的发展。美国、德国、加拿大、法国、日本、巴西、瑞典、新西兰等国家政府和汽车公司大力推动醇类燃料以及醇燃料汽车的研究、试验和示范推广,并由国家将其列为清洁燃料予以发展,我国已颁布了燃料乙醇、乙醇汽油的国家标准,并已在东北、中原等地区积极推广。燃料甲醇、甲醇汽油的相关地方标准也已颁布,产品的市场在推进中,以煤为原料经合成气通过碳一化工生产技术生产的醇基燃料已进入人们的生活,大力促进了地方经济发展。

1. 低碳混合醇

低碳混合醇一般是指 $C_1 \sim C_5$ 醇类混合物,既可直接掺入汽油作发动机燃料,也可分离为单独的醇类作为化工原料。

低碳混合醇不仅燃料特性比甲醇好,而且还是甲醇、乙醇和汽油的助溶剂,因此,合成气制低碳醇的研究课题引起人们的重视。低碳混合醇不仅可以作为代用燃料,而且从低碳混合醇中分离出乙醇、丙醇、丁醇作化工原料也是一条可供选择的技术路线。

依照我国国情考虑采用低碳混合醇来代替 MTBE 可能是一个好的选择。乙醇在美国、巴西已成功地用作汽油掺混物或直接作为内燃机燃料,为低碳醇的类似使用提供了成功的经验(包括掺混工艺、存储及运输等)。自从伴随 F-T 合成发现低碳混合醇以来,低碳混合醇的应用一直被定位于作为汽油的添加剂,与汽油的混溶效能大大优于甲醇、乙醇等化学品,且辛烷值高,防爆震性能优越,高的含氧量同时改善了汽车尾气排放,其主要性能指标非常适合作为汽油组分。

低碳混合醇按其所含的主要成分可分为以甲醇为主的甲基燃料和以乙醇为主的乙基燃料。采用不同的催化剂、不同的生产路线,可生产不同的醇基燃料。

2. 催化剂

催化剂是合成低碳混合醇工艺的关键,合成气制低碳混合醇的催化剂,最先沿用甲醇合成催化剂,以 Zn—Cr 催化剂为主,加入碱金属以提高生成高级醇选择性,但在高温高压(300～400℃、26MPa)下操作。低温低压(250～300℃、5～10MPa)下操作的 Cu—Co—Cr—K 催化剂,使反应条件大为缓和。Dow 公司开发的耐硫催化剂,因其抗硫,特别适用合成气中硫含量较高的生产路线,大大简化合成气的净化过程、负荷,耐硫催化剂是低碳混合醇合成催化剂的发展方向。

同一低碳混合醇合成催化剂由于工艺条件的不同,产品分布差异显著,应根据产品要求选择合适的催化剂和反应条件。如 Cu—Co—Cr—K 催化剂在 280℃、10MPa、8000h^{-1} 下操作生产的甲基燃料中甲醇含量 56%,在 250℃、6MPa、4000h^{-1} 下操作生产的甲基燃料中甲醇含量 20%,乙醇含量 38%。很难区别是甲基低碳混合醇催化剂还是乙基低碳混合醇催化剂。

第二节 乙烯及其衍生物

一、乙烯

(一)性质和用途

乙烯(ethylene)在常温常压下为无色可燃性气体,具有烃类特有的臭味,微溶于水,其物理化学性质见表3-1。

表3-1 乙烯的物理化学性质

项 目	指 标	项 目	指 标
分子式	C_2H_4	蒸发潜热(沸点时),J/g	482.7
结构式	$CH_2=CH_2$	生成热(25℃),J/mol	52327
相对分子质量	28.052	低热值(气体,0.098MPa,15.6℃) kJ/m^3 标态气体	55852
常压下沸点,℃	-103.71	临界温度,℃	9.9
熔点,℃	-169.15	临界压力,MPa	4.95
相对密度 气体(空气=1)	0.9852	临界密度,kg/L	0.227
相对密度 液体($d_4^{-103.8}$)	0.5699	折光率($n_D^{-100℃}$)	1.3622
闪点,℃	<-66.9	辛烷值(马达法)	75.6
气体黏度(20℃),μPa·s	9.3	爆炸范围(在空气中,体积分数),% 上限	3.05
自燃点,℃	540	爆炸范围(在空气中,体积分数),% 下限	28.6

乙烯是石油化学工业最重要的基础原料之一,它主要用于制造塑料、合成纤维、有机溶剂等。乙烯最主要的用途是生产聚乙烯,约占乙烯总用量的1/2。乙烯及其联产的其他产品的主要用途如图3-1所示。

从20世纪60年代以来,世界上乙烯工业得到迅速的发展。乙烯工业的发展,带动了其他以石油为原料的石油化工的发展。因此,一个国家乙烯工业的发展水平,已成为衡量这个国家石油化学工业水平的重要标志。

我国的乙烯工业开始于1962年兰州石化$5×10^4$t/a乙烯装置,此后,从无到有,从小到大,从弱到强,迅速发展起来。经过几十年的发展,我国的乙烯工业已具有相当规模,乙烯产能保持稳步增长,乙烯装置规模基本达到世界水平。目前,国内单套规模达到$80×10^4$t/a以上的装置有10套,其中最大装置为大庆石化扩建后的年产$120×10^4$t乙烯装置。截至2016年底,国内共有40家乙烯生产企业,生产装置47套(其中石油基乙烯装置30套),年生产能力$2310×10^4$t,乙烯年产量$1781×10^4$t。一些规模更大、技术先进的乙烯生产装置正在建设中。

乙烯除了是石化工业的重要原料之外,还是一种植物生长调节剂,可以催熟果实。在长途运输中,为了避免果实腐烂,常常运输尚未完全成熟的果实,运到目的地后,再向存放果实的库房空气里混入少量乙烯,这样就可以把果实催熟。

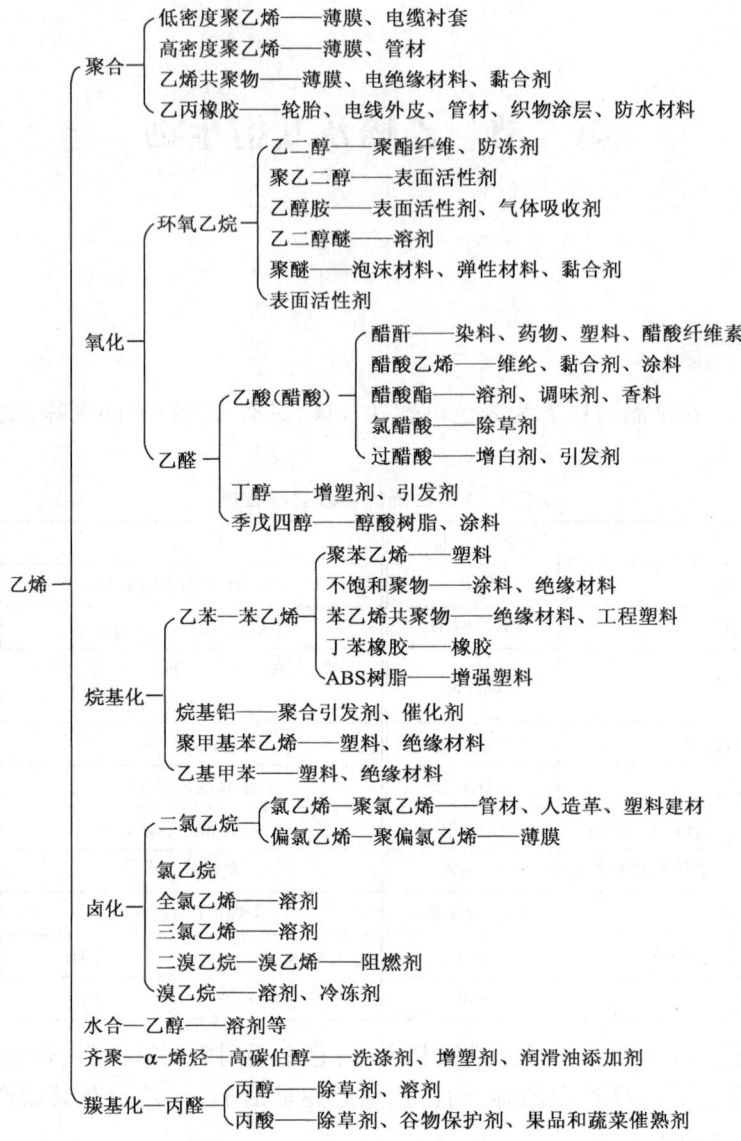

图 3-1 乙烯及其联产的其他产品的主要用途

(二)乙烯的合成

乙烯最初由乙醇在170℃下脱水制得。这个反应的化学方程式如下：

$$CH_3-CH_2-OH \xrightarrow{H_2SO_4} CH_2=CH_2 + H_2O$$

现在工业制备乙烯的方法是：将乙醇蒸气通过400℃条件下的 $\gamma-Al_2O_3$ 催化剂，使其1号碳上的羟基与2号碳上的氢原子脱去水，发生分子内脱水反应，生成乙烯，反应方程式为：

$$CH_3-CH_2-OH \xrightarrow{Al_2O_3} CH_2=CH_2 + H_2O$$

自从石油烃裂解制乙烯技术工业化后，石油化工得到迅速发展，从而使乙烯生产成为石油化学工业的基础。炼厂催化裂解或热裂解装置的裂化气中含有大量乙烯，成为乙烯的一个重要来源。含 C_2 馏分的干气中含有 8%~12% 的乙烯,也可回收乙烯。焦炉气中大约含 3% 的乙烯,由焦炉气进行深冷分离可得乙烯。

二、环氧乙烷和乙二醇

环氧乙烷(epoxyethane)是最简单的乙烯部分氧化产物,与乙醛互为同分异构体。其化学活性强,是乙烯系主要中间体。环氧乙烷经水解转化可得乙二醇。

(一)性质和用途

1. 环氧乙烷的性质和用途

环氧乙烷(epoxyethane)别名氧化乙烯,是易挥发的、具有醚的刺激味的液体。分子式 C_2H_4O,相对分子质量 44.052,相对密度 (d_{20}^{20}) 0.8711,凝点 -112.5℃,沸点 10.5℃。室温、常压下为无色气体,密度比空气大。当温度低于 10.8℃时,环氧乙烷气体液化,能与水和大多数有机溶剂混溶。环氧乙烷易燃,能与空气形成爆炸混合物,其爆炸极限为 3%~80%。环氧乙烷有毒,在空气中的允许浓度为 $1mg/m^3$。

环氧乙烷是一种广谱、高效的气体杀菌剂。其在医学消毒和工业灭菌上用途广泛,常用于食料、纺织物及其他方法不能消毒的对热不稳定的药品和外科器材等,进行气体熏蒸消毒,如皮革、棉制品、化纤织物、精密仪器、生物制品、纸张、书籍、文件、某些药物、橡皮制品等。另外还可用于生产非离子型表面活性剂、医药、油品添加剂、抗氧剂、农药乳剂、杀虫剂等。

环氧乙烷的直接应用量很少,由于它具有易开环的三元环结构,化学性质十分活泼,工业上主要用于制乙二醇。

2. 乙二醇的性质及用途

乙二醇(ethylene glycol)是环氧乙烷最重要的二次产品,也是最简单的二元醇。分子式 $C_2H_6O_2$,相对分子质量 62.068,相对密度 (d_{20}^{20}) 1.1155,沸点 197.4℃,凝点 -12.6℃。乙二醇是无色带有甜味的黏稠液体。它对黏膜有刺激性,在 $1m^3$ 空气中乙二醇达 300mg 时对人体有害。

乙二醇是合成纤维涤纶的主要原料,也常代替甘油。在制革和制药工业中,分别用作水合剂和溶剂。乙二醇的衍生物二硝酸酯是炸药。乙二醇的单甲醚或单乙醚是很好的溶剂,如甲溶纤剂($HOCH_2CH_2OCH_3$)可溶解纤维、树脂、油漆和其他许多有机物。乙二醇的溶解能力很强,但它容易代谢氧化,生成有毒的草酸,因而不能广泛用作溶剂。乙二醇与水互溶能大大降低水的冰点,60% 的乙二醇水溶液在 -40℃时结冰,因此,它是一种良好的抗冻剂,常用于汽车冷却系统中的抗冻液。

(二)工业生产方法

环氧乙烷的工业生产方法主要有氯醇法和乙烯直接氧化法。前者因氯消耗高、盐的生成量大、腐蚀严重、副产物多,已基本淘汰,但仍有部分中小型厂家还沿用此工艺。

乙二醇工业上由环氧乙烷用稀盐酸水解制得。实验室中可用水解二卤代烷或卤代乙醇的方法制备。

三、氯乙烯

氯乙烯(chloroethylene)是合成聚氯乙烯的单体。由于聚氯乙烯的产量大,用途广,因此在化学工业中单体氯乙烯的生产占有重要地位。

(一)性质和用途

氯乙烯分子式 C_2H_3Cl,相对分子质量为62.5,相对密度($-14.5℃$)0.974。氯乙烯在常温常压下是一种无色、有乙醚香味的气体,熔点$-159.7℃$,沸点$-13.9℃$,临界温度为142℃,临界压力为52.5MPa。尽管它的沸点为$-13.9℃$,但稍加压力就可以得到液体氯乙烯。氯乙烯易燃,闪点$<-17.8℃$,在空气中爆炸极限为4%~21.7%。对人体有毒,在空气中允许的最高浓度为500μg/g。氯乙烯微溶于水,易溶于丙酮、乙醇等多数有机溶剂。

氯乙烯具有活泼的双键和氯原子,但由于氯原子连接在双键上,所以氯乙烯的化学反应主要是发生在双键上的加成和聚合反应,在光作用下就可发生聚合反应。氯乙烯在储存或运输时,应当加阻聚剂。

氯乙烯是聚氯乙烯树脂的单体,聚氯乙烯树脂是目前产量最大的塑料品种之一,聚氯乙烯还可用作冷冻剂。在工农业、交通运输、日常生活各方面,聚氯乙烯制品的使用十分广泛。

(二)生产方法

氯乙烯的生产方法有乙炔法、乙烯氯化法、氧氯化法、平衡氧氯化法。乙炔法技术成熟,工艺条件容易控制,但乙炔价格较高,劳动强度大,并使用有毒的汞催化剂。因此,目前主要是以乙烯为原料进行生产。

1. 乙炔法生产氯乙烯

氯乙烯单体的传统制法是由乙炔与氯化氢加成,反应式如下:

$$HC\equiv CH + HCl \xrightarrow{HgCl_2} H_2C=CHCl$$

催化剂是以活性炭为载体的 $HgCl_2$。乙炔和干燥过的氯化氢在温度140~200℃下反应,乙炔转化率为96%~97%,以乙炔计的氯乙烯选择性为98%左右。精制后可得纯度为99.9%的成品氯乙烯。电石乙炔法生产氯乙烯技术成熟、流程简单、副反应少、产品纯度高,但由于生产电石要消耗大量电能,而且汞催化剂有毒,不利于劳动保护。自20世纪60年代以来氯乙烯的大型化生产基本由乙烯路线取代。

2. 乙烯法生产氯乙烯

乙烯法又称二氯乙烷法。它是以石油乙烯为原料经氯化制得中间产物二氯乙烷,然后二氯乙烷裂解脱氯化氢而获得氯乙烯。

3. 平衡氧氯化法生产氯乙烯

工业上乙烯、氯化氢和氧气在催化剂存在下,经氧氯化反应一步生成二氯乙烷。

目前,先进的生产氯乙烯的方法是将乙烯与氯气加成得到的1,2-二氯乙烷热裂解及乙烯氧氯化两种方法经济合理地综合在一起,以充分利用氯。此方法生产氯乙烯的原料只需乙烯、氯气、空气(或氧气)。首先通过乙烯与氯气的加成将氯引入,并将1,2-二氯乙烷热裂解生成的氯化氢用于乙烯氧氯化。关键是要计算好1,2-二氯乙烷裂解生成的氯化氢和乙烯氧氯化所需的氯化氢,这样才能使氯化氢在整个生产过程中始终保持平衡。

平衡氧氯化法生产氯乙烯,包括三步反应,即:

$$CH_2=CH_2 + Cl_2 \longrightarrow ClCH_2CH_2Cl$$

$$ClCH_2CH_2Cl \longrightarrow CH_2=CHCl + HCl$$

$$CH_2=CH_2 + HCl + 1/2O_2 \longrightarrow ClCHCH_2 + H_2O$$

总反应式：

$$2CH_2=CH_2 + Cl_2 + 1/2O_2 \longrightarrow 2CH_2=CHCl + H_2O$$

平衡氧氯化法制氯乙烯工艺过程多数采用的组合形式如图3-2所示。

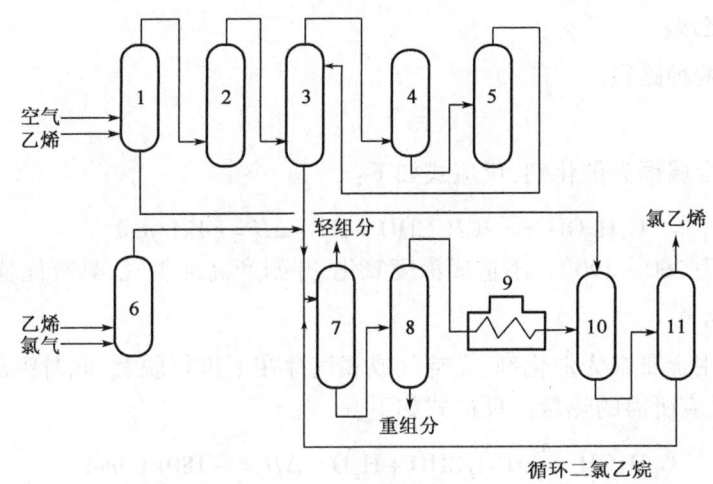

图3-2 平衡氧氯化法制氯乙烯的组合工艺过程
1—氧氯化反应器；2—第一骤冷塔；3—第二骤冷塔；4—吸收塔；5—解吸塔；
6—氯化反应器；7—脱轻组分塔；8—脱重组分塔；9—裂解炉；10—脱氯化氢塔；11—氯乙烯塔

四、乙醛

(一)性质和用途

乙醛(acetaldehyde)分子式 C_2H_4O，相对分子质量44.06，相对密度 (d_4^{18}) 0.783。乙醛是一种无色、透明的液体，具有特殊的刺激性气味，熔点-123.5℃，沸点20.8℃，闪点-27～-38℃，自燃点140℃，溶于水，易燃，与空气能形成爆炸混合物，爆炸极限为4%～57%(体积分数)。乙醛对眼睛、皮肤有刺激作用，在厂房中的最大允许浓度为0.1mg/L，浓度很大时会引起气喘、咳嗽、头痛。

乙醛的沸点较低，极易挥发，因此在运输过程，先使乙醛聚合为沸点较高的三聚乙醛，到目的地后再解聚为乙醛。乙醛和甲醛一样是极宝贵的有机合成中间体。乙醛氧化可制醋酸、醋酐和过醋酸；乙醛与氢氰酸反应得氰醇，由它转化得到乳酸、丙烯腈、丙烯酸酯等；利用醇醛缩合反应可制季戊四醇、1,3-丁二醇、丁烯醛、正丁醇、2-乙基己醇、三氯乙醛、三羟甲基丙烷等；与氨缩合可生产吡啶同系物和各种乙烯基吡啶(聚合物单体)。

(二)工业生产方法简介

传统的工业生产乙醛的方法有四种。

1. 乙炔水合法

以电石为原料生成乙炔,再在汞盐催化作用下液相水合生成乙醛,乙炔水合法在1916年实现工业化,反应式如下:

$$C_2H_2 + H_2O \xrightarrow{HgSO_4} CH_3CHO$$

该法技术成熟、产品纯度高,但由于汞盐有毒,且生产电石能耗大,所以逐步被淘汰。由于石油和天然气制乙炔技术的发展、非汞催化剂的研究开发,目前,采用磷酸镉钙等催化剂,实现了乙炔气相水合工艺,乙炔水合法仍是一种有前途的工艺路线。

2. 从乙醇制乙醛

乙醇制乙醛有两种路线。

1) 吸热脱氢

吸热脱氢采用金属铜为催化剂,反应式如下:

$$C_2H_5OH \xrightarrow{Cu} CH_3CHO + H_2 \quad \Delta H = 84 kJ/mol$$

此法操作温度为260~290℃,不造成深度氧化,并副产高纯氢气,具有优越性。

2) 放热氧化脱氢

放热氧化脱氢用金属银为催化剂,在空气或氧气存在下进行脱氢,此时脱出的氢被氧化成水,同时提供脱氢反应所需的热量。反应式如下:

$$C_2H_5OH \xrightarrow{Ag} CH_3CHO + H_2O \quad \Delta H = -180 kJ/mol$$

此法在550℃左右的温度下进行,过程中易发生一些深度氧化,使乙醇消耗量增大。工业上也有将上述吸热和放热两种方法组合起来的工艺,以解决热平衡问题。用乙醇做原料生产乙醛,应考虑乙醇原料的来源。若乙醇由粮食发酵而得,从乙醇生产乙醛显得不合理;若乙醇是从乙烯水合而得,则该法也是生产乙醛的重要方法。

3. C_3/C_4烷烃氧化制乙醛

该法将丙烷和丁烷混合物气相氧化得到乙醛,1943年在美国实现工业化。反应机理是非催化自由基反应,在425~426℃、1.0MPa条件下进行。此法由于产物是沸点较为相近的混合物,分离很困难,一般采用不多。

4. 乙烯液相氧化法生产乙醛

乙烯液相氧化法又称瓦克法,是赫斯公司在1957—1959年间开发的,具有原料便宜、成本低、乙醛收率高、副反应少等优点。目前,世界上有70%的乙醛是用此法生产的。

以乙烯、氧气(空气)为原料,在催化剂为氯化钯、氯化铜的盐酸水溶液中进行气液相反应生产乙醛。总化学反应式如下:

$$H_2C=CH_2 + 1/2O_2 \longrightarrow CH_3CHO \quad \Delta H = -234 kJ/mol$$

乙烯液相氧化法的副反应主要是乙烯深度氧化及加成反应。实际过程分为如下三步,先是快速的乙烯氧化反应:

$$H_2C=CH_2 + PdCl_2 + H_2O \longrightarrow CH_3CHO + Pd + 2HCl \quad (Ⅰ)$$

再是控制总反应速度的再生反应:

$$Pd + 2CuCl_2 \longrightarrow PdCl_2 + 2CuCl \quad (Ⅱ)$$

$$2CuCl + 1/2O_2 + 2HCl \longrightarrow 2CuCl_2 + H_2O \quad (Ⅲ)$$

当乙烯氧化生成乙醛时,氯化钯被还原成金属钯(Ⅰ),金属钯从催化剂溶液中析出而失去催化活性。虽然许多种氧化剂都可将零价钯氧化成二价钯,但是含铜的氧化还原体系更加合适(Ⅱ),因为一价铜易于被氧化为二价铜(Ⅲ)。可以说在这样的体系中,氯化铜是乙烯氧化成乙醛的氧化剂,而氯化钯则是催化剂。该反应机理是通过乙烯与钯盐形成一种钯-烯烃中间络合物而进行的。

在反应过程中,由于产生一些含氯副产物而消耗氯离子,因此必须补加适量的盐酸溶液。氯化钯浓度必须控制在一定范围内,浓度过高将有金属钯析出。为了节约贵金属钯,在溶液中加入大量氯化铜,一般控制铜盐与钯盐之比在100以上。氯化铜是氧化剂,一般常用二价铜离子与总铜离子(一价与二价铜离子总和)的比例,即 Cu^{2+} 与 $(Cu^+ + Cu^{2+})$ 的比值来表示催化剂溶液的氧化度。氧化度太高,会使氧化副产物增多;氧化度太低,会使金属钯析出。

五、醋酸

(一)性质和用途

醋酸(ethanoic acid)化学名为乙酸,分子式 $C_2H_4O_2$,相对分子质量60.05,相对密度(d_4^{20})1.092,沸点118℃,熔点16.6℃,闪点38℃,自燃点426℃。它是具有特殊刺激性气味的无色液体。纯醋酸(无水醋酸)在16.58℃时就凝结成冰状固体,故称冰醋酸。醋酸能与水以任何比例互溶,醋酸溶于水后,冰点降低。醋酸也能与醇、苯及许多有机液体互溶。醋酸液体不燃烧,但其蒸气是易燃的,醋酸蒸气在空气中爆炸极限是4%。醋酸蒸气对黏膜特别是对眼睛的黏膜有刺激作用,浓度大时能引起灼伤。

醋酸是最重要的中间体之一,它与乙烯作用生成的醋酸乙烯酯是制造合成纤维尼纶的主要原料。由醋酸制得醋酐进而制成的醋酸纤维素是合成人造纤维、塑料和电影胶片片基的原料。另外,醋酸还广泛应用于医药、染料、农药、工业等领域。

(二)工业生产方法简介

目前,工业上合成醋酸的主要方法有三种:丁烷和轻油氧化法、乙醛氧化法和甲醇羰化法,合成路线如图3-3所示。

1. 丁烷和轻油氧化法

丁烷和轻油氧化法用正丁烷做原料时,醋酸得率最高。该方法用氧气或空气作氧化剂,用含钴、锰等金属的醋酸盐或环烷酸盐作催化剂,在4~8MPa、15~225℃条件下,进行液相氧化反应,生成含醋酸的混合有机氧化物(甲酸、乙酸、丙酸、丁酸、醛、酮、酯、醚等),经过分离提纯得到醋酸及一系列有用的副产物。随着石油化工的发展,该方法的原料来源不断增长,特别是 $C_4 \sim C_8$ 馏分,所以在世界范围内仍具有一定的发展空间。另外,据资料报道,乙烯直接氧化制醋酸的方法1997年在日本大分所属的100000t/a的装置上工业化。该方法是以钯为催化剂的气相反应。此法与甲醇羰化法或由乙烯经乙醛生产醋酸的方法相比,工艺流程简单、易于控制、装

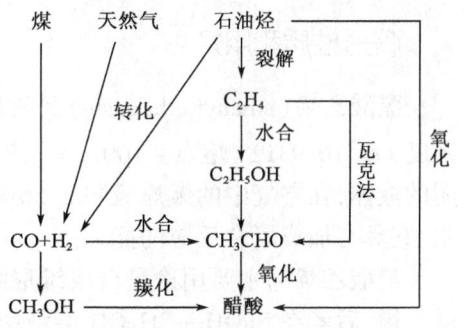

图3-3 醋酸的工业合成方法工艺路线

置投资费用少,其投资费用约为甲醇法的一半、为乙醛法的70%。

2. 乙醛氧化法

乙醛氧化制醋酸属催化自氧化范畴,是一个强放热反应,总反应式如下:

$$CH_3CHO + 1/2O_2 \longrightarrow CH_3COOH \quad \Delta H = -294 \text{ kJ/mol}$$

常温下,乙醛就可以吸收空气中的氧气自氧化为醋酸。这一过程先形成中间产物过氧醋酸(CH_3COOOH),它再分解成为醋酸。在没有催化剂存在下,过氧醋酸的分解速度十分缓慢,因此,系统中会出现过氧醋酸的浓度积累,而过氧醋酸是一个不稳定的具有爆炸性的化合物,其浓度积累到一定程度后会分解而突然爆炸。工业上由乙醛制醋酸均在催化剂存在下进行,常用的催化剂是可变价的锰、钴、镍等金属的醋酸盐,一般用醋酸锰效果较好。醋酸锰在反应液中的含量为0.05%~0.1%。主要副产物是甲烷、二氧化碳、甲酸、醋酸甲酯等。反应温度高以及采用醋酸钴为催化剂时,这些副产物会增多。

3. 甲醇羰化法

随着碳一化学的发展,有CO参与的反应种类逐渐增多,一般把在过渡金属络合物(主要是羰基络合物)催化剂存在下,有机化合物分子中引入羰基($>C=O$)的反应都归入羰化反应范畴。其中主要有两大类:一类是不饱和化合物的羰化反应,具有代表性的是丙烯氢甲酰纯化成正丁醇;另一类就是甲醇羰化反应合成醋酸的过程。

甲醇羰化合成醋酸早在1930年由巴斯夫公司建成第一套工业化装置。反应是在碘化钴催化剂存在下、用甲醇与一氧化碳反应生成醋酸的,反应条件是250℃、60~70MPa。20世纪60年代中期美国孟山都公司开发了以铑取代钴作催化剂,在3MPa压力、175℃下合成醋酸的新工艺。由于该法反应条件温和、甲醇选择性高达99%以上,催化系统稳定、用量少、寿命长,反应系统和精制系统合为一体、装置紧凑、操作安全可靠,故70年代以后,该法成为生产醋酸最具竞争力的工艺之一。

甲醇低压羰化法制醋酸在技术、经济上的优越性很大。如可利用煤、天然气、重质油等为原料,原料路线多样化,可不受原油供应和价格波动的影响。另外,用计算机控制反应系统,使操作条件一直保持最佳状态,副产物很少,三废排放物也少,生产环境清洁。

其主要缺点仍然是催化剂铑的资源有限。另外,虽然醋酸和催化剂中的碘化物对设备腐蚀很严重,但已找到了性能优良的耐腐蚀材料——哈氏合金C(Hastelloy Alloy C,是一种Ni-Mo合金),解决了设备的材料腐蚀问题,但这种耐腐蚀材料价格昂贵。

六、醋酸乙烯

(一)性质和用途

醋酸乙烯(ethenyl ethanoate)又称醋酸乙烯酯,分子式$C_4H_6O_2$,相对分子质量86.05,相对密度(d_4^{20})0.9312,熔点-100.2℃,沸点72.5℃,闪点-5℃,自燃点427℃。它是一种无色透明的液体,在空气中的爆炸极限2.56%~38%。醋酸乙烯酯是酯中最简单也是最重要的代表物,它具有加成聚合反应的能力。

醋酸乙烯的主要用途是合成维尼纶,其过程为醋酸乙烯在过氧化物引发下先聚合为聚醋酸乙烯,后者在NaOH—CH_3OH溶液中醇解得到聚乙烯醇,然后聚乙烯醇抽丝在甲醛溶液中进行缩醛化处理即可得维尼纶。另外,醋酸乙烯可与各种烯基化合物进行共聚,得到性能优良的高分子材料,广泛用于国民经济各领域。

(二)乙烯气相催化氧化生产醋酸乙烯

在20世纪60年代以前,工业上生产醋酸乙烯的方法采用乙炔液相法,即由乙炔、醋酸在硫酸汞或醋酸锌催化剂存在下进行反应。20世纪60年代后期开发了乙烯法合成醋酸乙烯新工艺,经乙炔液相合成法与乙烯气相合成法比较,乙烯气相法生产醋酸乙烯具有产品质量高、副产物少、成本低、对设备管道的腐蚀性小等优点。目前,乙烯气相法已成为生产醋酸乙烯的主要工艺。

乙烯气相法采用载于氧化铝或硅胶上的金属钯或钯合金为催化剂,乙烯、氧气和醋酸呈气相在催化剂表面接触反应,主反应式如下:

$$CH_2=CH_2 + CH_3COOH + 1/2O_2 \longrightarrow CH_3COOCH=CH_2 + H_2O$$

生成二氧化碳是主要的副反应。

七、乙醇

(一)乙醇的性质和用途

乙醇(ethylalcohol)通常称为酒精,分子式为C_2H_6O,相对分子质量46.07,相对密度(d_4^{20})0.789,熔点 -117.1℃,沸点78.5℃。乙醇为无色透明、具有特殊香味、易挥发易燃的液体,密度比水小,能跟水以任意比互溶(一般不能做萃取剂),是一种重要的溶剂,能溶解多种有机物和无机物。乙醇蒸气能与空气形成爆炸性混合物,爆炸极限为3.3%~19.0%。在低级醇中,乙醇的产量次于甲醇和异丙醇,居第三位。

乙醇可用作溶剂或试剂,在医疗中可用作消毒剂、杀菌剂。乙醇的主要用途是作为溶剂,在医药、农药、化工等领域应用。另一重要用途是合成醋酸乙酯,也可用于合成单细胞蛋白质。在有些国家和地区,乙醇仍然是生产乙醛的重要原料。近年来作为汽油组分,乙醇用量在不断增加。

(二)工业生产方法

1. 发酵法

乙醇最早的生产方法是由含淀粉的物质发酵得到。据统计,生产1t乙醇,约需消耗3t粮食。

2. 乙烯水合法

乙烯水合法的开发成功,使生产乙醇的路线发生了根本改变,由消耗粮食转变为采用资源丰富的石油为原料,从而促进了乙醇生产的发展。

在工业上得到广泛应用的烯烃水合工艺是乙烯水合制乙醇和丙烯水合制异丙醇。这两种产品的反应原理和生产过程基本相似,均属烯烃催化水合范畴。

乙烯水合法生产乙醇有两种方法。

一是间接水合法,也称硫酸法,使乙烯先与浓硫酸作用,经烷基硫酸酯的中间产物,然后再水解得到醇。该方法乙烯单程转化率高,可用浓度较低的乙烯原料,反应条件较缓和;但要用大量硫酸,对设备有强烈的腐蚀作用,用过的稀酸再提浓时蒸气消耗大,且浓缩后仅有部分可重复使用,仍有大量的废酸需处理。

另一方法是在固体酸催化剂存在下,乙烯和水汽相一步水合为醇,称为直接水合法。该方法避免了液体酸的直接参与,原料仅需乙烯和水,流程简单,各国新建的乙醇和异丙醇装置几乎都采用直接水合法。

主反应是乙烯气相水合,是一可逆放热反应,反应方程式如下:

$$CH_2=CH_2 + H-OH \rightleftharpoons C_2H_5OH$$

在乙烯水合制乙醇的同时不可避免地有生成醚、醛的副反应发生,另外还有乙烯齐聚物及脱氢缩合等反应。

在工业生产上常用将副产物醚循环回反应器的方法,使反应系统中醚的浓度保持平衡,以抑制醚的生成。为抑制副反应还必须控制乙烯的转化率,一般乙烯气相水合制醇的转化率仅为4%~5%。由于生成醚、醛的副反应在热力学上比水合反应有利,要使过程向正反应方向进行,必须选择合适的催化剂。

在各种催化剂中,已证实 H_3PO_4/SiO_2 催化剂最有效,催化水合反应发生在 SiO_2 载体孔隙的磷酸液膜中,酸膜中磷酸维持在75%~85%为佳。

第三节 丙烯及其衍生物

一、丙烯

(一)丙烯的性质和用途

丙烯(propylene)在常温、常压下为无色、可燃的气体,具有烃类特有的臭味。在高浓度下对人有麻醉性,严重时可导致窒息。其物理化学性质见表3-2。

表3-2 丙烯的物理化学性质

项目	指标	项目		指标
分子式	C_3H_6	d_4^{-47}(液体)		0.6095
结构式	$CH_3-CH=CH_2$	d_4^{20}		0.5139
相对分子质量	42.078	闪点,℃		<66.7
常压下沸点,℃	-47.7	气体黏度(20℃),μPa·s		7.8
相对密度气体(空气=1)	1.476	自燃点,℃		455
		蒸发潜热(沸点时),J/g		437.5
生成热(25℃),J/mol	20427.4	爆炸范围(在空气中,体积分数),%	上限	2.0
低热值(气体,0.098MPa,15.6℃) kJ/m³ 标态气体	81308		下限	11.10
临界温度,℃	91.89			
临界压力,MPa	4.45	蒸气压(绝压),MPa	-73.3℃	0.021
临界密度,kg/L	0.232		-17.7℃	0.33
折光率($n_D^{-100℃}$)	1.3825		21℃	1.04

丙烯是产量仅次于乙烯的最重要有机化工原料之一,主要用于生产聚丙烯、丙烯腈、环氧丙烷等化工产品。丙烯及其联产的其他产品的主要用途如图3-4所示。与乙烯类似,丙烯最大宗的产品是聚丙烯。

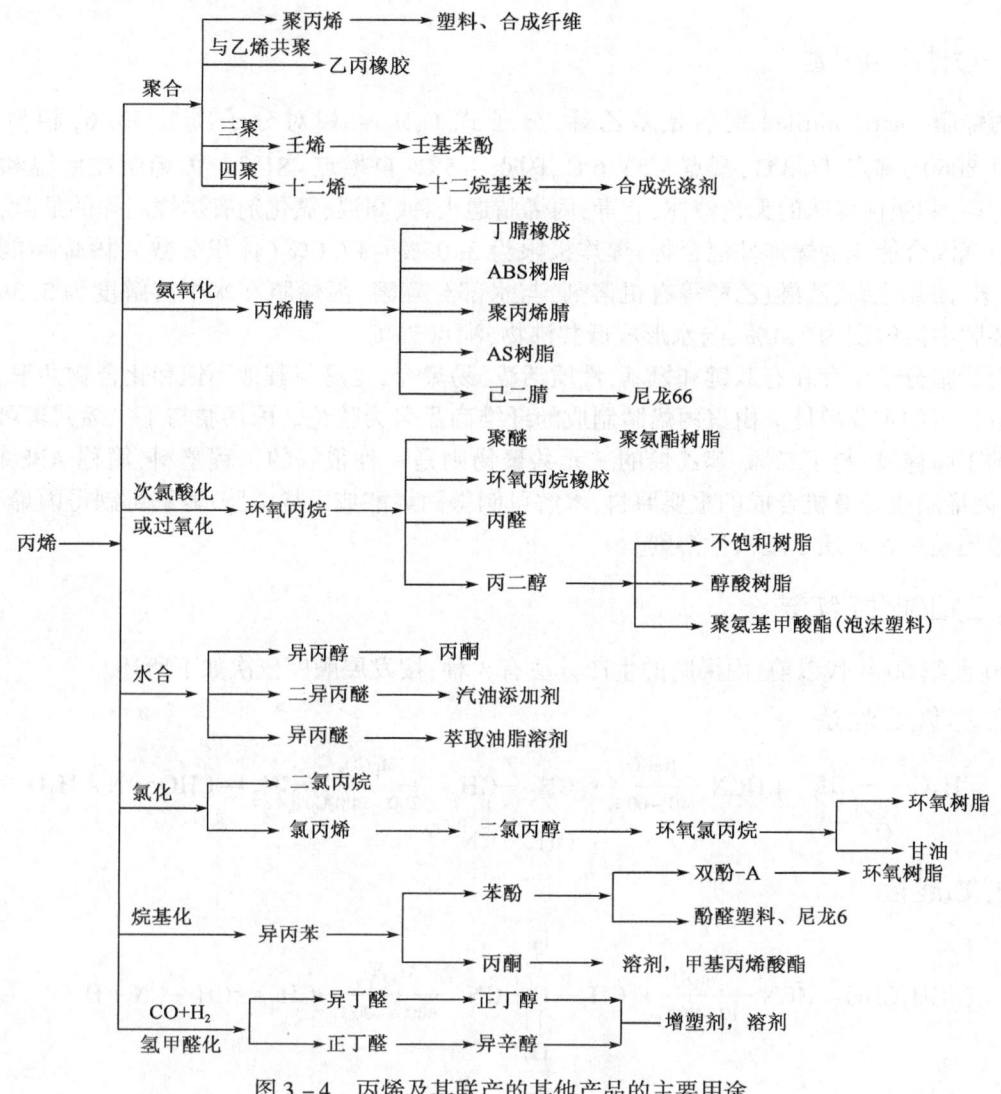

图3-4　丙烯及其联产的其他产品的主要用途

(二)工业生产方法

增产丙烯的化学工艺研究主要集中在四个方面:一是改进FCC等炼油工艺,挖掘现有装置潜力,增产丙烯的FCC装置升级技术;二是充分利用炼油及乙烯裂解副产的$C_4 \sim C_8$等资源,转化为乙烯、丙烯的低碳烯烃裂解技术、烯烃歧化技术;三是丙烷脱氢工艺;四是以天然气、煤等为原料,生产乙烯、丙烯的甲醇制烯烃工艺等。

由于丙烯下游产品的快速发展,极大地促进了中国丙烯需求量的快速增长。我国不断新增大型乙烯生产装置,同时炼厂生产能力还将继续扩大,这将增加丙烯的产出,乙烯装置联产的丙烯占丙烯总供给的比例将进一步提高。但同期下游装置对丙烯的需求量年均增长速度将达到5.8%,丙烯资源供应略微紧张。

本节主要介绍以丙烯为原料合成的重要有机化工产品如丙烯腈、环氧丙烷、异丙醇、异丙苯、丙酮和苯酚的生产方法及工艺特点。

二、丙烯腈

(一)性质与用途

丙烯腈(acrylonitrile)别名氰基乙烯,分子式 C_3H_3N,相对分子质量 53.6,相对密度(d_4^{20})0.8060,沸点 77.3℃,凝点 -83.6℃,闪点 -5℃,自燃点 481℃。丙烯腈在室温和常压下,是具有刺激性臭味的无色液体,有毒;丙烯腈遇火种、高温、氧化剂有燃烧爆炸的危险,其蒸气与空气混合能成为爆炸性混合物,爆炸极限为 3.05%~17.0%(体积分数);丙烯腈能溶于丙酮、苯、四氯化碳、乙醚、乙醇等有机溶剂,与水部分互溶,丙烯腈在水中溶解度为 3.3%,水在丙烯腈中溶解度为 3.1%,与水形成低共沸物,沸点 71℃。

丙烯腈分子中存在有双键和氰基,性质活泼,易聚合,也易与其他不饱和化合物共聚,是三大合成材料的重要单体。由聚丙烯腈制成的纤维商品名为腈纶。丙烯腈与丁二烯共聚可制得耐油的丁腈橡胶;与丁二烯、苯乙烯的三元共聚物则是一种很好的工程塑料,简称 ABS 树脂。此外,丙烯腈也是有机合成的重要原料,水解可制得丙烯酸或丙烯酰胺;醇解可制得丙烯酸酯。丙烯腈还是一种非质子型极性溶剂。

(二)工业生产方法

20 世纪 60 年代以前,丙烯腈的生产方法有 3 种,按发展顺序依次如下所述。

1. 环氧乙烷法

$$H_2C\overset{O}{-\!\!\!-\!\!\!-}CH_2 + HCN \xrightarrow[50\sim60℃]{NaCO_3} \underset{OH\ \ CN}{CH_2-CH_2} \xrightarrow[200\sim300℃]{MgCO_3} CH_2=CHC=N + H_2O$$

2. 乙醛法

$$CH_3CHO + HCN \xrightarrow[10\sim20℃]{NaOH} CH_3-\underset{OH}{\overset{H}{\underset{|}{\overset{|}{C}}}}-CN \xrightarrow[600\sim700℃]{H_3PO_4} CH_2=CH-CN + H_2O$$

3. 乙炔法

$$CH\equiv CH + HCN \xrightarrow[80\sim90℃]{CH_2Cl_2-NH_4Cl-HCl} CH_2=CH-CN + H_2O$$

以上三种生产方法原料贵,需用剧毒的 HCN 为原料以引进—CN,生产成本高,故限制了丙烯腈的发展。

4. 丙烯氨氧化法

20 世纪 50 年代末,巴杰尔公司成功开发了丙烯氨氧化一步合成丙烯腈的工艺,称索亥俄法(Sohio process),成为生产丙烯腈的第四种方法。

$$CH_3CH=CH_2 + NH_3 + 3/2 O_2 \xrightarrow[470℃]{P-Mo-Bi-O} CH_2=CH-CN + 3H_2O$$

此法原料价廉易得,对丙烯含量无严格要求,所用氨为一般化肥级或冷冻规格氨,用空气作氧化剂可一步合成,投资少,成本低,自1960年第一套工业化装置问世以来,得到迅速发展。目前,世界上有90%的丙烯腈由此法生产。

1) 丙烯氨氧化合成丙烯腈的主反应

$$CH_3-CH=CH_2 + NH_3 + 3/2O_2 \longrightarrow CH_2=CH-CN(g) + 3H_2O(g)$$

$$\Delta H_{298}^\circ = -514.8 \text{kJ/mol}$$

$$\Delta G_{298}^\circ = -569.67 \text{kJ/mol}$$

2) 主要副反应

	ΔH_{298}°	ΔG_{298}°
$C_3H_6 + 3NH_3 + 3O_2 \longrightarrow 3HCN(g) + 6H_2O(g)$	-942.0 kJ/mol	-1144.78 kJ/mol
$C_3H_6 + O_2 \longrightarrow CH_2=CHCHO(g) + H_2O(g)$	-353.3 kJ/mol	-338.73 kJ/mol
$C_3H_6 + 9/2O_2 \longrightarrow 3CO_2 + 3H_2O(g)$	-1920.9 kJ/mol	-1491.7 kJ/mol

还可能生成少量丙腈、乙醛、丙酮等副产物。由上列诸反应可见,虽然主反应是一个放热反应,但主要副反应热效应更大,且 ΔG_{298}° 具有更大的负值,在热力学上比主反应更占优势。因此,要获得高选择性的丙烯腈,主反应必须在动力学上占优势,其关键在于催化剂。

3) 丙烯氨氧化反应采用的催化剂

丙烯氨氧化反应采用的催化剂主要有两类。

(1) Mo—Bi—O 系催化剂。工业上最早采用的是 P—Mo—Bi—O 三组分催化剂(代号C-A),逐步发展成 P—Mo—Bi—Fe—Co—O 五组分催化剂,在此基础上又开发成功 P—Mo—Bi—Fe—Co—Ni—K—O 七组分催化剂(代号C-41),20世纪70年代末又开发成功代号为C-49的催化剂。这一系列改进都是围绕降低丙烯单耗、降低反应温度、提高催化剂活性、提高丙烯腈收率而进行的。上海石油化工研究院自20世纪80年代开始,先后开发了 Mo—Bi—Fe 多元系列催化剂,代号为 MB-82、MB-86、MB-96 的催化剂用于工业生产,性能良好。

(2) Sb—O 系催化剂。工业上早先采用过 Sb—U—O 系,由于其具有放射性,废的催化剂处理困难,已不采用。目前,采用 Sb—Sn—O 系或 Sb—Fe—O 系。

各类催化剂所用载体与所用反应器形式有关。使用流化床时,对催化剂强度及耐磨性能要求甚高,一般用粗孔微球形硅胶载体。采用固定床时,载体的导热性能很重要,一般采用低比表面积没有微孔结构的惰性物质作载体,如刚玉、碳化硅等。

三、环氧丙烷

(一) 性质与用途

环氧丙烷(1,2-epoxypropane)分子式 C_3H_6O,相对分子质量58.05,相对密度 (d_4^{20}) 0.859,沸点34.2℃,闪点 -37.2℃,自燃点465℃。环氧丙烷在常温常压下为无色透明液体,具有类似醚类气味、易燃易挥发的液体,有毒。在空气中爆炸极限3.1%~27.5%,溶于水、乙醇、乙醚等多数有机溶剂。

环氧丙烷化学性质活泼,易开环聚合,可与水、氨、醇、二氧化碳反应,生成相应的化合物或聚合物。环氧丙烷用于制造丙二醇、丙醛、异丙醇胺、聚醚、石油破乳剂、消泡剂、甘油、有机酸,可合成树脂、泡沫塑料、增塑剂及表面活性剂等化工原料;也可合成硝酸纤维素、氯乙烯、醋酸乙烯、氯丁二烯等树脂和作为有机物质的低沸点溶剂等。

长期以来环氧丙烷主要用于生产丙二醇,近年来主要用于生产聚氨酯泡沫塑料。由于聚氨酯泡沫的迅速发展,环氧丙烷的生产也得到迅速发展,产量在丙烯系列产品中仅次于聚丙烯和丙烯腈,居第三位。

(二)工业生产方法

1. 氯醇法

氯醇法在1927年建立了第一个环氧丙烷的工业生产装置。我国环氧丙烷的生产大部分采用此工艺(此生产原理和工艺过程与环氧乙烷类似)。

$$CH_3CH=CH_2 + H_2O + Cl_2 \xrightarrow{100℃左右} CH_2CH(OH)-CH_2Cl + HCl$$

$$CH_2CH(OH)-CH_2Cl \xrightarrow{Ca(OH)_2} CH_3-CH-CH_2\underset{O}{\diagdown\diagup} + CaCl_2 + H_2O$$

该方法的优点是生产过程比较简单,缺点是生产成本高、氯耗量大且有大量 $CaCl_2$ 污水需处理。

2. 哈康法

哈康法(Halcon process)是由美国 Halcon 公司与 Arco 公司联合开发的无氯生产环氧丙烷的新工艺,有异丁烷 Halcon 法和乙苯 Halcon 法两种。该工艺属烯烃液相环氧化范畴,以 ROOH 为环氧化剂,过程分为过氧化、环氧化、脱水三步。

哈康法在1968年工业化。该法投资比氯醇法高,但公害少、收率高、生产成本较低,且可联产苯乙烯或异丁烯,哈康法的应用过去受到联产物市场的限制,但随着石油化工和工程塑料的大力发展,目前,许多国家新建的装置大多采用此法。

3. 分子氧氧化法

丙烯在醋酸溶液中用分子氧氧化,这是苏联制环氧丙烷的方法,分两步进行。第一步是丙烯乙酰氧基化,反应在65℃、0.5MPa 下进行,$PdCl_2/LiNO_3$ 作催化剂,丙烯转化率72%,选择性74%;第二步将生成的丙二单醋酸酯在400℃下高温分解,催化剂是载于刚玉上的醋酸钾,单程转化率为31%,环氧丙烷收率为77%。

4. 电化学法

电化学法是对氯醇法的改进,其实质是在一个设备中进行食盐电解,丙烯次氯酸化,并用电解槽阴极区得到的 NaOH 溶液将氯丙醇皂化得到产物。此工艺的优点是副产物少且不排放废水,但分离目的产物相当复杂,现仍处于实验室阶段。

四、丙酮、苯酚

(一)性质与用途

1. 丙酮

丙酮(acetone)又名二甲基甲酮,分子式 C_3H_6O,相对分子质量58.079,相对密度(d_4^{20})

0.7898，凝固点 -94.6℃，沸点 56.5℃，闪点（闭口）-20℃。丙酮为最简单的饱和酮，是一种无色透明、有特殊辛辣气味的液体；易挥发、易燃，其蒸气与空气混合的爆炸极限是 2.55% ~ 12.80%。丙酮和水以及大部分有机溶剂如醚、醇、酯完全混合，是油脂、树脂、纤维素醚的良好溶剂，它能溶解 25 倍体积的乙炔。

丙酮化学性质很活泼，能发生取代、加成、缩合、热解等反应。它是酮类最简单也是最重要的物质。丙酮在工业上主要作为溶剂，用于炸药、塑料、橡胶、纤维、制革、油脂、喷漆等行业中，并且是合成其他有机溶剂、去垢剂、表面活性剂、药物、有机玻璃、环氧树脂和双酚 A 的重要原料。

2. 苯酚

苯酚（phenol）俗名石炭酸，分子式 C_6H_6O，相对分子质量 94，相对密度（d_4^{20}）1.0722，熔点 41.2℃，沸点 182℃。苯酚为无色针状或白色块状、有芳香味的晶体；可溶解于乙醇、乙醚、氯仿、甘油等有机溶剂中；室温时微溶于水，当温度在 65.3℃ 以上时，可和水互溶；有毒。

苯酚是酚类中最重要的一种，也是最重要的石油化工产品之一。60% ~ 65% 的苯酚用于生产酚醛树脂、聚环氧化物、聚碳酸酯，还用于生产双酚 A 及己内酰胺，其中生产酚醛树脂是其最大的用途，占苯酚产量的一半以上。此外，有相当数量的苯酚用于生产卤代酚类，从一氯苯酚到五氯苯酚，它们可用于生产 2,4-二氯苯氧乙酸（2,4-滴）和 2,4,5-三氯苯氧乙酸（2,4,5-涕）等除草剂；五氯苯酚是木材防腐剂；其他卤代酚衍生物可作为杀螨剂、皮革防腐剂和杀菌剂。另外，由苯酚所制得的烷基苯酚是制备烷基酚—甲醛类聚合物的单体，也可作为抗氧剂、非离子表面活性剂、增塑剂、石油产品添加剂。苯酚也是很多医药（如水杨酸、阿司匹林及磺胺药等）、合成香料、染料（如分散红 3B）的原料。

（二）工业生产方法

1. 丙酮的合成

丙酮的生产方法很多，最初由粮食发酵、木材干馏而得，也可由乙炔水合，或由乙醇、醋酸等为原料制取。随着石油化学工业的发展，由丙烯合成丙酮较其他方法更具有优越性，在工业上广为采用。

由丙烯合成丙酮的工业法有直接和间接两种。

1）丙烯直接合成丙酮法

一是在液相的 $PdCl_2$—$CuCl_2$ 催化剂存在下，丙烯用空气氧化得丙酮，反应原理与乙烯直接氧化制乙醛相似。二是丙烯气相催化氧化制丙酮，催化剂是以硅胶为载体的 Sn—Mo—P—Mg—O 的混合氧化物。丙烯直接氧化合成丙酮时，丙酮收率都比较低。

2）丙烯间接合成丙酮法

目前，采用的也有两种工艺：一是由丙烯水合得到异丙醇，再由异丙醇在金属铜或氧化锌催化剂上于 350 ~ 400℃，催化脱氢制取丙酮；二是由丙烯和苯合成异丙苯，异丙苯由空气氧化得过氧化氢异丙苯，它在酸性条件下分解生成丙酮和苯酚，此法称为异丙苯法。

2. 苯酚的生产

苯酚的生产主要有氧化、氯化和磺化三种。

1) 氧化法

(1) 异丙苯氧化同时生产苯酚和丙酮(异丙苯法)。

(2) 甲苯氧化法(液相法和气相法)。

(3) 环己烷氧化法和其他氧化法。

2) 氯化和磺化法

(1) 苯氯化并将氯苯水解。

(2) 苯氧氯化并随后水解(拉西法)。

(3) 苯磺化并加碱液法。

异丙苯法在合成丙酮的同时可得等分子数的苯酚,丙酮和苯酚均是十分重要的化工原料,且此法还具有原料易得、条件简单、便于连续化和自动化的优点。因此,自1949年苏联第一套工业化装置问世以来,得到广泛采用,并逐步淘汰了丙酮与苯酚的其他工业制法。

(三) 异丙苯法制丙酮与苯酚

异丙苯法由下列各步组成:异丙苯氧化生成过氧化氢异丙苯、过氧化氢异丙苯加酸分解和分解产物的精馏。

过氧化氢异丙苯制备的主反应如下:

$$\text{C}_6\text{H}_5\text{--}\underset{\underset{\text{CH}_3}{|}}{\overset{\overset{\text{CH}_3}{|}}{\text{C}}}\text{--H} + \text{O}_2 \longrightarrow \text{C}_6\text{H}_5\text{--}\underset{\underset{\text{CH}_3}{|}}{\overset{\overset{\text{CH}_3}{|}}{\text{C}}}\text{--O--O--H}$$

异丙苯的氧化是一个液相自氧化过程,该氧化反应与一般烃类液相氧化反应相似,是按自由基链的链反应历程进行,其中包括链的引发、传递和终止三个过程,一般采用产物本身作引发剂。由于过氧化氢异丙苯的热稳定性差,受热后自行分解,因此,会发生许多分解副反应。

过氧化氢异丙苯制备的主要副反应有:

生成 α-甲基苯乙醇:

$$\text{C}_6\text{H}_5\text{--}\underset{\underset{\text{CH}_3}{|}}{\overset{\overset{\text{CH}_3}{|}}{\text{C}}}\text{--O--O--H} \longrightarrow \text{C}_6\text{H}_5\text{--}\underset{\underset{\text{CH}_3}{|}}{\overset{\overset{\text{CH}_3}{|}}{\text{C}}}\text{--OH} + \frac{1}{2}\text{O}_2$$

生成 α-甲基苯乙烯:

$$\text{C}_6\text{H}_5\text{--}\underset{\underset{\text{CH}_3}{|}}{\overset{\overset{\text{CH}_3}{|}}{\text{C}}}\text{--O--O--H} \longrightarrow \text{C}_6\text{H}_5\text{--}\underset{\text{CH}_3}{\overset{}{\text{C}}}\text{=}\text{CH}_2 + \frac{1}{2}\text{O}_2 + \text{H}_2\text{O}$$

生成苯乙酮和甲醇、甲酸:

$$\text{C}_6\text{H}_5\text{--}\underset{\underset{\text{CH}_3}{|}}{\overset{\overset{\text{CH}_3}{|}}{\text{C}}}\text{--O--O--H} \longrightarrow \text{C}_6\text{H}_5\text{--}\overset{\overset{\text{O}}{\|}}{\text{C}}\text{--CH}_3 + \text{CH}_3\text{OH}$$

$$\text{CH}_3\text{OH} \xrightarrow{\text{O}_2} \text{HCOOH}$$

主副反应的选择性主要决定于链传递反应和分解反应的竞争。异丙苯的自氧化反应,链传递反应速度较快,而生成的—OOH基团与叔碳原子相连且又受到相邻苯环的影响,相对于其他过氧化物来说比较稳定,如果反应条件控制适当,是可以获得高选择性的。

五、正丁醇

(一)性质和用途

正丁醇(n-butanol)分子式$C_4H_{10}O$,相对分子质量74.12,相对密度(d_4^{15})0.81337。正丁醇是一种无色透明液体,有微臭,凝固点-90.2℃,沸点117.7℃,闪点35~35.5℃,自燃点340~420℃,在空气中的爆炸极限为1.45%~11.25%。30℃时,正丁醇在水中的溶解度为7.08%,而水在正丁醇中的溶解度为20.62%。正丁醇与水能组成二元共沸物,共沸物含正丁醇62%、含水38%,共沸点92.6℃。正丁醇能与乙醇、乙醚及其他多种有机溶剂混溶。

丁醇是一种重要的化工产品,广泛作为溶剂和制造增塑剂、涂料、香料助剂的原料。此外还可作选矿用的消泡剂、洗涤剂、脱水剂的制备原料。其中以正丁醇用途最多而居于重要地位。

正丁醇主要用于制造邻苯二甲酸、脂肪族二元酸及磷酸的正丁酯类增塑剂,它们广泛用于各种塑料和橡胶制品中。正丁醇也是有机合成中制丁醛、丁酸、丁胺和乳酸丁酯等的原料,还是油脂、药物(如抗生素、激素和维生素)和香料的萃取剂和醇酸树脂涂料的添加剂,又可用作有机染料和印刷油墨的溶剂、脱蜡剂等。

(二)工业生产方法

丁醇可用乙炔、乙烯、丙烯和粮食为原料进行生产。以乙烯为原料的乙醛缩合法步骤很多,生产成本很高,且有严重污染,现只有少数国家采用此法。以丙烯为原料的氢甲酰化法原料价格便宜,合成路线短,是目前的主要生产方法。

由烯烃、一氧化碳和氢气在催化剂存在下,于一定的温度、压力条件下进行反应,可在烯烃双键两端碳原子上分别加上一个氢原子和一个甲酰基(—CHO),故称为氢甲酰化反应。这种反应最终都是生成比原料烯烃多一个碳原子的醛,醛加氢得到相应的醇。这个方法也是目前生产高碳醇的重要工业过程。

丙烯氢甲酰化法合成正丁醇有两条工艺路线,一条是以羰基钴为催化剂的高压法;另一条是用膦羰基铑为催化剂的低压法,由于低压法有一系列优点故为各国所欢迎。下面阐述此法的合成反应。

丙烯氢甲酰化合成正丁醇,先合成正丁醛,然后由正丁醛加氢精制而得。

$$CH_3—CH=CH_2 + CO + H_2 \longrightarrow CH_3CH_2CH_2CHO$$

$$CH_3—CH=CH_2 + CO + H_2 \longrightarrow \begin{array}{c} H_3C \\ \diagdown \\ CHCHO \\ \diagup \\ CH_3 \end{array}$$

$$CHCH=CH_2 + H_2 \longrightarrow C_3H_8$$

$$CH_3CH_2CH_2CHO + H_2 \longrightarrow CH_3CH_2CH_2CH_2OH$$

在工业上生成的丁醛和异丁醛混合气在铜基催化剂上于115℃、0.5MPa压力下加氢得到丁醇混合物,然后经精馏可得纯正丁醇和异丁醇。

工业上氢甲酰化反应常用的催化剂有羰基钴和羰基铑两种。羰基钴 $HCo(CO)_4$ 催化剂的主要缺点是热稳定性差,容易分解析出钴而失去活性,为了防止其分解一般需在 10~20MPa 下操作,即所谓高压法。而且反应得到的产品中正/异醛比例较低。为克服这些缺点,进行了许多研究改进工作,主要对配位基和中心原子进行筛选改进:以铑代替中心原子钴,以有机膦(三苯基膦)配位基取代部分羰基,形成 $HRh(CO)(PPh_3)_3$ 催化剂。该催化剂性能稳定,合成产物的正/异醛比率达 15:1,能在 1~2MPa 的低压下操作,即低压法。两类催化剂性能对比见表 3-3。

表 3-3 钴和铑催化剂性能的对比

催化剂	温度,℃	压力,MPa	催化剂浓度,%	产物	正/异比
$HCo(CO)_4$	140~180	20~30	0.1~1.0	醛/醇	3:1~4:1
$HRh(CO)(PPh_3)_3$	90~110	1~2	0.01~0.1	醛	12:1~15:1

第四节 C_4 烃及其应用

一、C_4 烃资源及工业应用

据估计,C_4 馏分将是继乙烯和丙烯之后可能得到充分利用的宝贵石油化工原料。美国、日本、西欧对 C_4 馏分的化工利用率已高达 55% 以上,而我国只有 41%,且主要集中于烯烃,而 C_4 烷烃主要作为燃料。

炼油厂和石油化工厂联产大量工业 C_4 烃(馏分)。工业 C_4 烃包含丁二烯、丁烯、丁烷等共 7 个主要组分。C_4 烃经化学加工可制成高辛烷值汽油和化工产品,因此综合利用 C_4 烃对于提高企业的经济效益有明显的作用。

(一)C_4 烃资源

工业 C_4 烃来源有四个方面。

(1)炼油厂 C_4 烃(简称炼厂 C_4)。炼油厂催化加工和热加工生产 C_4 烃,其中催化裂化装置所产的 C_4 烃(包含于液态烃中)是炼厂 C_4 烃的最重要的组成部分。我国炼厂加以回收利用的 C_4 常限于催化裂化 C_4,故炼厂 C_4 往往又指催化裂化 C_4。

(2)裂解 C_4 烃(简称裂解 C_4)。石油化工厂裂解制乙烯的联产 C_4 烃。

(3)油田(天然)气回收的 C_4 烷烃(简称油田气 C_4)。

(4)其他来源。乙烯制 α-烯烃的联产物(1-丁烯),乙醇合成的丁二烯等。

其中最重要的来源是(1)、(2)两项。就产量而言,炼厂 C_4 高居首位;但裂解 C_4 的烯烃含量高、含硫量低(一般小于 10^{-5}),化工利用价值高。

石油炼制和石油化工发达的国家多拥有相当数量的 C_4 烃资源,美国炼油工业中可提供的 C_4 烃高达原油加工量的 5%。美国炼厂加工深度大,催化裂化装置在炼厂占重要地位,所以 C_4 烃产量较高。德国和日本炼厂 C_4 分别占原油加工量的 0.7% 和 1%。西欧和日本裂解 C_4

产量比美国多,因为美国裂解原料以气体(乙烷、丙烷)为主,西欧和日本以油品(石脑油、柴油)为主,气体原料与油品相比,C_4产率明显偏低。

(二)C_4烃的综合利用

各国C_4烃来源及需求不同,C_4烃的利用途径也就不尽相同,但总的说来,C_4利用不外乎燃料和化工利用两大方面。

在燃料利用方面,美国催化裂化C_4几乎全用于生产烷基化汽油;日本炼厂C_4基本上作气体燃料;西欧国家的催化裂化C_4不到一半用于制作烷基化汽油,其余作气体燃料使用。化工利用途径多而广,C_4的重要衍生物有20余种之多,是基本有机化学工业的重要原料,尤其以丁二烯、正丁烯和异丁烯最为重要,其次是正丁烷。C_4烃制得的基本有机化工主要产品如图3-5所示。

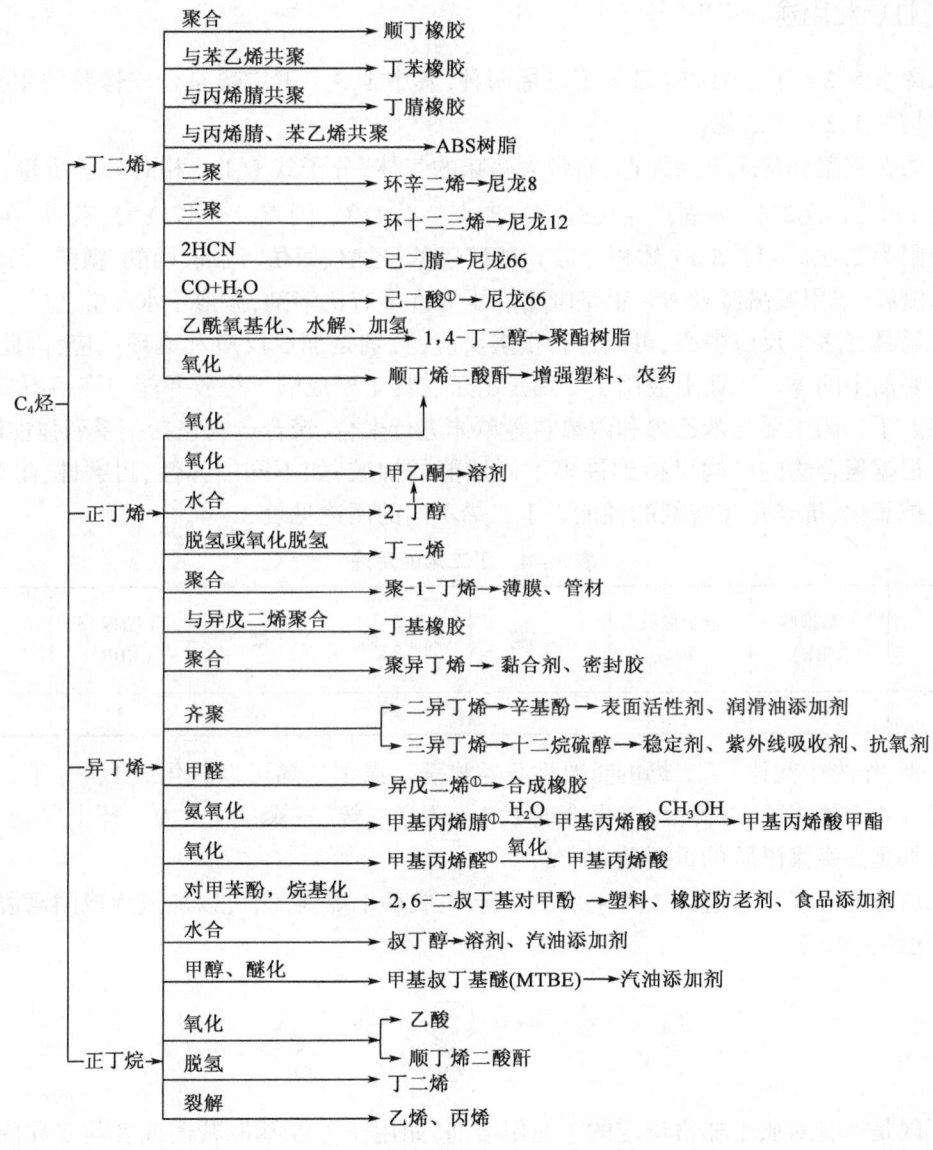

图3-5 C_4烃系统的主要产品(①为尚在研究中)

C₄烃及其工业衍生物应用范围广泛、用途多样,目前已成为石油化工产品的重要基础原料,其生产能力和产量随乙烯生产能力的增加而同步增长。

当前,C₄烃主要有烷基化汽油、甲基叔丁基醚、丁基橡胶、聚丁烯、二异丁烯、烷基酚、甲乙酮、丁二烯、1-丁烯等较大吨位的衍生物,在国外已普遍生产,国内也有相当大的需求。此外,有些C₄烃衍生物虽然属较大吨位的产品,但是可以从非C₄烃中取得或合成。

国外C₄烃的化学利用集中于裂解C₄烃的应用,丁二烯通常回收利用。中国C₄烃化工利用率明显低于主要工业国家。随着裂解C₄烃的发展,C₄烃的化工利用率将明显增加。

二、丁二烯

丁二烯(1,3-butadiene)是上述C₄烃中最重要的一种。

(一)性质和用途

丁二烯有1,2-丁二烯和1,3-丁二烯两种,其中1,3-丁二烯是合成橡胶的主要原料。本文所述均指1,3-丁二烯。

丁二烯在室温和常压下为无色、略带大蒜味的气体,分子式C_4H_6,相对分子质量54.088,相对密度($d_{15.6}^{15.6}$)0.6274,凝固点-108.9℃,沸点-4.41℃,闪点<-17.8℃,有毒,在空气中的爆炸极限为2.0%~11.5%(体积分数),能溶于苯、乙醚、氯仿、汽油、丙酮、糠醛、无水乙腈、二甲基乙酰胺、二甲基酰胺和N-甲基吡咯烷酮等许多有机溶剂,微溶于水和醇。

丁二烯具有多个反应中心,可以进行很多反应,特别是加成反应和成环反应,因此可以合成许多重要的中间体。工业上应用丁二烯是由于它易于聚成顺丁橡胶并能与许多不饱和单体进行共聚。丁二烯主要与苯乙烯和丙烯腈等单体进行聚合,聚合产物包括一系列弹性体,即合成橡胶。根据聚合物的结构可得到许多不同性能的橡胶,如不同的弹性、耐磨性、耐久性、耐寒、耐热、抗氧化、抗老化和溶剂的性能。丁二烯不同的用途见表3-4。

表3-4 丁二烯的用途

产品	丁苯橡胶(SBR)	顺丁橡胶(BR)	己二腈	氯丁二烯	ABS聚合物	丁腈橡胶(NBR)	其他
比例,%	47	17	8	8	6	3	11

近年来,作为中间体,丁二烯的重要性日益显著。氯丁二烯可以转化成1,4-丁二醇。用有机金属催化剂可将丁二烯环化二聚合成1,5-环辛二烯、三聚成1,5,9-环十二碳三烯,这两种组分都是高级聚酰胺的重要前期产品。

丁二烯与SO_2发生可逆的1,4-加成反应,生成环丁烯砜,它可以加氢生成耐高温的环丁砜(二氧化四氢噻吩):

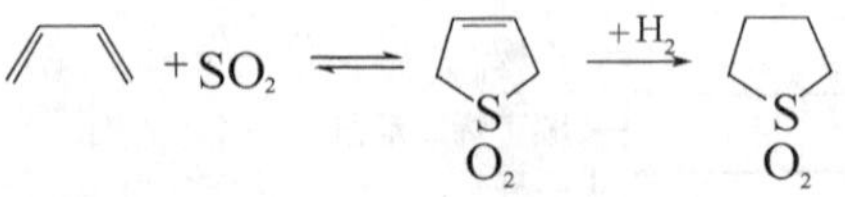

环丁砜是一种对质子非常稳定的工业用溶剂,如用于芳烃萃取精馏或者与二异丙醇胺一起在Sulfinol法中净化气体以脱除酸性气体。

(二)工业生产方法

1. 传统合成法制 1,3-丁二烯

最初,丁二烯的工业生产是以煤的转化产物为基础的,如乙炔、乙醛、乙醇和甲醛等。传统上有三种合成方法,其区别在于 C_4 丁二烯链由 C_2 单元或由 C_2 和 C_1 单元的不同形式组合构成。一般都采用多步法生产。

1) 乙炔四步法

在德国,有一定数量的丁二烯用四步法由乙炔制取。在该法中,乙炔先转化成乙醛,再进一步醇醛缩合成 2-羟基丁醛,它可在 110℃ 和 30MPa 下,用 Ni 催化剂还原成 1,3-丁二醇,第四步是在 270℃,用磷酸钠催化剂在气相下进行 1,3-丁二醇的脱水反应。

$$2CH_3CHO \xrightarrow{[OH^-]} CH_3CH(OH)-CH_2CHO \xrightarrow{+H_2} CH_3-CH(OH)-CH_2CHOH$$

$$\xrightarrow{-2H_2O} H_2C=CH-CH=CH_2$$

此法制得丁二烯的选择性可达约 70%(以 CH_3CHO 计)。

2) 列别捷夫法

列别捷夫法是丁二烯生产的另一个方法,以乙醇为原料,用 $MgO-SiO_2$ 催化剂,在 400℃ 一步将乙醇脱氢和脱水。

$$2CH_3CH_2OH \longrightarrow H_2C=CH-CH=CH_2 + 2H_2O + H_2$$

此法制得丁二烯的选择性约达 40%。今天,这个方法只对那些没有石油化工基础、但能够用发酵法取得廉价乙醇的国家才有价值。

3) 雷珀法

雷珀(Reppe)法是丁二烯生产的第三个传统方法。乙炔和甲醛先转化成丁炔二醇,再制取 1,4-丁二醇,最后脱水得到丁二烯。实际上这是一个直接进行两次脱水的过程,今天,雷珀法是不经济的。

目前,制取丁二烯的现代化工业方法都毫无例外地以石油化学为基础,C_4 裂解馏分、来自天然气或炼厂气的丁烷和丁烯的混合物都是很经济的原料。

2. 从 C_4 裂解馏分制取 1,3-丁二烯

在一些用粗汽油或重石油馏分进行蒸汽裂解制取乙烯的国家里,都含有可以经济地分离出丁二烯的 C_4 馏分。在一般高深度裂解的产物中,C_4 馏分约达 9%,在 C_4 馏分中含丁二烯 45%~50%。

烃类蒸汽裂解得到 C_4 馏分的数量和含量在很大程度上受原料种类和裂解深度的影响。

随着炼厂馏分的终沸点不断提高,从轻粗汽油到重粗汽油再到柴油,总 C_4 的含量降低,丁二烯含量上升。使用不同原料的乙烯装置得到的丁二烯数量见表 3-5。

表 3-5　不同裂解原料副产丁二烯的产量　　　　单位:kg/100kg 乙烯

原料	乙烷	丙烷	正丁烷	粗汽油	轻柴油
丁二烯含量	1~2	4~7	7~11	12~15	18~24

随裂解深度增加,整个 C_4 馏分的数量相应减少,但由于丁二烯稳定性好,因此,丁二烯含量相对是增加的,见表3-6。

表 3-6　不同裂解条件下 C_4 馏分的组成　　　　单位:%

裂解产物	低深度裂解	高深度裂解	裂解产物	低深度裂解	高深度裂解
1,3-丁二烯	26	47	顺-2-丁烯	7	5
异丁烯	32	22	正丁烷	4	3
1-丁烯	20	14	乙烯基乙炔	0.2	2
反-2-丁烯	7	6	其他:异丁烷、丁炔和1,2-丁二烯	3.8	1

由于 C_4 馏分中各组分的沸点非常接近,正丁烯、异丁烯和丁二烯的相对挥发度相差极小,而且有些组分还形成共沸物,简单蒸馏不能将它们经济地分离,因此,只能采用更有效、选择性更好的物理和化学分离工序。C_4 馏分加工时,先要分离丁二烯。

目前,C_4 馏分可行的分离方法有以下几种:

(1)分子筛吸附分离法。该方法现处于中试阶段。

(2)化学反应法。这是一个较早应用的老方法。该法利用丁二烯和氨合醋酸铜 $[Cu(NH_3)_2](OOCCH_3)$ 可逆地生成络合物,工业应用价值不大。

(3)萃取精馏法。如加入选择性有机溶剂,混合物中某组分的挥发度就会降低(这里指的是丁二烯),该组分与溶剂一起留在精馏塔底,而其他原来用精馏不能分离的杂质从塔顶蒸出。丙酮、糠醛、乙腈、二甲基乙酰胺、二甲基酰胺和 N-甲基吡咯烷酮是萃取精馏的重要溶剂。这是目前工业上较普遍采用的方法。

萃取精馏法适用于含有较多的炔烃、甲基、乙基和乙烯基乙炔以及甲基丙二烯(1,2-丁二烯)的富含丁二烯的 C_4 裂解馏分。萃取馏分中乙炔含量不能过多,否则会形成泡沫,影响萃取过程,必要时应加入消泡剂。C_4 馏分中所含的炔烃的分离是工艺操作中的关键,必要时用选择加氢脱除。

从 C_4 裂解馏分中用溶剂萃取丁二烯的基本流程如下:将 C_4 馏分全部蒸发后通入萃取塔下部,溶剂(如甲基甲酰胺或 N-甲基吡咯烷酮)与气体混合物逆向流动,在溶剂向下流动时带走了易溶解的丁二烯和少量的丁烯,然后从萃取塔下部流出,进入丁烯汽提塔以分离丁烯。粗丁二烯在另一个脱气塔里将丁二烯从溶剂中蒸出,再进行精馏精制,最后得到高纯丁二烯。

巴斯夫公司的 N-甲基吡咯烷酮(NMP)丁二烯抽提法首先是在石油化学公司道玛根的工业装置中运行成功,吸收率是96%,得到的丁二烯纯度约99.8%,成为极具竞争力的工业路线。

3. 从 C_4 烷烃和烯烃制取1,3-丁二烯

天然气和炼厂气中的丁烷和丁烯混合物是脱氢或氧气存在下氧化脱氢制取1,3-丁二烯的原料。一些工业方法几乎全部由美国开发并首先应用。

正丁烷和正丁烯脱氢是吸热过程,需要输入大量能量:

$$\text{CH}_3\text{CH}_2\text{CH}_2\text{CH}_3 \underset{}{\overset{-H_2}{\rightleftharpoons}} \text{CH}_3\text{CH}_2\text{CH=CH}_2 \qquad \Delta H = +126\text{kJ/mol}$$

$$\text{CH}_3\text{CH}_2\text{CH=CH}_2 + \text{CH}_2\text{=CHCH=CH}_2 \underset{}{\overset{-H_2}{\rightleftharpoons}} \qquad \Delta H = +109\text{kJ/mol}$$

除了用 C_4 烃类脱氢制丁二烯外,氧气存在下的脱氢方法日益重要。所谓氧化脱氢法是用加氧的方法来移动丁二烯之间的脱氢平衡,以生成更多的丁二烯。氧气的作用不仅是与氢燃烧,还能引发从烯丙基脱氢的反应。在工业生产中要加入足够量的氧(用空气),因为生成水放出的热量约能补偿吸热的脱氢反应所需要的热量,这样丁烯转化率、丁二烯的选择性及催化剂的寿命都很好。

从正丁烯制丁二烯的菲利普氧化脱氢法(O-X-D)是工业生产中脱氢过程的一个例子。正丁烯蒸气和空气在 480~600℃,用固定床催化剂进行反应。丁烯转化率为 75%~80%,丁二烯选择性达到 88%~92%。丁烯氧化脱氢的催化剂多为磷、钼、铋、钨、锡、锑及钛等元素的二元或三元的混合氧化物,加入少量的卤素(溴或碘)作为助剂可以提高选择性。

三、丁烯

大量的丁烯来自炼油厂的副产物和丁烷、粗汽油或柴油等各种裂解过程。现在,直接来自丁醇或者乙炔的老生产方法已经没有价值。自从由 C_4 馏分大规模地分离出纯组分以后,丁烯的化学加工也得到很大改进。

(一)性质和用途

丁烯(butylene)有四种异构体:

$$\text{CH}_3\text{—CH}_2\text{—CH=CH}_2 \qquad \text{顺-2-丁烯} \qquad \text{反-2-丁烯} \qquad \text{异丁烯}$$

    1-丁烯   顺-2-丁烯   反-2-丁烯   异丁烯

丁烯可燃,与空气可形成爆炸性的混合物。丁烯的物理性质见表 3-7。

表 3-7 丁烯的物理性质

性　　质	1-丁烯	顺-2-丁烯	反-2-丁烯	异丁烯
相对分子质量	56.104	56.104	56.104	56.104
熔点,℃	-185.35	-183.91	-106.55	-140.35
沸点,℃	-6.26	3.72	0.88	-6.8
相对密度(15.6/15.6℃)	0.6011	0.6272	0.6100	0.6002
临界温度,℃	146.6	155.0	155.0	144.7
临界压力(绝),MPa	4.1	4.2	4.2	4.0
蒸气压(37.8℃),MPa	0.44	0.32	0.35	0.45
燃点,℃	384	324	324	465

续表

性　质		1-丁烯	顺-2-丁烯	反-2-丁烯	异丁烯
闪点,℃		-112	-73	<-30℉	-77
爆炸极限(体积分数),%	上限	9.3	9.7	9.7	8.8
	下限	1.6	1.8	1.8	1.8

丁烯最重要的二次反应是生产化学中间体:水合成醇(正丁烯→仲丁醇,异丁烯→叔丁醇),氢甲酰化生成 C_5 醛和醇,通过正丁烯氧化生成顺丁烯二酸酐,甲醇加异丁烯可生成甲基叔丁基醚,正丁烯氧化降解成醋酸,异丁烯氨氧化成甲基丙烯腈。较次要的反应是异丁烯氧化为甲基丙烯酸等。

(二)丁烯的生产与分离方法

将丁二烯的主要部分萃取得到的 C_4 抽余液,采用"拜耳冷加氢工艺"进行选择加氢除去残留丁二烯后,主要得到含有异丁烯、正丁烯和丁烷的混合物。各丁烯异构体的沸点十分接近,难于用普通的方法有效地分离。C_4 抽余液的典型组成见表3-8。

表3-8　C_4 抽余液的典型组成

组分	异丁烯	1-丁烯	2-丁烯(顺式和反式)	正丁烷	异丁烷
体积分数,%	44~49	24~28	19~21	6~8	2~3

C_4 抽余液的分离目的是得到具有支链和反应性高的异丁烯。

1. 分子筛分离法

异丁烯分子因具有甲基支链,体积较大,故不能被非常均匀的分子筛小孔(0.3~1nm)所吸附,只有丁烯和丁烷能被吸附,然后用高沸点烃将其脱附,这样可以从 C_4 抽余液中分离出纯度为99%的异丁烯。

2. 化学法

异丁烯是 C_4 抽余液中反应性最高的化合物,工业生产上利用这一特性可选择性从 C_4 抽余液化学法分离出异丁烯。

1)直接水合法

在稀的矿物酸中,异丁烯水合成叔丁醇,接着再逆向分解成异丁烯和水。

欧美一些公司的异丁烯大规模水合法采用50%~60%的硫酸,在10~20℃下逆流操作将异丁烯从 C_4 抽余液中萃取出来,并生成叔丁醇,用水稀释后,叔丁醇在酸性液中减压精馏,并且再分解为异丁烯。日本石油公司采用在金属盐下,用盐酸溶液将异丁烯水合的方法。在 C_4 抽余液的萃取过程中形成叔丁醇和叔丁基氯,二者都可以分解生成异丁烯。

2)异丁烯齐聚法

在酸性催化剂作用下,异丁烯齐聚生成二异丁烯。

拜耳开发的液相法是用酸性离子交换树脂作催化剂,在100℃、2MPa左右压力下进行齐聚。异丁烯的二聚和三聚是剧烈的放热反应,有99%的转化率,并且二聚物与三聚物之比是3∶1。

3)硫酸吸收法

该法较老,因污染和设备腐蚀问题,现已被水合法和甲醇醚化法所取代。

4) 异丁烷脱氢法

由正丁烷生产异丁烯一般采用两步法,即先异构化为异丁烷,然后异丁烷再脱氢生成异丁烯(异构化脱氢)。该工艺已经工业化,国外已有多套装置投产。

5) 甲基叔丁基醚(MTBE)裂解法

甲基叔丁基醚(MTBE)裂解制异丁烯是20世纪70年代末期研究开发成功的一种生产异丁烯的重要方法。和其他方法相比,该技术具有对设备无腐蚀、对环境无污染、工艺流程合理、操作条件缓和、能耗低、产品纯度高、装置规模灵活性大、可以根据市场需求生产MTBE或异丁烯等特点,自开发成功至今一直是国内外生产异丁烯的主要方法之一。

甲基叔丁基醚裂解法是指在液相条件下,采用大空强酸性离子交换树脂作催化剂,将含异丁烯的 C_4 馏分与甲醇进行选择性反应生产MTBE,异丁烯转化率超过99.99%。然后,MTBE再裂解生产异丁烯,包括MTBE的合成和MTBE的裂解两个过程。

四、氯丁二烯

氯丁二烯(chloroprene)作为共轭烯烃,在工业上的重要性仅次于丁二烯和异戊二烯,位于第三位。

(一)性质和用途

氯丁二烯分子式 C_4H_5Cl,相对分子质量88.5,相对密度 (d_4^{20}) 0.9583,熔点 $-130℃ \pm 2℃$,沸点59.4℃,着火点 $-20℃$。它是无色透明、挥发性很强的液体,极易燃,在空气中能迅速地氧化为恶臭气味的二聚物和易爆的过氧化物以及高聚物。其爆炸极限为2.5%~12%。它溶于大部分有机溶剂,微溶于水。其化学性质很活泼,在氯仿溶液中能与溴发生加成反应,能使高锰酸钾溶液褪色。

氯丁二烯主要用来制造氯丁橡胶。这种合成橡胶非常耐油、耐热溶剂和耐老化。由于它的分子中含有氯原子,所以又有抗燃烧能力。氯丁橡胶还有相当好的弹性和气密性。

氯丁二烯生产中的中间产物1,4-二氯-2-丁烯可作为制造己二腈、1,4-丁二醇和四氢呋喃的原料。

(二)生产氯丁二烯的丁二烯法

氯丁二烯的早期生产方法是乙炔法,现改用丁二烯为原料的方法。丁二烯法大致由三个主要步骤组成。

1. 气相氯化

丁二烯先在常压、高温(260~300℃)下按自由基机理进行氯化:

$$\diagup\!\!\!\diagdown + Cl_2 \longrightarrow \underset{Cl}{CH_2Cl}\diagdown\!\!\!\diagup + ClH_2C\diagup\!\!\!\diagdown CH_2Cl + ClH_2C\diagdown\!\!\!\diagup CH_2Cl$$

若温度高于330℃,则脱氯化氢反应会大大增加;若低于200℃,则有反应速度降低和多氯化物增加的趋势。为了提高收率,丁二烯应过量一些。

2. 异构化

氯化得到的反应产物是3,4-二氯-1-丁烯及顺式和反式1,4-二氯-2-丁烯的混合物,其物质的量比为 38:17:45。1,4-二氯-2-丁烯不适用于制造氯丁二烯,可以用铜盐或铁盐为催化剂液相异构为 1,2-加成物。

$$ClCH_2CH=CHCH_2Cl \xrightarrow{CuCl,130\sim150℃} CH_2=CHCHClCH_2Cl$$

由于 3,4-二氯-1-丁烯的沸点(123℃)低于顺式和反式 1,4-二氯-2-丁烯的沸点(分别为 154℃ 和 157℃),可通过不断蒸发从反应体系中除去,使平衡往指定方向移动。

3. 脱氯化氢

二氯丁烯用稀碱液脱氯化氢即生成氯丁二烯。

$$CH_2=CHCHClCH_2Cl \xrightarrow{NaOH,80℃} CH_2=CHCCl=CH_2$$

粗产物精制后可得供生产氯丁橡胶用的聚合级氯丁二烯。

五、甲基叔丁醚

(一)性质

甲基叔丁基醚(methyl tert-butyl ether,简称 MTBE),又称 2-甲基-2 甲氧基丙烷,分子式 $CH_3OC_4H_9$,相对分子质量 88.15,相对密度 (d_4^{20}) 0.7406,沸点 55.2℃,熔点 -108.6℃,微溶于水,储存安定,不易生成过氧化物。其马达法辛烷值为 117,研究法辛烷值为 101。

1607 年比利时化学家 A. Reychler 首先发现叔烯烃和醇合成叔烷基醚的反应。20 世纪 30 年代美国的壳牌和标准石油公司公布了合成甲基叔丁基醚的首批专利。一直到 1973 年意大利 ANIC 公司的工业装置投产以后,MTBE 才成为工业产品。近年来各国相继出台的环境保护法规对含铅汽油使用的限制是甲基叔丁基醚获得迅速发展的根本原因。汽油中掺加 MTBE,提高了汽油辛烷值,从而减少或避免使用含铅汽油。另外,生产 MTBE 的原料易得、生产工艺简单灵活、投资额低,大量未获充分利用的工业 C_4 馏分中的异丁烯因此可转化为汽油,再加上 MTBE 使用性能良好,这些都是 MTBE 生产迅速扩大的重要原因。

但由于 MTBE 稳定的化学和生物特性,对土壤和饮用水造成污染,使 MTBE 作为汽油添加剂的霸主地位开始动摇。2000 年 3 月,美国环境保护局(EPA)发布了一项通告(ANPR),减少或停用汽油添加剂 MTBE。随着我国经济的快速发展,我国的汽车拥有量将持续增长,汽油的需求量也会逐年增加,因此,作为汽油添加剂的 MTBE 目前仍不会受到国外禁用的冲击,国内的 MTBE 需求在今后的一段时间内还将继续增长。

(二)用途

MTBE 作为优良的高辛烷值汽油添加剂,已日益被人们所重视,其他方面的重要应用是作为溶剂和试剂,以及作为制备高纯度异丁烯的原料等。

1. 汽油添加剂

MTBE 作为优良的高辛烷值的汽油添加剂,对汽油的物理化学性质和抗爆性质等方面均有改善,使炼厂新增了获取高辛烷值汽油组分的有效手段。生产 MTBE 的装置和炼厂中其他制取高辛烷值汽油的工艺过程如烷基化、催化裂化、催化重整、异构化等起着相辅相成的作用。

根据 MTBE 的性质和调和辛烷值,将 MTBE 与各种具有抗爆性能的无铅汽油混合,其最大用量不超过 20%。MTBE 实际掺合辛烷值范围,研究法为 110~135,马达法为 95~110。通常随着汽油中 MTBE 浓度增加,基础油中烯烃含量减少,基础油辛烷值降低,MTBE 的掺合效果增强。

2. 制取异丁烯

异丁烯是重要的有机化工原料。由于化工产品的种类不同,对原料异丁烯的纯度要求也不同。例如,生产丁基橡胶、聚异丁烯、叔丁基苯、叔丁胺等所需的异丁烯原料,要求异丁烯纯度大于99%。若要从 C_4 中得到高纯度的异丁烯,需通过繁杂的分离流程才能实现。近年来国内开发了用 MTBE 做原料,催化裂解得到高纯度异丁烯的方法。此工艺简单,MTBE 合成和裂解的选择性高,副反应少,产品纯度高达99.0%以上。该技术采用了燕山石油化工公司化工研究院的科研成果,投产后工艺平稳,产品质量可靠,催化剂活性高,具有无污染、无腐蚀等优点,而且反应温度不超过200℃,经济效益好。

3. 反应溶剂和试剂

MTBE 化学性质稳定,难于氧化,作为反应溶剂、萃取剂和色谱液等也具有多种应用途径。

(三)工业生产方法

工业上甲基叔丁基醚的生产方法是以异丁烯和甲醇为原料,以大孔强酸性阳离子交换树脂(如磺化聚苯乙烯树脂)作催化剂,在固定床反应器内进行的。以异丁烯和甲醇为原料的合成反应如下:

$$CH_3-\underset{\underset{}{\overset{CH_3}{|}}}{C}=CH_2 + CH_3OH \rightleftharpoons CH_3-\underset{\underset{CH_3}{|}}{\overset{\overset{CH_3}{|}}{C}}-O-CH_3$$

以异丁烯和甲醇为原料制造甲基叔丁基醚的工艺流程简单,一般包括催化合成、MTBE 回收、提纯和剩余 C_4 中甲醇回收三个部分。工业化装置所用的技术有十六七家,其中以意大利 Snam/Anic 公司和德国的 Huls 公司的技术应用较为普遍。诸家技术的基本过程相仿,取决于不同产品规格,异丁烯转化率、MTBE 纯度、剩余 C_4 组成的要求。各家采用的反应器型式和段数有所不同,流程设计也各具特色。

第五节 芳烃的生产

一、芳烃的性质和用途

芳烃是十分重要的化工原料,特别是苯、甲苯、二甲苯等尤为重要。在总数约八百万种的已知有机化合物中,芳烃化合物占了约30%,其中 BTX 芳烃(B-苯、T-甲苯、X-甲苯)称为一级基本有机原料。随着合成树脂、合成纤维、合成橡胶工业的发展,芳烃的生产在石油化工领域占有越来越显要的位置。

(一)芳烃的性质

1. 苯

苯(benzene)在常温下是无色透明液体,易挥发,具有强烈芳香气味;有毒、易燃,微溶于水,易溶于乙醇、乙醚等有机溶剂。其物理化学性质见表3-9。

表3-9 苯的物理化学性质

项目	指标	项目	指标
分子式	C_6H_6	低热值(25℃),J/g	40605.3
结构	⬡	比热容(25℃),J/(g·℃)	1.0163
相对分子质量	78.11	导热系数(30℃),J/(cm·s·℃)	141.93×10^{-5}
常压下沸点,℃	80.099	临界温度,℃	289.5
熔点,℃	5.533	临界压力,MPa	4.94
液体相对密度($d_4^{15.51}$)	0.8847	临界密度,kg/L	0.304
闪点(近似值),℃	-13.3 ~ -12.2	折光率(20℃,101325Pa)	1.50112
自燃点(近似值),℃	630	表面张力(20℃),N/cm	28.9×10^{-5}
黏度(20℃),Pa·s	0.000654	蒸气压(26.075℃),Pa	13332.2
汽化热(80.10℃),J/g	394.14	爆炸范围(在空气中,体积分数),% 上限	7.9
熔化热(25℃),J/g	127.49	爆炸范围(在空气中,体积分数),% 下限	1.33

2. 甲苯

甲苯(toluene)在常温下为无色透明的液体,有类似于苯的芳香味;微溶于水,可溶于乙醇、醚、甲醛、氯仿、丙酮、冰乙酸和二硫化碳等有机溶剂中。其物理化学性质见表3-10。

表3-10 甲苯的物理化学性质

项目	指标	项目	指标
分子式	C_7H_8	熔化热(25℃),kJ/mol	6.397
结构	CH₃-⬡	生成热(25℃),kJ/mol	12.02
相对分子质量	92.14	导热系数(20℃),J/(cm·s·℃)	142.8×10^{-5}
常压下的沸点,℃	110.615	临界温度,℃	320.8
熔点,℃	-94.991	临界压力,MPa	4.26
液体相对密度($d_4^{15.51}$)	0.8719	临界密度,kg/L	0.290
闪点(开口),℃	7	折光率(20℃)	1.49693
自燃点,℃	633	表面张力(20℃),N/cm	28.53×10^{-5}
黏度(20℃),Pa·s	0.00058	爆炸范围(在空气中,体积分数),% 上限	8
汽化热(25℃),kJ/mol	38.016	爆炸范围(在空气中,体积分数),% 下限	1.3

3. 二甲苯

二甲苯具有芳烃特有的气味,常温下为无色透明的油状物;有毒、易燃,几乎不溶于水,易溶于醇、醚、酮和二硫化碳。二甲苯是结构分别为邻二甲苯、间二甲苯、对二甲苯和乙苯四种同分异构体的混合物,其物理化学性质见表3-11。

表 3-11 二甲苯的物理化学性质

性　　质		邻二甲苯	间二甲苯	对二甲苯	乙　苯
常压沸点,℃		144.41	139.10	138.35	136.19
熔点,℃		-25.17	-47.40	13.26	-94.98
相对密度(d_4^{20})		0.880	0.864	0.861	0.867
汽化热(30℃),kJ/mol		43.150	42.760	42.263	41.927
黏度(30℃),Pa·s		0.0008762	0.000547	0.000548	0.000589
导热系数(20℃),J/(cm·s·℃)		134.4×10^{-5}	134.4×10^{-5}	134.0×10^{-5}	131.9×10^{-5}
表面张力(20℃),N/cm		29.25×10^{-5}	28.02×10^{-5}	27.03×10^{-5}	28.22×10^{-5}
蒸气压(40℃),Pa		2045.959	2522.919	2646.175	2864.557
临界温度,℃		357.07	343.82	343.0	343.94
临界压力,MPa		3.733	3.541	3.501	3.609
临界密度,kg/L		0.288	0.282	0.280	0.284
爆炸范围(空气中,体积分数),%	上限	6.4	6.4	6.6	6.7
	下限	1.1	1.1	1.1	0.99

(二)芳烃的用途

芳烃产品的生产和利用已有一百余年的历史,是从煤焦油芳烃的利用开始的,而 BTX 芳烃在石油化学工业中大量生产和应用是第二次世界大战以后的事。科学技术的飞速进步以及人们对生活和文化的需求日益提高,促进了以芳烃为基础原料的化学纤维、塑料、橡胶等合成材料以及品种繁多的有机溶剂、农药、医药、染料、香料、涂料、化妆品、添加剂和有机合成中间体等生产的迅猛发展。

苯的最大用途是生产苯乙烯、环己烷和苯酚,三者占苯消费总量的 80%～90%,其次是生产硝基苯、顺酐、氯苯、直链烷基苯等。

甲苯大部分用作汽油组分,其次是用作脱烷基制苯和歧化制苯和二甲苯的原料。甲苯也是优良溶剂,它的化工利用主要是生产硝基甲苯、苯甲酸、异氰酸酯等。

二甲苯中用量最大的是对二甲苯,它是生产聚酯纤维和薄膜的主要原料。邻二甲苯是制造增塑剂、醇酸树脂和不饱和聚酯树脂的原料。大部分间二甲苯异构化制成对二甲苯,也可氧化为间苯二酸,以及用于农药、染料、医药的二甲基苯胺的生产。芳烃的工业应用如图 3-6 所示。

二、芳烃的主要来源

芳烃主要来自石油馏分的催化重整生成油和裂解汽油,少部分来自煤焦油。近年来通过轻质烃类芳构化及重芳烃轻质化来生产 BTX 芳烃的技术得到较快发展。

(一)催化重整生产 BTX 芳烃

催化重整可以生产 BTX 芳烃,也可以生产高辛烷值汽油。两种方案主要区别在于选取不同原料和操作条件,控制芳构化反应的热力学平衡。从催化重整油的芳烃及裂解汽油的芳烃这两大来源所产生的 BTX 芳烃约占全部芳烃来源的 80%。

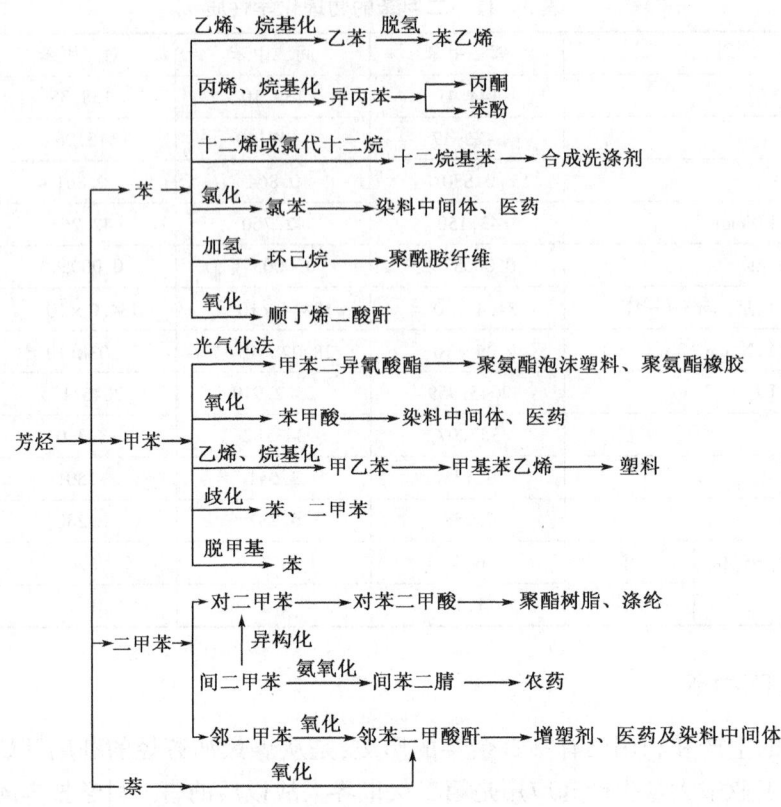

图 3-6 芳烃的工业应用

催化重整生产的 BTX 芳烃的特点是含甲苯及二甲苯多,含苯较少。催化重整 BTX 的产率分布与原料组成和工艺类型有密切关系。半再生式重整典型芳烃收率为:总芳烃 60.95%,其中苯 6.44%、甲苯 21.21%、二甲苯 20.11%、C_9+ 芳烃 13.19%。连续再生式重整典型芳烃收率为:总芳烃 71.50%,其中苯 7.39%、甲苯 22.73%、二甲苯 21.51%、C_9+ 芳烃 19.87%。

(二)高温裂解制乙烯副产 BTX 芳烃

据统计,全世界 2000 年从高温裂解制乙烯所得到的裂解汽油中副产的 BTX 芳烃约占全部 BTX 芳烃的 25%,是 BTX 芳烃的第二大来源。由于各国资源不同,催化重整与高温裂解主产 BTX 芳烃的相对比例因各自产量也有所差别。

裂解汽油主要组分为 $C_5 \sim C_9$ 烃类,包括烷烃、烯烃、二烯烃及芳烃。由于裂解原料的操作条件不同,裂解汽油的组成和产率分布也有较大差别。在一般情况下,以石脑油为原料,采用深度裂解条件时,可得苯 27%、甲苯 23%、二甲苯和乙苯 12%、C_9+ 芳烃 15%;以轻柴油为原料时,可得苯 31.17%、甲苯 18.31%、二甲苯和乙苯 11.23%、C_9+ 芳烃 1.05%。可以看出高温裂解制乙烯副产的芳烃中苯含量较多,这与催化重整得到的芳烃组成不尽相同。

(三)煤加工副产 BTX 芳烃

芳烃来源之一是从煤加工所得煤焦油中制取,流程见图 3-7,已有百余年历史。但自从开发了从石油中取得芳烃的技术以来,煤焦油芳烃所占比例已很小,如 1990 年全世界从煤焦化副产的 BTX 芳烃占全部 BTX 芳烃 6.2%,2000 年下降到约 4.3%。

煤加工有三种主要途径:煤的焦化,主要生产冶金工业用的焦炭;煤的汽化,主要生产城市用煤气;煤的液化,转化成油品,以弥补石油的不足。从这些过程所得到的液体产品中都可得到 BTX 芳烃。例如高温炼焦生产冶金焦时,每吨煤可得煤焦油 12~16L,其典型组成为:苯 60%~75%、甲苯 12%~25%、二甲苯 5%~10%、乙苯 1%~2%、多烷基苯 2%~3%。

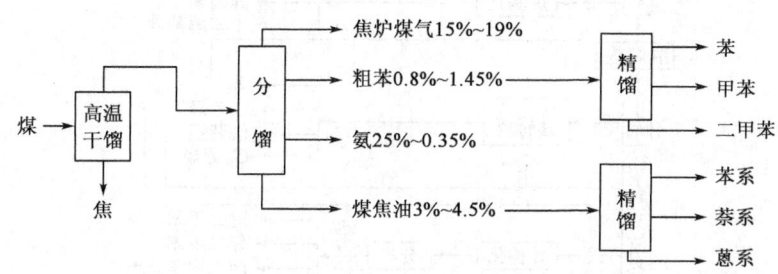

图 3-7　从煤焦油中制取芳烃的流程示意图

(四)轻质烃芳构化生产 BTX 芳烃

低碳烃类或液化石油气可选择性地转化成 BTX 芳烃。轻质烃的芳构化是一个正在开发中的技术,发展较快。主要的工艺过程有如下几种。

1. Alpha 工艺过程

该过程是由日本 Asahi 化学工业公司与其子公司 Sanyo 化学工业公司联合开发的。已于 1993 年 7 月建成第一套工业装置,加工能力为每年 4×10^4 t 苯,原料是 $C_3 \sim C_8$ 烯烃,BTX 收率 62.2%。

2. AROMAX 工艺过程

该过程是由美国雪佛龙公司开发的,加工环烷基石脑油,BTX 芳烃收率 74% 以上,已于 1993 年在美国 Pascagouia 炼厂建成一套年产 5×10^5 t 苯的工业装置。之后又在日本、沙特阿拉伯等国建设了多套工业装置。

3. Cyclar 工艺过程

该过程是由英国 BP 公司和美国 UOP 公司联合开发的,使用了 BP 公司的催化剂和 UOP 公司的移动床连续再生技术,以 $C_3 \sim C_4$ 烷烃(即液化石油气)为原料,芳烃收率 62%~66%。有一套工业装置已于 1997 年开工。

4. 其他

其他还有 Z-Forming 工艺过程(日本三菱公司和千代田公司联合开发,加工液化石油气)、Aroformer 工艺过程(法国 IFP 和澳大利亚 Salutec 公司联合开发,加工轻质石脑油、抽余油及戊烷)、Mobil 工艺过程(Mobil 公司开发,以 $C_3 \sim C_4$ 烃为原料)和 Pyroform 工艺过程(KTI 公司开发,以 $C_2 \sim C_3$ 烷烃为原料)等。

三、芳烃的转化

不同来源的各种芳烃馏分的组成是不相同的,得到的各种芳烃的产量也不相同。如果仅以这些来获得各种芳烃,必然会发生供需不平衡的矛盾,有的却因用途较少有所过剩。如聚酯纤维的发展,需要大量对二甲苯,而以上来源中对二甲苯的供给有限,难于满足需要。芳烃转化工艺的开发,能依据市场的供求,调节各种芳烃的产量。这些转化工艺包括:脱烷基、歧化、烷基转移、甲基化和异构化等。同时,发展了重芳烃轻质化技术,把重芳烃也加入转化工艺的原料中,以提高 BTX 收率。芳烃转化工艺的工业应用见图 3-8。

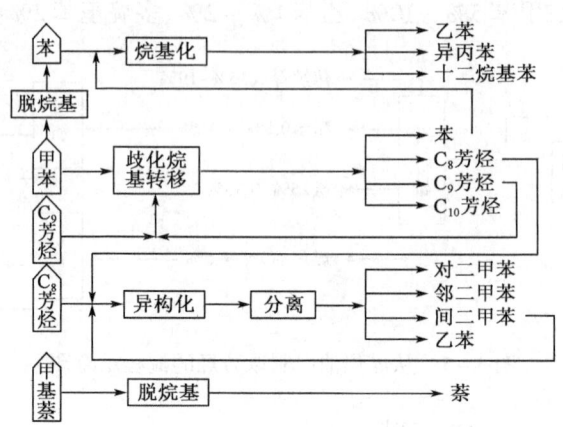

图 3-8　芳烃转化工艺的应用

(一)芳烃歧化及烷基转移

工业上应用最广的是通过甲苯歧化反应,将用途较少并过剩的甲苯转化为苯和二甲苯两种重要的芳烃。芳烃歧化一般是指两个相同芳烃分子在酸性催化剂作用下,一个芳烃分子上的侧链基转移到另一个芳烃分子上的反应。如下所示:

$$\text{R-C}_6\text{H}_5 + \text{R-C}_6\text{H}_5 \rightleftharpoons \text{C}_6\text{H}_6 + \text{R-C}_6\text{H}_4\text{-R}$$

歧化反应是一个可逆反应,逆反应实际上是烷基转移反应。工业上可在原料甲苯中加入一定量 C_9 芳烃,使之与甲苯发生烷基转移反应,用来增产二甲苯。

$$\text{C}_6\text{H}_5\text{CH}_3 + \text{C}_6\text{H}_3(\text{CH}_3)_2\text{CH}_3 \rightleftharpoons 2\,\text{C}_6\text{H}_4(\text{CH}_3)_2$$

该反应的平衡常数与温度关系不大,在 400~1000K 范围内其平衡转化率为 35%~50%。甲苯歧化是一个微量吸热的反应,热效应为 0.84kJ/mol 甲苯(800K)。

常见的酸性催化剂如 AlCl·HCl 类 L 酸、加氟的 SiO_2—Al_2O_3 的 B 酸都是甲苯歧化的工业催化剂,但目前采用最广的是丝光沸石或 ZSM-5 沸石分子筛催化剂。

甲苯歧化的工业过程是一个复杂过程,歧化时除了可同时发生烷基转移反应之外,还有可能发生酸催化的其他类型反应,如产物二甲苯的异构化和歧化、甲苯脱烷基、芳烃脱氢缩合成稠环芳烃和焦炭等过程。焦炭的生成会使催化剂表面迅速结焦而活性下降。为抑制焦的生成和延长催化剂寿命,工业生产上采用临氢歧化法。

甲苯歧化和烷基转移制苯和二甲苯主要有加压临氢催化歧化法、常压气相歧化法和低温歧化法三种。加压临氢催化歧化法使用 ZSM-5 催化剂,反应温度为 400~500℃,压力 3.6~4.2MPa,物质的量比 $n(H_2):n(烃)$ 为 2:1。

(二) C_8 芳烃的异构化

任何方法生产得到的 C_8 芳烃都含有四种异构体,即邻、间、对二甲苯和乙苯。异构化的目的是使非平衡的邻、间、对二甲苯混合物转化成平衡的组成,然后再利用分离手段,分离出需要的对二甲苯等产品,剩下的非平衡组成的 C_8 芳烃再返回异构化。作为生产聚酯树脂和聚酯纤维单体的对二甲苯用量最大,而间二甲苯需求量最小。因此,工业上采用分离和异构化相结合的工艺,将不含或含少量对二甲苯的 C_8 芳烃为原料,在催化剂作用下,转化成接近平衡浓度的 C_8 芳烃,从而达到增大对二甲苯产量的目的。反应式如下:

$$\text{邻二甲苯} \rightleftharpoons \text{间二甲苯} \rightleftharpoons \text{对二甲苯}$$

(三) 芳烃脱烷基化

烷基芳烃分子中与苯环直接相连的烷基,在一定条件下可以脱去,此类反应称为芳烃的脱烷基化。工业上主要应用于甲苯脱甲基制苯、甲基萘脱甲基制萘。脱烷基又分为催化脱烷基和热脱烷基两大类。

甲苯催化脱烷基生产苯,有代表性的工艺过程有:美国 UOP 公司开发的 Hydeal 过程、美国 Houdry 公司开发的 Detol 过程(以甲苯为原料)、Pyrotol 过程(以加氢裂解汽油为原料)和 Litol 过程(以焦化粗苯为原料)。它们都是在催化剂存在下的加氢脱烷基过程,苯对甲苯的收率为 98% 左右。Detol 过程的原料中加入 C_{9+} 芳烃可提高苯的产量。

甲苯热脱烷基生产苯的工艺有:由美国 ARCO 公司开发的 HDA 过程、由 Gulf 公司开发的 THD 过程和由日本三菱油化公司开发的 MHC 过程等。苯的收率为 95% 以上。HDA 过程的原料甲苯中加入重芳烃,可提高苯的产量。美国 HRI 公司和 ARCO 公司共同开发了重芳烃加氢脱烷基(HDA)过程,以 $C_7 \sim C_{11}$ 芳烃或萘和联苯为原料,采用活塞流式反应器,生产高纯度苯,苯产率可达 95% 左右。此过程不需催化剂,但氢耗量比轻质进料大。

热法脱烷基的工艺过程简单,可长时间连续运转,但操作温度比催化脱烷基法高 $100 \sim 200 ℃$,带来了反应器腐蚀问题,操作控制也较困难。催化脱烷基法产品收率稍高,但催化剂使用半年左右需进行再生,操作成本较高。

(四) 芳烃烷基化

芳烃的烷基化是指苯环上一个或几个氢原子被烷基所取代而生成烷基芳烃的反应,在工业上主要用于生产乙苯、异丙苯和十二烷基苯等。乙苯主要用于脱氢制造三大合成材料的重要单体苯乙烯;异丙苯用于生产苯酚和丙酮;十二烷基苯主要用于生产合成洗涤剂,在芳烃的烷基化反应中以苯的烷基化最为重要。

四、芳烃的分离

芳烃分离技术包括溶剂抽提、精馏和抽提蒸馏、结晶分离、吸附分离、络合分离、膜分离等工艺。

(一) 溶剂抽提

由于催化重整油和裂解汽油等所含芳烃的沸点与相应的烷烃等其他物质相近并与它们形成共沸物,不易用分馏方法得到芳烃。因此,通常采用溶剂抽提方法取得混合芳烃,然后再用其他分离方法取得单体芳烃。

芳烃抽提由于采用不同溶剂而形成了各种溶剂抽提过程。

1. Udex 过程

使用甘醇类溶剂的 Udex 过程,由 Dow 化学公司开发,后又被 UOP 公司发展。甘醇类溶剂有二甘醇(DEG)、三甘醇(TEG)和四甘醇(TTEG)多种。近年来美国多数 Udex 装置改用 TTEG 溶剂。此外使用甘醇类溶剂的还有 Union Carbide 公司开发的 Tetra 过程和 Carom 过程,可进一步降低能耗、提高处理能力。

2. Sulfolane 过程

使用环丁砜为溶剂的 Sulfolane 过程,是由 Royal Dutch/Shell 公司开发、UOP 公司继续开发的,全世界有 100 余套装置。此外使用环丁砜溶剂的还有美国 HRI 和 Arco 公司联合开发的 Arco 过程。

(二)精馏和抽提蒸馏

用溶剂抽提技术取得的混合芳烃,可以通过一般的精馏方法分馏成为苯、甲苯、间二甲苯、对二甲苯、邻二甲苯、乙苯和重芳烃等几个馏分。但是进一步分离间二甲苯、对二甲苯,或把芳烃和某些烷烃、环烷烃等分开是困难的,这是由于它们沸点很相近,有的还会形成共沸物。

为了解决上述分离问题,开发了抽提蒸馏技术。某些极性溶剂(如 N – 甲酰吗啉)与烃类混合后,在降低烃类蒸气压的同时,拉大了各种烃类的沸点差,这样就能使原来不能用蒸馏方法分离的芳烃可用抽提蒸馏分开。

1. Morphylane 过程

该过程是德国 Krupp Koppers 公司开发的抽提蒸馏过程,采用 N – 酰吗啉溶剂,可回收单一芳烃,苯回收率达 99.7%,苯纯度可达 99.95%。

2. Morphlex 过程

该过程是抽提和抽提蒸馏相结合的过程。过程先进行液—液抽提,分离掉沸点较高的非芳烃(因为它们溶解度小),然后再用抽提蒸馏原理有效地除去沸点较低的非芳烃。意大利 Snare Progetti 公司也开发了类似技术,称为 Fonnex 过程。

3. Octener 过程

该过程是 Morphylane 过程的进一步发展,与溶剂抽提相比能耗降低 30%、投资费用减少 50% ~ 60%。据报道,抽提蒸馏溶剂也有用苯酚的。

(三)结晶分离

C_8 芳烃中邻二甲苯、间二甲苯、对二甲苯沸点差别较小而凝固点差别较大,部分性质见表 3 – 12。

表 3 – 12　C_8 芳烃的部分性质

名　称	沸点,℃	熔点,℃	相 对 碱 度
邻二甲苯	144.41	-25.173	2
间二甲苯	139.104	-47.872	3 ~ 100

续表

名 称	沸点,℃	熔点,℃	相 对 碱 度
对二甲苯	138.351	13.263	1
乙苯	136.186	-94.971	0.1

由表 3-12 可知,邻二甲苯在 C_8 芳烃的四种异构体中沸点最高,与间二甲苯沸点的差为 5.3℃,用精馏法两塔串联分离,塔板数 150~200 块,产品从塔釜引出,纯度为 98%~99.6%。乙苯沸点最低,与沸点相近组分的沸点差为 2.2℃,用精馏法三塔串联分离,总板数 360 块,纯度为 98.6% 以上。对二甲苯、间二甲苯的分离由于两者间沸点差仅 0.75℃,难于用一般精馏法分离。在分子筛吸附方法出现之前,结晶分离法是工业上唯一实用的分离对二甲苯的方法。各种结晶分离的专利技术之间主要是制冷剂、制冷方式和分离设备的不同。

(四)吸附分离

吸附分离技术中目前工业应用最多的是 Parex 过程,Parex 过程是美国 UOP 公司开发的 Sorbex"家族"工艺之一,采用模拟移动床技术,用 24 通道旋转阀集中控制物料进出。吸附剂为 X 型或 Y 型沸石,含有ⅠA 或ⅡA 族金属离子,脱附剂为二乙基甲苯或四氢化萘,或间位、邻位二氟化苯。产品对二甲苯回收率为 90%~95%(而结晶分离法为 40%~70%),对二甲苯纯度达 99.9%。模拟移动床吸附分离法的设备投资比结晶分离法的低 15%~20%,操作费用也低 4%~8%。自 1972 年该技术被开发以来,1998 年已有 Parex 装置 69 套,目前,对二甲苯分离装置 90% 以上采用此工艺,该技术成为生产对二甲苯的领先技术。

(五)其他分离技术

其他芳烃分离技术还有络合分离及膜分离等。

MGCC 过程,是日本三菱(Mitsubishi)瓦斯化学公司开发的络合分离方法。当 C_8 芳烃用 HF—BF_3 处理时形成两相。间二甲苯选择性地溶于 HF—BF_3 相,生成了二甲苯—BHF_4(1:1)的络合物,其中间二甲苯络合物最稳定,升温到 100℃ 会发生异构化反应,达到二甲苯平衡值,然后回收溶剂。在日本、美国、西班牙等地采用该工艺建立的生产装置,由于 HF 腐蚀等原因,未得到更大发展。利用膜分离芳烃的分离技术与非芳烃技术已有许多专利,但尚未见工业化报道。

五、芳烃联合加工流程

在工业化的芳烃生产中,实际上是把许多前述的单独生产工艺过程组合在一起的,组成一套芳烃联合加工流程,用以在限定的条件下,达到优化的产品结构,提高产品收率和降低加工能耗,最终达到最高的经济效益。

由于原料性质和产品方案不同,联合加工流程可以有多种不同方案,主要可分为两大类型。

(一)炼油厂型芳烃加工流程

把催化重整装置的生成油经过溶剂抽提和分馏,分离成苯、甲苯、混合二甲苯等产品,直接出厂使用或送到其他石油化工厂进一步深加工。这种加工流程较简单,加工深度浅,没有芳烃之间的转化过程,苯和对二甲苯等产品收率较低。

(二)石油化工厂型芳烃加工流程

该流程又称为芳烃联合装置。以催化重整油和裂解汽油为原料的芳烃联合装置典型流程如图 3-9 所示。

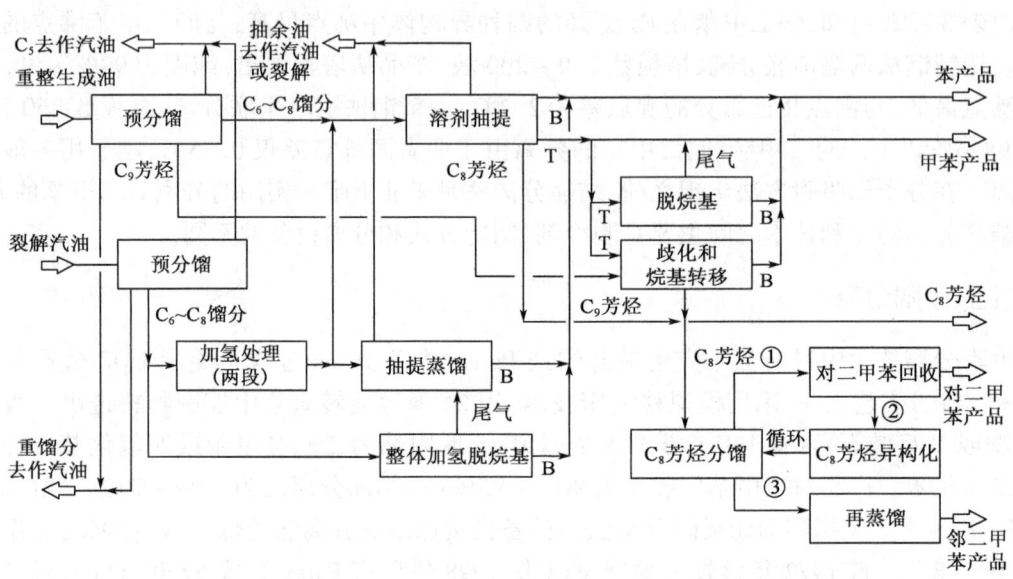

图 3-9　芳烃联合装置典型流程图
B—苯;T—甲苯;①对二甲苯 + 乙苯;②间二甲苯 + 乙苯;③邻二甲苯

催化重整生成油经预分馏得到 $C_6 \sim C_8$ 馏分,然后抽提分离。裂解汽油经预分馏后,还要经过两段加氢处理除去双烯烃和烯烃,然后才能抽提加工。

第一段低温液相加氢常用 Pd/Al_2O_3 为催化剂,在 $80 \sim 130℃$、$5.5MPa$ 的反应条件下,将二烯烃转化为单烯烃、苯乙烯转化为乙苯。

第二段高温气相加氢将单烯饱和,同时除去所含的硫化物和氮化物,催化剂为 $Co—Mo—S/Al_2O_3$,操作温度 $285 \sim 395℃$,操作压力 $4.05MPa$。

抽提过程可采用溶剂抽提或抽提蒸馏,目前,溶剂抽提应用较普遍,抽提蒸馏较适用于加工裂解汽油或煤焦油等含芳烃高的原料。若需分出一个单一芳烃产品,而且产品纯度需求不严格时,用以苯酚为溶剂的抽提蒸馏可以节省费用;若需分离几个产品,而且产品纯度要求很高时,最好采用溶剂抽提。抽提得到的苯、甲苯和 C_8 芳烃可直接作为产品出厂。

甲苯可通过加氢脱烷基制苯。整体加氢脱烷基是甲苯脱烷基过程的扩展,常用于加工从裂解汽油等得到的芳烃馏分,把甲苯和 C_8 芳烃一起加氢脱烷基制成苯,可以不需要预加氢和抽提分离等过程。甲苯进行催化歧化可生产苯和 C_8 芳烃。可用此过程生产乙苯含量低的高纯二甲苯。若歧化过程的原料中加入从重整装置来的 C_9 芳烃,把歧化和烷基转移放在一起进行,则可生产更多的 C_8 芳烃,同时也可生产苯和副产少量重芳烃。

二甲苯的两个需求量大的异构物是对二甲苯和邻二甲苯。在典型异构化温度 $454℃$ 下,二甲苯三个异构物的平衡组成是:对二甲苯 23.5%,间二甲苯 52.5%,邻二甲苯 24.0%。为了把间二甲苯及乙苯转化成对二甲苯和邻二甲苯,采用了间二甲苯及乙苯循环转化的办法,即在二甲苯分馏塔中将混合二甲苯先分离出沸点较高的邻二甲苯,又把分馏塔顶产物通过吸附分离或结晶分离回收对二甲苯,把剩余的含间二甲苯和乙苯的物料进行 C_8 芳烃异构化,达到平衡组成,再循环回二甲苯分馏塔。

此外联合装置中还可采用轻质烃芳构化装置和重质芳烃转化装置,生产更多的 BTX 芳烃。实际上大多数芳烃联合装置除生产苯和对二甲苯外,还要生产其他芳烃如甲苯、乙苯、邻二甲苯和间二甲苯等。

第六节 重要的芳烃衍生物

以苯、甲苯、二甲苯为原料,可以制成多种多样的化工产品。苯的烷基化衍生物,如乙苯、异丙苯和十二烷基苯,都是苯乙烯、苯酚、表面活性剂的生产原料。苯加氢制环己烷,再氧化制得的己二酸,是聚酰胺纤维的原料。苯硝化制硝基苯是生产苯胺的中间体,后者是染料的基本原料。苯氯化制氯苯衍生物,是染料、农药等的基本原料。

甲苯的主要用途是脱烷基制苯,作芳烃溶剂,经硝化制甲苯二异氰酸酯,生产各种氧化产物如苯甲酸、苯甲醛和苯甲醇等。各种甲苯的氯化产物和硝基衍生物以及甲苯磺酸等,广泛用于农药、染料和表面活性剂的生产。

二甲苯的三个异构体可制得各种化工产品。邻二甲苯主要用于生产邻苯二甲酸酐,邻苯二甲酸酐大量用作增塑剂、不饱和聚酯和醇酸树脂,其余用于生产染料、药品和农药等。对二甲苯主要用于合成对苯二甲酸或对苯二甲酸甲酯,它们用于生产聚酯纤维和薄膜。间二甲苯在二甲苯平衡组成中是含量最大的二甲苯异构体,但总是把它尽量异构成对二甲苯和邻二甲苯。间二甲苯虽然用途有限,但经分离和净化后,纯净的间二甲苯主要用于生产间苯二甲酸,制作聚酯和醇酸树脂;间二甲苯转化为间苯二腈,进一步加氢得间苯二甲胺,可用来作环氧树脂固化剂;它还用来生产间甲苯二胺、二甲苯—甲醛树脂、1,3-二甲苯酚、2,4-二甲基苯胺和间甲苯甲酸等,它们都是生产染料、颜料、农药等的原料或中间体。芳烃的工业应用如图3-6所示,本节介绍一些重要的芳烃衍生物。

一、苯乙烯

(一)性质与用途

苯乙烯(phenylethylene)的物理化学性质见表3-13。

表3-13 苯乙烯物理化学性质

项目	指标	项目		指标
常压沸点,℃	145.15	临界温度,℃		373.85
熔点,℃	-30.35	临界压力,MPa		3.992
相对密度(d_4^{20})	0.9019	临界密度,kg/L		0.30
蒸发热(25℃),kJ/kg	429.78	爆炸范围(空气中,体积分数),%	上限	6.1
黏度(25℃),mPa·s	0.730		下限	1.1

苯乙烯最主要的用途是作为合成材料,尤其是苯乙烯是合成树脂的原料。苯乙烯自聚生成聚苯乙烯树脂,还能与其他的不饱和化合物共聚,生成合成橡胶和树脂等多种产物。例如,丁苯橡胶是丁二烯和苯乙烯的共聚物;ABS树脂是丙烯腈(A)、丁二烯(B)和苯乙烯(S)的共聚物;离子交换树脂是苯乙烯和少量1,4-二(乙烯基)苯的共聚物。

(二)苯乙烯的工业制法

由乙苯生产苯乙烯的早期方法有:乙苯氯化后再脱氯化氢生产苯乙烯;乙苯氧化成苯乙酮,再加氢脱水生产苯乙烯(UCC法)。这两种方法已先后被淘汰,目前,世界上苯乙烯的工业制法有乙苯催化脱氢法和乙苯—丙烯共氧化法两种。以下介绍其中之一的乙苯催化脱氢法。

乙苯催化脱氢制苯乙烯于1937年由美国DOW化学公司和德国BASF公司实现工业化生产,以后诸多公司都推出了自己的方法,各家公司在催化剂、反应器、流程和节能等方面都有某些特点,但基本原理是一致的。

1. 催化脱氢反应基本原理

乙苯脱氢制苯乙烯是在高温和催化剂存在下进行的,其反应方程式如下:

$$C_6H_5CH_2CH_3 \longrightarrow C_6H_5CH=CH_2 + H_2$$

由于脱氢反应是在600℃以上的高温下进行的,除上述主反应外,还有热裂解、加氢裂解等副反应。乙苯热裂解副反应所生成的炭沉积在催化剂表面上,会降低催化剂的活性,应尽可能避免。

乙苯脱氢反应是一个体积增加的反应,为使反应更好地向生成苯乙烯的方向进行,应降低反应系统的压力。除将脱氢反应系统设计在减压下操作以外,将惰性气体作为稀释剂加入反应系统中,以降低反应物的分压来达到减压的目的也是行之有效的。用水蒸气作为稀释剂加入反应系统,要比通常作为稀释剂的二氧化碳和氮气好得多,因为水蒸气经冷凝后变为水,易于与目的产物苯乙烯分离,且来源易、价格便宜,因而是比较理想的稀释剂。使用过热水蒸气作为供给反应热的热载体,可避免将乙苯直接加热到更高温度,以抑制副反应的发生;同时,水蒸气可与催化剂上生成的炭发生反应,生成CO_2除去沉积在催化剂表面上的炭,起着防止结焦和除焦的作用;此外,过量水蒸气的存在,可防止催化剂的活性组分被还原为金属而失去反应活性。然而,考虑到能源费用及反应系统压力等因素,水蒸气与进料乙苯的比值需控制在合理范围内,通常控制质量比m(水蒸气):m(乙苯)在1.5:1以内。

2. 乙苯脱氢催化剂

乙苯脱氢催化剂的主要组分为氧化铁和氧化钾,最典型的C-105催化剂的主要组分的质量分数为:Fe_2O_3 8.0%、Cr_2O_3 2.5%、K_2O 9.5%(干基)。

1974年,第一个不含铬的催化剂G-64C投放市场,用钼、铈或锡代替铬。铈添加于氧化铁、碳酸钾中,使苯乙烯的生成率提高;钼的加入可减少苯和甲苯的产生,因而提高反应的选择性。催化剂的发展趋势主要包括提高选择性和降低蒸气/烃比值。近年来脱氢催化剂的选择性由原先的87%~88%提高到96%~97%,高选择性催化剂如G-84C和C-25HA的最小蒸气比约为1.2~1.5。

3. 乙苯催化脱氢生产过程

乙苯催化脱氢制苯乙烯生产过程,就脱氢反应器的类型不同可分为等温床脱氢工艺和绝热床脱氢工艺。等温床脱氢工艺有代表性的是BASF公司的烟道气加热等温床工艺和Lurgi

公司熔盐加热等温床工艺。绝热床脱氢工艺有代表性的是 Launmus/Monsanto 工艺和 Fina/Badger 工艺。

二、环己烷

(一)性质与用途

环己烷(cyclohexane)是无色易流动的液体,具有刺激性气味,不溶于水,溶于乙醇、乙醚、丙酮、苯、四氯化碳。它易挥发、易燃、无腐蚀性。其主要物理化学性质见表3-14。

表3-14 环己烷的主要物理化学性质

项 目	指 标	项 目	指 标
相对分子质量	84.16	汽化热,kJ/mol	29.96
沸点,℃	80.75	临界温度,℃	280.24
熔点,℃	6.54	临界压力,MPa	4.073
密度,g/cm^3	0.779	蒸气密度(空气为1)	2.91
闪点(闭口),℃	-18	折光率(20℃)	1.42623
自燃点,℃	260		

环己烷和一切饱和烃一样,不容易和其他化合物反应,只能在150℃以上的温度下与非常活泼的化合物反应,或者在较低的温度下,与已通过某种方法(如光的作用)活化了的化合物起反应。

环己烷大部分用于制造己二酸、己内酰胺及己二胺,小部分用于制造环己胺及其他物质,如用作纤维素醚类、脂肪类、油类、蜡、沥青、树脂、生胶的溶剂,以及香精油萃取剂、有机合成和结晶介质、涂料和清漆的去除剂等。

目前,世界上几乎90%的环己烷用来生产聚酰胺66(尼龙66)和聚酰胺6(尼龙6),其他的应用总量不超过10%。

(二)环己烷的生产工艺

目前,工业上生产环己烷的方法主要有两种。

一是蒸馏法,从石油馏分中蒸馏分离出环己烷。环己烷在原油中一般含量为0.5%~1.0%,但是从石油中制取环己烷相当麻烦,不易得到高纯度产品,而且产量也有限。目前,只有美国PhilliPS石油公司还在采用此法生产环己烷。

二是苯加氢法,目前,极大部分环己烷都是通过纯苯加氢制得。苯加氢制环己烷的生产工艺过程简单、成本低廉,而且得到的产品纯度极高,适用于合成纤维的生产。

苯加氢制环己烷方法很多,其区别只在于催化剂性质、操作条件、反应器型式、移出反应热方式等的不同,通常分为液相法和气相法两大类。常用的催化剂有Pt、Pd和Ni等。苯液相加氢法有IFP法、Arosat法和BP法;气相加氢法有Bexcane法、ARCO法、UOP法、Houdry法和Hytoray法。

目前,广泛采用的流程为悬浮液相加氢法(IFP法),IFP法是法国石油研究院开发的,在镍催化剂的存在下,生产高纯度的环己烷。

三、芳烃氧化产品

通过芳烃氧化反应可产生一系列重要的含氧化合物,如苯氧化可得到顺酐,二甲苯氧化可得苯酐或对苯二甲酸。

(一)顺酐

1. 性质

顺酐(maleic anhydride)即顺丁烯二酸酐,又称失水苹果酸酐,系无色结晶粉末,分子式 $C_4H_2O_3$,相对分子质量98.06,沸点199.7℃,熔点52.8℃,闪点110℃,自燃温度477℃,爆炸极限为1.4%~7.1%(体积分数);低毒,有强烈的刺激气味,刺激眼睛和皮肤,易升华;溶于乙醇、乙醚和丙酮,难溶于石油醚;可溶于水并与之化合,溶于热水且缓慢水解生成马来酸。

2. 用途

顺酐是重要的有机化工原料。主要用途是生产不饱和聚酯树脂,如热固性塑料,特别是用玻璃纤维增强的热固性塑料,这种用途大约占了顺酐产量的一半。另外大约有20%~25%的顺酐转化成顺丁烯二酸的反式异构物,即反丁烯二酸及其二次产物羟基丁二酸(苹果酸)。

顺丁烯二酸异构成反丁烯二酸的反应几乎是定量的,反应在不使用催化剂的水溶液中于150℃长时间加热的条件下进行,或在100℃下采用 H_2O_2、硫脲、过硫酸铵等催化剂进行。反丁烯二酸在水中的溶解度非常低,反应过程中几乎完全从水溶液中沉淀出来。

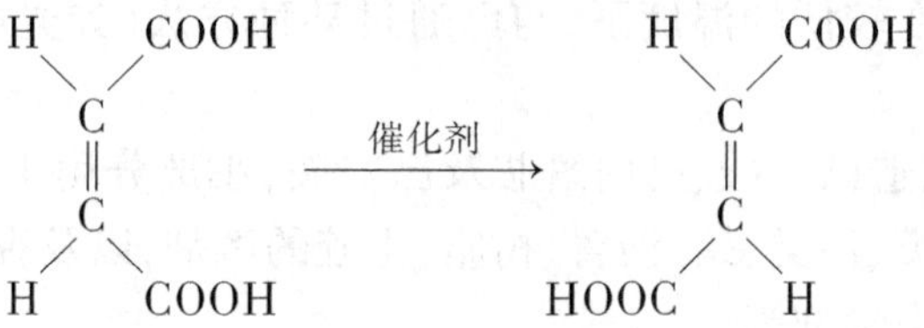

40%以上的反丁烯二酸用来生产聚酯。10%~20%经质子酸催化水合生成外消旋2-羟基丁二酸(苹果酸):

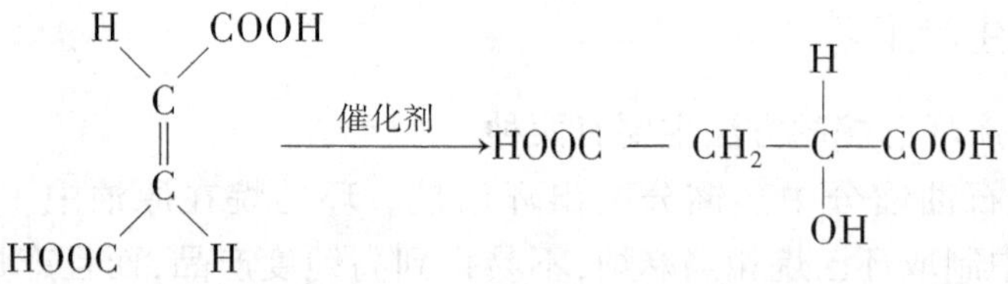

根据各国不同情况,在食品工业中苹果酸可以外消旋酒石酸盐的形式或以天然生成的D-型苹果酸形式作为酸化剂来调节酸味。苹果酸的来源经济,又具有很高的调味效果,所以越来越多地和其他酸化剂例如酒石酸、乳酸,特别是柠檬酸一起使用。

另一些有工业意义的顺酐二次产物是使用 Ni-Re 催化剂,将顺酐分段加氢生成的,如γ-丁内酯、1,4-丁二醇和四氢呋喃等。即人们熟知的,经过乙炔和甲醛为原料的雷珀反应得到的典型产品。

外消旋酒石酸的生产是顺酐的又一重要用途。在含有钼或钨催化剂存在下,顺酐与 H_2O_2 反应生成外消旋酒石酸,选择性为97%。进行转化时,要经过环氧酒石酸中间体阶段,然后水解得到。

$$\text{顺酐} \xrightarrow{+H_2O} \text{顺丁烯二酸} \xrightarrow[\text{催化剂}]{+H_2O_2} \text{环氧琥珀酸} \xrightarrow{+H_2O} \text{酒石酸}$$

顺酐的其他用途是生产杀虫剂如稻田用的马拉硫磷、活性增塑剂如顺丁烯二酸二丁酯和润滑油添加剂。

3. 工业生产方法

直到 20 世纪 60 年代初，只有苯是生产顺酐的唯一原料。由于用于聚酯树脂和油漆的原料，以及作为中间体（例如用于生产 γ-丁内酯、1,4-丁二醇和四氢呋喃）的需要量日益增长，后来开发了以 C_4 烃为原料的较经济的生产方法。

1) 苯氧化制顺酐

至今仍有 70%~80% 的顺酐是用苯来生产的。

$$C_6H_6 + 4\tfrac{1}{2}O_2 \longrightarrow \text{顺酐} + 2CO_2 + 2H_2O$$

2) C_4 馏分部分氧化制顺酐

因为在苯氧化制顺酐时，有两个碳原子会变成 CO_2 损失掉，所以人们早就有从 C_4 烃类来生产顺酐的设想。另外，有一部分苯是用甲苯脱烷基生产的，而 C_4 则很容易从催化裂化和乙烯厂得到，故苯的使用逐渐减少。随着石油化工的发展，出现大量 C_4 馏分，从中可以回收丁烯和加氢得到丁烷，在和苯氧化法类似的反应条件下，氧化生成顺酐。

$$CH_3-CH_2-CH_2-CH_3 + 3\tfrac{1}{2}O_2 \longrightarrow \text{顺酐} + 4H_2O$$

$$CH_3-CH=CH-CH_3 + 3O_2 \longrightarrow \text{顺酐} + 3H_2O$$

（二）苯酐

1. 性质

邻苯二甲酸酐简称苯酐（phthalic anhydride），是白色针状结晶，分子式 $C_8H_4O_3$，相对分子质量 148.11，沸点 295℃，熔点 131.16℃，闪点 151℃，自燃温度 584℃；中等毒性，对皮肤有刺激；在沸点以下可升华，微溶于冷水、乙醚，易溶于热苯、乙醇、乙酸中。

2. 用途

苯酐是一种重要中间体，主要用途是生产邻苯二甲酸酯。在西欧和日本，这一用途占苯酐总量的 60%，在美国占 55%。邻苯二甲酸酯是最重要的工业增塑剂。除了邻苯二甲酸酯外，苯酐主要用于不饱和聚酯以及与辛三醇反应生成的醇酸树脂中，这些聚合物主要用作生产涂料的原料。邻苯二甲酸酐较次要的用途是生产颜料、染料和邻苯二酰亚胺,邻苯二酰亚胺是生产邻氨基苯甲酸、农药的原料。

苯酐还是重要的精细化工原料,如它与二甲基喹啉反应得到染料中间体喹诺酞酮,与苯酚反应得到酚酞,与尿素反应可合成酞菁类颜料。邻苯二甲酰胺现为重要的精细化工中间体,它是苯酐与氨的反应产物。

3. 工业生产方法

1960年前,苯酐几乎全部用萘生产。由于萘的短缺和涨价,苯酐的需要量又不断增加,因此,开始使用邻二甲苯为原料生产苯酐。邻二甲苯是一种便宜而来源又广泛的原料,而且从化学计量上考虑也是一种很经济的原料。目前,苯酐总产量约有75%~85%是用邻二甲苯生产的。但以煤为原料得到的萘,在苯酐生产中将不会完全失去重要性。工业上也有用萘作为原料,经氧化生成苯酐的。还可将萘在气相氧化生成萘二甲酸酐(1,8-二萘羧酸的酸酐)。

1) 萘氧化制苯酐

与苯氧化降解成顺酐类似,萘氧化可以得到苯酐:

$$\text{萘} + 4\frac{1}{2}O_2 \xrightarrow{\text{催化剂}} \text{苯酐} + 2CO_2 + 2H_2O \quad \Delta H = -1792 \text{kJ/mol}$$

2) 邻二甲苯氧化制苯酐

一些新的苯酐生产厂主要采用邻二甲苯为原料。

$$\text{邻二甲苯} + 3O_2 \xrightarrow{\text{催化剂}} \text{苯酐} + 3H_2O \quad \Delta H = -1110 \text{kJ/mol}$$

采用邻二甲苯做原料,产品中的碳原子数和原料中的碳原子数一样,没有变化,也就是说与萘做原料相比消除了氧化降解。这样,由于氧气需要量减少也就减少了反应放热量。尽管如此,工厂都建成能够灵活使用不同原料,既能使用邻二甲苯又能使用萘的工艺装置。

(三) 对苯二甲酸及其二甲酯

1. 性质和用途

1) 对苯二甲酸(TPA)

对苯二甲酸(terephthalic acid)为白色结晶或粉末状固体,分子式$C_8H_6O_4$,相对分子质量166.13,相对密度为1.51;在300℃以上升华,自燃温度680℃,低毒,易燃;不溶于水、氯仿、乙醚、醋酸,微溶于乙醇,能溶于碱溶液、热浓硫酸、吡啶、二甲基甲酰胺、二甲基亚砜。

2) 对苯二甲酸二甲酯(DMT)

对苯二甲酸二甲酯(dimethyl terephthalate)为白色针状结晶,分子式$C_{10}H_{10}O_4$,结构式$H_3COOC-\bigcirc-COOCH_3$,相对分子质量194.19,相对密度(d_4^{15})1.066;沸点288℃,熔点140.6℃,闪点146~147℃,着火温度570℃,在300℃以上升华;不溶于水,溶于热乙醇、氯仿、乙醚。

对苯二甲酸及其酯主要用于生产聚酯树脂,进而加工成纤维和薄膜。聚酯纤维与聚酰胺和丙烯腈纤维均为主要的合成纤维品种。聚酯也可制成薄膜或注塑成形,广泛用于电子和汽车制造业。对苯二甲酸和其酯也是涂料、染料、添加剂工业的有机中间体。

2. 工业生产方法

直到第二次世界大战末,对苯二甲酸及其酯还没有大的工业价值。1939年John Rex Whinfield和Tennant Diekson在英国棉花协会上公布了发现聚酯纤维之后,帝国化学公司(1949年)和杜邦公司(1953年)进行了聚酯纤维的开发和工业应用研究,这大大增加了对对二甲苯转化工艺的兴趣。与邻位和间位二甲苯相同,对二甲苯工业上的重要性在于生产二羧酸,即对苯二甲酸。最初,以对苯二甲酸为基础的纤维的开发遇到了极大的困难。对苯二甲酸是白色粉末,几乎不溶于所有溶剂,不能熔融,也无法精馏。这些性质使得粗对苯二甲酸的精制十分复杂。由于生产合成纤维必须使用高纯度的原料单体,因而开发了经过二甲酯生产聚酯单体的路线。对苯二甲酸二甲酯(DMT)是可结晶的物质,也可精馏,因此较容易得到纯品。

对苯二甲酸的最大生产厂家是美国的阿莫科公司,其次是英国帝国化学公司,对苯二甲酸二甲酯的最大生产厂家是美国杜邦公司和西欧的代那迈特-诺贝尔公司。

1) 对二甲苯液相空气氧化法

该法以醋酸为溶剂,在催化剂(如醋酸钴、NaBr、CBr_4)作用下,对二甲苯经液相空气氧化一步生成对苯二甲酸。

Amoco公司液相空气氧化法制备对苯二甲酸的流程如图3-10所示。我国的扬子、仪征、燕山、金山等石化企业都引进了该技术。对二甲苯、反应物、溶剂和催化剂连续加入反应器,氧化温度为175~230℃,压力为1.5~3.5MPa。为了减少副产物生成,空气加入量要超出化学计量。反应热通过醋酸的蒸发移走,冷凝后的醋酸再返回反应器。反应器中停留时间依工艺条件不同在30min至3h之间。转化率大于95%,对苯二甲酸收率约为90%(摩尔分数)。反应混合物进入一个降压容器,用结晶法回收对苯二甲酸,用精馏法精制母液。

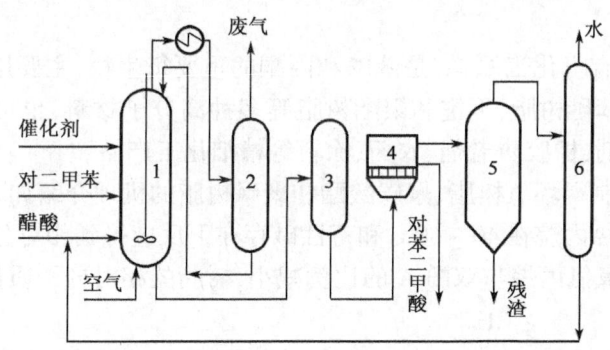

图3-10 Amoco公司液相空气氧化法
制备对苯二甲酸的过程

1—反应器;2—气液分离器;3—结晶器;4—固液分离器;5—蒸发器;6—醋酸回收塔

当用溴化物作为催化剂时,由于溴化物具有强腐蚀性,只能采用昂贵的反应器材质如耐盐酸的镍合金(Hastelloy)。

粗苯二甲酸(CTA)含多种副产物,其中仅有一个官能团的化合物如苯甲酸和甲基苯甲酸会阻滞聚合过程,并会降低聚合度。另一些化合物,如4-羧基苯甲醛会引起粗对苯二甲酸变色。

精制对苯二甲酸的关键步骤是催化加氢。粗对苯二甲酸用水调成浆液,加热到约250℃后,用泵送入加氢反应器,反应器内装有附载于炭上的贵金属(如钯)催化剂,液相加氢除去引起变色的杂质,4-羧基苯甲醛变成对甲基苯甲酸,而后经结晶将产品提纯。聚合级对苯二甲酸中的4-羧基苯甲醛含量应低于$25\mu g/g$,酸值应低于$(675\pm2)mg\ KOH/g$。

由于对苯二甲酸是大吨位二元酸中的重要品种,人们在多方寻求对二甲苯氧化新方法。Lummus开发了一种氨氧化法,用氨在钒催化剂上将对二甲苯转化成对苯二甲酸二腈,再水解成对苯二甲酸。对苯二甲酸生产的另一种方法是由三菱瓦斯公司开发的,该方法是由甲苯与CO在HF/BF_3催化下反应成对甲基苯甲醛,而后再氧化成对苯二甲酸。但至今尚无一种方法可取代对二甲苯氧化法。

2)对二甲苯分段氧化酯化制造对苯二甲酸二甲酯

将二甲苯先氧化成对甲基苯甲酸,而后用甲醇将羧基酯化。这样处理后第二个甲基的氧化较容易进行,生成的对苯二甲酸单甲酯再进一步加入甲醇,将其转化为二酯。

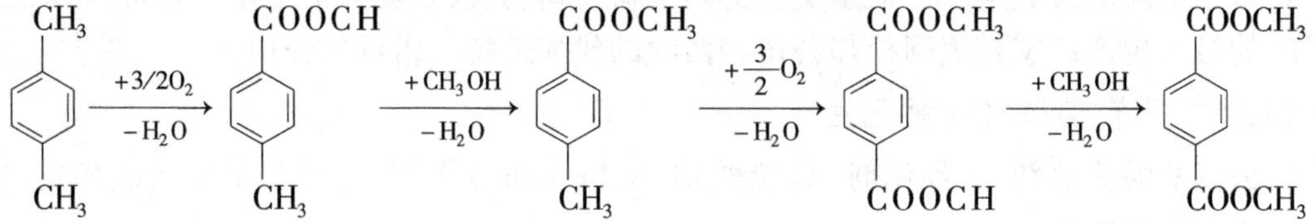

四、双酚A

(一)性质和用途

双酚A(biphenol A)学名2,2-二(4-羟基苯基)丙烷,是白色棱形结晶(稀乙醇中),或针状结晶(水中),或片状、粉末状;可燃,微带苯酚气味,分子式$C_{15}H_{16}O_2$,相对分子质量228.28,d_{25}^{25}为1.195;沸点360.5℃,熔点150~155℃。双酚A几乎不溶于水,溶于碱溶液、乙醇、丙酮,微溶于四氯化碳。

双酚A是重要的有机化工原料,是苯酚和丙酮的重要衍生物,主要用于生产聚碳酸酯、环氧树脂、聚砜树脂、聚苯醚树脂、不饱和聚酯树脂等多种高分子材料,也可用于生产增塑剂、阻燃剂、抗氧剂、热稳定剂、橡胶防老剂、农药、涂料等精细化工产品。

以双酚A为原料制得环氧树脂、聚碳酸酯和聚砜树脂的机理介绍如下。

双酚A可与环氧氯丙烷在40~60℃和苛性碱存在下反应得到相对分子质量为450~4000的环氧树脂。随着环氧氯丙烷与双酚A的比例减小,树脂的相对分子质量增加。

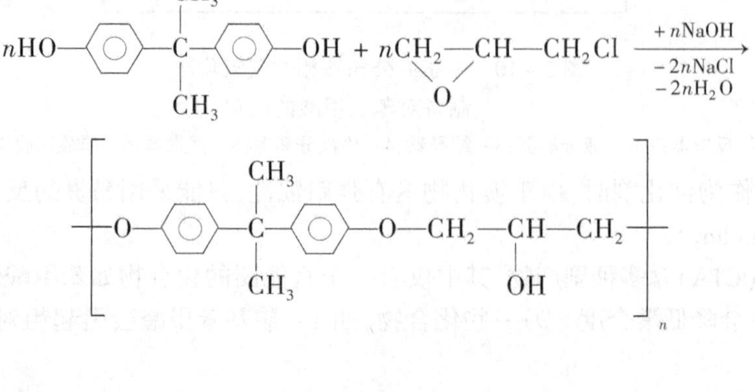

双酚 A 能与光气反应生产聚碳酸酯,聚碳酸酯广泛用作热塑性结构材料。

$$n\text{HO}-\bigcirc-\underset{\underset{\text{CH}_3}{|}}{\overset{\overset{\text{CH}_3}{|}}{\text{C}}}-\bigcirc-\text{OH} + n\text{COCl}_2 \xrightarrow[-2n\text{NaCl}]{+n\text{NaOH}} \left[\text{O}-\bigcirc-\underset{\underset{\text{CH}_3}{|}}{\overset{\overset{\text{CH}_3}{|}}{\text{C}}}-\bigcirc-\text{O}-\underset{\underset{\text{O}}{\|}}{\text{C}} \right]_n$$

在耐高温聚砜塑料 UDEL 生产中也使用双酚 A,它由双酚 A 的钾盐和 4,4 - 二氯二苯砜反应制得。

$$n\text{KO}-\bigcirc-\underset{\underset{\text{CH}_3}{|}}{\overset{\overset{\text{CH}_3}{|}}{\text{C}}}-\bigcirc-\text{OK} + n\text{Cl}-\bigcirc-\underset{\underset{\text{O}}{\|}}{\overset{\overset{\text{O}}{\|}}{\text{S}}}-\bigcirc-\text{Cl} \xrightarrow{-2n\text{KCl}}$$

$$\left[\text{O}-\bigcirc-\underset{\underset{\text{CH}_3}{|}}{\overset{\overset{\text{CH}_3}{|}}{\text{C}}}-\bigcirc-\text{O}-\bigcirc-\underset{\underset{\text{O}}{\|}}{\overset{\overset{\text{O}}{\|}}{\text{S}}}-\bigcirc \right]_n$$

(二)生产方法

双酚 A 由两分子苯酚和一分子丙酮缩合而成,该反应的催化剂为酸性催化剂,工业上应用的催化剂有硫酸、氯化氢和离子交换树脂。这些不同类型的催化剂在工业上的应用构成了双酚 A 技术发展的不同阶段。

1. 硫酸法

传统双酚 A 生产方法采用硫酸为催化剂、苯酚与丙酮进行缩合。但硫酸法选择性差,生成的杂质有 40 多种,且很难分离,双酚 A 质量较差,硫酸消耗量大,形成大量废酸和含酸、含酚废水,环境污染严重,世界工业发达国家早已淘汰硫酸法工艺。

2. 氯化氢法

美国最早利用氯化氢作催化剂生产双酚 A,与硫酸法相比,催化剂氯化氢易挥发,可以利用真空精馏的方法从反应系统中将其脱除,生产的双酚 A 质量较好。但氯化氢腐蚀性强,对设备、管道的材料选择要求高,投资增大。目前,氯化氢法也逐渐遭淘汰。

3. 离子交换树脂法

为了克服上述两种方法的弊端,各国在 20 世纪 70 年代初就开始进行离子交换树脂作催化剂合成双酚 A 的研究。目前,该法已实现工业化,该工艺大大改变了传统工艺的不足,反应物质极易分离,后处理简单,离子交换树脂对设备腐蚀性较弱,系统运作的可靠性大大提高,投资费用也并未增加。缩合反应在较大的酚酮比下进行,苯酚既是反应物,又是反应溶剂,提高了缩合反应的选择性,缩合反应产物中的杂质还可以通过简单的精制过程除去,获得高品质的双酚 A 产品。所以树脂法生产双酚 A 技术已成为双酚 A 生产的主流和发展方向。

世界上具有双酚 A 技术的厂家有 GE、BAYER、DOW 化学、千代田、BLACHOUNIA 等公司。这些厂家均具有多年双酚 A 的开发与生产经验,其中 GE、BAYER、DOW、千代田技术代表了当今世界双酚 A 合成技术的先进水平。

五、硝基苯和苯胺

(一)硝基苯

1. 性质和用途

硝基苯(nitrobenzene)是绿黄色结晶,或无色至淡黄色液体,分子式 $C_6H_5NO_2$,相对分子质量 123.11,相对密度 (d_4^{15})1.205;沸点 210.85℃,熔点 5.70℃,闪点 88℃,自燃温度 482℃,爆炸极限 >1.8%(体积分数);微溶于水(1 份硝基苯大约溶于 500 份水),易溶于醇、苯、醚和油类,具有杏仁油味,有毒。

硝基苯主要用作生产苯胺。少量硝基苯还用来生产间硝基氯苯、间硝基苯磺酸以及对氨基苯酚。

间硝基氯苯　　间硝基苯磺酸

间硝基氯苯只能在低收率的氯苯硝化中制取。更好的制备方法是在路易斯酸中制取,例如在 $FeCl_3$ 存在下用硝基苯进行氯化制取。粗反应产物用蒸馏提纯。间硝基氯苯主要用在间氯苯胺的生产上,后者是植物保护剂和用于医药领域,如 4,7-二氯奎啉的原料。

间硝基苯磺酸由硝基苯磺化制取,过程的选择性很高。

间氨基苯酚可用于植物保护剂、医药、染料以及 3,4-二氨基二苯醚的生产上,后者又可用来生产高价值的芳香族聚酰胺纤维。

2. 生产方法

工业上硝基苯的生产用苯等温硝化来实现。由 40% 的 HNO_3、40% 的 H_2SO_4 和 20% 的 H_2O 组成的混酸作为硝化介质。早期采用间歇方式进行,现在年产量达 $1 \times 10^4 t$ 的生产厂主要是连续操作,过程采用抗腐蚀的不锈钢设备(钝化作用)。

因为硝化是在水溶液和有机相间进行的非均相过程,因此苯和混合酸要强烈地混合搅拌。硝化反应主要在酸层进行,在 60℃ 的反应温度、物质的量比 $n(HNO_3):n(苯)$ 为 0.94:1～0.98:1 的条件下进行,以 HNO_3 计的收率大约为 98%。为防止带有酚结构的硝化过程发生爆炸,安全检测是非常重要的。由于硝化是放热反应,硝化产物在高温下可发生裂解,故必须严格地控制温度,完全混合和移除反应热也是十分重要的。硝化反应经常是在氮气下操作。

(二)苯胺

1. 性质和用途

纯苯胺(aniline)是无色油状液体,在空气和阳光下颜色迅速变深并呈棕色,分子式 C_6H_7N,相对分子质量 93.13,相对密度 (d_4^{15})1.022;沸点 184.4℃,凝固点 -6.2℃,闪点 70℃;爆炸极限 >1.3%(体积分数);稍溶于水(1g 苯胺大约溶于 28.6mL 水),可与醇、苯、醚和大多数有机溶剂混溶,是具有挥发性的有毒物质。

当前苯胺最主要的用途是生产 4,4'-二苯甲烷二异氰酸酯(MDI)和用于橡胶化学加工过程,特别是作为橡胶硫化促进剂和抗氧剂。作为生产聚氨酯泡沫塑料的原料,近来成为苯胺的又一主要用途。

苯胺是重要的中间体,应用范围很广,以前主要用作医药、炸药、染料、植物保护剂和纤维生产原料。苯胺和甲醛反应可得到最重要的工业中间体 4,4′- 和 2,2′- 二氨基二苯基甲烷混合物。N,N′- 二烷基苯胺一般用于染料生产,而苯肼是植物保护剂、医药和染料生产的中间体。其他的苯胺产物还有对氨基苯磺酸和 N - 乙酰苯胺。

2. 生产方法

苯胺是从硝基苯得到的最重要的产物。它最早通过靛蓝蒸馏以结晶硫酸盐的形式首次获得,并取名为"Krystallin"。

1) 硝基苯铁粉还原法

现在大规模生产中仍采用这种方法,该法同时生成的铁的氧化物可作为颜料使用。

还原反应以间歇方式进行,得到的粗苯胺用蒸馏法加以提纯,以硝基苯计算的苯胺收率约为 95%。

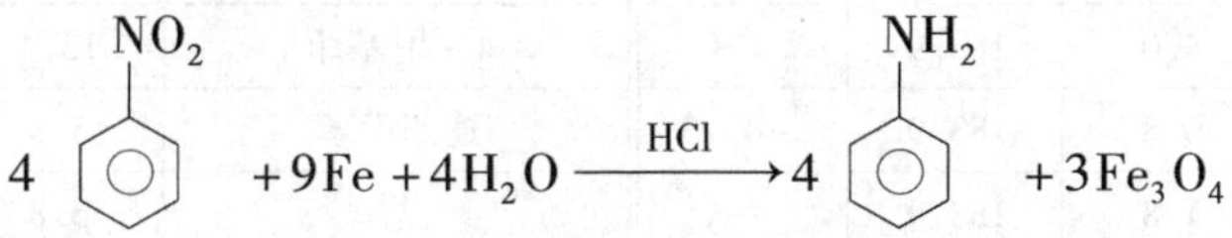

$$4\ C_6H_5NO_2 + 9Fe + 4H_2O \xrightarrow{HCl} 4\ C_6H_5NH_2 + 3Fe_3O_4$$

2) 硝基苯催化加氢法

目前,苯胺生产方法是采用流化床或固定床进行的硝基苯连续气相加氢反应。

美国氰胺公司(Cyaiamid)开发的流化床加氢过程是在反应温度为 270℃、压力为 0.18MPa、铜改性硅胶为催化剂条件下进行的。该过程收率为 99% 左右。

典型的固定床气相加氢过程是由朗莎 - 阿卢苏伊塞公司(Lonza-Alusuisse)开发的。此过程硝基苯在压力为 0.2 ~ 1.5MPa、配比为 1.5 ~ 1.6 的氢气中雾化,然后反应混合物与加热到 150 ~ 300℃ 的循环气体混合,催化剂是载于沸石上的铜。

由于异丙苯氧化生产苯酚相当便宜,因此,可以采用苯酚气相氨化法来经济地生产苯胺。

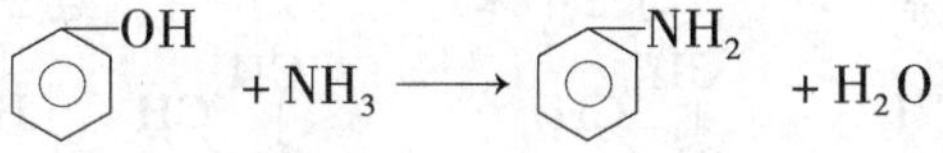

$$C_6H_5OH + NH_3 \longrightarrow C_6H_5NH_2 + H_2O$$

第七节 重要副产物的综合利用

一、重芳烃

(一)资源

石油重芳烃是指原油、天然气或油页岩等在加工中副产的 C_9 和 C_{10} 芳烃,主要从炼油催化重整装置副产、乙烯装置副产、涤纶原料厂宽馏分重整装置副产以及从含重芳烃的油品或炼焦副产煤焦油中分离或抽提精制加工得到的。涤纶原料工厂为增加涤纶原料产量,通常均将副产的 C_9 与 C_{10} 芳烃一起送入歧化、异构化装置,再经分离以增产对二甲苯,因此,涤纶原料厂的催化重整装置仅副产 C_{10} 重芳烃,C_{10} 重芳烃中 C_{10} 芳烃约占 92%,其中四甲基苯含量约 30%,均四甲苯含量 5.6%~9%,其主要组成见表 3-15。

表 3-15 涤纶原料厂宽馏分重整装置 C_{10} 芳烃的主要组成

芳烃名称	组成,%	沸点,℃	熔点,℃	芳烃名称	组成,%	沸点,℃	熔点,℃
异丁苯	0.5	172.8	-51.7	1,4-二甲基-2-乙苯	4.7	186.8	-53.9
间甲基异丙苯	0.2	175.4	-63.9	1,3-二甲基-4-乙苯	6.0	188.3	-62.8
对甲基异丙苯	0.7	177.2	-67.8	1,2-二甲基-4-乙苯	9.6	190.0	-67.2
1,3-二乙苯	1.6	181.2	-83.9	1,3-二甲基-2-乙苯	1.0	190.0	-16.1
1-甲基-3-正丙苯	3.0	182.2	—	1,2-二甲基-3-乙苯	4.1	193.9	—
1-甲基-4-正丙苯	2.8	183.3	-62.8	均四甲苯	8.0	196.1	73.4
正丁苯	3.6	183.3	-87.8	偏四甲苯	12.7	197.8	-23.9
1,2-二乙苯	2.5	183.4	-31.7	5-甲基茚	2.9	201.7	—
1,3-二甲基-5-乙苯	4.0	183.9	—	4-甲基茚	13.4	201.7	—
1,4-二乙苯	0.8	183.9	-43.3	连四甲苯	5.3	205.0	-6.1
1-甲基-2-正丙苯	1.8	183.9	—	萘	5.8	217.8	—
2-甲基茚	3.5	186.1	—	β-甲基萘	1.4	241.1	34.6
1-甲基茚	1.3	187.2	—	α-甲基萘	0.7	244.4	-30.5

重芳烃的组成复杂,可检出的组分达 150 余种,其组成因原料和加工装置条件的不同而不同,利用途径也因重芳烃的来源而异。部分重芳烃组分的结构式为:

偏三甲苯　　均三甲苯　　连三甲苯

偏四甲苯　　连四甲苯　　　　　　五甲苯

(二)炼油厂催化重整副产重芳烃的分离与利用

随着炼油装置生产能力的增长,其中催化裂化装置的循环油、油浆澄清油、热裂化装置渣油,尤其是催化重整装置邻二甲苯塔底油副产重芳烃的量很大。重整装置副产重芳烃的量约占重整进料量的 3.5%~4%。

热裂解汽油和催化重整得到的 C_9 芳烃馏分的组成见表 3-16。炼厂重整装置副产重芳烃的组成和收率随原油种类、重整料的馏分范围、催化剂和工艺条件而异,但是一般分布比较集中,尤其是偏三甲苯的含量一般在 40% 左右,均三甲苯约含 7%,连三甲苯含 8%,对甲乙苯、邻甲乙苯和间甲乙苯约含 34%。

表 3-16 热裂解汽油和催化重整的 C_9 芳烃的组成 单位:%

C_9 芳烃	裂解汽油	催化重整	C_9 芳烃	裂解汽油	催化重整
异丙苯	4.2	0.6	均三甲苯	5.6	7.4
正丙苯	12.3	5.2	偏三甲苯	14.6	41.3
邻甲乙苯	11.8	9.1	连三甲苯	3.3	8.2
间甲乙苯	24.0	17.4	茚满	12.7	2.0
对甲乙苯	11.5	8.6			

1. 炼厂重整重芳烃的分离

从 C_9 重芳烃中可分离出纯度大于 98%~99% 的偏三甲苯,以及纯度较高的连三甲苯、均三甲苯,还有间甲乙苯、对甲乙苯和邻甲乙苯的混合物等。分离工艺可采用塔盘数很高的多塔超精馏系统,并辅以高效填料。美国埃索研究工程公司以邻苯二甲酸二甲酯作萃取剂,用萃取蒸馏法分离精馏得到的间甲乙苯、对甲乙苯、邻甲乙苯和均三甲苯的混合物,可以分出纯邻甲乙苯和均三甲苯,其示意流程如图 3-11 所示。

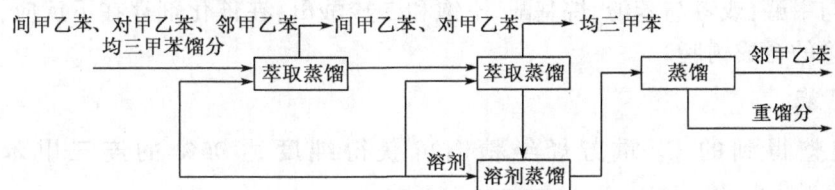

图 3-11 萃取蒸馏分离间甲乙苯、对甲乙苯、邻甲乙苯和均三甲苯流程

多甲苯中偏三甲苯、均三甲苯和均四甲苯在工业上地位较为重要。

2. 偏三甲苯

从超精馏系统直接分离得到的高纯度偏三甲苯(1,2,4-trimethylbenzene;pseudocumene)主要用于液相空气氧化制造偏苯三酸酐,进而生产许多精细化学品。偏苯三酸酐(TMA)的生产方法有两种:

(1) Amoco 公司的 Mid Century 法。该法使偏三甲苯的醋酸溶液在钴盐和锰盐催化剂存在下、2.5MPa、200℃ 条件下进行液相空气氧化制成偏苯三酸,再经脱水得 TMA。最近 Amoco 公司又采用一体化工艺改进了 TMA 的生产技术,无论是产品质量还是产率均已进一步提高,大幅度增加了世界 TMA 生产能力,并进一步确立了 Amoco 公司的垄断地位。

(2) 日本三菱瓦斯化学公司以间二甲苯为原料的合成法。该工艺主要由芳香醛生产和水溶剂氧化两大部分组成。首先使间二甲苯在液体超强酸 HF-BF_3 催化下,与 CO 进行甲酰化反应生成 2,4-二甲基苯甲醛(DBAL)。然后在水溶剂中用空气将 DBAL 氧化成偏苯三酸(TMAC)。最后再经脱水制得 TMA。该工艺已在日本实现工业化。

3. 均三甲苯

均三甲苯(1,3,5-trimethylbenzene;mesitylene)在重整重芳烃中含量约 6%~10%,与相邻的邻甲乙苯的沸点相差仅 0.435℃,难以用精馏方法分离,但可用萃取蒸馏法分离。此外还可以用偏三甲苯异构化的方法生产。工业上可用沸程 122~144℃ 的重芳烃制取偏三甲苯,再将偏三甲苯用硅铝酸盐催化剂异构化成均三甲苯,并副产均四甲苯、甲苯和五甲苯,它们都是石油化工有用的原料,该工艺被称为"无废物技术"。

在多塔蒸馏流程中分离出的富集均三甲苯的馏分还可以用 K 或 Ba 交换的 X 型或 Y 型分子筛选择性吸附提纯,如含均三甲苯60.5%的 C_9 重芳烃用含水率4.77%的 Ba-X 分子筛吸附,均三甲苯含量可提高至94.52%,回收率90.6%。

均三甲苯经硝化、加氢还原制成均三甲苯胺,是生产染料的中间体。它与1,4-二羟基蒽醌缩合,磺化生产得弱酸性普拉艳蓝 RAW。均三甲苯以磺化、硝化、还原制成2,4-二氨基-均三甲苯-6-磺酸,再与溴氨酸缩合成蓝色基,然后与乙氧基二氯均三嗪反应制造活性艳蓝 K-3R,用于印花和轧染。均三甲苯胺与 α-氯代丙酸甲酯缩合可制成麦田除草剂。

均三甲苯与4-羟基-3,5-二叔丁基苯甲醇或4-羟基-3,5-二叔丁基苯甲醇乙酸酯反应制造抗氧剂330[学名:1,3,5-三甲基-2,4,6-三(3,5-二叔丁基-4-羟基苄基)苯],国外商品名还有 Irganox1330(Ciba-Geigy 公司)、Ethanox330(Ethyl 公司)和 Ionox330(Shell 化学公司),系大相对分子质量的高效不变色抗氧剂,相对分子质量775.2,熔点244℃,可溶于甲醇、苯、二氯甲烷、己烷等有机溶剂,不溶于水。其挥发性低,耐热老化性能强,不污染制品,可用于接触食品的塑料制品中,适用于作聚乙烯、聚丙烯、聚苯乙烯、聚酰胺、聚甲醛和合成橡胶的助剂。

均三甲苯与甲醛,或者与苯酚、烷基酚、不饱和二羧酸酐,在催化剂存在下反应,合成各种不同性能和用途的合成树脂。

4. 连三甲苯

由催化重整得到的 C_9 重芳烃经精馏可获得纯度达95%的连三甲苯(1,2,3-trimethylbenzene;hemimellitene)。

目前,连三甲苯主要用于合成西藏麝香,用于日用化妆品工业。连三甲苯和苯甲酰氯或苯乙酰氯反应,可制取消炎止痛剂、血小板防凝剂和血栓抑制剂等药品。

5. 均四甲苯

在重整邻二甲苯塔底油中均四甲苯(1,2,4,5-tetramethylbenzene;sym-tetramethylbenzene)含量约0.4%。均四甲苯分离工艺复杂,能耗高,不经济。涤纶原料厂的催化重整装置副产 C_{10} 重芳烃,可提取均四甲苯。为扩大产量,工业上一般采用自天然气液化、由 $C_1 \sim C_3$ 醇或合成气制造的富均四甲苯合成汽油,经蒸馏出高沸点重质油流,再用冷却结晶离心分离法制造;或采用(偏)三甲苯异构化、歧化生产。

均四甲苯主要用于气相氧化制造均苯四酸二酐(PMDA),日本触媒化工公司用该法得 PMDA 的质量收率为119.3%。PMDA 与4,4′二氨基二苯醚(DDE)缩聚生产耐热高功能的聚酸亚胺树脂、薄膜和涂料,杜邦公司的耐高温塑料 Kapton 就是用这种方法制得的,Kapton 的结构式如下:

均四甲苯与2-乙基己醇、异壬醇和异癸醇进行酯化可制造均苯四酸四辛酯、四异壬酯和四异癸酯等耐热增塑剂。PMDA 还用于生产环氧树脂固化剂和鞣革助剂等。

(三)乙烯装置副产重芳烃的利用

乙烯装置副产裂解汽油在进入一段和二段加氢装置前需先分出 C_5 馏分和 C_9 以上重芳烃,潜在的 C_9 或 C_{10} 重芳烃量约占乙烯装置生产能力的7%~8%;此外乙烯装置还副产含重芳烃大于70%的乙烯焦油。

乙烯副产重芳烃的主要组分的典型组成由高到低依次为双环戊二烯13.3%、乙烯基甲苯8.1%、茚类6.7%、茚满类6.7%、苯乙烯6.7%、对甲乙苯和间甲乙苯3.9%、邻二甲苯3.3%、偏三甲苯3.3%、连三甲苯2.3%,组成复杂、组分含量不集中、不宜分离利用。

通常乙烯副产 C_9 重芳烃因含烯烃较多而用于生产不同型号和用途的 C_9 石油树脂和 C_5、C_9 共聚型石油树脂;C_9 石油树脂可制成许多产品,其用途广泛,几乎能覆盖 C_5 石油树脂的用途,但较 C_5 石油树脂颜色暗、溴值低。

用二步聚合法生产的 C_5 和 C_9 共聚型石油树脂则颜色较浅,特别适用于交通路标漆和黏合剂。C_9 树脂多用于制造印刷油墨、橡胶配合剂、涂料、堵漏密封剂、胶泥、防水剂、混凝土固化剂,也用于胶黏剂和路标漆等。聚合剩余物蒸馏可联产高沸点溶剂油。

(四)萘

萘(naphthalene)是一种白色、易挥发并有特殊气味的晶体。萘分子式 $C_{10}H_8$,相对分子质量128.16。萘密度1.162,熔点80.2℃,沸点217.9℃,闪点78.89℃。其不溶于水,溶于乙醇和乙醚等。

19世纪初从煤高温炼焦副产重芳烃——煤焦油中发现了萘。19世纪中期萘已发展成为重要的化工原料,但是仅依赖煤焦油加工获得。1961年美国开发从催化重整的精馏塔塔底残液和从裂解汽油的重芳烃馏分生产萘成功,并工业化。1981年苏联从乙烯装置的副产物——乙烯焦油生产精萘,乙烯焦油中含量为6%~13%。目前,还有用催化重整残油、催化脱烷基中的烷基萘转化为石油萘的工业方法。

萘主要用于生产苯酐,消耗萘量约占萘总消耗量的70%左右,其次用于生产农药、染料的中间体,以及橡胶助剂和杀虫剂、表面活性剂等。通常的卫生球就是用萘制成的。

二、C_5 馏分的资源和利用

(一)资源

C_5 馏分主要指来源于石油烃高温裂解制乙烯过程的副产 C_5 烃和石油炼厂催化裂化汽油中所含的 C_5 烃,两种不同来源的 C_5 馏分其组成和用途大不相同。

1. 裂解 C_5 馏分

乙烯装置副产 C_5 馏分(简称裂解 C_5 馏分)的组成和含量通常随原料的轻重、裂解深度以及脱戊烷塔的工艺和操作条件的变化而不同。我国生产乙烯主要用轻柴油和石脑油等较重的裂解料,副产 C_5 的量也较多,一般是乙烯产量的14%~20%(若用 C_2~C_4 气态烃做原料,则为2%~6%)。在轻柴油等较重原料的裂解 C_5 馏分中约含异戊二烯(isoprene)15%~20%,环戊二烯(cyclopentadiene)和双环戊二烯(dicyclopentadiene)15%~17%、间戊二烯(1,3-pentadiene)10%~20%、1-戊烯(1-pentene)和2-戊烯(2-pentene)14%~20%。化学性质活泼的双烯烃总含量约为50%,其次是戊烯,它们是宝贵的化工和精细化工原料,也是分离利用的重点。

2. 炼厂副产 C_5 馏分

炼厂副产 C_5 馏分大多来源于催化裂化装置,主要含异戊烷(isopentane)和异戊烯(isopentane),基本不含 C_5 二烯烃。一般炼厂催化裂化装置得到的 C_5 馏分量为装置进料量的 8%~12%。

(二)分离和利用

1. 分离

裂解 C_5 馏分组分多,各组分间沸点较近,相互间还能生成共沸物,难于用蒸馏方法进行分离。工业上常采用先加热二聚的方法分离出环戊二烯,然后采用溶剂萃取蒸馏分离异戊二烯和间戊二烯。

加热二聚法利用环戊二烯受热易聚合的特点,先将环戊二烯(cyclopentadiene,简称 CPD)热聚成二聚体——双环戊二烯(dicyclopentadiene,简称 DCPD),由于 DCPD 的沸点(166.6℃)明显高于其他戊二烯的沸点(30~45℃),通过蒸馏即可从 C_5 馏分中分离出 DCPD。

溶剂萃取蒸馏法(GPI 法)的基本原理是利用溶剂对不同组分的溶解度不同,加入溶剂后,选择性地改变 C_5 馏分组分间的相对挥发度,再通过蒸馏达到分离目的。成功的分离技术有以下几种。

(1)用二甲基甲酰胺(DMF)作溶剂的 GPI 法过程分两步:第一步用二甲基甲酰胺从 C_5 馏分中抽提二烯烃,第二步从二烯烃中抽提乙炔和丙二烯。所得异戊二烯经二级精馏和除环戊二烯,可得纯度达 99.8% 以上的产品。本方法除生产聚合级异戊二烯外,还联产纯度 94%~96% 的 DCPD 和高于 62% 的间戊二烯。在工艺流程中采用了萃取蒸馏和普通蒸馏联合除炔,省去了昂贵的预加氢工序。

(2)用乙腈作溶剂的萃取蒸馏法(ACN 法),异戊二烯回收率 85%~90%。

(3)以 N-甲基吡咯烷酮作溶剂的萃取蒸馏法是 BASF 公司开发的方法。其特点是溶剂无毒,排污问题易处理,抽提收率高达 95%,产品质量也高。萃取蒸馏法中又以瑞翁公司的 GPI 法较优,其异戊二烯纯度和回收率高,并联产 DCPD 和间戊二烯,可综合利用,生产成本低,DMF 对碳钢不腐蚀、不产生废水。

国内用 DMF 作溶剂的萃取蒸馏法的年产 2.5×10^4 t C_5 馏分分离示范性工业装置,已于 1992 年 6 月在上海石化总厂投产,其回收产品纯度和回收率见表 3-17。

表 3-17 国内 DMF 萃取蒸馏法

产品名称	原料含量,%	产量,t	产品纯度,%	回收率,%
异戊二烯	15.10	3221	99.3	84.7
(双)环戊二烯	16.56	2679	80.0	51.8
间戊二烯	14.15	4009	70.0	61.8

炼厂副产 C_5 馏分主要是分离其中的异戊烯,用于脱氢制取异戊二烯。20 世纪 60 年代用硫酸萃取法从催化裂化装置得到的 C_5 馏分中分离异戊烯,纯度可达 92%~94%。近年来,开发了醚化法,将 C_5 馏分中的异戊烯与甲醇反应,制得甲基叔戊基醚(TAME),再分解得高纯度

异戊烯,目前,这一方法已开始取代硫酸萃取法。

2. 利用

目前,主要分离利用工业价值高的异戊二烯、(双)环戊二烯和间戊二烯。C_5馏分的综合利用方法除分离后利用以外,还有直接利用法。

直接利用法以生产混合C_5烯烃——二烯烃石油树脂或进而生产加氢石油树脂为主,该法先将混合C_5馏分加热,使其中的环戊二烯二聚成双环戊二烯,CPD含量降至低于1%,然后经阳离子催化聚合、催化剂脱活、水洗和汽提等工序生产固体C_5石油树脂并副产高沸点溶剂油,或进而加氢生产氢化C_5石油树脂。混合C_5石油树脂的色泽和性能均较低,但因原料价廉仍有市场,可用于热熔和压敏胶黏剂、热熔性涂料和路标漆、印刷油墨、橡胶配合剂、聚烯烃和工程塑料的改性、防水处理剂和纺织品上浆助剂等。

国内目前C_5馏分主要用作燃料,也有用作裂解原料的。生产1t乙烯的公用工程燃料消耗定额,见表3-18。

表3-18 生产1t乙烯的公用工程燃料消耗定额

重 油	0.272t/t	合11403.5MJ/t
燃料油	0.149t/t	合6248.97MJ/t
C_5馏分	0.47t/t	合1976.6MJ/t
C_4馏分	0.89t/t	合3718.2MJ/t
燃料气	0.368t/t	合15393.6MJ/t

以提供相同热量值计,1t重油或燃料油相当于9.97t C_5馏分,如能用重油或燃料油替换作燃料的C_5馏分,1.003t重油或燃料油可替换10t C_5馏分。

C_5馏分经一段或二段选择加氢用作车用汽油高辛烷值调和组分。含异戊烯的炼厂C_5馏分与甲醇醚化得甲基叔戊基醚(TAME),或催化异构化生产汽油调和组分,是提高汽油辛烷值经济而有效的方法。

(三)异戊二烯

1. 异戊二烯(isoprene)的性质和用途

异戊二烯又名2-甲基-1,3-丁二烯,是C_5馏分的重要组分,常温下为无色易挥发的液体,有轻微刺激性气味,分子式C_5H_8,相对分子质量68.12,沸点34.07℃,凝固点-145.95℃,闪点-48℃,自燃温度220℃,爆炸极限>1.5%(体积分数),溶于普通烃类、醇、醚等有机溶剂中。

异戊二烯是合成橡胶的重要单体,其用量占异戊二烯总产量的95%。异戊二烯主要用于生产异戊橡胶,其产量仅次于丁苯橡胶和顺丁橡胶而居第三位;少量用作丁基橡胶(butyl rubber)的第二单体。异戊二烯长期以来仅作为异丁烯的共聚单体生产丁基橡胶,因为共聚物中异戊二烯含量低(2%~5%),所以需求量小。随着优良的热稳定性和耐久性的1,4-顺式聚异戊二烯橡胶用于轮胎的外胎面,异戊二烯单体在橡胶领域的重要性大大增加。其他共聚物(如丙烯腈)的应用约占3%。

在精细化工领域首先建成的是经甲基庚烯酮生产芳樟醇的装置,供应香料行业生产多种香料;异戊二烯作中间体在医药工业中生产维生素A、E和K,还供日化工业合成角鲨烯作为化妆品基质等。此外用异戊二烯生产二氯菊酸乙酯、溴氰菊酯、丙烯菊酯和卡呋菊酯等拟除虫菊酯农药。异戊二烯制造的(共)聚异戊二烯树脂、胶乳类,可在黏合性树脂、发动机油添加剂、黏合剂领域中开发应用。

2. 异戊二烯的生产方法

工业上有多种方法生产异戊二烯。除 C_5 馏分分离得到异戊二烯外,工业上还采用合成法,例如采用 C_5 以下的有机原料如丙烯、异丁烯、甲醛、丙酮和乙炔来合成;也可从 C_5 馏分中的异戊烷、异戊烯脱氢制得。由于各国原料价格和供应情况不同,不同国家采取的合成方法也有所不同,但异戊二烯更多的还是直接来自 C_5 分离。

1)丙烯二聚法

该法由美国固特异轮胎和橡胶公司及科学设计公司开发。过程分为三步:丙烯催化二聚成 2-甲基-1-戊烯,2-甲基-1-戊烯异构成 2-甲基-2-戊烯,后者再脱甲基生成异戊二烯。采用此法生产 1t 异戊二烯需丙烯 2t,在丙烯来源丰富、价格便宜的地区采用此法有利,1962 年在美国曾建成一套年产 60kt 的生产装置,1976 年因爆炸事故而停产。

2)异丁烯—甲醛法

1969 年,苏联首先建成此法的工业生产装置,主要生产过程分为两步:异丁烯和甲醛在酸性催化剂存在下缩合成 4,4-二甲基-1,3-二氧六环,缩合物在固体磷酸钙催化剂存在下,于 250~280℃用蒸气稀释热分解成异戊二烯。第一步反应异丁烯和甲醛转化率可达 90%以上,第二步 4,4-二甲基-1,3-二氧六环的转化率为 80%~90%,异戊二烯总收率为 50%~80%。此法原料来源广泛,反应条件缓和,但副产物(主要为间戊二烯)较多,产品成本较高。

3)乙炔—丙酮法

该法由意大利斯纳姆公司开发,过程由三步组成:乙炔与丙酮合成炔醇,炔醇选择加氢和烯醇脱水生成异戊二烯。此法的优点是三步反应的转化率及选择性均较高,异戊二烯纯度高。但是乙炔价格高,只有在乙炔来源丰富的地区才有利。意大利曾用此法建成一套年产 30kt 的异戊二烯生产装置。

4)异戊烷及异戊烯脱氢

由异戊烷两步脱氢生成异戊二烯的方法是苏联生产异戊二烯的主要方法。两步脱氢反应均为可逆吸热反应,反应受热力学平衡限制。

为了得到有利于工业生产的转化率,反应必须在高温(500~600℃以上)并有催化剂存在下进行,由于反应温度较高,热解、异构化等副反应也比较明显。因此,在异戊烷脱氢的过程中,除生成三种异戊烯异构体外,还生成戊烷、1-戊烯、2-戊烯、环戊烯等。在第二步脱氢时,这些副产物又生成相应的脱氢产物,例如间戊二烯、环戊二烯、炔烃等。此外,还生成裂解产物低碳烃。原料异戊烷来自炼厂拔头油及催化裂化过程的 C_5 馏分,过程采用流化床反应器。异戊烷在铝—铬催化剂存在和 630~650℃高温下脱氢生成异戊烯。异戊烯再脱氢生成异戊二烯,所用催化剂为氧化铁—氧化铬—碳酸钾。脱氢产物经二甲基甲酰胺萃取精馏得到聚合级异戊二烯,采用此法生产 1t 异戊二烯约需异戊烷 2.4t,主要副产物为间戊二烯。

由美国壳牌公司开发的异戊烯脱氢法是以异戊烯为原料、1959 年投产、装置年生产能力为 100kt 的。原料异戊烯来自催化裂化装置的 C_5 馏分,由于烯烃的活性高,在烷烃之前先脱氢,因此,首先用冷硫酸由 C_5 馏分吸收分离出纯度为 93%~97%的异戊烯,然后异戊烯脱氢生成异戊二烯,所用催化剂有氧化铁、氧化铬、碳酸钾组分。异戊二烯单程收率为35.5%。脱氢后产物经乙腈萃取精馏得到聚合级异戊二烯,各类异戊二烯的总收率为85%。

5) 裂解馏分分离

当采用石脑油、轻柴油等液体原料进行裂解时,副产C_5馏分中含有大量异戊二烯(约15%~25%),异戊二烯的产率约为乙烯产率的1/30。裂解C_5馏分价格低廉,来源广泛,因而利用裂解C_5馏分不但促进了异戊二烯的生产,也提高了乙烯装置的经济效益。但裂解C_5馏分组分复杂,直接精馏难以得到纯度较高的异戊二烯产品。通常采取萃取精馏及共沸精馏法由裂解C_5馏分中分离高纯度异戊二烯。已经工业化的萃取精馏溶剂有乙腈、二甲基甲酰胺、N-甲基吡咯烷酮。

此外,还有以正戊烷为共沸剂的共沸精馏法,但得到的产品是约含异戊二烯75%、正戊烷25%的共沸混合物。

3. 异丁烯和异戊二烯为原料的合成香料

以异丁烯和异戊二烯为原料合成香料的技术在20世纪70年代已经开发成功,并已实现了工业化。无论以异丁烯为原料或以异戊二烯为原料,合成工艺的关键仍然是中间体甲基庚烯酮的合成。由甲基庚烯酮和去氢芳樟醇及芳樟醇可衍生出橙花醇、香叶醇、柠檬醛、香叶醛和紫罗兰酮等萜烯类香料。异戊二烯如作头尾连接,其骨架实际上就是萜烯类化合物的骨架。异戊二烯直接二聚、三聚或四聚,则可得到单萜烯、倍半萜烯和双萜烯化合物,例如异戊二烯二聚,即可直接衍生出芳樟醇、橙花醇等产品。

去氢芳樟醇　芳樟醇　柠檬醛　橙花醇　香叶醇　α-紫罗兰酮

(四) 1,3-间戊二烯

1,3-间戊二烯主要用于制造石油树脂,此外也用于制造环氧树脂固化剂、涂料、油墨和黏合剂等。制造工艺通常是间戊二烯先经预处理脱除阻聚剂后,在甲苯溶剂中用$AlCl_3$作催化剂进行阳离子催化聚合,经中和后滤去催化剂,脱除溶剂再经汽提、冷却成型制成颜色较浅的间戊二烯石油树脂(软化点>90,收率约80%),改变原料组成、催化剂和操作条件可生产不同性能和型号的间戊二烯石油树脂。该产品广泛用于橡胶黏合剂、热熔型黏合剂、配合SIS热塑橡胶制造压敏黏合剂。添加热塑性树脂可改善印刷性和黏着性,用作热熔型路标漆等。

间戊二烯的液体低聚物可用于环氧树脂和热固化丙烯酸粉末涂料、酚醛树脂、胶黏剂、环氧树脂、油墨、堵缝材料、水性涂料、路标漆原料、润滑脂及合成油。戊二烯与苯乙烯和丙烯腈的三元共聚物与SBR混用可制造多孔性合成皮革。间戊二烯在水冷下与蒲勒酮(pulegone)反应制成3,7,11,11-甲基-螺[5,5′]十一烷-8-烯-1-酮,可用作改良香味的香料。

(五) 环戊二烯

1. 性质和用途

环戊二烯(1,3-cyclopentadiene)分子式C_5H_6,相对分子质量66.16,相对密度

(d_4^{15})0.8021,沸点41.5℃,凝点-85℃,闪点110℃,自燃温度640℃。它系无色具甜似萜烯气味的液体,不溶于水,与醇、醚、苯和四氯化碳互溶,能溶于二硫化碳、苯胺和石油中;在室温下,容易自动二聚为双环戊二烯。环戊二烯可用于生产合成橡胶、树脂、农药、油墨、涂料、黏合剂等。

2. 生产方法

副产C_5馏分中分出的是双环戊二烯,双环戊二烯于150~300℃裂解即可得环戊二烯。

三、二甘醇和三甘醇的综合利用

二甘醇和三甘醇都是由环氧乙烷水合生产乙二醇时的副产物而获得。二甘醇的生成量大约占乙二醇生成量的8%~10%,三甘醇的量约占0.5%。

国外由于三甘醇的价格较高,副产三甘醇不能满足市场需求,而用二甘醇生产三甘醇。其制法是将二甘醇(500kg/h)和乙二醇(50kg/h)加入反应器中,在3.5MPa和270℃条件下,无催化缩合得三甘醇,转化率99%,选择性91%。

(一)性质

1. 二甘醇

二甘醇(diethylene glycol)的学名称为二乙二醇,又称一缩二乙二醇,是无色透明具有吸湿性的黏稠液体,有辛辣的甜味,无腐蚀性,低毒。其分子式$C_4H_{10}O_3$,相对分子质量106.12,沸点245℃,凝点-7.8℃,闪点143℃,自燃点228℃,黏度35.7mPa·s(20℃)。二甘醇可与水、乙醇、丙酮、乙醚、乙二醇混溶,不溶于苯、甲苯、四氯化碳。

2. 三甘醇

三甘醇(triethylene glycol)的学名称为三乙二醇,又称二缩二乙二醇,是无色透明具有吸湿性的黏稠液体,有毒,其毒性近似二甘醇。其分子式$C_6H_{14}O_4$,相对分子质量150.18,沸点287.4℃,凝点-4.3℃,闪点166℃,自燃点174℃,黏度49mPa·s(20℃)。三甘醇可与水、乙醇、苯、甲苯混溶,难溶于醚类,不溶于石油醚。

(二)综合利用

二甘醇和三甘醇的综合利用途径有直接利用和做原料进一步化学加工利用两类。

1. 二甘醇和三甘醇的直接利用

直接利用包括用作天然气和增强采油脱水剂(尤其是三甘醇,用过的二甘醇、三甘醇可再生回收)、萃取溶剂、油墨和涂料用湿润剂、防冻剂、高分子功能膜用膨胀剂、金属清洁剂、胶黏剂和密封剂、PVC稳定剂、化妆品稳定剂、环氧树脂固化剂等。

2. 二甘醇和三甘醇的化学加工利用

二甘醇、三甘醇的化学加工利用重要的是生产二甘醇单(双)烷基醚等高沸点溶剂,产品包括二甘醇单甲(乙或丁基)醚、二甘醇双甲(乙或丁基)醚、三甘醇单(或双)乙基醚等;还有与羧酸制成二甘醇醋酸酯、三甘醇醋酸酯和丙烯酸酯类产品,如二甘醇单甲(乙或丁)醚醋酸酯、二甘醇乙氧基丙烯酸酯和三甘醇二甲基丙烯酸酯等。主要用作纤维素溶剂、刹车液、增塑剂原料、油墨涂料树脂喷漆溶剂、印染用油水混溶剂、抗冻剂、偶合剂和一些其他专门用途。

二甘醇作为生产吗啉的原料,是其又一重要的用途。用物质的量比 $n(二甘醇):n(NH_3):n(H_2)$ 为 1:10:5,在 2.0MPa、220~240℃ 和液时空速 0.1~0.2h^{-1} 条件下,催化合成吗啉 (O〉NH),转化率 98%~100%,吗啉选择性平均为 76.8%。吗啉用作次磺酰胺类迟效性快速硫化橡胶促进剂、硫化剂、防焦剂等的中间体,并用于生产 N-烷基吗啉和吗啉脂肪酸盐。

二甘醇可代替乙二醇、丙二醇和新戊二醇等多元醇,生产聚酯多元醇、聚合物多元醇,进而生产聚氨酯和不饱和聚酯树脂。

思 考 题

1. 碳一化工催化反应的过程及其应用的意义有哪些?
2. 石油化工四大生产过程是什么?
3. 费-托合成的原理是什么?
4. 如何理解乙烯产量是衡量一个国家石油化学工业水平的重要标志?
5. 丙烯氨氧化法生产丙烯腈与传统生产方法相比有哪些优势?
6. 化工行业芳烃的主要来源有哪些?

第四章 高分子合成材料

第一节 概　述

一、高分子合成材料

人类在长期的生产过程中获得了利用天然有机材料的丰富知识,这些天然有机材料包括蚕丝、羊毛、皮革、棉花、木材以及天然橡胶等。它们的化学结构有很大的共同点,都是由天然高分子化合物所组成,因此,可统称为天然高分子物或天然高聚物材料。随着生产的发展和科学技术的进步,这些高聚物材料远远不能满足人们的需要。因此,人们合成了大量品种繁多、性能优良的高分子化合物。它们可为黏稠的流体、坚韧的固体物质,也可为弹性体,可为合成树脂,也可为合成橡胶。通过适当方法可将高分子化合物制成合成纤维制品、塑料制品、橡胶制品等;还可用作涂料、黏合剂、离子交换树脂等材料。这些用合成的高分子化合物或称作合成的高聚物为基础制造的有机材料,统称为合成材料。其中塑料、合成纤维、合成橡胶产量最大,与国民经济和人民生活有密切的关系,因此,称为三大合成材料。

塑料可以代替大量钢材、有色金属和木材。塑料薄膜育秧可以提早播种季节,增加粮食产量。合成纤维比天然纤维(棉花、羊毛、蚕丝等)更为牢固耐久,而且不会被虫蛀蚀。1×10^4 t合成纤维可织成2亿多尺(1尺=1/3m)布。合成橡胶不仅是工业用和生活用材料,而且是战略物资,其生产成本远低于天然橡胶。现代化的合成橡胶生产装置,一条生产线年产量可高达$5\times10^4\sim8\times10^4$ t,生产工人也仅数十人。

塑料、合成橡胶、合成纤维是重要的三大合成材料。合成材料的主要特点是原料来源丰富;用化学合成方法进行生产;品种繁多;性能多样化,某些性能远优于天然材料,可适应现代科学技术、工农业生产以及国防工业的特殊要求;并且加工成型方便,可制成各种形状的材料与制品。因此,合成材料已成为近代各领域不可缺少的材料。

二、高分子合成材料发展简史

高分子合成材料是相对分子质量很大的人工合成材料,塑料、合成橡胶、合成纤维是最主要的高分子合成材料。

1869年,美国化学家海厄特(John Wesley Hyatt,1837—1920)通过天然的纤维素加工获得了"赛璐珞",这是人类发明的第一种合成塑料。三年后,第一个生产赛璐珞的工厂在美国建成投产,标志着塑料工业的开始。1907年美国化学家贝克兰(Leo Hendrik Baekeland,1863—1944)完全由人工合成出了高分子酚醛树脂,拉开了人类应用合成高分子材料的序幕。

1915年，为了摆脱对天然橡胶的依赖，德国用二甲基丁二烯制造合成橡胶，在世界上首先实现了合成橡胶的工业化生产。

自1929年开始，美国科学家卡罗瑟斯(Wallace Hume Carothers,1896—1937)研究了一系列的缩合反应，验证并发展了大分子理论，促成了尼龙66的问世。随后，聚甲基丙烯酸甲酯、聚苯乙烯、聚氯乙烯、脲醛树脂、聚硫橡胶、氯丁橡胶等形形色色的合成高分子材料相继问世，迎来了现代高分子化学的蓬勃发展。

1953年，德国化学家齐格勒(Karl Waldemar Ziegler,1898—1973)和意大利化学家纳塔(Giulio Natta,1903—1979)发明了适用于常压催化乙烯聚合的齐格勒—纳塔催化剂。这种催化剂不仅应用于塑料合成，而且在合成橡胶等其他有机合成中也有广泛用途。更重要的是，它能使乙烯在常温常压下进行聚合，工艺简单、生产成本低，并带动了其他与不同金属配合的配伍聚合催化剂的开发，加速了高分子合成材料工业的发展。近年来，合成高分子化学向结构更精细、性能更高级的方向发展，如超高模量、超高强度、难燃性、耐高温性、耐油性等材料，生物医学材料，半导体或超导体材料，低温柔性材料以及具有多功能的材料。

目前，关于高分子材料的研究正在不断地加强和深入。一方面，对重要的通用有机高分子材料继续改进和推广，使它们的性能不断提高，应用范围不断扩大。例如，塑料一般作为绝缘材料广泛使用，但是近年来，为满足电子工业需求又研制出具有优良导电性能的导电塑料，导电塑料已用于制造电池等，并可望在工业上获得更广泛的应用。另一方面，与人类自身密切相关的、具有特殊功能的材料的研究也在不断加强，并且取得了一定的进展，如仿生高分子材料、高分子智能材料等。这类高分子材料在宇航、建筑、机器人、仿生和医药领域已显示出潜在的应用前景。总之，高分子材料的应用范围正在逐渐扩展，高分子材料必将对人们的生产和生活产生越来越大的影响。

三、高分子合成工业

由石油、天然气、煤炭等最基本的原料制造高分子合成材料制品的主要过程如图4-1所示。由该图可知，由天然气和石油为原料制成高分子合成材料制品，需要经过石油开采、石油炼制、基本有机合成、高分子合成、高分子合成材料成型等工业部门，基本有机合成工业不仅为高分子合成工业提供最主要的原料——单体，而且提供溶剂、塑料添加剂以及橡胶配合剂等辅助原料。

高分子合成工业的任务是将基本有机合成工业生产的单体(小分子化合物)，经过聚合反应(包括缩聚反应等)合成高分子化合物，从而为高分子合成材料成型工业提供基本原料。因此，基本有机合成工业、高分子合成工业和高分子合成材料成型工业是密切联系的三个工业部门。高分子合成工业生产的合成树脂和合成橡胶不仅用作三大合成材料的原料，而且还可用来生产涂料、黏合剂、离子交换树脂等。

四、高分子合成材料成型加工工业

高分子合成工业的产品，合成树脂和合成橡胶可能是液态的低聚物、坚韧的固态高聚物(合成树脂)或弹性体(合成橡胶)。它们必须经过成型加工才能够制成有用的材料。纯粹的合成树脂或合成橡胶通常不能直接用来成型加工，必须添加适当种类和适当数量的添加剂(也叫助剂或配合剂)经过适当方法加以混合(或混炼)，然后成型为经久耐用的高分子材料制品。因此，合成树脂和合成橡胶仅是高分子合成材料的主要原料。

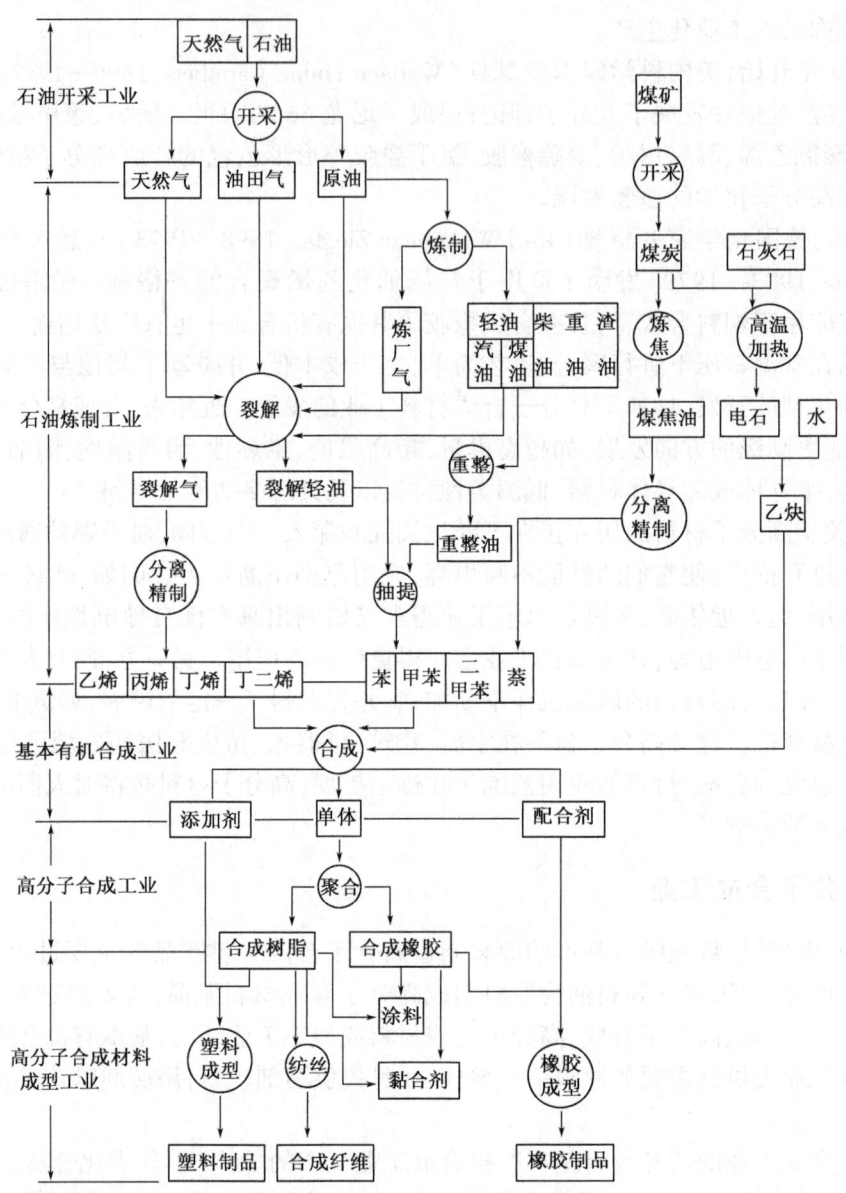

图 4-1 制造高分子合成材料的主要过程

经高聚物成型加工后得到的塑料制品中高聚物的分子结构可能是线型(热塑性塑料制品)或者是体型(热固性塑料制品)。合成纤维基本上都是由线型高聚物所构成。橡胶制品中的高聚物结构则是松散的交联高聚物。

塑料的原料是合成树脂和添加剂(又叫助剂)。添加剂包括稳定剂、润滑剂、着色剂、增塑剂、填料以及根据不同用途而加入的防静电剂、防霉剂、紫外线吸收剂等。稳定剂的作用主要是防止成型过程中高聚物受热分解,或长期使用过程中防止高聚物受光和氧的作用而老化降解,因此,有热稳定剂、光稳定剂、抗氧剂等。润滑剂的作用是在高聚物成型过程中附着于材料表面以防止黏着模具,并增加流动性。加入着色剂使塑料制品具有各种鲜艳的颜色。增塑剂可渗入高聚物分子之间,增加高聚物分子的活动性,从而增加塑料制品的柔韧性,降低塑料的脆性。填料具有提高塑料机械强度、降低成本、改进性能的作用。在室外使用的塑料制品,特别是在塑料薄膜中应当加入紫外线吸收剂,防止塑料受日光照射后老化破坏,以提高使用寿命。对于经常受摩擦的塑料制品,例如电影胶片则应当加入防静电剂,以防止聚集静电荷,防静电剂还可克服塑料表面易吸附灰尘而污染的缺点。在潮湿环境中使用的塑料制品应当加防霉剂。

稳定剂和润滑剂是塑料中必须加入的添加剂,其他组分则根据塑料种类和用途的不同而有增减。例如聚乙烯塑料不需要加增塑剂,而软聚氯乙烯塑料则加有大量的增塑剂。制备泡沫塑料时应当加发泡剂。

塑料成型方法因制品形式不同而不同,重要的有注塑成型、挤塑成型、吹塑成型、模压成型等。塑料制品除模塑制品外,还有薄膜、人造革、泡沫塑料等。

由合成橡胶制造橡胶制品时加入的添加物通常称为配合剂,包括硫化剂、硫化促进剂、助促进剂、防老剂、软化剂、增强剂、填充剂、着色剂等。硫化剂的作用是使线型的高分子合成橡胶分子,经硫化后变成松散的交联结构。硫化促进剂和助促进剂具有促进硫化反应的作用,可以缩短硫化时间、降低硫化温度、减少硫化剂用量。防老剂的作用能够延缓橡胶老化过程,从而延长橡胶制品使用寿命。软化剂则可增加橡胶的可塑性。增强剂又称补强剂,可以提高橡胶制品的强度。填充剂相当于塑料添加剂的填料,可以提高或改进橡胶制品的机械性能。橡胶制品中增强剂与填充剂用量较大,一般在20%左右。

合成纤维通常由线型高分子量合成树脂经熔融纺丝或溶液纺丝制成。合成纤维中通常要加有少量消光剂、防静电剂以及油剂等。消光剂可以消除合成纤维的光泽,一般为白色颜料如钛白粉、锌白粉等。油剂的作用是增加纤维的柔性和饱和性。

第二节　聚合物的基本概念

一、命名

高分子化合物简称高分子,它是由大量许多相对分子质量低的简单结构单元连接而成的相对分子质量在1万以上的化合物。相对分子质量低的简单结构单元(即为单体)连接形成高分子化合物的过程称为聚合,所以高分子化合物又称高聚物。高分子分为天然高分子和合成高分子。

聚合物和以聚合物为基础组分的高分子材料有三组独立的名称:化学名称、习惯名称和商品名称或专利商标名称。高分子化合物的化学名称比较复杂,在实际中使用不多,常用的是习惯名称。

(一)天然高分子化合物的命名

本身就存在于自然界中的高分子化合物称为天然高分子化合物,常用俗名(即习惯名称),如淀粉、蛋白质、橡胶、纤维素等。

(二)合成高分子化合物的命名

相对于天然高分子化合物来说,用化学方法合成的高分子化合物称为合成高分子化合物,如聚乙烯、聚丙烯、尼龙、丁腈橡胶等。

合成高分子化合物,通常按照制备方法和原料名称来命名。

1. 加聚反应制得的高分子化合物

加聚反应是指由一种或两种以上单体合成高聚物的反应(在反应过程中没有低分子物质生成)。加聚反应制得的高分子化合物,其命名习惯上是在单体名称之前,加一个"聚"字。例如,氯乙烯的聚合物,称为聚氯乙烯;四氟乙烯的聚合物,称为聚四氟乙烯;有机玻璃是由甲基丙烯酸甲酯通过加聚反应制得的,故学名为聚甲基丙烯酸甲酯。

2. 缩聚反应制得的高分子化合物

缩聚反应是指由两个或两个以上官能团的单体,相互缩合并产生小分子副产物(水、醇、氨、卤化氢等)而生成高分子化合物的反应。缩聚反应制得的高分子化合物,其命名习惯上是在单体简称之后,加"树脂"二字,如酚醛树脂、环氧树脂、脲醛树脂等。事实上,加聚产物在未制成成品之前也常以"树脂"称之,如聚乙烯树脂、聚丙烯树脂等。

3. 聚酰胺类高分子化合物

聚酰胺类高分子化合物,其命名是在聚酰胺后面加上数字,该数字表示单体中碳原子的个数。例如,单体为己内酰胺的高分子化合物,称为聚酰胺6;由己二胺和己二酸缩聚而成的高分子化合物,称为聚酰胺66;由癸二胺和癸二酸缩聚而成的高分子化合物,称为聚酰胺1010。

4. 合成橡胶类高分子化合物

合成橡胶类高分子化合物,其命名是在橡胶二字的前面加上能代表单体名称的几个字。如1,3-丁二烯与苯乙烯的聚合物称为丁苯橡胶,2-氯-1,3-丁二烯的聚合物称为氯丁橡胶,1,3-丁二烯与丙烯腈的聚合物称为丁腈橡胶,异戊二烯的聚合物称为异戊橡胶,以此类推。

5. 习惯名称和商品名称

习惯名称是沿用已久的习惯叫法。例如,聚己二酰己二胺这样的命名冗长,习惯上称为尼龙66;而聚对苯二甲酸乙二(醇)酯,大家习惯称作涤纶,是聚酯类中常用的一种。我国习惯以"纶"字作为合成纤维商品的后缀字,如锦纶66(尼龙66)、维纶(聚乙烯醇缩甲醛)、腈纶(聚丙烯腈)、氯纶(聚氯乙烯)、丙纶(聚丙烯)等。

商品名称或专利商标名称是由材料制造商命名的,突出的是商品或品种。像这样的材料很少是纯聚合物的,常常是指某个基本聚合物和添加剂的配方,很多商品名称是按商号章程设计的。

由于高分子各类产品已普遍使用,因此,有许多习惯名称或商品名称,它们的化学名称的标准缩写也因其简便而日益广泛地采用。主要的通用高分子的名称见表4-1。

表4-1 一些高聚物的习惯名称或商品名称

	化学名称	习惯名称或商品名称	简写符号
塑料	聚乙烯	聚乙烯	PE
	聚丙烯	聚丙烯	PP
	聚氯乙烯	聚氯乙烯	PVC
	聚苯乙烯	聚苯乙烯	PS
	丙烯腈—丁二烯—苯乙烯共聚物	腈丁苯共聚物	ABS

续表

	化学名称	习惯名称或商品名称	简写符号
合成纤维	聚对苯二甲酸乙二(醇)酯	涤纶	PEIP
	聚己二酰己二胺(聚酰胺66)	锦纶66或尼龙66	PA
	聚酰胺6	锦纶6或尼龙6	PA
	聚丙烯腈	腈纶	PAN
	聚乙烯醇缩甲醛	维纶、维尼纶	PVA
合成橡胶	丁二烯—苯乙烯共聚物	丁苯橡胶	SBR
	顺聚丁二烯	顺丁橡胶	BR
	顺聚异戊二烯	异戊橡胶	IR
	乙烯—丙烯共聚物	乙丙橡胶	EPR

二、分类

高聚物的种类很多,而且新品种还在不断涌现,为了研究方便起见,需要加以分类使之系统化。目前,分类方法很多,但比较重要的是按高分子主链结构、高聚物的工艺性能和用途进行分类。现将各种分类说明如下。

(一)按高分子主链结构进行分类

按高分子主链结构可分为碳链聚合物(均链高聚物)和杂链聚合物。大分子主链完全由碳原子构成的聚合物,称为碳链聚合物,绝大部分橡胶、聚烯烃和其他乙烯类聚合物均属此类。杂链聚合物,其大分子主链除了碳原子外,还含有其他元素的原子(如氧、氮、硅、硫等)。天然高分子物如蛋白质、纤维素等,合成高分子物如聚酰胺、聚酯、有机硅聚合物等都是杂链聚合物。

(二)按高聚物的工艺性能分类

按高聚物的工艺性能可分为塑料、橡胶和纤维三大类。

1. 塑料

塑料是以合成树脂为主要成分,在一定条件下(如温度、压力)可塑制成一定形状且在常温下保持形状不变的材料。合成树脂是由低相对分子质量的化合物经过化学反应制得的高相对分子质量的树脂状物质。按合成树脂的特性可分为热塑性塑料(如聚乙烯、聚氯乙烯等)和热固性塑料(如酚醛树脂、环氧树脂等)。

2. 橡胶

橡胶是指在较小外力作用下产生较大形变,当除去外力后能迅速恢复原状的高分子材料。橡胶可分为天然橡胶和合成橡胶。天然橡胶主要来源于橡胶树,割开橡胶树的表皮就会流出乳白色的汁液,称为胶乳,胶乳经过凝聚、洗涤、成型、干燥即得天然橡胶。而合成橡胶则是由各种单体经聚合反应获得,如丁腈橡胶、顺丁橡胶等。

3. 纤维

纤维是指长度比直径大很多倍,并且具有一定柔韧性的纤细物质。纤维可分为天然纤维和化学纤维。在自然界中从植物生长出来的棉、麻,从动物身上产生的蚕丝、羊毛,从矿物中开采出来的石棉都是天然纤维。化学纤维是指以天然高分子或合成高分子为原料,经过化学加工而制得的纤维,如人造丝、人造棉、锦纶、涤纶等。

(三)按用途分类

高分子按用途不同又可分为通用高分子和功能高分子。塑料中的"四烯"(聚乙烯、聚丙烯、聚氯乙烯和聚苯乙烯),纤维中的"四纶"(锦纶、涤纶、腈纶和维纶),橡胶中的"四胶"(丁苯橡胶、顺丁橡胶、异戊橡胶和乙丙橡胶)都是用途很广的高分子材料,为通用高分子。功能高分子除具有聚合物的一般力学性能、绝缘性能和热性能外,还具有物质、能量和信息的转换、传递和储存等特殊性能。已广泛应用的功能高分子有高分子信息转化材料、高分子透明材料、高分子模拟酶、生物降解高分子材料、医用高分子和药用高分子等。

三、高分子合成的基本概念

(一)单体

可与同种或其他分子聚合而生成高分子物质的低分子原料称为单体。生产一种聚合物,可能只有一种单体,也可能不止一种单体。单体一般按聚合反应的情况可分为四类:

(1)含有不饱和键的烃及其衍生物类,如乙烯、苯乙烯等;

(2)一些环状化合物,如己内酰胺、环氧乙烷等;

(3)有两个或两个以上的化学反应官能团,如乙二醇、三醇等;

(4)隐性的多官能度(相当于一个单体所含有官能团的数目)单体,在反应中互相作用激活的,而有两个以上官能度的分子,如苯酚、甲醛等。

(二)聚合度

聚合度(DP、Xn,degree of polymerization)是衡量聚合物分子大小的指标。聚合度是以重复单元数为基准,即聚合物大分子链上所含重复单元数目的平均值,用 n 表示;以结构单元数为基准,即聚合物大分子链上所含结构单元数目的平均值,用 x 表示。聚合物是由一组不同聚合度和不同结构形态的同系物的混合物所组成,因此聚合度是统计平均值。

如聚氯乙烯中结构单元是—CH_2—CHCl—,而在尼龙 66 中结构单元是—$COCH_2CO$—和—$NH(CH_2)_6NH$—。

若用结构单元数表示聚合物的聚合度称为数均聚合度,用 x 表示。在聚氯乙烯中 $x=n$,在尼龙 66 中 $x=2n$。

聚合度是聚合物分子链中的结构单元(单体单元)数。由于高聚物大多是不同相对分子质量的同系物的混合物,所以高聚物的聚合度是指其平均聚合度。

(三)均聚物

只有一种单体分子参加的聚合反应称为均聚反应。均聚反应的产物称为均聚物。所以,均聚物是指由同一种单体形成的高分子化合物,其结构单元是均一的物质,如聚乙烯、聚氯乙烯等。

(四)共聚物

由两种或两种以上单体分子参加的聚合反应称为共聚反应。共聚反应的产物称为共聚物。所以,共聚物指由两种或更多种的单体形成的高分子化合物,其结构单元有若干个的物质。例如,丁二烯和苯乙烯共聚得到的丁苯橡胶,由丙烯腈、丁二烯和苯乙烯接枝共聚(在主链聚合体上接上支链)生成的 ABS 树脂等。

(五)相对分子质量及相对分子质量分布

高分子中每一个链的长短都不一样,相对分子质量也大小不一,这种情况称为相对分子质量的多分散性,常用平均相对分子质量和相对分子质量分布来表征高分子的这种性质。例如某批尼龙 66 的相对分子质量是 35000,而另一批的相对分子质量却可能是 26000;即使在相对分子质量为 35000 的一批里,各个分子的相对分子质量也各不相同,有的可能是 42000,有的可能是 22000。实际上,高分子的性质,既与平均相对分子质量有关,又受相对分子质量分布的影响。

(六)形态

单个高分子从它的几何结构来看,有直链型、支链型和网状型三种类型。例如,聚乙烯就是直链型聚合物,由许多纤维素分子构成的棉花也是直链型天然高分子化合物。由丙烯腈、丁二烯和苯乙烯接枝共聚(在主链聚合体上接上支链)生成的 ABS 树脂,就是一种支链型高分子。当一条主链上的支链又与另一条主链相连接时,称为交联。如果交联点很多,形成上下左右延伸的立体结构,就是网状型高分子,例如硫化橡胶和酚醛树脂等。

值得指出的是,所谓直链型高分子并非每个分子都是笔直伸开的,实际上没有笔直伸开的高分子,而多是一团乱麻似的缠成一团的不规则形状。

四、高分子化合物的重要性质

高分子化合物的重要性质包括以下几点:

(1)抗张强度及伸长率。前者表征材料拉断时的拉力大小,后者表征拉伸至断裂时的形变。如果抗张强度大而伸长率低,表明拉断需要较大力量,但在形变还很小时就拉断了,这种材料硬而脆,如玻璃。如果在力量较小时就有较大的形变,而在表现出较大抵抗力时很快断裂,这种材料软而黏强,如橡胶。如果比玻璃能耐更大的形变,但抗张强度比橡胶大、伸长率比橡胶小,即硬而强,便是塑料的性质。

(2)抗冲击强度。能有大的抗张强度,又能在大冲击力下有较大的形变,即硬而黏强,就是耐冲击性好。黏强性有时用弹性模量表示。

(3)耐热性。这是决定聚合物使用温度范围的重要性质,通常把长期使用温度在 150 ℃ 以上的高分子材料称为耐热材料。

(4)电绝缘性。由于高分子化合物中化学键是共价键,不能电离出电子,因此不能很好地传递电流,所以大多数高分子化合物具有较好的电绝缘性能,其体积电阻率一般大于 $10 \Omega \cdot cm$。

(5)耐溶剂性。用聚合物与溶剂的溶度参数(σ)来度量。

(6)低密度性质。高分子化合物的密度小,一般相对密度在 0.9~2.20,约为铝的 1/2,钢的 1/5,混凝土的 1/3,比同体积的金属轻得多,与木材相近。

高分子材料的其他特殊性能,因品种而异,有的透明度高,有的气密性好,有的具有导电性、导磁性、耐低温性和耐辐射性。

第三节 聚合实施方法

高分子化合物是由许多相对分子质量低的分子一个接一个连接而成的。由低分子单体合成聚合物的反应称为聚合反应。高分子化合物是由许多相同的、简单的结构单元重复连接而成,最简单的高分子化合物是由一种结构单元重复多次形成的线型均聚物,可用下式表示:

$$X—M—M……M—M—Y$$

式中,M 是结构单元,又叫重复单元或链节;X、Y 是端基。聚合物的端基只占聚合物总重的很小一部分,因此常被忽略,但是它们会对聚合物性质有很大影响。

在通常条件下,单体之间不容易发生聚合反应,要使聚合反应迅速进行,必须加入催化剂或引发剂。常用的聚合方法有如下四种。

一、本体聚合

不加其他介质,只有单体本身在引发剂或催化剂、光、热、辐射的作用下进行的聚合称作本体聚合。在本体聚合体系中,除了单体和引发剂外,有时可能加有少量的色料、增塑剂、润滑剂、相对分子质量调节剂等助剂。

乙烯、丙烯、丙烯腈等聚合,通常采用本体聚合,丁钠橡胶的合成是阴离子本体聚合的典型例子,聚酯、聚酰胺的生产是熔融本体缩聚的例子。

工业上本体聚合可分间歇法和连续法。生产中的关键问题是反应热的排出。聚合初期散热并无困难,但随着转化率的提高(如 20%~30%),体系的黏度增大后,散热就不太容易了。若散热不良,轻则造成局部过热使相对分子质量分布变宽、影响产品质量,重则温度失调引起爆聚。改进的办法是采用二段聚合,先在较大的搅拌釜中进行,再进行薄层(如板状)聚合,或以较慢的速度进行。本体聚合的第二个问题是聚合物的出料问题。根据产品特性,可用下列出料方法:浇铸脱模制板材或型材、熔融体挤塑造粒和粉料等。

本体聚合的优点是产品纯净,尤其可以制得透明制品,适用于制板材和型材,所用设备也较简单。

二、溶液聚合

单体和催化剂溶于适当溶剂中的聚合称作溶液聚合。它对热和黏度的控制比本体聚合容易,不易产生局部过热。此外,引发剂容易分散均匀,不易被聚合物包裹;引发效率较高,这是溶液聚合的优点。但是,溶液聚合也有许多缺点:

(1)由于单体浓度较低,溶液聚合进行较慢,设备利用效率和生产能力较低;

(2)单体浓度低和向溶剂的链转移,致使聚合物相对分子质量较低;

(3)溶剂分离回收费用高,除尽聚合物中微量的溶剂有困难。在聚合釜除尽溶剂后,固体聚合物的出料又有困难。

这些缺点使得溶液聚合在工业上应用较少,往往选用悬浮聚合或乳液聚合,但聚合物应用于黏结剂、涂料和浸渍剂、合成纤维纺丝液等(不必脱除溶剂),则要选用溶液聚合。

三、悬浮聚合

悬浮聚合是利用机械搅拌使单体以小液滴状态悬浮在水中进行的聚合,选择的引发剂(油性引发剂)要能溶于单体。一个小液滴就相当本体聚合的一个单元,从单体液滴转变成聚合物固体粒子,中间一定经过聚合物单体黏性粒子阶段。为了防止粒子相互黏结在一起,体系中须另加分散剂,以便在粒子表面形成保护膜。因此,悬浮聚合体系一般由单体、引发剂、水、分散剂四个基本组分组成,得到的最终聚合物是呈圆珠状或珍珠状的颗粒,直径通常为50～2000μm,颗粒大小视搅拌强度和分散剂性质、用量而定。聚合物颗粒经洗涤、分离、干燥即得粒状或粉状树脂产品。悬浮聚合的优点如下:

(1)体系黏度低,聚合热容易从粒子经介质水通过釜壁由夹套冷却水带走,散热和温度控制比本体聚合、溶液聚合容易得多,产品相对分子质量及其分布比较稳定;

(2)产品的相对分子质量比溶液聚合高,杂质含量比乳液聚合的产品少;

(3)后处理工序比溶液聚合和乳液聚合简单,生产成本低,粒状树脂可直接加工。

悬浮聚合的主要缺点是产品附有少量分散剂残留物,要生产透明和绝缘性能高的产品,须将残留分散剂除净。

由于悬浮聚合兼有本体聚合和溶液聚合的优点,而缺点较少,因此,在工业上得到广泛的应用。80%～85%的聚氯乙烯、全部苯乙烯型离子交换树脂母体、很大一部分聚苯乙烯、聚甲基丙烯酸甲酯等都采用悬浮法生产。悬浮聚合一般采用间歇操作,在搅拌釜中进行。悬浮法生产聚氯乙烯的示意流程如图4-2所示。

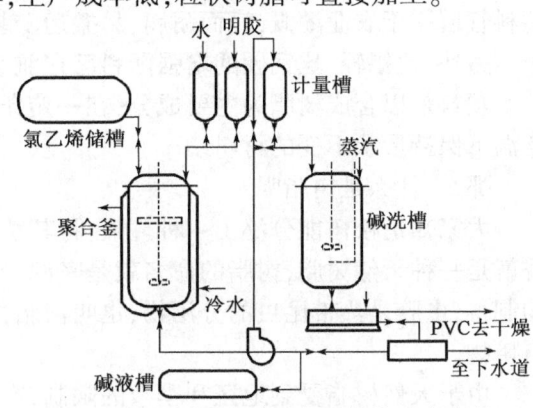

图4-2 悬浮法生产聚氯乙烯的示意流程

四、乳液聚合

单体在水介质中由乳化剂分散成乳液状态进行的聚合称作乳液聚合。乳液聚合最简单的配方由单体、水、水溶性引发剂、乳化剂四个组分组成。乳液聚合物粒子直径为0.05～0.15μm,比悬浮聚合常见粒子50～2000μm要小得多,这和聚合机理有关,不做详述。

乳液聚合有以下优点:

(1)水做分散介质,价廉安全。乳液的黏度与聚合物相对分子质量无关。乳液中聚合物含量可以很高,但体系黏度却可以很低。这有利于搅拌、传热和管道输送,便于连续操作。

(2)聚合速率大,同时相对分子质量高,可以在较低的温度下操作。

乳液聚合也有下列缺点:

(1)需要固体聚合物场合,乳液需经凝聚、洗涤、脱水、干燥等工序,生产成本较悬浮法高。

(2)产品中留有乳化剂,难以完全除净,有损电性能。

丁苯橡胶、丁腈橡胶等聚合物要求相对分子质量高,产量又大,工业上宜采用连续法生产,少量杂质对通用橡胶制品质量并无显著影响,因此,这类聚合物常选用乳液聚合法生产。生产人造革用的糊状聚氯乙烯树脂也采用乳液法,产量占聚氯乙烯树脂总产量的15%～20%。直接应用乳胶的场合,如水乳漆、黏合剂、纸张皮革织物处理剂以及乳液泡沫橡胶,更宜采用乳液聚合。此外,甲基丙烯酸甲酯、聚乙酸乙烯酯、聚四氟乙烯等也有采用乳液法生产的。

第四节 塑 料

"塑料"是大家都很熟悉,并且在日常生活用品中常见。塑料杯子、塑料凉鞋、灯头及开关、电话外壳、塑料水壶、塑料雨衣、塑料网袋及薄膜等都是塑料制品。因为具有价钱便宜、携带方便、轻巧耐用、能耐酸碱等优点,塑料受到广大人民群众的欢迎。

塑料除了可用来制作生活用品外,在工农业生产和国防工业方面还有着极为广泛的用途。机械、电器、汽车、建筑、家具等工业部门中使用塑料,可以节约大量钢材、有色金属和木材。塑料薄膜用于农业育秧,可以保证苗床温度,促使早熟,达到增产效果,使用1000t塑料薄膜可增产1×10^4t粮食,用于生产蔬菜时,产量可增加1~3倍。硬质塑料板及塑料纤维板可用来建造温室。用硬质塑料板做水稻田畦梗板,调整水位方便,不漏水,占农田少,节约劳动量。硬质塑料管道用于农业灌溉,轻而耐腐,易搬运安装。

另外,比铝轻、比钢硬的增强塑料已在航空、航海和宇宙航行中广泛应用。

塑料是以合成树脂为主要成分,在一定条件下(如温度、压力等)可塑制成一定形状且在常温下保持形状不变的材料。

那么,什么是树脂呢?

大家知道松树能分泌出一种乳液,将其蒸馏,蒸出的是松节油,剩下的残渣是硬的松香,松香就是一种天然树脂,树脂的命名就是来源于此。实际上天然树脂不一定都是从树木的分泌物制得,虫胶是热带昆虫的分泌物,也叫树脂,来自动物;筑路用的天然沥青也是一种树脂,来自矿物。

由于天然树脂受到地区和季节的限制,产量和质量都满足不了要求,塑料就开始出现了。它具有质轻、绝缘、耐腐蚀、美观、制成品形式多样化等特点。

一、塑料的分类、特性及添加剂

(一)塑料的分类

1. 理化性质分类

根据各种塑料不同的理化特性,可以把塑料分为热塑性塑料和热固性塑料两种类型。

热塑性塑料是由可以多次反复加热而仍保持可塑性的合成树脂制得的塑料。热塑性塑料成型后再加热可重新软化加工而化学组成不变,可重复、循环、反复成型,如聚氯乙烯、聚乙烯、聚丙烯等。

热固性塑料是由单体直接形成网状聚合物或通过交联反应而形成,受热后不能再恢复到可塑状态,即成型后不能再通过加热方法使其重新软化加工,如酚醛树脂、环氧树脂、氨基树脂等。

2. 用途分类

根据各种塑料不同的用途,通常将塑料分为通用塑料、工程塑料和特种塑料三种类型。

通用塑料是大宗生产的一类塑料,其产量大、生产成本低、性能多样化、用途广。通用塑料主要用来生产日用品或一般工农业用材料,例如聚氯乙烯塑料可制成人造革、塑料薄膜、泡沫塑料、耐化学腐蚀用板材、电缆绝缘层等。通用塑料有五大品种,即聚乙烯(PE)、聚丙烯(PP)、聚氯乙烯(PVC)、聚苯乙烯(PS)及丙烯腈—丁二烯—苯乙烯共聚合物(ABS)。

工程塑料,产量不大,成本较高,但具有优良的机械强度和耐摩擦、耐热、耐化学腐蚀等特性,可作为工程材料,制成轴承、齿轮等机械零件以代替金属和陶瓷等。工程塑料有聚酰胺、聚酯、聚碳酸酯、聚甲醛等。

特种塑料一般指长期使用温度在150℃以上,性能更加独特,可用于特殊要求的高性能塑料。如氟塑料和有机硅具有突出的耐高温、自润滑等特殊功用;增强塑料和泡沫塑料具有高强度、高缓冲性等特殊性能。特种塑料在日用生活产品中的用量很少,主要应用在工程产业、国防科技等高端的领域。

(二)塑料的特性

(1)电绝缘性能。所有的塑料均为电的不良导体,表面电阻约为 $10^9 \sim 10^{18} \Omega$,因而广泛用作电绝缘材料。塑料中加入导电的填料,如金属粉、石墨等,或经特殊处理可制成具有一定导电率的导体或半导体以供特殊需要。

(2)绝热性能。很多塑料热导率较低,导热能力较差。因此,塑料常用作绝缘材料。

(3)摩擦系数较高。有的塑料摩擦系数较高(如酚醛树脂),可用于配制制动装置的摩擦零件。

(4)耐化学腐蚀性。许多塑料都具有较好的化学惰性,如聚四氟乙烯甚至能耐王水。

(5)易加工成型。绝大多数塑料可采用挤出、注射、压延、模压和吹塑等方法成型。

与木材、金属和陶瓷相比,塑料还有不足之处:机械强度和硬度不及金属材料的高;耐热性也低于金属和陶瓷;导热性能较差。塑料的缺点可以通过加入添加剂克服。

(三)塑料添加剂

塑料的主要成分是高分子树脂,含量为40%~100%,它基本上决定塑料的主要性能。由于树脂本身存在着各种缺陷,如耐热性差、易热降解、有的加工性能差等,通过向其中添加助剂可改善其性能,达到实用、耐久、增强等目的,所以塑料助剂是塑料不可缺少的成分。

当前,发展塑料助剂的一个显著特征是不断地开发高效低毒新品种,用于取代那些不适应各种卫生、劳动保护等法规的老品种,同时用优质高效品种取代剂量大、功效差的老品种。塑料助剂的功能及类别见表4-2。塑料助剂中最重要的应是增塑剂和稳定剂两大类。

表4-2 塑料助剂的功能和类别

功能	类别
加工性能	润滑剂、脱模剂、触变剂、增塑剂、稳定剂
力学性能	增塑剂、增强填充材料、增韧剂、冲击改性剂
光学性能	着色剂(颜料、染料、成核剂、荧光增白剂)
老化性能	抗氧剂、热稳定剂、紫外线吸收剂、杀菌剂、防霉剂
表面性能	抗静电剂、爽滑剂、耐磨剂、防粘连剂、防雾滴剂
降低成本	粒状填料、稀释剂、增容剂、填料
其他性能	发泡剂、阻燃剂、化学交联剂、偶联剂

1. 增塑剂

1) 增塑剂及其要求

凡添加到聚合物体系中能使聚合物玻璃化温度降低、塑性增加、易于加工的物质均可以称为增塑剂。它们通常是高沸点、较难挥发的液体或低熔点的固体,一般不与聚合物发生化学反应。

增塑剂的主要作用是削弱聚合物分子间作用力,从而增加聚合物分子链的移动性、降低聚合物分子链的结晶性,也就是增加了聚合物的塑性。表现为聚合物的硬度、模量、软化温度和脆化温度下降,而伸长率、曲挠性和柔韧性提高。

例如用邻苯二甲酸二辛酯(DOP)增塑剂塑化聚氯乙烯(PVC),当升高温度时DOP分子插入PVC分子链中间,DOP的酯型偶极相互作用,并使DOP的苯环极化,这样DOP与PVC分子链就很好地结合在一起。由于DOP分子的非极性部分亚甲基链不极化,夹在PVC分子链之间,显著地削弱了PVC分子间的相互吸引力,PVC树脂在变形时链的移动就变得容易。

因此,增塑剂应具有的主要特性是相容性,也称可混用性。在树脂成型过程中,树脂与增塑剂相容是基本条件。一般地说,增塑剂的分子结构与树脂结构类似时,两者的相容性较好。增塑剂选择要考虑的因素还有许多,如挥发性、耐水性、耐油性、耐热性、耐光性、低温柔韧性(增塑剂的耐寒性)、毒性、非燃性、臭味、颜色、防污染性等。电线、电缆用的薄膜、软管等塑料要求高电绝缘性,因此,这类制品在选用增塑剂配伍时也要注意电性能。

并非每种塑料都要加增塑剂,如聚乙烯、聚丙烯这两大类通用塑料,不必加增塑剂就能制造薄膜。可是有些树脂如不加一定量的增塑剂就不能制得软质制品,如聚氯乙烯、纤维素塑料、聚乙烯醇缩丁醛、聚苯乙烯、有机玻璃等。有80%~90%的增塑剂消耗于聚氯乙烯的软制品。聚氯乙烯软制品平均使用45份左右的增塑剂(注:在塑料、橡胶加工中,助剂用量一般以"份"表示,即对应于100质量份生胶、树脂所添加的助剂质量份数)。

2) 增塑剂的原料

绝大部分增塑剂都是酯类物质,而且通常都是通过醇和酸反应合成的,所以醇和酸(或酸酐)是增塑剂的主要原料。合成增塑剂所使用的酸(或酸酐)和醇,主要有如下的种类:

(1) 酸及酸酐类。

① 邻、对苯二甲酸及其酐;

② 脂肪族二元酸(如己二酸、壬二酸、癸二酸、十二烷二酸等);

③ 脂肪族一元酸(主要为$C_5 \sim C_{13}$脂肪酸,另外加油酸、硬脂酸等)。

(2) 醇类。

① 一元醇(各种低、中、高级醇,如甲醇、乙醇、丁醇、辛醇、庚醇、十三烷醇等);

② 多元醇(乙二醇、二甘醇、三甘醇、新戊醇、三羟甲基丙烷、季戊四醇、木糖醇等)。

3) 增塑剂的分类方法及主要品种

增塑剂的分类方法很多。例如,根据相对分子质量的大小可将增塑剂分为单体型增塑剂和聚合型增塑剂。

增塑剂按其作用方式可以分为两大类型,即内增塑剂和外增塑剂。

根据增塑剂的性能可以分为通用增塑剂、耐寒增塑剂、耐热增塑剂等。

根据增塑剂的化学结构可以分为邻苯二甲酸酯、脂肪族二元酸酯、磷酸酯、环氧化合物、多元醇酯、含氯增塑剂、聚合型增塑剂、苯多酸酯、石油酯、酰胺等。

增塑剂的主要品种如下。

(1)苯二甲酸酯类。苯二甲酸酯增塑剂可分为邻苯二甲酸酯和对苯二甲酸酯两类。

①邻苯二甲酸酯是使用最广泛的增塑剂,品种多、产量大。目前,邻苯二甲酸酯的产量约占增塑剂总产量的80%左右。这类增塑剂具有色泽浅、毒性低、电性能好、挥发性小、气味少、耐低温性等特点,是通用型增塑剂,常用作主增塑剂。

邻苯二甲酸直链醇酯,如邻苯二甲酸二(十三)酯系,是一种高温增塑剂。其耐热性、挥发性、抗迁移性和高温电性能均比较优良,缺点是相容性和加工性较差,通常用在汽车内制品、电线、电缆和食品包装等方面。

②对苯二甲酸酯作为PVC的增塑剂,最近已引起人们的注意。一般对苯二甲酸酯为结晶状固体,与PVC树脂也不相容,但具有一定支链度的$C_8 \sim C_9$醇的对苯二甲酸酯是液体,且与PVC树脂相容,和对应的邻苯二甲酸酯相比其挥发性低,低温性、增塑糊黏度及黏度稳定性、电性能均较好。

(2)脂肪族二元酸酯类。在这类增塑剂中主要有己二酸酯、壬二酸酯和癸二酸酯等,其中大量使用的有己二酸二辛酯(DOA)、壬二酸二辛酯(DOZ)、癸二酸二丁酯(DBS)及癸二酸二辛酯(DOS)。虽然它们与PVC的相容性较差,但具有优良的低温性能,一般均作为耐寒增塑剂使用。

DOS的耐寒性最好,但价格比较昂贵,因而限制了它的用途。

己二酸酯类价格比较便宜,所以发展很快。己二酸与C_5以下的醇类合成的己二酸酯虽然相容性好,但挥发损失大;高分子量醇类的己二酸酯挥发损失小,但相容性差。为了取得分子内平衡,国外研究了用宽馏分的醇制备不对称的己二酸酯类,作为改性的耐寒增塑剂。用这些酯塑化的PVC具有良好的耐寒性和良好的物理机械性能。$C_6 \sim C_{10}$的混合直链醇的己二酸酯其低温性能比DOA稍差,但挥发性、热稳定性和热老化性能比DOA好约2~3倍。己二酸酯增塑剂用于耐寒的农业薄膜、电线、薄板、人造革、户外用水管和冷冻食品的包装薄膜等。

(3)磷酸酯类。磷酸酯与聚氯乙烯、纤维素、聚乙烯、聚苯乙烯等多种树脂和合成橡胶有良好的相容性。磷酸酯类增塑剂的最大特点是具有阻燃性、抗菌性,所以它们既是增塑剂,又是阻燃剂,但有毒。芳香族磷酸酯的低温性能差,而脂肪族磷酸酯的低温性能好,但热稳定性较差,耐抽出性不如芳香族磷酸酯。

磷酸酯类增塑剂的主要品种有磷酸三甲苯酯(TCP)、磷酸甲苯二苯酯(CDP)、磷酸三苯酯(TPP)、磷酸三丁酯(TBP)、磷酸三辛酯(TOP)、磷酸二苯一辛酯(DPOP或ODP)等。其中磷酸三甲苯酯的产量最大,甲苯二苯酯次之,磷酸三苯酯居第三位,它们多用在难燃性的场合。在脂肪族磷酸酯中磷酸三辛酯较为重要。虽然磷酸酯有毒,但是磷酸二苯一辛酯是允许用于食品包装的唯一磷酸酯类。

(4)环氧酯类。环氧增塑剂是近年应用很广的助剂,它既能吸收聚氯乙烯树脂在分解时放出的氯化氢,又能与聚氯乙烯树脂相容,所以既是增塑剂又是稳定剂。大部分环氧酯类增塑剂具有热稳定效果。环氧化油通常具有良好的耐抽出性、抗迁移性及低温性能,主要用于耐候性高的聚合物制品的副增塑剂,主要品种有环氧大豆油、环氧脂肪酸丁酯、环氧脂肪酸辛酯、环氧四氢苯二甲酸二辛酯(EPS)。

(5)聚酯类。聚酯增塑剂一般塑化效率都比较低,黏度大,加工性和低温性都不好,但挥发性低、迁移性小、耐油和耐肥皂水抽出,因此,是很好的耐久性增塑剂。通常需要同邻苯二甲酸酯类的主增塑剂并用,多用于汽车、电线电缆、电冰箱等长期使用的制品中。聚酯增塑剂主要是二元酸和二元醇的聚合物,相对分子质量一般在 1000~6000。

(6)偏苯三酸酯类。偏苯三酸酯类是一类性能十分优良的增塑剂,兼有单体型增塑剂和聚合型增塑剂两者的优点,挥发性低、迁移性小、耐抽出和耐久性类似于聚酯增塑剂,而相容性、加工性和低温性又类似于邻苯二甲酸酯类。主要品种有偏苯三酸辛酯(TOTM)、偏苯三酸三(正辛)正癸酯(NODTM)。

(7)含氯增塑剂。氯化石蜡是目前广泛使用的含氯增塑剂,价格低,电性能优良,具有难燃性,但相容性较差,仅用作副增塑剂。

2. 稳定剂

塑料、橡胶以及其他高分子材料在成型、储存、使用过程中会发生结构的变化,逐渐地失去应用价值,这种现象称为高分子材料的老化。高分子材料老化是一种不可逆过程,在日常生活中经常会见到。例如农膜日晒雨淋后渐渐地出现斑点而后变脆,橡胶或塑料电线外皮的绝缘性能逐渐下降甚至断裂,轮胎使用或储存当中发生的龟裂等。

高分子材料老化概括起来有以下几种表现。

(1)外观的变化,如表面的变暗、变色、出现斑点、变黏、变形、裂纹、脆化、长霉等。

(2)物理及化学性能的变化,如溶解性、熔融指数、玻璃化温度、流变性、耐热性及耐寒性、折射率、密度、羰基含量的变化。

(3)机械性能变化,如抗张强度、伸长率、抗冲击强度、疲劳强度、硬度等变化。

(4)电性能变化,如绝缘电阻、介电常数、击穿电压的变化。

发生上述变化的原因是各种各样的,外界的作用可概括为物理因素如光、热、应力、电场、辐射等,化学因素如氧、臭氧、重金属离子、化学介质及生物因素如微生物、昆虫的破坏等。内在的原因如高分子的分子结构、加工时选用的助剂、助剂的用量以及加工的方法。在外界作用的诸因素当中以光、氧、热三因素最为重要,它们造成聚合物的自动氧化反应和热分解反应,引起了聚合物的降解。稳定剂主要有以下几种。

1)抗氧剂

由于自动氧化反应可以在较低的温度发生,热分解反应更易出现,因而氧化降解比纯热降解更为常见。

为了延长高分子材料的使用寿命、抑制或者延缓聚合物的氧化降解,通常使用抗氧剂。因为高聚物的氧化是一种自由基连锁反应,抗氧剂可以捕获活性自由基,生成非活性自由基,从而使连锁反应终止,它还能分解氧化过程中产生的聚合物过氧化物,生成非自由基产物,从而中断连锁反应。所以抗氧剂就是指能减缓高分子材料自动氧化反应速度的物质。抗氧剂广泛用于橡胶、聚烯烃塑料和纤维等高分子材料,其中橡胶工业中抗氧剂通称为防老剂。

抗氧剂按照作用机理分为自由基抑制型和过氧化物分解型两类。自由基抑制剂又称为主抗氧剂,包括胺类和酚类两大类系列。胺类抗氧剂几乎都是芳香族的衍生物,主要有二芳基仲胺、对苯二胺、醛胺等,它们大都具有较好的抗氧性能,一般用于橡胶工业。酚类抗氧剂主要是受阻酚类,如 2,6-二叔丁基对甲酚,抗氧效果较差,但无污染,主要用于塑料及浅色橡胶制品。

过氧化物分解剂又称为辅助抗氧剂,主要有硫代二丙酸酯等硫代酯和亚磷酸酯两大类,它们主要用于聚烯烃中,与酚类抗氧剂并用,以产生协同作用。DLTP(硫代二丙酸十二烷基酯)、

DMTP(十四烷基酯)和 DSTP(十八烷基酯)是硫类抗氧剂的主要品种,其中 DLTP 的消费量最大,该类抗氧剂近来开发了许多优良品种。

2) 热稳定剂

热稳定剂的主要作用是防止高分子材料加工或使用过程中,因受热而发生降解或交联,以达到延长使用寿命的目的。许多高分子材料,如聚氯乙烯,一些工程塑料和某些橡胶,如氯丁橡胶的加工和使用,常需应用热稳定剂,尤以聚氯乙烯最为突出。聚氯乙烯是一种极高的分子,分子链间的吸引力很强,必须加热到160℃以上才能塑化成型,但聚氯乙烯一般加热到120~130℃就会分解,产生氯化氢,加工温度比分解温度还要高,这是聚氯乙烯用作合成材料的一个难题。为了解决这个难题,就特别需要应用热稳定剂。因此,一般所谓热稳定剂,就是专指聚氯乙烯以及氯乙烯共聚物加工时所添加的热稳定剂,或者可以说是指狭义的热稳定剂,现讨论的就是这种热稳定剂,通常也简称为稳定剂。

热稳定剂主要有铅系稳定剂、锡系稳定剂、其他金属系稳定剂、有机稳定剂和混合稳定剂五类。铅系稳定剂是热稳定剂的主要类别,约占热稳定剂总量的60%。所有金属稳定剂均为盐类和皂类两种剂型。所谓金属皂是高级脂肪酸金属盐的总称,其品种极多。作为聚氯乙烯热稳定剂用的金属皂,金属基一般是 Ca、Ba、Zn、Mg,脂肪酸基有硬脂酸、$C_8 \sim C_{16}$饱和脂肪酸、油酸等不饱和脂肪酸,此外还有非脂肪酸的烷基酚等。有机稳定剂中最广泛应用的是环氧化大豆油及其酯,主要用于配制钡镉协同混合稳定剂。此外,还有烷基或芳基亚磷酸盐、多元醇酯和二苯基脲等,都是近年来国外着力开发的品种。混合稳定剂有两种制法,一种将个别稳定剂混合进行共沉淀,另一种是将多种稳定剂与脂肪酸或油酸共同混配。混合稳定剂的缺点是常出现黏辊现象。具体配方视不同用途而定,可参阅有关资料。

3) 光稳定剂

紫外光能激发和生成游离基,是导致高聚物老化以致损坏的基本因素,凡能抑制光降解的辅助化学品称光稳定剂。

长期暴露在室外的塑料受日光、温度变化、大气组成(臭氧、硫及其他化学介质)、水分等影响,发生材料的外观变化和物理机械性能的变化,即产生全天候老化。其中光老化是主要因素,又以紫外光的影响最突出。紫外光的波长短、能量高,塑料吸收紫外线后易形成电子激发或化学键破坏,引起自由基链式反应。大气中有氧,常伴随光氧化反应而发生断链和交联,形成含氧官能团,从而导致塑料性能变化,即发生光氧老化。在塑料中添加的光稳定剂用量极少,通常仅需0.01%~0.5%,它应具备以下条件:(1)能够吸收290~400nm 波长范围的紫外线,或能有效地淬灭激发态分子的能量,或具有足够的捕获自由基的能力;(2)与塑料及其添加剂的相容性好;(3)具有良好的光稳定性;(4)化学稳定性好;(5)热稳定性良好;(6)不污染制品;(7)无毒或低毒;(8)耐抽出、耐水解性能优良,价格低廉。

工业上常用的紫外线吸收类光稳定剂有:水杨酸酯、二苯甲酮类、苯并三唑类、三嗪类、取代丙烯腈类、反应型吸收剂等。还有一类是反应型紫外线吸收剂,一般在二苯甲酮、苯并三唑或三嗪类紫外线吸收剂分子接上反应性活性基团,使其可与单体共聚或与高分子接枝,因而不会挥发和迁移,耐溶剂抽出,其反应性基团一般是丙烯酸型的,如2-[2-羟基-4-(甲基丙烯酸酯)苯基]苯并三唑和结构未公布的肼类。

3. 润滑剂

在塑料成型加工过程中,为了改善熔融物料的流动性,并使之不黏附在金属设备或模具上,同时使脱模容易所加入的添加剂称为润滑剂。常用的润滑剂有硬脂酸及其盐类等。

4. 着色剂

为了美化和装饰塑料而在物料中加入的含色料的添加剂称为着色剂。

5. 填料

加于塑料的配料中以降低成本,有时也可增进塑料的物理性能,如硬度、刚度及冲击强度的相对惰性的物质称为填料。最常用的填料有黏土、硅酸盐、滑石等。

二、塑料的成型加工方法

塑料制品通常是由聚合物或聚合物与其他组分的混合物,受热后于一定条件下塑制成一定形状,并经冷却定型、修整而成,这个过程就是塑料的成型与加工。热塑性塑料与热固性塑料受热后的表现不同,因此,其成型加工方法也有所不同。塑料的成型加工方法有数十种,其中最主要的是挤塑(挤出成型)、注塑(注射成型)、压延、吹塑(中空成型)及压塑(模压成型),它们所加工的制品约占全部塑料制品的80%以上。前四种方法是热塑性塑料的主要成型加工方法。热固性塑料则主要采用模压、铸塑及传递模塑的方法。

(一)挤出成型

挤出成型又称挤压模塑或挤塑,是热塑性塑料最主要的成型方法。挤出成型的主要设备是挤出机,其结构见图4-3。热塑性聚合物原料粒子与各种助剂混合均匀后,从料斗加入挤出机的料筒中,料筒内有一根不停旋转的螺杆,外部用加热器控制料筒的温度,原料粒子与各种助剂在挤出机料筒内受到机械剪切力摩擦热和外热的作用塑化熔融。由于螺距的设计是越到前面螺距越短,熔融的物料被压缩得很紧密,最后从模口挤出。改变模口的形状就能得到不同形状的产品,主要有管、棒、板等。

挤出成型具有可自动化、连续化生产,效率高,设备简单等特点,使其在复合材料的加工中占有重要地位。用这种方法生产的制品广泛用于航天、航空、农业、建筑业等工业部门。其缺点是热固性塑料不能广泛采用此加工方法,制品尺寸容易产生偏差。

(二)注射成型

注射成型又称注射模塑或注塑。此种成型方法是将塑料(一般为粒子)在注射成型机料筒内加热熔化。注塑机好像是一台非常巨大的加热的注射器,形状见图4-4。注射器的头部也是一根可旋转的螺杆,但离注射孔有一定距离,可以前后移动,当塑料呈流动状态时,在柱塞或螺杆加压下熔融,塑料被压缩并向前移动,进而通过料筒前端的喷嘴以很快的速度注入温度较低的闭合模具内,经过一定时间冷却后开启模具即得制品。

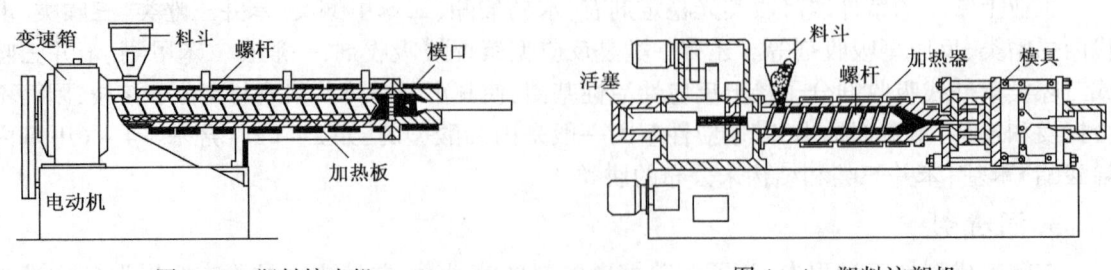

图4-3 塑料挤出机   图4-4 塑料注塑机

注射成型生产速度快、效率高、操作可自动化；可生产形状结构复杂、尺寸精确的零件；不仅适用于全部热塑性塑料，而且也适合用于部分流动性较好的热固性塑料的成型。缺点是设备及模具成本高，注塑机清理较困难。

（三）压延成型

将已塑化的物料通过一组热辊筒之间使其厚度减薄，从而得到均匀片状制品的方法为压延成型。压延成型产品有片材、薄膜、人造革及涂层制品等。由于压延成型是开放式操作，辊筒的温度难以升得太高，因此，适宜采用这种成型方法的塑料大多数是软化温度较低的热塑性非晶态聚合物，如 PVC、ABS、改性聚苯乙烯以及结晶熔化温度（T_m）不很高的聚烯烃等，其中尤以 PVC 为最多。

压延法生产的塑料制品加工能力大、生产速度快、产品质量好、生产连续。缺点是工艺设备庞大，投资高，维修保养困难。

按辊筒数目的不同，压延机可分为三辊、四辊、五辊和六辊等多种；按辊筒的排列方式又有 L 形、冖形、Z 形、S 形等多种。目前，压延成型的压延机以三辊、四辊为主。其中，常用的 L 形四辊压延机压延成型示意图如图 4-5 所示。

（四）模压成型

在压延机的上下模板之间装置成型模具，使模具内的塑料在热与力的作用下成型，经冷却、脱模即得模压成型制品。模压成型又称压制成型或压塑，是塑料成型物料在闭合模腔内借助加热和加压，使其固化而形成制品的成型方法，是热固性塑料成型的重要方法之一。模压成型工艺包括成型前的准备和模压过程及后处理等步骤。模压成型前的准备主要为预压和预热。预压就是采用压模和预压机把粉状、碎片或纤维状原料在室温或低于 90℃ 条件下压制成一定质量和形状（圆片、圆角、扁球、空心体等）的锭料或片料。这样可减少塑料成型时的体积，有利于加料操作，提高传热速度，缩短模压时间。预热的目的是去除水分和给模压提供热料，使模压周期缩短，提高制品质量。模压过程大致可分为装料、加压加热（闭模）和脱模三步，见图 4-6。闭模后一般需将模具松动片刻，让其中的气体排出，通常松动 1~2 次，每次时间由几秒至十几秒不等。气体可以是装料时夹带的，也可以是发生交联固化时伴生的水、氮气或其他挥发性物质，排气不但可以缩短固化时间，而且有利于制品潜在性能和表观质量的提高。

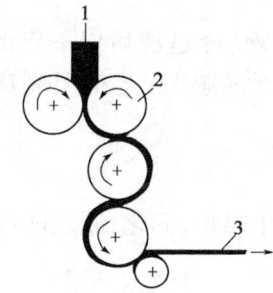

图 4-5 四辊压延机压延成型示意图
1—熔融塑料；2—装在压延机架上的压延辊筒；
3—薄膜

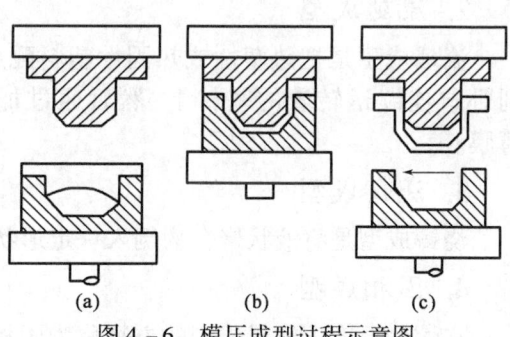

图 4-6 模压成型过程示意图
(a) 装料；(b) 加压加热（闭膜）；(c) 脱模

(五) 吹塑成型

吹塑又称中空吹塑或中空成型。吹塑成型只限于热塑性塑料中空制品的成型,该法先将塑料预制成片,冲成简单形式或成管形坯后,置入模型中吹入热空气或先将塑料预热吹入冷空气。使塑料处于高度弹性变形的温度内而又低于其流动温度的范围,即可吹成模型形状的空心制品。在挤出机前端装置吹塑口模,把挤出的管坯用压缩空气吹胀成膜管。经空气冷却后卷绕成双层平膜。采用挤出吹塑成型方法可以生产厚度为 0.01～0.30mm、折径为 10～5000mm 的薄膜,这种薄膜称为吹塑薄膜。

薄膜的挤出吹塑成型工艺,按牵引方向可分为上引法(薄膜泡管在机头上方)、平吹法(泡管与机头中心线在同一水平面上)和下垂法(泡管从机头下方引出)三种。平吹法一般适用于生产折径 300mm 以下薄膜。下垂法适用于熔融黏度较低或需急剧冷却的塑料,这是因为熔融黏度较低时,挤出泡管有向下流淌的趋向,而需急剧冷却,降低结晶度时需要水冷,下垂法易于实施。上引法的优点是,整个泡管在不同牵引速度下均能处于稳定状态,可生产厚度范围较大的薄膜,且占地面积少,生产效率高。

上引法生产吹塑薄膜装置流程如图 4-7 所示。塑料熔体从环形口模挤出成为管坯,从芯模孔道向管坯吹入压缩空气,使管坯吹胀变薄,直至所要求的直径为止,再经风环冷却定型,由人字形夹板逐渐叠成双层薄膜,继而卷取成卷。该法的缺点是,热空气向上,冷空气向下,使泡管各段温度分布不够均匀;而且当用于流动性较大的塑料时,易产生溢流现象,导致薄膜有疵点甚至发生破裂。

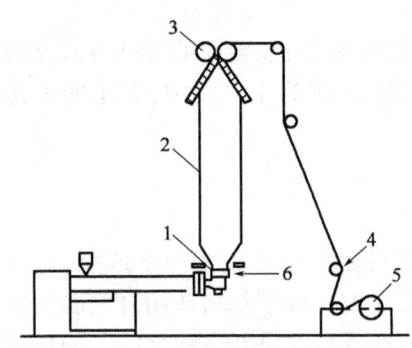

图 4-7 吹塑薄膜生产流程
1—挤出;2—吹胀;3—牵引;4—切割;
5—卷取;6—吹气口

(六) 其他成型方法

除了上述塑料成型方法外,还有如下一些塑料成型方法。

1. 滚塑成型

滚塑成型是把粉状或糊状塑料原料计量后装入滚塑模中,通过滚塑模的加热和纵横向的滚动旋转,聚合物塑化成流动态并均匀地布满在滚塑模的每个角落,然后冷却定型脱模,即得制品。

2. 流延成型

流延成型是把热塑性或热固性塑料配成一定黏度的胶液,经过滤后以一定的速度流延到卧式连续运转着的基材上,然后通过加热干燥脱去溶剂成膜,从基材上剥离就得流延薄膜。

3. 浇铸成型

浇铸成型是将液状聚合物倒入一定形状的模具中,常压下烘焙、固化、脱模即得制品。

4. 固相成型

在熔融温度下塑料成型的方法称为固相成型。在高弹态成型时称为热成型,在玻璃化温度以下成型则称为冷成型。

近年来,塑料的成型方法层出不穷,如多层共挤出法可用于制备复合薄膜;发泡挤出法可以直接制备发泡壁纸等。另外有一种称为反应性注塑成型的新型加工方法,加工时将液体的原料用压力压入混合器中混合均匀,然后注入密封的模具中,由于原料的高活性,它们在模具中迅速反应。这种加工方法同现用的先聚合再加工的方法相比,能耗小、效率高,设备投资为注塑成型的1/2、能耗仅1/4。适用于聚氨酯和聚酰胺的加工,用于生产汽车保险杠、外部面板、建筑隔音隔热材料等。

三、热塑性塑料

热塑性塑料性能柔韧、脆性低,多数不需要加填料,但尺寸稳定性和热稳定性较差。热塑性塑料易加工,所以成型加工费用低。在当前世界塑料总产量中,热塑性塑料产量约占全部塑料产量的60%,其中产量较大的是聚乙烯、聚丙烯、聚氯乙烯、聚苯乙烯、ABS树脂,这几种产品产量占热塑性塑料总产量的80%以上。

(一) 聚乙烯(PE)

聚乙烯是乙烯聚合而成的聚合物,显然,是单体很简单、聚合物组成也很简单的一种高分子合成材料。自从1939年英国ICI开始生产高压低密度聚乙烯,一直发展迅速,其产量居各种通用塑料之首。

聚乙烯为白色蜡状半透明材料,柔而韧,比水轻,无毒,具有优异的介电性能;易燃烧且离火后继续燃烧,火焰上端呈黄色,燃烧时可熔融滴落;聚乙烯的透明度随结晶度增加而下降,一般经退火后不透明而淬火处理后透明;在一定结晶度下,透明度随相对分子质量增大而提高;它的透水率低,对有机蒸气透过率大,可在一定程度下渗透大多数气体,但高密度聚乙烯要比低密度聚乙烯透气性差。一般来说,聚乙烯吸水性差,不受稀酸和碱的浸蚀,然而可被浓酸所浸蚀,相比之下,它耐化学品的性质是优异的;聚乙烯受烃类及卤代烃等溶剂的作用会缓慢溶胀,聚乙烯的抗拉强度低,但耐冲击性好。

乙烯的聚合有三种方法:高压聚合法、中压聚合法和低压聚合法。

聚乙烯作为塑料使用时其相对分子质量要达到10000以上,性能因密度不同而有差异。根据化学结构及密度的差别,把不同工艺得到的聚乙烯分类见表4-3。

表4-3 聚乙烯的结构分类

名称	结构特点	密度,g/cm³
低密度聚乙烯	分子不完全线性的,有长支链、短支链、双链、羰基	0.915~0.940
中密度聚乙烯	分子主链中平均每1000个碳原子中引入20个甲基支链,或13个乙基支链	0.926~0.953
高密度聚乙烯	分子链上没有支链,分子链排布规整	0.941~0.960
超高分子量聚乙烯	分子量150万以上的无支链的线性聚乙烯	0.920~0.964

依据聚合方法、相对分子质量的不同,聚乙烯可分低密度聚乙烯、中密度聚乙烯、高密度聚乙烯及超高相对分子质量聚乙烯。

低密度聚乙烯(LDPE)俗称高压聚乙烯,因密度较低,柔韧性好、透明度高,主要用来生产薄膜,用于食品包装、各种商品包装以及农业育秧,其次用来制造容器、管道、绝缘材料以及泡沫塑料等。

中密度聚乙烯(MDPE),其物理性质介于低密度聚乙烯和高密度聚乙烯之间,适宜于吹塑成型制各种瓶类、生产薄膜和板材,也可用于真空吸塑包装和高速自动包装用薄膜以及各种注射成型制品和旋转成型制品,如桶、罐等,还可以用于电线电缆包覆层。

高密度聚乙烯(HDPE)俗称低压聚乙烯,具有良好的耐热性、耐寒性、化学稳定性、介电性能,以及较高的刚性和韧性,主要采用吹塑、注塑法制造中空硬制品。

超高分子量聚乙烯(UHMWPE)是相对分子质量150万以上的无支链的线型聚乙烯,它具有以下特性:耐磨性能优良,耐低温性能优异,摩擦系数很低,可以自润滑,表面无黏着性,耐化学腐蚀性优良,抗冲性能优良,纤维强度大,并且具有良好的减少噪声的作用。它主要用作包装材料和工程材料,可以取代碳钢、不锈钢、青铜等,用于纺织、造纸、食品机械、运输、陶瓷、煤炭等领域,其中以大型包装容器和管道的应用最为广泛。另外,在国防、民用方面也有广阔的用途,如制造防弹衣、飞机座椅、海运和渔业用绳索等。

(二) 聚丙烯(PP)

Natta 于 1954 年成功地将丙烯聚合成为具有高度立体规整性的聚丙烯。这一突破促进了人们对有机金属化学和聚合反应的兴趣,聚丙烯的优异性能更引起人们的极大关注。

聚丙烯相对分子质量一般为 100000~150000,白色蜡状材料,外观与聚乙烯相似,但密度较低。聚丙烯制品有良好的电阻性能、耐化学品性和吸水性低的特点。它有良好的耐热性,可在 100℃ 的温度下消毒。因为聚丙烯耐挠曲疲劳,所以聚丙烯做的自铰链型制品使用时间比较长。聚丙烯的其他重要性质是坚韧、高耐磨、尺寸稳定性好、无毒、抗冲击强度高、透明。

从组成上聚丙烯可分为均聚丙烯和共聚丙烯两大类;从结构上可分为等规聚丙烯(IPP)、间规聚丙烯(SPP)、无规聚丙烯(APP)三种。

大多数聚丙烯的生产是在低压下用齐格勒—纳塔型催化剂($TiCl_3$ 或 $TiCl_4$ 和 AlR_3)于溶液中进行的。虽然高压聚合对产率有利,但低压有助于提高聚合物中有规立构的等规构型。产物的性质类似高密度聚乙烯,但其脆化点(0℃ 或 0℃ 以上)高于聚乙烯。

聚丙烯是一种通用的热塑性塑料,主要用来生产注塑制品、挤塑制品、合成纤维与塑料薄膜。以美国为例,聚丙烯消费情况是:注塑制品占 30%,纤维和长丝占 33%,薄膜占 10%,吹塑占 2%,其他占 25%。

聚丙烯经注塑成型生产汽车配件、电器设备配件、空气过滤机外壳、仪表外壳、盛水器皿等,经挤塑成型生产管道、薄板、薄膜等,经熔融纺丝生产单丝和丙纶纤维。丙纶纤维可与棉花混纺,作为衣料用布、滤布、防水布等,并可制造地毯。聚丙烯经吹塑成型生产吹塑薄膜、中空容器,由于聚丙烯无毒,用它生产的薄膜、容器可用作食品包装材料以及日用化学品的包装材料。低发泡刚性聚丙烯泡沫塑料可用于绝热吸音的结构材料。为了利用聚丙烯的耐腐蚀性和耐热温度高于聚乙烯的特点,发展了玻璃钢为外层、聚丙烯管为内层的复合管道,用于腐蚀介质的输送。挤塑法生产的薄膜经拉伸取向提高强度后,与吹塑薄膜可切割为扁丝,用来生产编织袋、捆扎绳等,可作为麻袋代用品;挤塑生产的薄板可用热成型法生成淋水板、盖板、外壳等制品。

(三) 聚氯乙烯(PVC)

聚氯乙烯是氯乙烯的均聚物,是 1835 年法国人 V. Regnauld 在暴露于日光中的 1,2 – 二氯乙烷中首次发现的。聚氯乙烯为无定型结构的白色粉末,相对分子质量一般在 50000~120000 范围内。

1912—1913 年,德国化学家 F. Klate 和 E. Zacharis 发展了氯乙烯和聚氯乙烯的工业生产方法。1935 年德国法本公司(I. G. Farben Industries AG)最早以乳液法实施了工业生产,因此,聚氯乙烯是最早工业化的通用塑料。1940年美国Goodrich公司始建了以悬浮聚合生产聚氯乙烯的工厂,目前仍以悬浮法为主要的生产方法。

二次世界大战期间由于天然橡胶资源供应的减少,聚氯乙烯开始用于电线、电缆的绝缘材料,并发现了它的性能在不少方面优于橡胶,聚氯乙烯工业及其制品也由此开始持续发展至今。1990年世界年生产能力已近20 Mt,仅次于聚乙烯而居合成高聚物产量的第二位。聚氯乙烯不仅可作塑料,还可溶于溶剂中通过干法或湿法纺丝制成纤维,称为氯纶。

聚氯乙烯的物理机械性能优良,用不同配方可生产硬制品和软制品,所以聚氯乙烯有两类均聚物:软质型和硬质型。硬质聚乙烯的抗拉强度约在41.4~62MPa,而软质聚氯乙烯约在6.9~27.6MPa。这两类均聚物有各种各样的性质,其中包括自熄性,这种特性是聚合物主链上的氯原子提供的。

这两类聚氯乙烯都具有优良的耐化学品性和耐磨性。软质聚氯乙烯制品质地柔软,相对密度在1.15~1.8,这类制品最高可拉伸至原来长度的4.5倍。软质聚氯乙烯孔隙度高,可吸附增塑剂。硬质聚氯乙烯的相对密度在1.3~1.6,质地坚硬,拉伸不能超过原来长度的40%。由于聚氯乙烯中的氯原子随意定向(即无规立构),所以一般来说聚氯乙烯聚合物的结晶度低。

聚氯乙烯塑料的主要应用有:

(1)软制品,主要是薄膜和人造革,薄膜制品有农膜、包装材料、防雨材料、台布等;
(2)硬制品,主要是硬管、瓦楞板、衬里、门窗、墙装饰物等;
(3)电线及电缆的绝缘层;
(4)地板、家具、录音材料等。

(四)聚苯乙烯(PS)

聚苯乙烯是非结晶聚合物,透明度达88%~92%,折射率为1.59~1.60,由于折射率高,具有良好的光泽;热变形温度为60~80℃,300℃以上解聚,易燃烧。PS的导热系数不随温度而改变,因此,是良好的绝热材料。聚苯乙烯具有优异的电绝缘性,体积电阻和表面电阻高,功率因数接近于0,是良好的高频绝缘材料。聚苯乙烯能耐某些矿物油、有机酸、盐、碱及碱溶液。聚苯乙烯溶于苯、甲苯及苯乙烯。

1930年德国I.G.公司开始聚苯乙烯的工业生产。苯乙烯可用自由基引发剂,也可用络合催化剂进行聚合,用本体聚合、悬浮聚合和乳液聚合技术相结合的方法进行聚合,所得聚合物是无规立构的。在典型的间歇式悬浮聚合过程中,苯乙烯单体用悬浮稳定剂和搅拌的方法悬浮在水中,聚合反应完成后,将硬粒状聚合物转移到搅拌槽,这个槽是连续离心过程的加料槽,把聚合物颗粒与水分离开,聚合物颗粒用旋转式干燥器干燥,接着与不同添加剂混合,再送入挤压机,最后送到造粒机造粒。聚合反应由反应器温度和链转移剂控制,水用作放热反应的冷却介质,也用作悬浮介质。

由于聚苯乙烯具有成本低、产量大、品种多、易加工、性能好和应用广的特点,成为四大通用塑料之一。目前,聚苯乙烯树脂有四种主要类别:通用型聚苯乙烯(GPPS)、高抗冲型聚苯乙烯(HIPS)、可发性聚苯乙烯(EPS)和间规聚苯乙烯(SPS)。

聚苯乙烯原料来源广泛,而且具有透明、价廉、刚性大、电绝缘性好、印刷性能好等优点,广泛应用于照明灯具或灯罩、光学仪器零件、透明模型、玩具、日用品、工业装饰、汽车用塑料部件、电绝缘材料等。聚苯乙烯的另一类重要用途是制备泡沫塑料。聚苯乙烯泡沫塑料是重要的隔热保温材料和防震包装材料。

（五）ABS 树脂

ABS 树脂是由丙烯腈、丁二烯、苯乙烯三种单体构成的一系列聚合物的总称,包括三种单体的共聚物、二种单体共聚物的混合物、接枝共聚物等。ABS 的名称来源于这三个单体的英文名字的第一个字母。ABS 1940 年开发于美国,不同的配料比,合成的工程塑料性能有所差别。ABS 塑料具有优良的综合性能,包括高抗冲性能、耐热、耐溶剂以及电性能良好,无毒,因制造方法的不同而呈不同程度的半透明状。增加橡胶的含量则 ABS 的抗冲性能提高,但耐热性、刚性、介电性能等稍有降低;如果用 α-甲基苯乙烯代替苯乙烯,则耐热性能可提高。

ABS 树脂的突出优点是刚性与柔性共济、抗冲击能力强,而且易于加工成型。它广泛用于制造齿轮、泵叶轮、轴承、把手、管道、电动机外壳、仪表壳、冰箱衬里、汽车零部件、电气零件、纺织器材、容器、家具等。由 ABS 树脂制成的安全帽,比铝质的或柳编的更佳。

经电镀或真空镀金属膜等工艺处理的表面为金属的 ABS 塑料作为金属代用品或装饰品得到日益广泛的应用。除此之外,它也可用作 PVC 等聚合物的增韧改性剂。

四、热固性塑料

热固性塑料是以热固性树脂为主要成分,配合以各种必要的添加剂通过交联固化过程成型的塑料,固化后不溶不熔,也不能再次热熔或软化。工业上重要的品种有酚醛塑料、氨基塑料、环氧塑料、不饱和聚酯塑料及有机硅塑料等。它们在生产及成型过程中有共同的特点:所用原料合成树脂是相对分子质量较低(数百至数千)的液态、黏稠流体或脆性固体,其分子内具有活性反应基团,为线型或线型支链结构;在成型为塑料制品过程中,同时发生固化反应——由线型低聚物(或具有分支结构的线型低聚物)转变为体型高聚物;这一类合成树脂不仅可用来制造热固性塑料制品,还可用作涂料和黏合剂,但是都要经过固化过程才能生成坚韧的涂层和发挥黏结作用。现就几种重要的热固性塑料予以介绍。

（一）酚醛塑料

由苯酚或甲酚以及混合酚与醛类(主要是甲醛)经缩合反应得到的酚醛树脂为原料,加填料、固化剂、润滑剂以及着色剂等添加剂,经成型固化得到酚醛塑料及制品。酚醛树脂是最早进行工业化生产的合成材料之一。

工业上生产酚醛树脂可采用碱性催化法或酸性催化法。碱性催化得到的酚醛树脂具有若干游离的—CH_2OH 基团,单独受热可固化为体型高聚物。酸性催化得到的酚醛树脂通常无—CH_2OH 基团,所以固化时必须添加六亚甲基四胺作为固化剂。

酚醛塑料的特点是价格便宜、尺寸稳定性好、耐热性优良,根据不同的性能要求可选择不同的填料和配方以满足不同用途的需要。酚醛树脂可用来生产酚醛压塑粉、纸质层压板、多层木材层压板、绝缘带、黏合剂、涂料等。酚醛塑料主要用作电绝缘材料,故有"电木"之称,在宇航中还可作为烧蚀材料以隔绝热量防止金属壳层熔化。酚醛塑料的缺点是性质较脆,颜色单调,原料苯酚和甲醛都有一定毒性。

酚醛塑料的合成反应如下:

$$\text{苯酚} + CH_2O \xrightarrow{\text{酸或碱}} \text{线形酚醛树脂} \xrightarrow{\Delta} \text{体形酚醛树脂(电木)}$$

苯酚+甲醛　　　　　线形酚醛树脂　　　　　体形酚醛树脂(电木)

(二) 环氧塑料

分子中含有多个环氧基团 —CH—CH— （其中O桥接）的合成树脂称为环氧树脂。由环氧树脂固化得到的体型高聚物具有坚韧、收缩率低、耐水、耐化学腐蚀、耐溶剂等特点,介电性能优良,和许多材料可以牢固地黏结。环氧树脂虽有若干不同品种,但工业生产以由双酚A与环氧氯丙烷反应得到的环氧树脂为主,其次是酸法酚醛树脂与环氧氯丙烷反应得到的环氧树脂。

环氧树脂主要用作黏合剂、涂料和结构材料。

环氧树脂对各种表面极性的材料具有优良的黏结力,而且可室温固化,固化后黏结强度高,所以广泛用于金属材料的黏结。由热固化环氧树脂配方制成的糊状料、带状料以及薄膜料等用于汽车制造工业和宇航工业。

液态双酚A环氧树脂用作涂料时具有黏结性好、涂膜坚硬、耐化学腐蚀等优点,但成本贵、装饰性差、且光照射后易变黄,所以仅在工业上用作防腐蚀底漆。环氧粉末涂料近来也得到发展。

环氧树脂在结构材料的应用方面又可分为三个领域:玻璃纤维增强复合材料,电气层压板、浇铸、密封和一般器具、黏合剂。环氧树脂用作结构材料时,主要用玻璃纤维、硼纤维、碳纤维、芳纶纤维等进行增强,所得复合材料中增强纤维的用量可达65%,高模量的碳纤维环氧复合材料用于军事工业和宇航工业。计算机和电子工业所用集成线路底板由玻璃布与环氧树脂和铜箔经层压固化制成。

环氧塑料的基本组分是环氧树脂,此外还含有固化剂、增韧剂、稀释剂、填充剂等。

环氧塑料有增强塑料、泡沫塑料、浇铸塑料之分。增强塑料主要是用玻璃纤维增强,俗称环氧玻璃钢,是一种性能优异的工程材料。环氧泡沫塑料用于绝热、防震、吸音等方面。环氧浇铸塑料主要用于电气领域。

(三) 有机硅聚合物

有机硅聚合物是由主链、侧链形成的聚合物总称。与硅原子相结合的有机基团主要为 CH_3—、C_6H_5—和 CH_2=CH—,也可能是其他有机基团;这些基团的数目为1~3个。与三个有机基团相结合的硅原子仅可存在于聚合物的端基位置,与一个有机基团相结合的硅原子则形成支链。

由于本身结构的特点,有机硅聚合物具有一系列优异性能,如极好的耐高温和耐低温性能、优良的电绝缘性和化学稳定性,又有突出的表面活性、憎水防潮和生理惰性等。但是有机硅聚合物大分子链之间的相互作用力较弱,物理机械性能较差,这是最大的缺点。

由于组成与相对分子质量大小的不同,有机硅聚合物可分为三大类:硅油(液态)、硅树脂(半固体)——两者为线型低聚物;硅橡胶(弹性体)——线型高聚物;树脂状流体(硅树脂)——具有反应活性(主要是—Si—OH 基团)的含支链的低聚物。在此仅介绍硅油和硅树脂。

1. 硅油

硅油是一大类低相对分子质量线型有机硅聚合物,一般为无色或浅黄色透明液体。常见的品种有以下几种。

(1) 二甲基硅油:

$$CH_3-\underset{\underset{CH_3}{|}}{\overset{\overset{CH_3}{|}}{Si}}-O-\left[\underset{\underset{CH_3}{|}}{\overset{\overset{CH_3}{|}}{Si}}-O\right]_n-\underset{\underset{CH_3}{|}}{\overset{\overset{CH_3}{|}}{Si}}-CH_3$$

长期使用温度 $-50 \sim 200℃$;

(2) 二乙基硅油:

$$C_2H_5-\underset{\underset{C_2H_5}{|}}{\overset{\overset{C_2H_5}{|}}{Si}}-O-\left[\underset{\underset{C_2H_5}{|}}{\overset{\overset{C_2H_5}{|}}{Si}}-O\right]_n-\underset{\underset{C_2H_5}{|}}{\overset{\overset{C_2H_5}{|}}{Si}}-C_2H_5$$

长期使用温度 $-70 \sim 150℃$;

(3) 苯甲基硅油:

$$CH_3-\underset{\underset{C_6H_5}{|}}{\overset{\overset{C_6H_5}{|}}{Si}}-O-\left[\underset{\underset{C_6H_5}{|}}{\overset{\overset{C_6H_5}{|}}{Si}}-O\right]_m-\left[\underset{\underset{CH_3}{|}}{\overset{\overset{CH_3}{|}}{Si}}-O\right]_n-\underset{\underset{C_6H_5}{|}}{\overset{\overset{C_6H_5}{|}}{Si}}-CH_3$$

$250℃$ 下长期使用,$350℃$ 短期使用。

硅油的特点是其黏度受温度的影响很小。如温度从 $380℃$ 降至 $-18℃$,一般矿物油黏度增加 110 倍,而硅油仅增加 2.5 倍。从上面所列的使用温度范围可知,它们皆具有优异的耐寒性和耐热性。另外,有机基团的变换,对性能影响很大,如部分甲基被苯基取代后得到的苯甲基硅油,长期使用温度可高达 $250℃$。硅油还具有优良的电性能、极好的防潮和防水性、耐化学药品、不腐蚀金属和非金属材料、生理惰性(特别是二甲基硅油)、无毒。

硅油可在较广的温度范围内工作,常用作润滑油、液压油及脱模剂等。苯甲基硅油耐温性好,可用作高真空扩散泵油、高效喷气引擎的润滑剂。由于硅油的表面张力小,也可作消泡剂。二甲基硅油还广泛用作高级化妆品(如润肤油脂等)的添加剂。

2. 硅树脂

常见的硅树脂有:有机硅玻璃树脂、有机硅模塑料、有机硅层压塑料。它们的结构式如下。

(1) 有机硅玻璃树脂:

$$CH_3-\underset{\underset{OC_2H_5}{|}}{\overset{\overset{OC_2H_5}{|}}{Si}}-O-\left[\underset{\underset{OH}{|}}{\overset{\overset{CH_3}{|}}{Si}}-O\right]_n-\left[\underset{\underset{OC_2H_5}{|}}{\overset{\overset{CH_3}{|}}{Si}}-O\right]_m-\underset{\underset{OC_2H_5}{|}}{\overset{\overset{OC_2H_5}{|}}{Si}}-CH_3$$

(2) 有机硅层压塑料:

$$HO-\underset{\underset{O}{|}}{\overset{\overset{CH_3}{|}}{Si}}-O-\left[\underset{\underset{OH}{|}}{\overset{\overset{CH_3}{|}}{Si}}-O\right]_n-\underset{\underset{O}{|}}{\overset{\overset{CH_3}{|}}{Si}}-OH$$

(3) 有机硅模塑料:$(CH_3SiO_{1.5})_x \cdot (C_6H_5SiO_{1.5})_y$。

有机硅玻璃树脂特别适宜做高温、高湿条件下使用的电子电器的绝缘涂层,如高频线圈的涂层、线圈清漆等。有机硅模塑料添加适量的填料,混炼成热固性模压混合料,可加工成有优异的耐电弧、电绝缘及耐高温特性的塑料制品。有机硅层压塑料可制成能在250℃下长期使用的层压塑料制品。

(四)氨基塑料

氨基塑料是由醛类(主要是甲醛)与含有多个氨基的化合物反应,首先得到含有多个—CH_2OH活性基团的低聚物或衍生物(氨基树脂),然后加填料、固化剂、着色剂、润滑剂等,最后经成型固化成的体型高聚物(氨基塑料及其制品)。工业上最重要的氨基化合物是甲醛与脲(尿素)或三聚氰胺反应生成的尿醛树脂。

$$H_2N-\overset{\overset{\displaystyle O}{\|}}{C}-NH_2 + CH_2O \longrightarrow$$ 尿素　　　　　　　　　　尿醛树脂

氨基树脂的特点是无色,可制成各种色彩的塑料制品;氨基塑料制品表面光洁、硬度高;耐化学药品腐蚀,绝缘性优良、耐电弧,可用作绝缘材料。氨基塑料主要用作加工各种颜色鲜艳的日用品、装饰品以及电器设备等。

(五)不饱和聚酯塑料

不饱和聚酯塑料是由线型不饱和聚酯树脂、乙烯基单体、着色剂、引发剂和填料(玻璃纤维或其织物)形成的复合材料。线型不饱和聚酯树脂与乙烯单体在引发剂作用下发生共聚反应从而转变为体型结构高聚物。线型不饱和聚酯树脂通常是由二元饱和酸(或酸酐)、二元不饱和酸(或酸酐)和多元醇(主要是二元醇)经缩合反应得到的低相对分子质量聚酯的总称,改变原料种类和配比而得不同牌号的产品。工业上应用较普遍的是由邻苯二甲酸酐、顺丁烯二酸酐与乙二醇反应得到的线型不饱和聚酯树脂。乙烯基单体的作用在于参加共聚反应以改进体型结构的密度、提高产品性能。引发剂主要用有机过氧化物、促进剂如叔胺,可于常温进行固化。

不饱和聚酯树脂的主要优点在于可在常温常压下固化,因此可制造大型制件。主要用玻璃纤维或玻璃布作为增强材料来生产玻璃钢材料,用于制造汽车外壳、船舶、建筑材料、国防器材等。

五、工程塑料

工程塑料,通常是指用作工程材料、也即结构材料的热塑性塑料。这类塑料在承受一定的外力时,具有良好的机械性能和尺寸稳定性;有较好的电性能,并在高温(>100℃)和低温(<0℃)下仍能保持优良的性能。它们可代替金属制作机械结构的零部件,也可用作电绝缘材料等。

(一)工程塑料的分类和特性

1. 工程塑料的分类

工程塑料的品种很多,目前,较为常见的分类方法是按其产量和使用范围来划分,可分通用工程塑料和特种工程塑料两大类(表4-4)。此外,还可以按化学组成、耐热等级、结晶性及成型加工后制品的种类来分类。

从表4-4中可看到,在众多的工程塑料品种中,其大分子主链中均含有O、N和S等杂原子。由杂原子参与下构成的大分子主链及各个极性基团,是赋予工程塑料优良特性的基本原因。

表4-4 工程塑料的分类

总类	分类	品种	主链结构
工程塑料	通用工程塑料	聚酰胺(PA)	$+NH(CH_2)_5-CO+_n$
		聚碳酸酯(PC)	$+O-\bigcirc-C(CH_3)_2-\bigcirc-O-CO+_n$
		聚甲醛(POM)	$+CH_2-O+_n$
		聚苯醚(PPO)	$+\bigcirc(CH_3)(CH_3)-O+_n$
		聚对苯二甲酸酯类(PBT,PET)	$+O-CH_2CH_2-OCO-\bigcirc-CO+_n$
	特种工程塑料	氟塑料	$+CF_2-CF_2+_n$
		聚砜(PSF)	$+O-\bigcirc-C(CH_3)_2-\bigcirc-O-\bigcirc-SO_2-\bigcirc+_n$
		聚苯硫醚(PPS)	$+\bigcirc-S+_n$
		聚醚醚酮类(PEEK)	$+\bigcirc-O-\bigcirc-O-\bigcirc-CO+_n$
		聚酰亚胺(PI)	$+N<^{CO}_{CO}>\bigcirc<^{CO}_{CO}>N-\bigcirc-O-\bigcirc+_n$
		聚芳酯(PAR)	$+CO-\bigcirc-CO-O-\bigcirc-C(CH_3)_2-\bigcirc-O+_n$
		聚苯酯(Ekonol)	$+O-\bigcirc-CO+_n$

高分子材料受热后会软化,故每种高分子材料都有一定的使用温度范围。通用型工程塑料的使用温度一般在100~150℃,而特种工程塑料可高达200℃(或更高)。从结构来看,耐温的特性与大分子主链中是否含有环状结构、是否有电负性很高的原子(氟)有关。

2. 工程塑料的特性

工程塑料之所以能受到重视,除了其原料资源丰富、性能优越和价格低廉以外,更主要的是它具有许多金属和其他材料无法比拟的特性。

(1)密度小、比强度高。工程塑料的相对密度为1.0~2.0,是钢铁的1/8,是铝的1/2。其比拉伸强度(拉伸强度/密度)可高达1700~4000(玻璃纤维增强的工程塑料),而钢为1600、铝仅为400。

(2)化学稳定性好。工程塑料对一般的酸、碱和有机溶剂均有良好的稳定性,优于金属材料。

(3)良好的电绝缘性能。

(4)优良的耐磨、减摩和自润滑性能。

(5) 优良的吸震性、抗冲击性、消声性和抗疲劳性能。

(6) 与金属材料相比,易于加工成型,且生产效率也较高。

但是工程塑料也有不足之处,如机械强度、硬度和导热性不及金属;耐高温性质不及陶瓷;而且吸水性大、易光化和蠕变。因此,工程塑料与金属、陶瓷、玻璃等材料在应用时可相辅相成,各自发挥特点和长处。

(二) 工程塑料发展简史和发展方向

1. 工程塑料发展简史

塑料的发展已有很长的历史,但其中工程塑料发展较晚。现今在工程塑料中居首位的聚酰胺于1939年才研制成功并实现工业化,当时是作为合成纤维应用的。至20世纪50年代后期,聚甲醛和聚碳酸酯研制成功,才真正确立了工程塑料在材料领域中的重要地位,并获得了迅速的发展。

1964年美国杜邦公司开发了聚酰亚胺(全芳香族型的高聚物),聚酰亚胺具有很高的热稳定性,可在288℃下长期使用,开创了特种工程塑料发展的道路。

最初因特种工程塑料的生产成本高、合成工艺复杂和成型加工困难等条件的限制,又因通用工程塑料进行改性、增强、填充和共混从而提高了通用工程塑料的机械强度和使用温度范围,致使特种工程塑料的发展十分缓慢。近年来,由于高技术工业的兴起和发展,对工程塑料性能的要求越来越高,加上技术方面的改进和提高,才促进了特种工程塑料的发展。

总之,工程塑料是在近20年才开始大规模发展起来的。现今工程塑料以每年15%的速度增长,超过了通用塑料的增长速度,因其应用的量不大,所以工程塑料的产量在塑料总产量中仅占5%~7%。

2. 工程塑料的发展方向

工程塑料的发展方向有下列几个方面。

(1) 高分子合金。采用各种方法获得性能优良的高分子合金,并改善加工性能,增加新品种,扩展应用范围。

(2) 提高阻燃性。可在塑料组分中加入阻燃剂,或采用含有卤素、磷等的化合物接入大分子链中。

(3) 开发成型加工新技术。现今开发的新技术有:复合精密注射成型、反应注射模塑成型(RIM)、增强反应注射模塑成型(RRIM)、大型制品冲压成型、复合异型挤出成型等。由此可获得新型制品或改进制品性能,提高生产率,扩大应用范围。

高密度聚乙烯特别是超高相对分子质量聚乙烯、ABS塑料、氟塑料、聚酰胺塑料以及PBT塑料等都具有优良的综合工艺性能,如坚固、强韧和耐磨,可以作为工程材料使用。除此以外,重要的工程塑料尚有聚砜、聚碳酸酯、聚甲醛、氯化聚醚、PPO塑料等。工程塑料能够耐宽范围的温度,又能抵抗极端气候、化学品和其他有害物质的侵袭。工程塑料大量用作结构材料,可与其他材料如金属和陶瓷相竞争。工程塑料的优良性能主要归因于强大的分子链间作用力和晶态的特性。

(三) 聚酰胺(尼龙)

大分子主链中含有许多重复的酰胺基团($-\overset{\text{O}}{\underset{\|}{\text{C}}}-\text{NH}-$)的一大类聚合物,统称为聚酰胺,

英文名称为 polyamide(简称 PA),在工业和日常生活中常称为尼龙(nylon)。

聚酰胺是世界上最早投入工业生产的合成纤维,又是工程塑料中发展最早的一个品种。目前,它在工程塑料中的生产量居于首位。

聚酰胺是最实用的、产量最大的工程塑料。它的性能良好,尤其是经过玻璃纤维增强后,强度更高,应用更广。

聚酰胺是由二元酸同二元胺通过缩聚反应聚合而成。尼龙 66 的结构式如下:

$$\mathrm{[\!\!\!\!-\!HN-(CH_2)_6-NH-\overset{O}{\overset{\|}{C}}-(CH_2)_4-\overset{O}{\overset{\|}{C}}\!\!\!\!-]_n}$$

聚酰胺主要品种有尼龙 66、尼龙 6、尼龙 610、尼龙 1010 等。前一个数字表示二元胺中的碳原子数,后一个数字表示二元酸中的碳原子数。分子中碳原子数越多,聚合物越柔软。在我国,尼龙 6 和尼龙 66 主要用作合成纤维,使用温度在 100℃ 以下。

聚酰胺具有优良的机械性能,强度高,优异的耐冲击性、耐摩擦性与耐磨耗性(能在无油润滑下操作)和较好的耐腐蚀性能,广泛用于各种工业部门中制作机械、化工和电气绝缘等方面的零部件,如齿轮、轴承、辊轴、泵叶轮、风扇叶片、涡轮、高压密封圈、垫片、电池箱电缆—电器线圈和接头等。现今在建筑业、交通运输业及生活用品方面也应用广泛。

尼龙的耐油性好,阻透性优良,无臭,无毒,是性能优良的包装材料,可长期存装油类产品,制作油管。将尼龙掺混在聚乙烯塑料中或做成以尼龙为内衬的复合瓶,可以制成价格低廉的农药包装瓶。但尼龙在强酸或强碱条件下不稳定,应避免同浓硫酸、苯酚等试剂接触。

聚酰胺最大的缺点是吸湿性大,吸水后机械及电绝缘性能变差,尺寸会发生变化。针对聚酰胺的缺点,不断涌现出一系列改性的新品种。如用芳香族的二元酸和芳香族的二元胺反应,得到的芳香尼龙是一类耐高温性能十分优异的聚酰胺塑料;用芳香尼龙纺成的丝称为芳纶,其强度可同碳纤维相当,是重要的增强材料,在航天工业中大量应用。

(四)聚碳酸酯(PC)

大分子链中含有碳酸酯 $\left(-O-R-\overset{O}{\overset{\|}{C}}-\right)$ 重复单元的线型高聚物,总称为聚碳酸酯(poly-carbonate,简称 PC)。其中 R 可为脂肪族、脂环族、芳香族或混合型的基团,由此可分类为脂肪族、芳香族等各种类型的聚碳酸酯。

20 世纪 30 年代已制得脂肪族聚碳酸酯,但只有双酚 A 型的芳香族聚碳酸酯最有实用价值。在 1958 年首先获得工业生产,60 年代发展成为一种新型的热塑性工程塑料。它的产量在工程塑料已跃居为第二位,仅次于尼龙。由双酚 A 与光气反应制备而成的聚碳酸酯分子式为

$$\mathrm{[\!\!\!\!-\overset{O}{\overset{\|}{C}}-O-\!\!\langle\bigcirc\rangle\!\!-\overset{\overset{CH_3}{|}}{\underset{\underset{CH_3}{|}}{C}}-\!\!\langle\bigcirc\rangle\!\!-O\!\!\!\!-]_n}$$

聚碳酸酯是一种韧而刚性的塑料,不仅强度高,而且成型收缩率小(0.5%~0.7%)、尺寸稳定性高,在机械工业中用于制造小负荷的零部件,如齿轮、轴、曲轴、杠杆等,也可用于生产受力不大、转速不高的耐磨件,如螺钉、螺帽及设备的框架等,特别适用于制备精密仪器中的齿

轮、照相机零件、医疗器械的零部件。

聚碳酸酯的耐冲击性能也很好，可用作电动工具的外壳。

聚碳酸酯还具有良好的电绝缘性，可用于制备绝缘接插件、套管、电话机壳等。其薄膜可用作录音带、录像带等。

聚碳酸酯的耐温性好，可反复消毒，近年来大量用于制备婴儿奶瓶、饮水杯（又称"太空杯"）和净水桶等中空容器。

聚碳酸酯的透光性好，强度和表面耐磨性均优于聚甲基丙烯酸甲酯，可用于制备大型灯罩、信号灯罩、窗玻璃、防护玻璃、透明仪表板及飞机风挡等航空工业用的透明材料。

但聚碳酸酯的耐应力开裂性和耐溶剂性较差，与溶剂接触后表面会产生龟纹，这是在使用时须特别加以注意的。

（五）聚甲醛（POM）

聚甲醛大分子链中含有 $-\text{CH}_2-\text{O}-_n$ 链节，学名为聚氧化亚甲基，英文名称为 polyoxymetylene，简称 POM。因其主要原料是甲醛，故俗称为聚甲醛。POM 有两种工业产品，一种是均聚甲醛，由甲醛或三聚甲醛均聚而得；另一种是共聚甲醛，由三聚甲醛和少量共聚单体（常为二氧五环）共聚而成。后者热稳定性较好、合成工艺简便、易于成型加工，故其产量及发展趋势均处于较优的地位。

聚甲醛具有优良的综合性能，所以发展极快。现今在工程塑料中产量已占第三位，仅次于尼龙及聚碳酸酯。

由甲醛或三聚甲醛聚合而成的聚甲醛是一种非常坚韧、耐磨的工程塑料，有很优异的耐冲击性、抗疲劳性。它的抗张强度比黄铜和锌还高，经拉伸处理后，强度可同钢材媲美，一根直径为 3mm 的细丝可以承受 10^4N 的拉力。因此，聚甲醛主要用来代替有色金属，如铜、铝、锌等，做各种零部件。最大的应用领域是汽车工业，在电气、化工、仪表、机床及家用器具中也有应用。

聚甲醛的摩擦系数小、耐磨性好、具有自润滑的作用，制成的轴承、活塞在使用时无须加油润滑，可以代替价格昂贵的有色金属，可以制备齿轮、轴承、滑块、阀门、开关、键盘、拉链和把手等耐磨器件，也可用于精密仪表、石油工业管道等。

六、特种工程塑料

随着近代高科技的迅速发展，对聚合物的耐热性提出了更高的要求。尤其是从 20 世纪 50 年代末期起，由于超音速飞机、航天技术、导弹、武器系统及电子仪器等工业发展的需要，人们在耐高温聚合物的合成与性能方面做了大量的研究，取得了很大的成绩。特种工程塑料具有较好的耐热性能，有一些品种已实现了工业生产，并获得广泛的应用。

（一）聚四氟乙烯

聚四氟乙烯是产量最大、用途最广的氟塑料。氟塑料（fluoroplastics）是各种含有氟原子塑料的总称，它们各由相应的含氟单体均聚或共聚而成，聚合反应通式为

$$n\ \underset{\underset{R_2}{|}}{\overset{\overset{R_1}{|}}{C}}=\underset{\underset{R_4}{|}}{\overset{\overset{R_3}{|}}{C}} \longrightarrow \left[\underset{\underset{R_2}{|}}{\overset{\overset{R_1}{|}}{C}}-\underset{\underset{R_4}{|}}{\overset{\overset{R_3}{|}}{C}}\right]_n$$

式中，R_1、R_2、R_3 及 R_4 可为 H、F、CF_3 或其他含氟的基团，但至少有一个是氟原子。

由此可知，这类聚合物以 C—C 链为主链，在侧链或支链上连接有一个或一个以上的氟原子，甚至全部是氟原子，称为含氟聚合物（fluoride-containing polymers 或 fluoropolymers），可用作塑料、橡胶及纤维等。氟塑料工业产品已有十余个品种。在氟塑料各个品种中，以氟塑料的用途最为广泛。

聚四氟乙烯树脂根据聚合方法的不同及各种成型加工方法的要求不同，有三种不同物理状态的树脂，即颗粒状树脂、分散树脂和分散乳液，其中前两种为粉末。聚四氟乙烯粉状树脂为白色、无臭、无味、无毒的粉状物，当加工成制品后成为透明或不透明的白色材料，蜡状不亲水，光滑不黏，外观如聚乙烯，密度高达 2.14 g/m^3，是塑料中最重的一种。

聚四氟乙烯具有使用温度范围广（-250～260℃）、化学稳定性好、介电性能优良、自润滑性及防黏性好等一系列独特的性能，所以应用范围极广。

在所有工程塑料中，聚四氟乙烯的耐腐蚀性最好，故有"塑料王"之称。因此，在化工方面常用作防腐材料，可制造各种防腐蚀零部件，如管子、阀门、泵及管件接头等。在化工设备方面，还可制作反应器、蒸馏塔及防腐设备的衬里和涂层。

在机械领域，可用作自润滑轴承、活塞环、油封及密封圈等。自润滑性可减少机件磨损和发热，降低动力消耗。在电子电器领域，主要用于制造各种电线电缆、电池电极、电池隔膜、印刷电路板等。在医用材料中，利用其耐热、耐水、无毒的特性，可用作各种医疗器械及人工脏器的材料，前者如消毒过滤器、烧杯、人工心肺装置，后者如人造血管、心脏等。利用其不黏性，在塑料加工及食品工业中广泛用作脱模剂及无油烹调的炊具（即不黏性炊具）。

（二）聚砜（PSF）

聚砜是主链上含有砜基及芳香环（苯环）类高聚物的统称，英文名称为 polysuefone（简称 PSF），其结构通式为

$$R-\overset{\overset{O}{\|}}{\underset{\underset{O}{\|}}{S}}-R'$$

其中，R、R′皆为含有芳香环的基团。

目前，聚砜的主要品种有如下三种类型。

(1) 双酚 A 型聚砜（PSF，bisphenol A），以下简称聚砜。

$$\left[-O-\underset{}{\bigcirc}-\overset{\overset{CH_3}{|}}{\underset{\underset{CH_3}{|}}{C}}-\underset{}{\bigcirc}-O-\underset{}{\bigcirc}-\overset{\overset{O}{\|}}{\underset{\underset{O}{\|}}{S}}-\underset{}{\bigcirc}- \right]_n$$

(2) 聚芳砜（非双酚 A 型），又称聚苯砜（polyarylsuefone，PAS 或 PASF），主链中引入了联苯结构。

聚芳砜（Ⅰ）：

$$\left[-O-\bigcirc-\bigcirc-SO_2-\bigcirc-O-\bigcirc-SO_2- \right]_n$$

聚芳砜(Ⅱ):

$$\left[O-\bigcirc-\bigcirc-O-\bigcirc-SO_2-\bigcirc-O \right]_n$$

聚芳砜(Ⅲ):

$$\left[\bigcirc-SO_2-\bigcirc-O-\bigcirc-SO_2-\bigcirc-\bigcirc-SO_2-\bigcirc-O \right]_n$$

(3) 聚醚砜,又称聚苯醚砜(polyethersulfone,PES)。

聚砜类塑料的刚性高、耐磨性好,介电性能、耐高温性、耐氧化性和耐辐射性都很优良,可在150℃以上长期使用,所以聚砜类塑料的应用范围很广,见表4-5。

表4-5 聚砜类塑料的应用

应用范围	聚 砜	聚 芳 砜	聚 醚 砜
电器	电气设备壳体,小型电子元件	绝缘材料,制作耐高温线圈架,开关,电线电缆包覆	电容器、集成电路器件等
机械工业	精密钟表零件,耐热水的食品制造业零部件,汽车护板,仪表盘	高温下使用的轴承	轴承,热水测量表,叶轮,滚珠轴承
医疗器械	防毒面具,人工心脏瓣膜等		人工呼吸器,注射器,外科容器

(三) 聚酰亚胺

聚酰亚胺是20世纪60年代实现工业化的一大类耐高温聚合物,英文名称为polyimide(简称PI)。聚酰亚胺是一种具有下述结构的耐高温塑料,主链上有芳杂环,因此比聚砜的刚性和耐高温性更好,可以在250~300℃以上长期使用。它是制造电机漆包线绝缘层的重要原料,主要用于宇航和电子工业中。其结构如下:

$$\left[\begin{array}{c} O \quad\quad O \\ \| \quad\quad \| \\ C \quad\quad C \\ / \ \ \backslash\quad/\ \ \backslash \\ N\ \ \bigcirc\ \ N-\bigcirc \\ \backslash\ \ /\quad\backslash\ \ / \\ C\quad\quad C \\ \| \quad\quad \| \\ O \quad\quad O \end{array} \right]_n$$

第五节 合成橡胶

一、概述

人类使用天然橡胶的历史已经有好几个世纪了。哥伦布在发现新大陆的航行中发现,南美洲土著人玩的一种球是用硬化了的植物汁液做成的。哥伦布和后来的探险家们无不对这种有弹性的球惊讶不已,一些样品被视为珍品带回欧洲,后来人们发现这种弹性球能够擦掉铅笔的痕迹,因此给它起了一个普通的名字"擦子(rubber)",这仍是现在这种物质的英文名字,这种物质就是橡胶。

橡胶,同塑料、纤维并称为三大合成材料,是唯一具有高度伸缩性与极好弹性的高分子材料。橡胶可在很宽的温度范围($-50 \sim 150℃$)内具有优异的弹性,所以称为高弹体。橡胶的最大特征首先是弹性模量非常小,而伸长率很高,其次是具有相当好的耐透气性以及耐各种化学物质和电绝缘的性能。某些特种合成橡胶更具备良好的耐油性及耐温性,能抵抗脂肪油、润滑油、液压油、燃料油以及溶剂油的溶胀;耐低温可低到$-60 \sim -80℃$,耐高温可高到$180 \sim 350℃$。橡胶因为滞后损失小还耐各种曲挠、弯曲变形。橡胶的第三个特征在于它能与多种材料并用、共混、复合,由此进行改性,可以得到良好的综合性能。橡胶(天然橡胶、合成橡胶)辅以纤维织物、助剂等原材料,可加工成轮胎、胶带、胶鞋、工业杂品等橡胶制品,国民经济各部门都离不开橡胶。

橡胶的这些基本性能,使它成为工业上极好的减震、密封、屈挠、耐磨、防腐、绝缘以及黏接等材料。

橡胶在农业生产中也是很重要的。排灌用的胶管、带动水泵及农业加工机械的胶带、拖拉机及汽车的轮胎、传送粮食入仓的胶带以及输送电力用的电线电缆包皮,都要依靠橡胶制造,农业机械化是离不开橡胶的。

橡胶还是重要的战略物资。一辆载重汽车需橡胶200kg,一辆坦克需800kg,一架喷气式飞机需要600kg,一艘三万吨级军舰需68t,陆海空三军装备都需要大量橡胶。现代尖端科学技术的发展,如火箭、导弹、宇宙飞船等更需要大量的不同性能的特种橡胶。

所以说,一个国家的国防和经济潜力,在一定程度上取决于橡胶工业的水平。

二、橡胶分类

橡胶按不同的标准有不同的分类方法,如按成品状态可分为液体橡胶、固体橡胶(又称干胶)、粉末橡胶和乳状橡胶(简称乳胶);按其物理形态可分为硬胶、软胶、生胶和混炼胶等;橡胶按其来源,可分为天然橡胶和合成橡胶两大类,其中天然橡胶的消耗量占1/3,合成橡胶的消耗量占2/3。

天然橡胶来源于自然界中含胶植物,有橡胶树、橡胶草和橡胶菊等,其中三叶橡胶树含胶多、产量大、质量好。因此,天然橡胶主要来源于三叶橡胶树,当这种橡胶树的表皮被割开时,就会流出乳白色的汁液,称为胶乳,胶乳经凝聚、洗涤、成型、干燥即得天然橡胶。

合成橡胶是以天然气、煤及石油等自然资源为基础,通过合成有机合成方法制得单体,然后再聚合成高分子化合物。

合成橡胶品种很多,也有不同的分类方法,如按其性能和用途,可分为通用合成橡胶和特种合成橡胶。通用合成橡胶是指部分或全部代替天然橡胶使用的胶种,广泛用于制造轮胎及其他大量橡胶制品,如丁苯橡胶、顺丁橡胶、氯丁橡胶、丁基橡胶等。通用合成橡胶的需求量大,是合成橡胶的主要品种。特种合成橡胶是指具有特殊性能(如耐高温、耐油、耐臭氧、耐老化和高气密性等),并应用于特殊场合的橡胶,是用于制造特定条件下使用的橡胶制品,如丁腈橡胶、硅橡胶、氟橡胶、聚氨酯橡胶等。特种橡胶用量虽小,但在特殊应用的场合是不可缺少的。

部分合成橡胶的名称与结构式见表4-6。但必须指出,通用橡胶和特种橡胶的分类范围是相对的。随着合成橡胶工业的发展、高新科技的开发和应用领域的扩大,在一定条件下某一种合成橡胶的归属是可以转化的。如氯丁橡胶和丁基橡胶在发展初期认为是特种橡胶,现今已归入通用橡胶类。特种橡胶随着其综合性能的改进、成本的降低以及推广应用的扩大,也可以作为通用合成橡胶使用,例如乙丙橡胶,丁基橡胶等。合成橡胶按其制品形成过程可分为热塑性橡胶和硫化型橡胶。热塑性橡胶(热塑性弹性体)系由物理交联形成网络结构,因而具有热塑性,能用塑料所用的方法进行成型加工,如苯乙烯—丁二烯—苯乙烯嵌段共聚物。硫化橡胶由化学交联形成网络结构,不具热塑性,如硫化丁苯橡胶。合成橡胶还可按大分子主链的化学组成分为碳链弹性体和杂链弹性体两类。碳链弹性体又可分为二烯类橡胶和烯烃类橡胶等。

表4-6 合成橡胶的分类

类别	合成橡胶名称	英文简称	结构式
通用橡胶	天然橡胶	NR	$[CH_2-\underset{CH_3}{C}=CH-CH_2]_n$
	异戊橡胶(合成天然橡胶)	IR	$[CH_2-\underset{CH_3}{C}=CH-CH_2]_n$
	聚丁二烯橡胶(包括丁钠、顺丁等多种)	BR	$[CH_2-CH=CH-CH_2]_n$
	丁苯橡胶	SBR	$[-CH_2-CH=CH-CH_2-]_x[-CH_2-\underset{C_6H_5}{CH}-]_y$
	丁基橡胶	IIR	$[CH_2-\underset{CH_3}{\overset{CH_3}{C}}-]_x[CH_2-\underset{CH_3}{C}=CH-CH_2]_y$
	氯丁橡胶	CR	$[CH_2-\underset{Cl}{C}=CH-CH_2]_n$
	乙丙橡胶	EPR	$[-CH_2-CH_2-]_x[-CH_2-\underset{CH_3}{CH}-]_y$
	三元乙丙橡胶	EPDR	乙烯-丙烯-非共轭二烯烃的三元共聚物
特种橡胶	丁腈橡胶	NBR	$[-CH_2-CH=CH-CH_2-]_x[-CH_2-\underset{CN}{CH}-]_y$
	硅橡胶(例二甲基硅橡胶)	MQ	$[\underset{CH_3}{\overset{CH_3}{Si}}-O]_n$
	氟橡胶(例23型氟橡胶)	FR	$[CH_2-CF_2]_x[CF_2-CFCl]_y$
	聚硫橡胶	PR	多硫化物橡胶 $[R-\underset{SS}{\overset{SS}{\|}}]_n$,R为亚乙基或其衍生物

续表

类别	合成橡胶名称	英文简称	结 构 式
特种橡胶	聚氨酯橡胶	AU(EU)	聚酯或聚醚与异氰酸酯反应而成

	丙烯酸酯橡胶	AR	$\mathrm{-\!\!\!\left[CH_2-CH\right]\!\!\!-_n}$
			         |
			     COOR

	聚氯醇橡胶	CHR	$\mathrm{-\!\!\!\left[CH_2-CH-O\right]\!\!\!-_n}$
			        |
			     CH$_2$Cl

三、橡胶制品的原材料

橡胶制品的主要原材料有生胶、再生胶以及各种配合剂。有些制品还需用纤维或金属材料作为骨架材料。

(一)生胶和再生胶

生胶包括天然橡胶和合成橡胶。

再生胶是废硫化橡胶经化学、热及机械加工处理后所制得的,具有一定可塑性、可重新硫化的橡胶材料。再生过程中的主要反应称为脱硫,即利用热能、机械能及化学能(加入脱硫活化剂)使废硫化橡胶中的交联点及交联点间分子链断裂,从而破坏其网链结构,恢复一定的可塑性。再生胶可部分代替生胶使用,以节省生胶、降低成本,还可改善胶料工艺性能,提高产品耐油、耐老化等性能。

(二)橡胶的配合剂

橡胶虽具有高弹性等一系列优越性能,但还存在许多缺点,如机械强度低、耐老化性差等。为了制得符合使用性能要求的橡胶制品,使其具有一定物理机械性能(如密度、弹性、抗张力、耐油、耐磨等特性),必须在生胶中加入各种辅助的原材料,再硫化及加工成型。这些固态(或粉末状)或液态的无机原材料或有机原材料,通常称为配合剂。配合剂的种类很多,作用不同,见表4-7。

除上述各种配合剂外,还有发泡剂、着色剂、磨蚀剂、阻燃剂等。某些辅助材料如溶剂、撒粉剂等也可称是配合剂,但其作用较不重要。

表4-7 橡胶配合剂的种类和作用

配合剂种类	作 用	举 例
硫化剂	起硫化作用,使大分子交联,视橡胶的结构不同而使用不同的硫化剂	硫黄、有机过氧化合物、胺、某些金属(Zn、Mg、Pb)的氧化物,辐射能等
硫化促进剂	加速硫化速率、降低硫化温度,改进产品性能,有无机的和有机的硫化促进剂两类	氧化铅、氧化镁、噻唑类(巯基苯并噻唑)及秋兰姆类 $$\begin{pmatrix} R' & & & R'' \\ \diagdown & \| & \| & \diagup \\ N-C-S_n-C-N \\ \diagup & \| & \| & \diagdown \\ R & S & S & R''' \end{pmatrix}$$ 其中 R、R'、R''、R''' 为烷基,n 为硫原子数

续表

配合剂种类	作 用	举 例
硫化活化剂	有活化有机类(噻唑类等)硫化促进剂的效用,可提高交联密度	氧化锌、硬脂酸
防老剂(抗老剂)	防止或延续橡胶制品在使用和储存中受到氧、热、光等因素作用下的老化过程	苯酚类、芳伯胺和仲胺类化合物,另有物理防老剂,如石蜡涂层
补强剂(活性充填剂)	能提高橡胶制品物理机械性能的物质	炭黑、陶土、碳酸钙及二氧化硅(俗称白炭黑)
增塑剂	增加橡胶的可塑性、流动性等,也可降低橡胶的黏流温度和玻璃化温度,提高耐低温性能	石蜡、凡士林、古马隆树脂(苯并呋喃—茚的共聚物)、磷苯二甲酸酯类、磷酸酯类,低分子量(2000~8000)聚酯

(三)纤维和金属材料

橡胶的弹性大、强度低,因此,很多橡胶制品必须用纤维材料或金属材料作骨架材料,以增大制品的机械强度、减少变形。

纺织纤维(包括天然纤维和合成纤维)和玻璃纤维等经加工制成帘布、帆布、线绳以及针织品等。金属材料除钢丝作为骨架材料外,其他各种金属材料还可作结构配件,如内胎气门嘴、胶辊铁芯等。骨架材料的用量因品种而异,如雨衣用骨架材料约占总量的80%~90%,输送带约占65%,轮胎类约占10%~15%。

四、橡胶的加工工艺

橡胶制品种类繁多、性状各异,但加工工艺都是从生胶开始,经过一系列的加工过程,才可制得具有一定性能、形状和尺寸的制品。

橡胶制品的生产,在进行产品结构设计后,生产工艺流程见图4-8,主要包括塑炼、混炼、压延和压型、成型、硫化等工序。

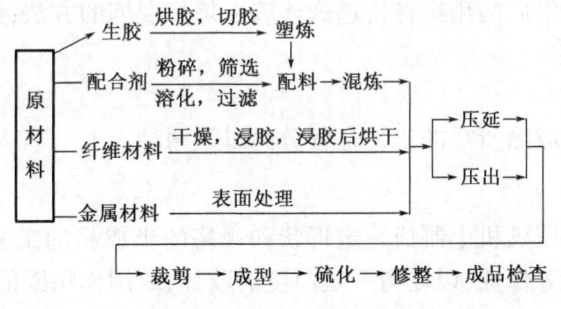

图4-8 橡胶制品生产基本工艺流程

(一)塑炼

"高弹性"是橡胶所具有的宝贵特性,但是在生产橡胶制品时,由于弹性难以使橡胶产生不可逆的塑性流动而压成最终制品所需要的形状,为此,橡胶加工过程的第一步是使生胶具有可塑性。

生胶(天然的或合成的橡胶)在机械力、化学作用及热的作用下,大分子长链断裂,相对分子质量下降,增加其可塑性的工艺过程,称为塑炼。

工业中塑炼分机械塑炼法和化学塑炼法,常采用机械塑炼法。采用前后平行排列并且以不同线速度相对旋转的两个辊筒所构成的塑炼机(或称炼胶机),生胶在辊筒间产生的剧烈拉伸力和挤压力作用下塑炼。塑炼时也可加入少量化学塑解剂,能显著地提高塑炼效果。开放式的炼胶机,常称为开炼机,密闭式的称为密炼机,这两种炼胶机是工业中最常用的。另有一种螺杆塑炼机,其特点是在高温下可连续塑炼。

天然橡胶含有的异戊二烯结构单元中带有甲基,能产生超共轭效应,易受机械力及氧的作用而降解。合成橡胶则视不同结构而各异,如饱和的乙丙橡胶和含不饱和基团很少的丁基橡胶,就难以氧化裂解,丁基橡胶具有很高的热塑性,故在 80~100℃下可很快地塑炼(即热塑炼)。含有丁二烯结构单元的合成橡胶中,因生成的二烯类自由基较活泼,会引起支化,甚至交联。丁腈橡胶分子中不饱和基团较少,所以对氧、热都很稳定;而在极性基团—CN影响下,分子间的作用力较大,故丁腈橡胶难以塑炼。聚硫橡胶不易塑炼,必须加入化学塑解剂;硅橡胶在加工时则不须塑炼。由此可知,合成橡胶因其结构不同,必须采用不同的塑炼工艺条件和方法。

橡胶经塑炼后,可塑性并非越大越好,在已满足工艺加工要求的前提下,都以具有最小可塑性为宜。一般情况下,当生胶的门尼黏度在 60 以下时均可不经塑炼而直接混炼。

(二)混炼

生胶和各种配合剂混合均匀的过程,称为混炼。混炼得到的均匀混合物,称为混炼胶或胶料。

由于塑炼后的生胶是可塑性的固体,各种配合剂又因种类不同而形态不一(可以是固体、粉末或液体),所以生胶和配合剂在相互混合时能否混合均匀,对胶料进一步加工及最终成品的质量都具有决定性的影响。

混炼可分为间歇混炼法与连续混炼法两种。混炼过程中所采用的设备最常见的是开炼机和密炼机,也有使用连续混炼机的。采用开放式炼胶机混炼和采用密闭式炼胶机混炼,都属于间歇混炼方法。近年来发展的用螺杆传递式连续混炼机混炼的方法,则属于连续混炼法。

(三)压延和压型

将混炼胶加工成半成品所需的工艺过程分为以下两种。

1. 压延

压延是将混炼胶在压延机上制成一定形状和规格的半成品的工艺过程,主要用于胶料的压片、贴胶、擦胶和贴合等作业,以获得一定厚度的胶片,或用作贴胶的片状织物。

2. 压型

压型是胶料在压出机机筒和螺杆间的挤压作用下,连续通过一定形状的模型,制成各种复杂断面形状半成品的工艺过程,可以制造轮胎胎面胶条、内胎胎筒、纯胶管等。

(四)成型

成型是把构成制品的各部件通过粘贴、压合等方法组合成一定形状的整体过程。

(五)硫化

硫化又称交联,是线性的高分子在物理或化学作用下,形成三维网状体型结构的过程。硫化实际上就是把塑性的胶料转变为具有高弹性橡胶的过程,是橡胶制品生产的最后一个过程,其目的是改善胶料的物理机械性能和其他性能。

混炼胶经压制所得具有一定形状的半成品,在特定的温度和压力(称为硫化温度与硫化压力)下反应一段时间(称为硫化时间),胶料中的生胶和配合剂会发生一系列的化学变化,使原来处于塑性状态的橡胶转变成一定形状的弹性橡胶制品。为了获得性能良好的制品,必须正确配合硫化剂及其他配合剂的种类和用量,控制与确定最适宜的硫化温度、压力和时间。

五、通用橡胶

(一)丁苯橡胶

丁苯橡胶是一种综合性能较好的通用型合成橡胶,约占整个合成橡胶总产量的60%,其产量和消耗量在合成橡胶中居第一位。

丁苯橡胶(styrene-butadiene rubber,简称SBR)是由丁二烯与苯乙烯两种单体共聚而得到的弹性体,其结构式为

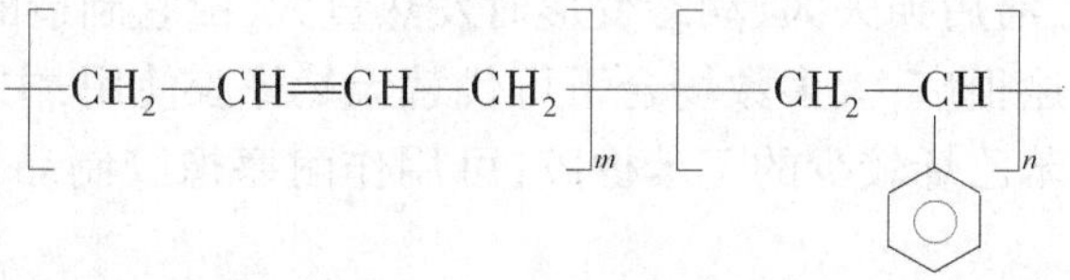

$$[-CH_2-CH=CH-CH_2-]_m[-CH_2-CH(C_6H_5)-]_n$$

1. 丁苯橡胶的发展

丁苯橡胶是最早工业化的合成橡胶之一。1933年德国首先用乙炔为原料制得丁苯橡胶,商品名Buna-S;1942年美国以石油为原料生产丁苯橡胶,商品名GR-S。上述两种丁苯橡胶均是采用50℃下乳液聚合方法合成的,故称为高温丁苯橡胶。

1945年后,发展了氧化—还原引发体系的低温聚合方法;50年代生产了5℃下聚合的低温丁苯橡胶,性能得以改善。目前,低温乳液丁苯橡胶已占整个乳液法丁苯橡胶生产量的80%左右。

随着离子聚合反应的不断深入研究,60年代初以烷基锂为引发剂的溶液聚合法丁苯橡胶开始工业化生产。通过调节反应条件,可以合成无规、星形支化及嵌段形的几种不同结构的丁苯橡胶,以供不同应用的需要,这种橡胶称为溶液丁苯橡胶。

2. 丁苯橡胶的分类

丁苯橡胶品种繁多,按聚合方法、聚合温度、辅助单体含量等进行分类,如图4-9所示。

上述各个品种中以低温乳液丁苯橡胶及烷基锂溶液丁苯橡胶最为重要,故以此两个品种作为重点来介绍。

3. 乳液丁苯橡胶的性能及应用

乳液丁苯橡胶是一种通用型合成橡胶。由于其生产原料丰富、成本低廉、用途广泛、生产技术也较成熟,自1933年开始生产后,发展极快,现已成为丁苯橡胶中产量最大的一个品种。

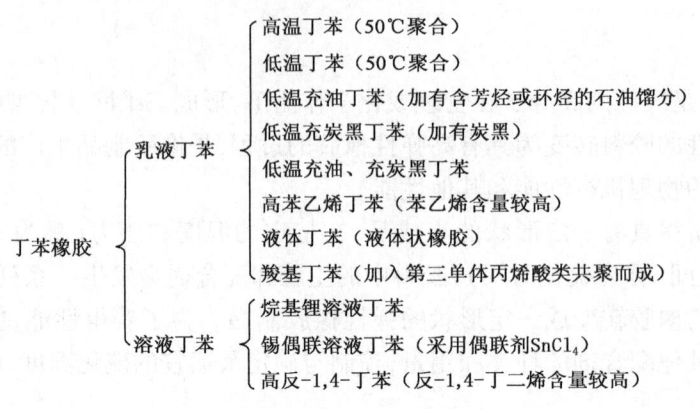

图 4-9 丁苯橡胶的分类

丁苯橡胶(生胶)外观是浅黄褐色的弹性体,相对分子质量为 150000~200000(渗透压法),密度与玻璃化温度(T_g)则随生胶中苯乙烯含量而改变。丁苯生胶的介电性能、对氧及热的稳定性均比天然橡胶好;但是黏结性不好,可塑性低,所以不易加工。若用硫磺硫化时,硫化速度比天然橡胶慢,故需加入较多的硫化促进剂。

乳液丁苯橡胶硫化后的硫化胶中,若加有炭黑补强剂,其强度可大大增加。它的弹性、耐磨性、耐老化性均可超过天然橡胶;耐酸性、耐碱性、介电性及气密性与天然橡胶相似。但是其大分子结构中含有苯环,滞后损失大,动态变形时发热量大,由它制造的轮胎使用寿命较短。

乳液丁苯橡胶的用途很广,大多数场合下可代替天然橡胶使用,主要用于小型汽车轮胎及各种工业橡胶制品。含苯乙烯较少的丁苯橡胶,可用作耐寒橡胶制品;苯乙烯含量高者,则制作硬质橡胶制品。

4. 溶液丁苯橡胶的性能及应用

溶液丁苯橡胶不含凝胶,分子链线性度较高,相对分子质量分布较窄,通常其相对分子质量为 200000 左右,溶液丁苯的玻璃化温度(T_g)则随苯乙烯含量及丁二烯的 1,2 加成链节含量而变化。

锂系引发剂活性高、用量少、转化率高,且残留的微量引发剂对溶液丁苯的性能无影响。溶液丁苯的品质较纯,杂质和灰分含量很低,各为 1%~2% 和 0.05%~0.1%(乳液丁苯中杂质和灰分则可高达 7%~8% 和 0.4%~0.6%)。

溶液丁苯橡胶在耐磨、耐寒、弹性、永久变形及动态性能方面都比乳液丁苯橡胶好,但其成本较高。

通用型溶液丁苯橡胶的 80% 用于轮胎、20% 用于制鞋及工业橡胶制品,而嵌段型丁苯橡胶,如线型嵌段、星形(三臂及四臂者)主要用于制鞋及工业橡胶制品。

(二)顺丁橡胶

顺丁橡胶是以 1,3-丁二烯为单体聚合而成的一种通用橡胶,1956 年由美国首先合成。在所有合成橡胶中,顺丁橡胶的价格较低,比丁苯橡胶还低一些(略高于充油丁苯橡胶),所以它的发展非常迅速。其产量仅次于丁苯橡胶,位居第二。

丁二烯是最简单的具有共轭双键的二烯烃,很易聚合成弹性体,是合成橡胶的主要单体。现今合成橡胶中约有 80% 是以丁二烯为基础的。

丁二烯含有共轭双键,它可在多种催化剂体系的作用下发生1,4-加成聚合反应,生成立体结构规整的顺-1,4-聚丁二烯和反-1,4-聚丁二烯两种几何结构的橡胶。它们的结构如下：

$$\left[\begin{array}{c}\text{CH}_2\quad\text{CH}_2\\\diagdown\quad\diagup\\ \text{C}=\text{C}\\\diagup\quad\diagdown\\ \text{H}\qquad\text{H}\end{array}\right]_n \qquad \left[\begin{array}{c}\text{CH}_2\qquad\text{H}\\\diagdown\quad\diagup\\ \text{C}=\text{C}\\\diagup\quad\diagdown\\ \text{H}\qquad\text{CH}_2\end{array}\right]_n$$

顺-1,4-聚丁二烯　　　　　　反-1,4-聚丁二烯

一般将顺-1,4-聚丁二烯含量在96%~98%的聚丁二烯橡胶称为顺聚丁二烯橡胶,简称为顺丁橡胶。

顺丁橡胶的主要特点是耐寒性优良,最低使用温度可达-100℃,优于其他的二烯烃橡胶。其耐磨性和回弹性优良,但抗撕裂性一般,耐日光老化性较差。另一优点是在交变应力作用下内耗低,所以作为轮胎使用时内发热量低,适于制造轮胎、胶鞋、胶带、胶辊等耐磨制品。其主要缺点是混炼加工性比天然橡胶和丁苯橡胶差,而抗撕裂性低于天然橡胶,所以顺丁橡胶的使用范围受到限制。针对顺丁橡胶的缺点,从结构上进行了调整,出现了一批新品如中乙烯基丁二烯橡胶、高乙烯基丁二烯橡胶、顺反丁二烯橡胶、超高顺丁二烯橡胶等。

顺丁橡胶是一种通用型合成橡胶,主要用于制造轮胎,占总产量80%以上。其他广泛用于胶管、胶带、胶鞋及各种耐寒制品。顺丁橡胶常与丁苯橡胶或天然橡胶并用,以改善加工性能,可制造各种轮胎胎面。

(三) 异戊橡胶

异戊橡胶由单体异戊二烯经聚合反应合成的顺-1,4-聚异戊二烯橡胶,简称异戊橡胶(polyisoprene, IR)。

若用一般方法聚合得到的聚异戊二烯,其立构规整性很低。1954年起人们利用齐格勒型引发剂得到顺-1,4-链节含量十分接近天然橡胶的高顺-1,4-聚异戊二烯,这种橡胶常称为天然合成橡胶。这种立构规整的合成橡胶具有与天然橡胶十分相似的化学组成、立体结构与物理性能,是一种综合性能较好的合成橡胶。20世纪60年代起这类橡胶开始工业化生产,并获得了很快的发展。现今的产量已居合成橡胶中的第三位。

异戊橡胶具有较好的综合性能,广泛用于制造轮胎及其他橡胶制品,可单独使用,也可与天然橡胶或其他合成橡胶并用。目前,市场上供应的顺-1,4-聚异戊二烯的品种很多,工业中用齐格勒型引发剂所制得的顺-1,4-链节含量高的异戊橡胶耐磨性稍差,而抗裂性较好,又可用作输送带、机械制品、海绵胶、胶黏剂及电线电缆等。

(四) 乙丙橡胶

由乙烯和丙烯配位共聚得到的弹性体,是一种介于通用橡胶和特种橡胶之间的合成橡胶。采用齐格勒型引发剂合成这种共聚物。但是共聚物中的乙烯链段太长,极易结晶,故不是弹性体。后来采用了Al-V引发剂,才真正有效地合成了乙烯—丙烯共聚的高分子弹性体。

乙丙橡胶分为两类：一类是乙烯—丙烯二元共聚物,分子中基本不含双键,需要用过氧化物进行硫化,而乙烯—丙烯共聚橡胶就称为二元乙丙橡胶(EPR)；另一类是乙烯—丙烯—二烯

烃单体三元共聚物,分子中引入二烯烃单体的目的在于可用硫磺进行硫化,从而开辟工业应用的途径。可用的二烯烃单体较多,工业上采用的主要是1,4-己二烯、双环戊二烯、5-亚乙基-2-降冰片烯,这种乙烯—丙烯—二烯共聚橡胶特称为三元乙丙橡胶(EPDM)。乙烯和丙烯是价廉易得的单体,但第三单体(二烯)的价格十分昂贵,所以三元乙丙橡胶的价格高于一般通用橡胶。三元乙丙橡胶和二元乙丙橡胶总称为乙丙橡胶。为了使共聚物具有优良的弹性,乙烯含量应在10%~80%范围。

不论是二元或三元乙丙橡胶,其最大的特点是完全饱和的主链,所以这类橡胶具有卓越的耐热、耐氧及臭氧、耐候、耐水及水汽、耐辐射、耐化学介质等特性,以及极好的电绝缘性。二元乙丙橡胶特性:耐气候性(使用温度可达-57~150℃)、耐氧化性、耐臭氧性、耐水性、绝缘性能优良。另外,它的弹性大、压缩形变小、发热低、密度小,又能耐极性溶剂(如酮、酯类);缺点是不耐脂肪烃及芳烃,黏着性差,硫化速度慢。针对乙丙橡胶的缺点,开发了一系列改性乙丙橡胶,如乙丙橡胶进行溴化、氯化、氯磺化、丙烯腈接枝等,主要用作电气绝缘用橡胶、填圈、耐臭氧和室外用橡胶零件等。总之,乙丙橡胶的综合物理机械性能大致介于天然橡胶与丁苯橡胶之间。

目前,乙丙橡胶主要用作各种工业橡胶制品,如耐热运输皮带、胶管、垫圈及胶布等。利用其电性能好的特点,可用作电缆包皮、电线及电器的部件。汽车工业中,可作汽车零件,轮胎的内胎和胎侧材料。在建筑防水材料方面也有大量用途。因黏着性差,不能用作轮胎胎面橡胶。

乙丙橡胶与其他橡胶并用时起着高分子抗氧化剂和防老剂的作用,以改善橡胶耐气候、耐臭氧和抗老化的缺点。它也可与塑料共混,以改善塑料的低温脆性,并提高其抗冲击性能。

(五)丁基橡胶

异丁烯在三氟化硼和助引发剂的作用下,室温时只能得到低相对分子质量聚合物;当反应温度降至-75℃以下,则可得到高相对分子质量的聚异丁烯:

$$n\text{CH}_2=\underset{\underset{\text{CH}_3}{|}}{\overset{\overset{\text{CH}_3}{|}}{\text{C}}} \xrightarrow[\text{低温}]{\text{BF}_3+\text{H}_2\text{O}} [-\text{CH}_2-\underset{\underset{\text{CH}_3}{|}}{\overset{\overset{\text{CH}_3}{|}}{\text{C}}}-]_n$$

由于生产的聚异丁烯是饱和的,没有双键可供硫化交联之用,所以这种聚异丁烯与其他任何一种未经硫化过的橡胶一样,具有一系列严重的缺点,如热塑性、冷流性和热机械强度差,没有实用价值。

丁基橡胶是一种无色、线性结构的无定性聚合物。它的主链不饱和性较低,主链上带有大量的甲基侧链,故具有五大特点:气密性优良、抗臭氧性好、耐热和耐气候性较好、耐酸碱及极性溶剂、电绝缘性好。

丁基橡胶最大的特点是气密性好,它的透气性是烃类橡胶中最低的,故其主要用途是制造轮胎的内胎、气球及水胎等。因它又具有耐热、耐臭氧及电绝缘性好的优点,可用作电缆绝缘层、护套及一些工业橡胶制品(如耐热、耐水、耐老化垫片及化工容器衬里等)。建筑材料方面也有应用,如屋顶胶板、防水衬里及遮雨板等。

(六)氯丁橡胶

氯丁橡胶(chloroprene rubber,简称CR),是单体2-氯丁二烯的聚合物——聚氯丁二烯的通称。其聚合反应可简单表示如下：

$$n\mathrm{CH_2}=\underset{\mathrm{Cl}}{\mathrm{C}}-\mathrm{CH}=\mathrm{CH_2} \longrightarrow \left[\mathrm{CH_2}-\underset{\mathrm{Cl}}{\mathrm{C}}=\mathrm{CH}-\mathrm{CH_2}\right]_n$$

氯丁橡胶的相对分子质量随品种而不同，一般为(4~8)万(平均相对分子质量)。

氯丁橡胶既是通用橡胶，又具有一些特殊的性能，如耐候、耐燃、耐油等特点。因此，在合成橡胶中称为通用型特殊橡胶。

由于氯丁橡胶的特性，它可广泛用于各种橡胶制品，主要用于制造耐油胶管、胶带、化工设备的防腐衬里、低压电缆的保护层及低压电线的绝缘层，以及其他橡胶工业制品。在某些场合下可以代替天然橡胶作为通用橡胶来使用。此外，用氯丁橡胶作黏合剂，不但黏结强度高、适用范围广、耐老化、耐溶剂、又具有弹性与柔软性，所以用途十分广泛。现今由氯丁橡胶制成的胶黏剂已是最重要的橡胶系胶黏剂，其产量约占合成橡胶系胶黏剂的80%左右。氯丁橡胶也可与天然橡胶、丁苯、丁腈、顺丁或乙丙等合成橡胶并用。

六、特种橡胶

随着现代科学技术的飞速发展，工业、国防、航天、航空等部门及高新技术领域对合成橡胶提出了日益增多的要求，如耐高温、耐低温、耐热油、耐热氧化、高耐磨及耐辐射等。这些性能是天然橡胶与通用合成橡胶不具备的，而只有特种橡胶才能具备这些特性。

(一)丁腈橡胶

丁腈橡胶是由丁二烯和丙烯腈经乳液聚合方法共聚而成的大分子弹性体，其合成反应如下：

$$nx\mathrm{CH_2}=\mathrm{CH}-\mathrm{CH}=\mathrm{CH_2} + ny\mathrm{CH_2}=\underset{\mathrm{CN}}{\mathrm{CH}} \longrightarrow$$

$$\left[\left(\mathrm{CH_2}-\mathrm{CH}=\mathrm{CH}-\mathrm{CH_2}\right)_x\left(\mathrm{CH_2}-\underset{\mathrm{CN}}{\mathrm{CH}}\right)_y\right]_n$$

丁腈橡胶为非结晶性无定形聚合物，呈浅褐色。由于存在有高极性的氰基，所以特别能耐植物油、动物油及汽油等脂肪烃类溶剂，并且耐油性随氰基含量的增加而提高，故丁腈橡胶有耐油橡胶之别称。

丁腈橡胶中丙烯腈的含量(一般为15%~50%)是决定其耐油性能的重要因素。通常按丙烯腈的含量将丁腈橡胶分为五种(表4-8)。

表4-8 丁腈橡胶的分类

品　　种	丙烯腈含量,%
极高丙烯腈丁腈橡胶	>43
高丙烯腈丁腈橡胶	36~42
中高丙烯腈丁腈橡胶	31~35
中丙烯腈丁腈橡胶	25~30
低丙烯腈丁腈橡胶	<24

另外,若根据工艺性能和应用范围来分,丁腈橡胶可分为通用型丁腈橡胶和特殊型丁腈橡胶。前者为丁二烯与丙烯腈共聚所得的二元共聚合物,用途较广;后者为引入第三单体或其他结构的丁腈橡胶,供特殊应用的需要(表4-9)。

表4-9 特种丁腈橡胶的合成方法及其性能和应用

名　称	合　成　方　法	特性和应用
羧基丁腈橡胶	丁二烯—丙烯腈—含羧基单体(如丙烯酸或甲基丙烯酸)三元共聚物,100个主链碳原子中有一个羧基	引入极性的羧基,进一步提高耐油性,并具有高强度,故又称高强度型橡胶
丁腈酯橡胶	丁二烯—丙烯腈—丙烯酸酯三元共聚物	良好的耐热、耐寒和耐油性
部分交联型丁腈橡胶	丁二烯—丙烯腈—二乙烯基苯三元共聚物	产生部分交联,可改进加工性能,但物理性能差,只能作加工助剂之用
液体丁腈橡胶	有两种:一种是低相对分子质量(600~7000)的丁腈共聚物;另一种是含有硫醇端基或羧端基的液体丁腈橡胶(相对分子质量1700~3200)	它可和任何品种的丁腈橡胶互溶,且不影响其耐油性,用作固体丁腈橡胶的增塑剂
交替丁腈橡胶	丁二烯—丙烯腈在$AIR_3-AlCl_3-VOCl_3$引发体系下聚合,共聚物中丙烯腈含量达48%~49%,链节交替度达96%~98%,丁二烯链节几乎全为反式1,4-加成结构,含量高达97%~100%	耐油性好,相对分子质量大,机械性能特别好;拉伸强度和伸长率比一般丁腈橡胶高1/2~1倍,加工性也好;用作耐油胶管、衬里、垫圈及耐油杂件
氢化丁腈橡胶	在贵金属催化下使丁腈橡胶氢化,分子链中部分1,4-加成链节和1,2-加成链节中的双键被饱和	大分子链柔性增加,随氢化深度而使T_g下降,氢化丁腈橡胶的脆化温度可低达-50℃

丁腈橡胶由于其耐油性好,所以主要用作耐油制品,如胶管、密封垫圈、胶辊、飞机油箱衬里、手套等。

丁腈橡胶的耐磨性比天然橡胶高30%~45%,也优于丁基橡胶及氯丁橡胶。它的硫化胶耐热性较好,可在空气中100℃下连续使用,隔绝空气时可在160℃下使用。在热油中耐150℃,甚至在190℃热油中浸泡70h后,仍有曲挠性。耐热老化性也好,利用其耐热性,可制造运输140℃以下热物料的皮带等。近年来,它与聚氯乙烯共混物的应用得到很大的发展,如用作耐火覆盖层、电绝缘层或录音带等。

虽然丁腈橡胶在耐寒性、耐臭氧性、电绝缘性、弹性、气密性和耐多次曲挠性方面较差。而且,丁腈橡胶的耐油性只是在非极性溶剂中,如在极性的含氯溶剂及酯类中,它就会溶胀,甚至溶解;同时,耐芳香烃能力也较差。通常它的硬度较大,不易加工。但由于它耐油好的特点,仍可制造一系列耐油环境下的各种制品;又因其成本不太高,丁腈橡胶常与其他橡胶并用,以提高后者的耐油性。所以在特种橡胶中丁腈橡胶的生产量还是占第一位。

(二)硅橡胶

硅橡胶是以—Si—O—Si—为主链,通过硅原子与有机基团组成侧链的高分子弹性体。大多数均聚和共聚硅橡胶的化学结构可用下列通式概括地表示:

$$RO+\left(Si(R')(CH_3)-O\right)_x+\left(Si(R'')(R''')-O\right)_y+\left(Si(CH=CH_2)(CH_3)-O\right)_z]_n R$$

式中，R 为—H、—Si(CH$_3$)$_3$ 等；R′、R″、R‴ 为相同或不相同的有机取代基，如—CH$_3$、—C$_2$H$_5$、—C$_6$H$_5$ 及—CH$_2$CH$_2$CF$_3$ 等；x、y 为 0~100，z 为 0~10；n 则视聚合物相对分子质量大小而定。

硅橡胶通常按其硫化机理来分类，有三类：

(1) 热硫化型硅橡胶——用有机过氧化合物硫化交联的，也是最早应用的硅橡胶；

(2) 室温硫化型硅橡胶——利用大分子主链两端带有羟基或乙酰氧基等活性官能团，在一定条件下反应而交联；

(3) 加成硫化型硅橡胶——由大分子中带有的不饱和碳碳双键和含有多个—Si—H 键的化合物发生加成反应而交联。

硅氧链呈螺旋形构形，分子链柔顺，分子间作用力小，所以硅橡胶富有弹性，但其机械性能较差。若对硅橡胶的硫化胶不补强的话，它的拉伸强度只有 0.3MPa，无实用价值。一般采用白炭黑(合成的二氧化硅)补强后，强度可升至 4~10MPa。

Si—O 主链聚合物结构具有耐低温与耐高温的特性。如二甲基硅橡胶的 T_g 为 -123℃左右，低苯基硅橡胶 T_g 为 -140℃左右，所以耐低温性极好。如适当混合的乙烯基硅橡胶或低苯基硅橡胶经 350℃、10h 热老化后仍具有弹性，说明它们的耐热性也很好。总之，在所有的橡胶中，只有硅橡胶既耐高温又耐严寒，使用温度范围为 -100~350℃(随不同品种而有变化)。

因为硅橡胶也属于饱和型的橡胶，所以具有优异的耐臭氧、耐氧老化、耐光及耐气候老化。它的电绝缘性能及透气性皆是十分优良的。至于特种结构的或加入配合剂的硅橡胶，又可具有耐油、耐辐射、耐燃烧及特殊耐高温的性能，常供特殊场合使用。

二甲基硅橡胶在烃类及溶剂中易溶胀，引入氰乙基、氰丙基后，有利于改善其耐油性，但是这种硅橡胶没有很大的技术价值。若引入氟原子后，它既能保持硅橡胶的特性，又具有耐脂肪烃、芳香烃和氯化烃类溶剂的能力，并且在常温和高温下的稳定性也很好。

硅橡胶本身无臭、无毒，具有优良的生物医学性能，如耐生物老化性和生理惰性，能与有机组织相容，又不致癌。缺点是机械强度差，耐化学酸碱及有机溶剂能力较差(其原因是它在酸、碱催化下易于水解)，硫化交联也较为困难。

硅橡胶具有独特的耐高温和耐低温性能，是宇航及高科技等尖端领域中必不可少的材料。在汽车、电子及电气工业中用作密封垫圈、薄膜、胶管、电线电缆方面的绝缘材料，电子、电气零件的灌封材料和建筑业中密封材料。

硅橡胶在医疗上的用途极广，如人工器脏、医用胶黏剂、各种制模材料、气囊、敷料及各种外科用材料，在纺织、食品、化妆品及造纸等领域也有很广泛的应用。

(三) 氟橡胶

氟橡胶是近代工业(特别是航空、航天等高新技术领域)中不可缺少的特种材料。由于氟原子独特的电子结构与极大的电负性，含氟橡胶的耐热稳定性、耐化学试剂、油类及膏类的稳定性十分突出。

现今已开发的氟橡胶主要有四大类：氟烯烃类共聚橡胶、全氟醚类氟橡胶、亚硝基类氟橡胶、氟化磷腈类氟橡胶。另有一些品种，如氟化聚酯类和氟化丙烯酸酯类氟橡胶，现已淘汰。

氟橡胶的品种虽多，性能各异，但它们的共同特点是耐热性优异（最高使用温度可达240℃）、耐化学腐蚀性卓越、特别还具有优良的耐油性。因此，它们在航天、航空、导弹、原子能等尖端技术，以及汽车、造船、化工、电工、仪表、机械等民用工业各部门都得到广泛的应用。

就其应用的形式来看可有下列几个方面：

(1) 氟橡胶制品，如各种垫片、油封、胶管、O形圈及其他密封圈等；

(2) 氟橡胶密封剂，用于需要耐油的飞机油箱等；

(3) 氟橡胶胶乳，可制薄膜胶，也可用于浸渍石棉及玻璃纤维等，用于耐高温、耐燃烧和耐腐蚀的场合；

(4) 氟橡胶涂料，可喷涂、浇注，用于制造宇宙服及手套等，也可用作胶黏剂；

(5) 氟橡胶海绵制品，用于密封件及减震材料。

氟橡胶品种较多，但价格较贵，加工性能也较差。由于其制品具有特性，故仍能有很好的发展前景。

(四) 环氧橡胶

环氧橡胶是由有机环氧化合物开环聚合而得的弹性体，通常分为两类，即聚氯醇橡胶与环氧丙烷橡胶。此类大分子主链中含有醚键，具有宝贵的综合性能，所以成为特殊用途橡胶制品的原料。

聚氯醇橡胶是由环氧氯丙烷开环聚合而成，过去曾称氯醇橡胶或氯醚橡胶。聚氯醇橡胶是一种综合性能较好的特种橡胶，用途广泛，可用作飞机、汽车等的配件，如O形圈、垫圈、密封圈等，也可用作耐油的印刷胶辊、耐油胶管及一些充气制品。因本身含氯，再配以氧化镁等，可制耐燃性胶料，也可用作海绵等制品。

环氧丙烷橡胶是环氧丙烷与烯丙基缩水甘油醚的共聚弹性体。这种橡胶的最大的特点是良好的低温性能与动态性能，脆化温度可低达 -64℃，耐磨性也令人满意，对水、臭氧有高度的稳定性，耐热达130℃（含防老剂的硫化胶可高至150℃），中等的耐油性能。

环氧丙烷橡胶有许多性能接近天然橡胶，可用于各种工业橡胶制品、涂胶布及耐臭氧涂层制品。

(五) 聚氨酯橡胶

聚氨酯橡胶是由含端羟基的聚酯或聚醚与二异氰酸酯（如甲苯二异氰酸酯、对二苯基甲烷二异氰酸酯、1,5-萘二异氰酸酯）反应得到的线型高聚物。早期产品主要在混炼时进行"硫化"，使活性基团发生反应得到高聚物。目前，发展了浇铸型产品，首先由含端羟基的聚酯如己二酸与乙二醇或丙二醇缩聚得到的聚酯与二异氰酸酯反应，得到端基为异氰酸酯基团的预聚物。预聚物一般为液体或低熔点固体，然后用二元胺或二元醇进行扩链，使之生成高聚物（弹性体）。可以用热塑性塑料的成型方法，如注塑、挤塑进行成型加工，其主要特点具有优良的耐磨性、抗冲性能，耐日光老化性和耐热老化性优良，并且具有优良的耐油和耐溶剂性能，但不耐水蒸气，室温回弹性很差，主要用作耐磨齿轮、纺织机械、机器零件等。

(六) 氮磷氟橡胶

氮磷氟橡胶是具有氮—磷主链的新型特种橡胶，已生产的氮—磷橡胶结构见结构式：

$$\left[\begin{array}{c}\text{OCH}_2\text{—CF}_3\\|\\\text{P}=\text{N}\\|\\\text{OCH}_2\text{CF}_2\text{CF}_2\text{H}\end{array}\right]_n$$

其主要特点是低温性良好,使用温度范围为 $-62\sim205$℃,耐溶剂性优良。

第六节 合成纤维

一、概述

纤维是指长度比其直径大很多倍,并且有一定柔韧性的纤细物质,如棉花、羊毛、麻等天然纤维的长度约为其直径的 1000 倍到 3000 倍。人类利用天然纤维的历史非常悠久,有资料证明五千年前中国人就开始养蚕取丝。蚕丝织成的布虽然华丽,但价格昂贵,所以人们一直试图寻找合适的替代品。1887 年,Chardonnet 用硝化纤维素制得了第一种人造丝。这种丝同蚕丝相比,虽然光泽相似,但却不如蚕丝纤细、柔韧。

1935 年 2 月 28 日杜邦公司基础化学研究所有机化学部的科学家合成出聚酰胺 66。1938 年 7 月杜邦公司完成了聚酰胺 66 的中试。1938 年 10 月 27 日杜邦公司正式宣布世界上第一种合成纤维正式诞生了,并将聚酰胺 66 这种合成纤维命名为尼龙(nylon),这个词后来在英语中变成了聚酰胺类合成纤维的通用商品名称。尼龙是真正投入大规模生产的第一种合成纤维。随后,各种新型纤维陆续投入工业化生产。如 1940 年英国的温费尔德首先合成的,产量在 20 世纪居各种纤维之冠的聚酯(PET)纤维——涤纶(的确良)、聚丙烯腈纤维——腈纶、聚丙烯纤维——丙纶、聚乙烯醇缩甲醛纤维——维尼纶。它们的出现,使纺织工业大为改观。

尼龙(锦纶)、涤纶、腈纶、丙纶、维纶都是合成纤维。所谓合成纤维是指以石油、天然气等为原料,经化学反应合成的线型有机高分子化合物。任何一种高分子量聚合物若能纺丝加工成有用的纤维,在其结构和性质上必须具有某些特点,可归纳如下:

(1)聚合物长链必须是线型的,尽可能少的支链,也无交联。因为线型大分子能沿纤维纵轴方向有序地排列,可获得强度较高的纤维。

(2)聚合物应具有适当高的相对分子质量,相对分子质量分布要窄。若相对分子质量太低,不能成纤,性能也差;相对分子质量太高,反而会造成纺丝和加工的困难。

(3)聚合物分子结构要规整,易于结晶,最好能形成部分结晶的结构。晶态部分可使聚合物分子的取向态较为稳定,而晶体的复杂结构和缺陷部分以及无定形区域,可使聚合物纺成的纤维具有一定的弹性和较好的染色性等。

(4)聚合物大分子中要含有极性基团,可增加分子间的作用力,提高纤维的物理和机械性能。

(5)结晶性聚合物的熔点和软化点应比允许的使用温度高得多;而非结晶性的聚合物,其玻璃化温度应比使用温度高。

(6)聚合物要有一定的热稳定性,易于加工成纤,并具有实用价值。

同一品种的合成树脂既可用来生产合成纤维又可用来生产热塑性塑料时,生产合成纤维用的合成树脂平均相对分子质量一般要求低于热塑性塑料,而且相对分子质量分布要求狭窄以便于纺丝。

合成纤维因具有强度高、耐磨、耐酸、耐碱、耐高温、质轻、保暖、电绝缘性好及不怕霉蛀等特点,在国民经济的各个领域得到了广泛的应用。

合成纤维在民用上,既可以纯纺,又可以与天然纤维或人造纤维混纺、交织。用它做衣料比棉、毛和人造纤维都结实耐穿;用它做被服,冬装又轻又暖。锦纶的耐磨性优异,有某些天然纤维的特色,如腈纶与羊毛相似,俗称人造羊毛;维纶的吸水性能与棉花相似;锦纶经特种加工,制品与蚕丝相似等。

在工业上,合成纤维常用做轮胎帘子线、渔网、绳索、运输带、工业用织物(帆布、滤布等)、隔音、隔热、电气绝缘材料等。

在医学中,使用各种人造合成纤维的数量越来越大。氟纶、涤纶和碳纤维是最常用的,如氟纶人造血等,尼龙中空纤维人工肾、碳纤维人工心脏瓣膜等,都具有良好的生物相容性。人工肺的主要部分是数万根空心丙纶纤维管,每根长30cm,直径250μm,这样小的孔,连血液也不能渗透进去,但却可以让氧气和二氧化碳进行交换,保障人的正常呼吸。可见,合成纤维和人们的关系是越来越密切了。

在国防建设上,合成纤维可用于降落伞、军服、军被,一些特种合成纤维还用于原子能工业的特殊防护材料以及飞机、火箭等的结构材料。

二、纤维的分类

纤维可分为两大类。一类是天然纤维,如自然界中从植物生长出来的棉、麻;从动物身上产生的蚕丝、羊毛;从矿物中开采出来的石棉等。石棉的组成是属于硅酸盐类,叫作无机天然纤维。棉、麻、蚕丝、羊毛却是由碳、氢、氧以及氮几种元素所组成的,称之为有机天然纤维。

另一类是化学纤维,即用天然或合成高分子化合物,经化学加工而制得的纤维。化学纤维可按高聚物的来源和化学结构等进行分类,其主要类型如图4-10所示。

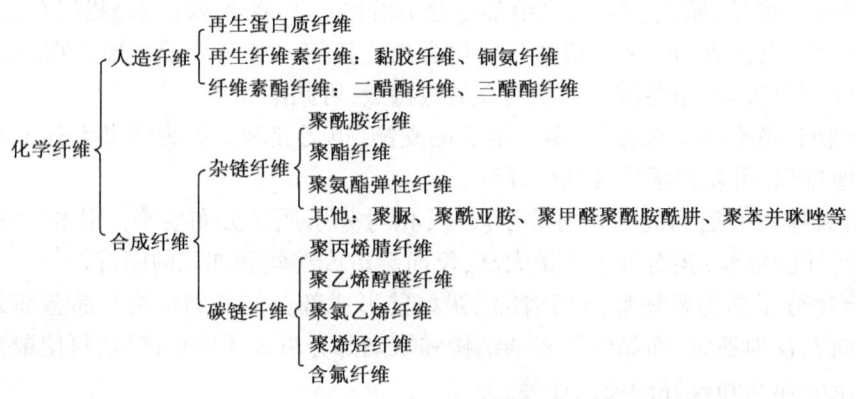

图4-10 化学纤维的分类

人造纤维是以天然高聚物为原料,经过化学处理与机械加工而得的纤维。其中以含有纤维的物质,如棉短绒、木材等为原料的,称纤维素纤维。以蛋白质为原料的,称再生蛋白质纤维。合成纤维是由合成的高分子化合物加工制成的纤维。根据大分子主链的化学组成,又分为杂链纤维和碳链纤维两类。合成纤维品种繁多,其中最重要的是锦纶、涤纶、腈纶、维尼纶、丙纶、氯纶、氟纤维、弹性纤维、聚偏二氯乙烯纤维等,前六种是我国生产的最主要的衣着用合成纤维品种,产量占合成纤维总产量的90%以上,世界范围的格局也大体如此。

三、合成纤维的生产

合成纤维的生产有三大工序:合成聚合物制备、纺丝成型、后处理。其实合成纤维的生产是在蚕吐丝的启发下研制成功的。

蚕吃了桑叶,就能从它的小嘴中连续不断地吐出黏液细流,在空气中凝团成丝,并通过头部的运动,将丝牵引纺成一个小小的丝团——蚕茧。正是蚕的劳动启发了人们制化学纤维的想法。蚕吃桑叶在胃中消化生成蛋白质高聚物——纤维材料。于是人们通过石油化工过程得到原料再行聚合或共聚得到高分子聚合物。但并不是所有高分子聚合物都能作为纤维材料的。只有具备形成纤维的必要性能——可塑性、延展性、弹性、韧性、高强度等的高聚物才能制成纤维,这类高聚物叫成纤高聚物。成纤高聚物的分子结构大多属于线型的,成纤高聚物在成纤之前,通常还是称它为合成树脂。

为了把成纤高聚物加工成纤维,也需要像蚕吐丝时那样,先制成一种黏稠液体俗称纺丝液。加热使高聚物熔融成黏液或用溶剂将高聚物溶解成具有一定黏度的溶液,然后将它们从喷丝头均匀地压出来。喷丝头的原理同洗澡用的莲蓬头相似,上面有几十个到数万个很微小的孔,孔径在0.04~1nm。从喷丝孔压出的黏液细流在空气或其他液体中凝固成细丝,随后绕在专门的筒子上,即完成了纺丝过程。细丝的缠绕收卷方式同生产的品种有关,如果生产的是长丝(即长度为千米以上的丝),则需将每根纤维分别卷绕,如果生产的是短丝(即长度为几厘米至十几厘米的丝),则可将喷丝头纺出的丝集成一束收卷。

直接纺丝得到的纤维没有足够的强度,手感很粗硬,甚至很脆,不能用来制备织物,必须经过一系列的后处理加工,才能得到结构稳定、性能优良的纤维。此外,合成纤维与天然纤维的混纺过程也是在后处理工序中完成的。纺丝流程如图4-11所示。

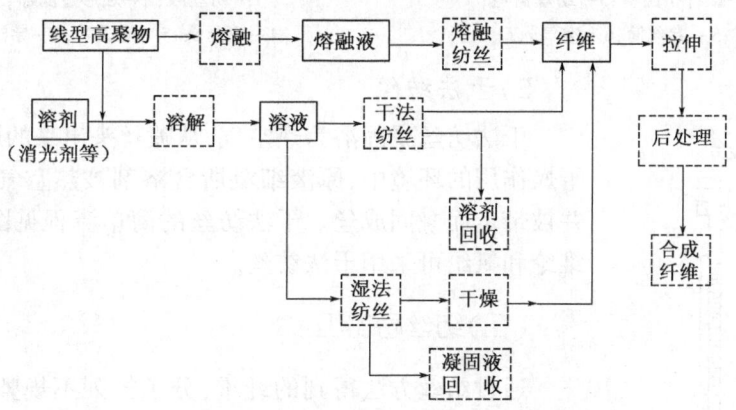

图4-11 合成纤维的纺丝流程

(一)纤维纺丝方法

1. 熔融纺丝法

熔融纺丝见图4-12。将高聚物加热熔融,随后将熔体用纺丝泵连续、均匀地从喷丝头小孔中压出。纺出的丝在高达数米的甬道中用空气凝固成细丝,也可以直接浸入冷水浴中进行凝固。熔融纺丝法的过程比较简单,纺丝的速度也较快,高速纺丝时每分钟可达几千米。熔融纺丝法适用于那些能熔化、易流动而不易分解的高聚物。大多数高聚物,如涤纶、丙纶、锦纶等都是用熔融的方法来纺丝的。

2. 溶液纺丝

溶液纺丝速度低,一般每分钟几十米。溶液纺丝适用于不耐热、不易熔化但能溶于专门配制的溶剂中的高聚物。溶液纺丝又分为湿法纺丝和干法纺丝。

1) 湿法纺丝

湿法纺丝是将高聚物在溶剂中配成纺丝溶液,经喷丝头喷出细流,在液态凝固介质(如水、溶剂或溶液等)中凝固形成纤维,见图4-13。以黏胶纤维为例,其生产流程是按黏胶、纺丝泵、烛形过滤器、鹅头管(曲形管)、喷丝头、凝固浴、导杆、导丝辊、卷筒的顺序进行。由于黏胶纺丝过程包括碱性介质中的纤维素磺酸酯再生为纤维素等的化学变化及凝固脱水等物理化学变化,所以纺丝所用的凝固浴一般由硫酸、硫酸锌、硫酸钠和少量表面活性剂组成。

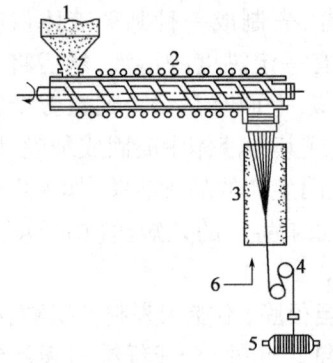

图4-12 熔融纺丝
1—料斗;2—螺杆挤出机;3—纺丝甬道;
4—导丝器;5—卷丝筒;6—空气入口

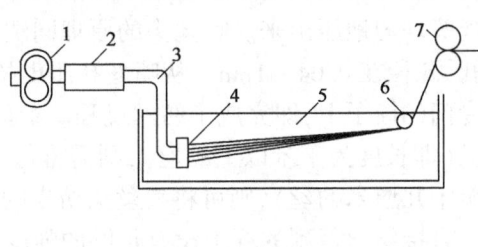

图4-13 湿法纺丝
1—纺丝泵;2—烛形过滤器;3—鹅颈管;
4—喷丝头;5—凝固浴;6—导杆;7—导丝辊

2) 干法纺丝

干法纺丝凝固浴为热空气,从喷丝头出来的原液细流进入起干燥作用的环境中,原液细流所含溶剂被热空气加热,迅速挥发并被带走而凝固成丝。干法纺丝的简单流程见图4-14。腈纶、维纶和氯纶可采用干法纺丝。

(二)纺丝后加工

通过纺丝方法得到的纤维,分子排列不规整,纤维的结晶度低,取向度低,物理力学性能差,不能直接供纺织用,必须进行一系列的后加工,以提高性能,成为可用的产品。丝的品种、用途不同,后加工的工序也不同。短纤(其长度与棉、毛相当)的后加工包括集束、拉伸、热定型、卷曲、切断、干燥、打包等步骤。长丝的后加工包括初捻、拉伸、加捻、后加捻、热定形、络丝、打包等步骤。

从上述可以看出,纺丝的后处理主要有拉伸、热定形、卷曲和加捻。拉伸的目的是使高分子链沿纤维轴向排列,以增加分子链间作用力,从而提高断裂强度和耐磨性、减少产品的伸长率。拉

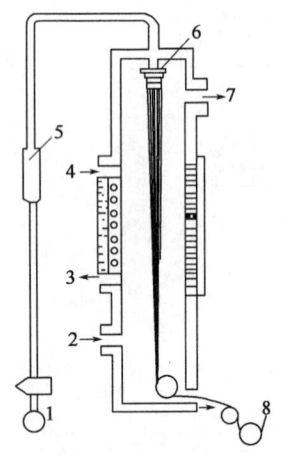

图4-14 干法纺丝
1—纺丝泵;2—空气入口;3—蒸气出口;4—蒸气入口;5—过滤器;6—喷丝头;7—空气及溶剂出口;8—卷丝筒

伸可以引发结晶,使结晶度增加,降低延伸度。拉伸要在 T_g(玻璃化温度)~T_m(结晶熔化温度)的温度范围内进行,通过一组转动速度不同的牵伸辊施加的牵伸力使纤维受到拉伸作用。

热定形的目的是消除纤维的内应力,提高纤维的尺寸稳定性,并进一步改善其物理力学性能,使拉伸和卷曲的效果固定下来。热定形的温度常在 T_g~T_m 之间,并辅以适当的湿度、张力等。

卷曲能改善合成纤维的加工性(羊毛和棉花纤维都是卷曲的),克服合成纤维表面光滑平直的不足。

加捻能改进纺织品的风格,使其膨松并增加弹性。后加工时纤维结构的变化如图4-15所示。

 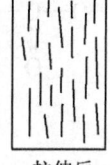 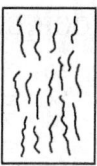

拉伸前　　拉伸后　　热定型

图4-15　后加工时纤维结构的变化

四、重要合成纤维简介

(一)涤纶

涤纶是商品名,俗称"的确良"。涤纶是由对苯二甲酸和乙二醇缩聚反应制得的,因此,它的学名为聚对苯二甲酸乙二醇酯纤维。其结构如下:

$$H\text{—}\left[\text{OCH}_2\text{CH}_2\text{O—C}(\text{O})\text{—}\underset{}{\bigcirc}\text{—C}(\text{O})\right]_n\text{OCH}_2\text{CH}_2\text{OH}$$

从化学组成来看,涤纶属于聚酯,又称聚酯纤维。由于其独特的性能,发展极快,至1972年它的产量已占据合成纤维中的首位。

聚酯纤维的品种很多,但目前主要品种是聚对苯二甲酸乙二醇酯纤维。

工业上合成聚对苯二甲酸乙二酯的工艺路线有多种,主要分为酯交换法和直接酯化法两大类。

直接酯化法从化学反应看比较直接,工序较少,因而消耗减低,产品质量也较高,近来新建厂主要采用此法。其缺点是反应条件较苛刻,对原料、设备和操作控制的要求也较高。

酯交换法是较早出现并应用较广的聚酯生产方法,它的反应条件缓和,对原料和设备的要求不高,工艺上也易于操作控制,至今仍在世界和我国工厂中使用。

酯交换法是以对苯二甲酸二甲酯为原料生产涤纶纤维的。此法主要经过酯交换、缩聚、纺丝、纤维后加工四个步骤。首先,将对苯二甲酸二甲酯溶于乙二醇在150~200℃的适中温度下进行酯交换反应,生成对苯二甲酸乙二醇酯:

$$\text{CH}_3\text{—O—C(O)—}\bigcirc\text{—C(O)—O—CH}_3 + 2\text{HOCH}_2\text{CH}_2\text{OH} \longrightarrow$$

$$\text{HOCH}_2\text{CH}_2\text{—O—C(O)—}\bigcirc\text{—C(O)—O—CH}_2\text{CH}_2\text{OH} + 2\text{CH}_3\text{OH}$$

生成的对苯二甲酸乙二醇酯在更高温度(270~300℃)和高真空度(100Pa)下进行缩聚。首先两个对苯二甲酸乙二醇酯分子之间发生反应,产生二聚体,释放出乙二醇。此二聚体再与单体反应生成三聚体。依此继续形成聚合物:

$$2HOCH_2CH_2-O-\underset{O}{\underset{\|}{C}}-\underset{}{\bigcirc}-\underset{O}{\underset{\|}{C}}-O-CH_2CH_2OH \xrightarrow{-HOCH_2CH_2OH}$$

$$HOCH_2CH_2-O-\underset{O}{\underset{\|}{C}}-\underset{}{\bigcirc}-\underset{O}{\underset{\|}{C}}-O-CH_2CH_2-O-\underset{O}{\underset{\|}{C}}-\underset{}{\bigcirc}-\underset{O}{\underset{\|}{C}}-O-CH_2CH_2OH \longrightarrow$$

$$+O-CH_2CH_2-O-\underset{O}{\underset{\|}{C}}-\underset{}{\bigcirc}-\underset{O}{\underset{\|}{C}}-O+_n$$

然后将聚合物熔体铸带、切片。聚酯纤维纺丝通常采用挤压熔融纺丝法进行。聚酯短纤维后加工过程包括集束、拉伸、上油、卷曲、热定形、切断、打包等工序。长丝后加工经过热拉伸加捻、后加捻、热定形、络丝等工序。拉伸于 82~100℃下进行,一般拉伸 4~5 倍。

聚酯纤维具有一系列优异性能:

(1)弹性好。聚酯纤维的弹性接近于羊毛,耐皱性超过其他一切纤维,弹性模量比聚酰胺纤维高。

(2)强度大。在湿态下强度不变,其耐冲击强度比聚酰胺纤维高 4 倍、比黏胶纤维高 20 倍。

(3)吸水性小。在标准温湿度(20℃,65% 相对湿度)下,吸湿性仅为 0.4~0.5(指试样含水量占干燥试样重量中的百分含量)。因而电绝缘性好,织物易洗易干。

(4)耐热性好。聚酯纤维熔点 255~260℃,软化温度为 230~240℃,比聚酰胺耐热性好。

此外,聚酯纤维耐磨性仅次于聚酰胺纤维,耐光性仅次于聚丙烯腈纤维,具有较好的耐腐蚀性。由于聚酯纤维弹性好,织物有易洗易干、保形性好、免熨等特点,所以是理想的纺织材料。可纯纺或与其他纤维混纺制作各种服装及针织品。聚酯纤维工业上用途也很广,如可作电绝缘材料、运输带、轮胎帘子线等;农业中也有各种用途,如绳索、渔网等;此外,在医学上也可作人造血管等。

(二)锦纶

锦纶为聚酰胺类纤维的总称。聚酰胺纤维是世界上最早工业化生产的合成纤维。由于它性能优良,且原料资源广泛易得,故开发后能迅速工业化,其产量在合成纤维中居第二位。锦纶是它的商品名,国外商品名有尼龙、耐纶、卡普隆等。大规模工业生产的品种有锦纶 66、锦纶 6、锦纶 610、锦纶 1010 等。

聚酰胺纤维是指分子主链含有酰胺键的一类合成纤维,它一般分为两大类:一类是由二元胺和二元酸缩聚而得,通式为 $+NH(CH_2)_xHCO(CH_2)_yCO+$;另一类是由 ω-氨基酸缩聚或由内酰胺开环聚合而得,通式为 $+NH(CH_2)_xCO+_n$。根据其单体所含碳原子数目的不同,可得到不同品种的命名。

锦纶纤维的生产主要包括:由单体经聚合或缩聚而得到聚酰胺,然后进行纺丝和后加工。聚酰胺的工业生产常采用三种方法:熔融缩聚法、开环聚合法和低温聚合法(即界面聚合或溶液聚合法)。

聚酰胺 66 是先将己二酸己二胺按化学配比混合制得己二酸己二胺盐,它以稀溶液的形式存在,然后浓缩,再加 0.5%~1% 的醋酸,加热反应混合物,连续蒸去水,可使聚合进行完全,这样可以获得相对分子质量足够高的聚合物。

聚酰胺 6 是采用己内酰胺为原料,以水为活化剂的水解聚合制得的。其聚合方法有两种,常压连续聚合法和高压密闭聚合法。

聚酰胺纤维是合成纤维中性能优良、用途广泛的品种之一。其性能特点有以下几点：

(1) 耐磨性好，优于其他一切纤维，耐磨性比棉花好10倍、比羊毛好20倍；

(2) 强度高、耐冲击性好，是强度最高的合成纤维之一；

(3) 弹性高、耐疲劳性好，可经受数万次双曲挠，比棉花高7~8倍；

(4) 耐腐蚀性能好，不霉，不怕蛀，有耐碱的能力，但不耐酸和氧化剂；

(5) 染色性良好；

(6) 相对密度小，仅为1.04~1.14，除聚烯烃纤维外，是纤维中最轻的。

但聚酰胺纤维缺点有下列几项：

(1) 弹性模数小，容易变形，用作纺织品时尺寸不稳定，褶裥不持久；

(2) 耐热性差，如尼龙66和尼龙6的安全使用温度各为130℃及90℃左右，不耐高冲击所产生的高热（如飞机轮胎帘子线）；

(3) 耐光性差，长时间日光和紫外线照射下，强度下降、颜色变黄；

(4) 吸湿性差，作为纤维使用，其吸湿性低于天然纤维和人造再生纤维，穿着不舒服。

聚酰胺纤维的用途可分民用和工业两个方面。

(1) 民用方面。纯纤维或混纺纤维可以用作衣物及家用织物，如用来制袜子、内衣、衬衣及地毯等。利用它的单丝、复丝和弹力丝织成的袜子特别耐磨，很受欢迎；也可用作室外织物、家具用布等；纺得的鬃丝可制牙刷及衣刷等。

(2) 工业方面。聚酰胺纤维主要用作工业布、绳索、渔网、帐篷、传动带、轮胎帘子线及常用织物等；提高其耐热性后，可用作飞机和载重汽车轮胎中的帘子线；此外，还可用作降落伞、宇宙飞行服等军用物品。

(三) 腈纶

腈纶学名为聚丙烯腈纤维，是以丙烯腈（$CH_2\!=\!CH\!-\!CN$）为原料聚合成聚丙烯腈，而后经纺丝加工制得的合成纤维，腈纶是它的商品名。腈纶的柔软性和保暖性与羊毛十分相似，故又称为"合成羊毛"。因此，聚丙烯腈纤维大量用作"仿羊毛"纤维替代羊毛。它的发展很快，现今已在合成纤维中居第三位，其产量仅次于涤纶与尼龙。

因为丙烯腈的染色性能和纺丝性能不良，所以工业生产的都是丙烯腈共聚物。腈纶中丙烯腈含量一般在85%以上，再加入5%~10%的丙烯酸甲酯、醋酸乙烯等"第二单体"进行共聚。改善染色性常加入1%~2%的亚甲基丁二酸、丙烯磺酸钠等"第三单体"共聚。

丙烯腈的工业聚合是通过加成反应进行的，它常常与其他单体（诸如甲基丙烯酸酯、醋酸乙烯、氯乙烯和丙烯酰胺等）共聚。聚合在水中连续进行，同时使用过硫酸铵作氧化还原催化剂，然后将所得聚合物过滤、洗涤和干燥。

由于聚丙烯腈类对高温敏感，所以不采用熔融纺丝法，而用溶液纺丝法（湿纺或干纺）。聚丙烯腈类的溶解需要极性大的溶剂，最常用的溶剂是二甲基甲酰胺。

聚丙烯腈纤维有许多优良的特性，如下列几项：

(1) 近似于羊毛，蓬松、卷曲、柔软。密度比羊毛小（一般为1.14~1.18g/cm³，羊毛为1.30~1.32g/cm³），强度比羊毛高1~2.5倍，保暖性也好，常用来代替羊毛。

(2) 利用其热弹性可制膨体纱，弹性好，保暖性特别好，可替代羊毛绒线。

(3) 耐光、耐气候性好是合成纤维中最好的（除含氟纤维外），耐热性也较好，在高温

(150℃)熨烫下仍能保持白度。

(4)能耐酸(如35%的盐酸、65%的硫酸或45%的硝酸),耐碱性较差,不溶于一般的化学溶剂,能溶于极性大的有机溶剂,如二甲基甲酰胺、二甲基亚砜等。

(5)均聚的聚丙烯腈染色性较差,利用共聚方法引入不同类型亲染料基团的第三单体,可改善染色性能,并扩大染料品种和类别。如采用分散染料、阳离子染料、碱性染料及酸性染料等,可以得到色谱齐全、色彩鲜艳、水洗和日晒牢度较好的纤维。

但是聚丙烯腈纤维也有不足之处,如强度、起始弹性模量等皆属中等水平,其弹回性和卷曲性还不及羊毛。

聚丙烯腈纤维由于具有这些特性,故可广泛地用于混纺或纯纺织物中,如可制成各种似毛的呢料、针织品及长绒织物。因为吸湿性低,常与棉、毛或黏胶纤维混纺,以改进其吸湿性能;又可制成膨体纱,大量代替羊毛。另外在军用和工业方面也取得了应用,如在室外用的织物,有帆布、炮衣、窗帘和旗帜等。

(四)丙纶

丙纶纤维是聚丙烯纤维的商品名,近年来发展较快,产量仅次于涤纶、锦纶和腈纶,四者在合成纤维中形成了"四大纶"的格局。

目前,聚丙烯纤维的工业生产是采用连续聚合的方法进行定向聚合,得到等规聚丙烯树脂。由于其熔体黏度较高,普遍采用熔融挤压法纺丝。

聚丙烯纤维的相对密度为0.91,是目前所有合成纤维中最轻的。它的强度高,回弹性极好,耐磨性仅次于聚酰胺纤维,并具有良好的耐腐蚀性,短纤维具有较高的膨松性和保暖性。聚丙烯纤维的主要缺点是耐光性和染色性差,其次是耐热性、吸水性和手感差。目前,已研制出丙纶特色纤维,即采取加入紫外线吸收剂制得耐老化纤维。采取改进染料和原液着色法制得丙纶着色纤维,为发展服装用料创造条件。

聚丙烯纤维可与棉、毛、黏胶纤维混纺用于衣料,工业上用作渔网、绳索、滤布、工作服等。

(五)聚乙烯醇纤维

聚乙烯醇纤维是聚乙烯醇缩甲醛纤维的简称,在我国的商品名称为维纶,或维尼纶。它也是合成纤维领域中的一个重要品种。

早在1924年就合成了聚乙烯醇,因纺得的纤维具有水溶性,仅可用作医学外科手术的缝合线。1939年日本学者采用热处理与缩甲醛化方法后,使聚乙烯醇纤维可耐115℃的热水,为用作纺织纤维解决了技术上的难题;至1950年才开始大规模工业生产。我国在1965年开始生产,已取得较大的发展。

聚乙烯醇纤维的最大特点是它的性状与棉花十分接近,其优点如下:

(1)吸湿性好,是合成纤维中吸湿性最大的,所以非常适合于民用衣物,可代替棉花。

(2)强度较高,普通型维尼纶短纤维的强度稍高于棉花,而高强力的长丝纤维,其强度可与聚酯或聚酰胺相当;若用50%维尼纶与50%棉花混纺,其强度比纯棉高60%,耐磨性比棉花高4倍,耐用性提高50%~100%。

(3)耐腐耐和耐日光性也很好,耐碱性强,也可耐一般有机酸、醇等,又不怕霉蛀和海水。

(4)柔软性和保暖性好,比棉花轻,传热慢。

聚乙烯醇纤维的主要缺点如下:

(1) 耐热水性差,沸水中煮 3~4h 会部分溶解,加热至 115℃ 会收缩变形。
(2) 弹性较差,回弹性不够好,故其织物易折皱,不宜缝制外衣。
(3) 染色性差。因这种纤维具有"皮层"结构及缩醛化的影响,它的染色性能较差,且色泽不鲜艳。

聚乙烯醇纤维大多纺成短纤维后与棉花混纺,可制作各种混纺织物,如各种布料及针织品等,还可作内衣、被单等。其织物穿着坚牢、舒适(与棉织物相似),在市场上极受欢迎,也可作外衣,但不及聚酯纤维织物那样挺括。

随着聚乙烯醇纤维工业的发展和性能的提高,在工农业中的用途也日益扩大,如用于渔网、缆绳、帆布、过滤布、包装材料及造纸工业的纤维材料等方面。

(六) 特种合成纤维

近年来由于高科技的飞速发展,尤其是宇航、航空及军工等方面常需寻找能耐高温及高强度的纤维材料——特种合成纤维。它们的产量不大,品种却不下数十种,而且具有特殊的物理、机械性能,是天然纤维和通用合成纤维无法比的。

1. 芳纶

号称"合成的钢丝"的芳纶(芳香族聚酰胺)在 20 世纪 60 年代就打入航空和航天领域,是目前有机合成纤维中强度最大、产量最高的纤维。比强度(同样重量材料得到的强度)是钢丝的五倍,用手指粗的芳纶绳就可以吊起两辆大卡车。有的品种可以在 260℃ 高温下连续使用上百小时。在飞机上,芳纶被制成降落伞、机轮帘布、电绝缘和过滤结构,或作为增强纤维用于复合材料框架、桁条和舱门等;在航天飞机上,芳纶毡毯用于再返大气层时的热防护;宇航员穿的宇航服中有氟纶防火保暖层和芳纶防辐射及防流星层。美国 1980 年在航空和航天结构上使用了 4.5×10^5 kg 的芳纶纤维。

芳纶坚韧耐磨,刚柔兼备,现在又发展成最有希望的防弹材料。过去的防弹材料主要是防弹铝板和钢板,都比较笨重,使用起来不灵活。现在用芳纶编织的防弹背心重量轻、结构紧凑、层数多、防护力强,适合于公安警察日常防爆穿用。士兵在战场上威胁最大的是弹片和散弹,穿上一种内衬陶瓷板的芳纶避弹衣,就可以保证肺、胸、脊骨等重要部位的安全。芳纶编织层能吸收弹丸 60% 的能量,陶瓷板能使弹丸偏离或碰掉。由 80% 芳纶纤维和 20% 树脂制成的"钢"盔,在与真正钢盔重量大致相等的情况下,安全性提高了两倍以上。据统计,芳纶防弹衣和钢盔最少能防护人 60%~70% 的关键部位,使伤亡人数至少降低三分之一。

芳纶陶瓷装甲还普遍应用于坦克、装甲车和直升机,可作为主防护装甲和辅助防护装甲。这些装甲有的单独使用芳纶层压板,有的与铝板复合使用,大大轻于传统的装甲钢板。这种新型复合装甲还可用于民航机上,作为防爆的防护板。此外,芳纶增强塑料还可制造鱼雷发射管、雷达天线罩等。

2. 氟纶

与"塑料王"氟塑料源出一家的氟纶(聚四氟乙烯),在各种酸碱介质中耐腐蚀性最好,还可耐 250℃ 左右的高温,并保持良好的绝缘性,在原子能、航空和化学工业中发挥着重要的作用。

五、合成纤维工业技术的发展趋势

国外合成纤维发展的趋势是工艺的高效化、生产的弹性化、品种的差别化、纤维的材料化及功能化。工艺及生产由聚合到纺丝均强调高效率、高效益：采用高效聚合催化剂；通过聚合反应工程设计使过程优化，以有效地控制产品相对分子质量及其分布；采用大型连续化生产线；推广高速纺织技术等，以提高生产效率。如聚酯通过新技术的应用，实现一套装置运转，由反应器排出的熔体平行地直接进入几条支生产线，生产出多种不同的产品，操作十分灵活。超细纤维的发展也令人瞩目，目前，已能纺出 0.00011dtex（旦）的纤维，而天然纤维最细的是 1.1dtex，高旦纤维料的出现为服装用纤维开辟了很广阔的市场。由于品种差别化，产品更新换代迅速。通过成形、复合、共混、共聚、交联、化学转化等改性途径，可赋予纤维新的特性；或通过分子设计，改造已有的成纤分子，纤维材料化及功能化也将迅速发展。除了服装用纤维外，结构材料、生物医药、产业及信息等领域耗用的纤维也将与日俱增。

高技术的功能性纤维中，开发的重点为新一代高强高模量纤维——聚苯并双噁唑（PBO）、高强高模量维纶纤维、高强高模量聚乙烯纤维、聚丙烯腈预氧化纤维、碳纤维、沥青碳纤维以及超滤膜纤维。差别化纤维除仿丝、仿麻、仿鹿皮纤维品种外，将涌现高收缩、染色改性、异形、混纤、高强力、变形纱、抗起毛等纤维品种以及耐高温、阻燃、导电、防辐射等各种纤维。

第七节　功能高分子材料

功能高分子材料是 20 世纪 60 年代末迅速发展起来的新型高分子材料。虽然功能高分子材料从 20 世纪 50 年代才初露端倪，但是到了 20 世纪 70 年代已成为高分子学科的一个分支。功能高分子是指具有特定的功能作用，可作功能材料使用的高分子化合物。功能高分子材料的独特性能引起人们的广泛关注，使其在诸多领域得到了广泛应用，具有巨大的发展潜力。当前这是一类甚受瞩目、迅速发展的高分子材料，目前正处于成长时期。

功能高分子材料是指具有传递、转换或贮存物质、能量和信息作用的高分子及其复合材料，或具体地指在原有力学性能的基础上，还具有化学反应活性、光敏性、催化性、导电性、选择分离性、能量转换性、磁性、生物相容性、药理性等功能的高分子及其复合材料。功能高分子材料从功能上大致可分为四类：第一类是化学功能，包括离子交换树脂、感光性树脂、高分子催化剂、螯合树脂、氧化还原树脂、高分子试剂、高分子增感剂、分解性高分子等；第二类是物理功能，包括导电性高分子、高介电性高分子、高分子光电导体、高分子光生伏打材料、高分子显示材料、高分子光致变色材料等；第三类是介于化学、物理之间的功能，包括高分子吸附剂、高分子絮凝剂、高分子表面活性剂、高分子染料、高分子稳定剂、高分子相溶剂、高分子功能膜和高分子功能电极等；第四类是生理功能，包括生理组织适应性、血液适应性等。

一、离子交换树脂

离子交换树脂是最早工业化的功能高分子材料。它是由交联结构的高分子骨架与可电离的基团两个部分组成的不溶性高分子化合物，能与液相中带相同电荷的离子进行交换反应。于是离子交换树脂具有一般聚合物所没有的新功能——离子交换功能。此外，离子交换树脂还具有吸附、脱水、催化等功能。因此，离子交换树脂广泛用于水处理、冶金、原子能、海洋资源利用、化学工业、食品工业、医药卫生、环境保护等许多领域。

离子交换树脂中化学活性基团的种类决定了树脂的主要性质和类别。根据离子交换树脂中化学活性基团性质不同,可将其分为阳离子交换树脂和阴离子交换树脂。阴阳离子交换树脂实际上是指具有网状立体结构的高分子多元酸或多元碱的聚合物。阳离子交换树脂又分为强酸型、中酸型和弱酸型三种,阴离子交换树脂又分为强碱性和弱碱性两种。

阴阳离子交换树脂可分别于溶液中的阴离子和阳离子进行离子交换。以强酸型离子交换树脂 R—SO_3H 为例(R 为树脂母体),存在如下的可逆反应:

$$R—SO_3H + Na^+ \rightleftharpoons R—SO_3Na + H^+$$

在过量 Na^+ 存在时,反应向右进行,H 型树脂可完全转化成钠型,此即除去溶液中 Na^+ 的原理;当 H^+ 过量时(即加入酸时)则反应向左进行,此即强酸型离子交换树脂再生的原理。

离子交换树脂是在具有微细网状结构的高分子骨架(母体)上引入离子交换基团的树脂。其合成方法可分为两类:一是在交联的高分子骨架上通过高分子反应引入交换基团,例如使苯乙烯与二乙烯苯共聚(二乙烯苯的用量称为交联度),再进行磺化,引入 -SO_3H,即得强酸型离子交换树脂;另一种方法是带有离子交换基团的聚合或缩聚反应,例如通过以下反应从而制得弱酸型离子交换树脂:

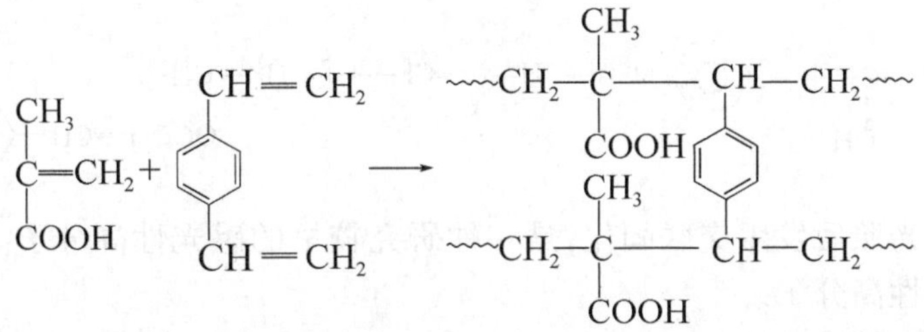

另外,十分活跃的"膜技术"不断涌现出具有特殊分离功能的材料,如离子交换膜、扩散渗析膜、超滤膜、富氧膜以及各种透气性膜等,有生物功能的固定化酶膜,还有分子识别功能的高分子材料。

根据树脂物理结构的不同,可将离子交换树脂分为凝胶型、大孔型和载体型。

凝胶型离子交换树脂是由纯单体混合物经缩合或聚合而成的,外观呈透明状的均相凝胶结构的离子交换树脂。凝胶型离子交换树脂可以分为强酸型、弱酸型、强碱型、弱碱型及螯合型五种。凝胶型离子交换树脂只有在水中会溶胀成凝胶状,所以,这类离子交换树脂在干燥条件下或油类中将丧失离子交换功能。凝胶型离子交换树脂适用于吸附无机离子,而不能吸附大分子有机物质,一般应用于水处理中。

大孔型离子交换树脂是在凝胶型离子交换树脂的基础上发展起来的一类新型的树脂。它是具有大孔结构并带有功能基团的网状结构的离子交换树脂。大孔型离子交换树脂同时具有微细孔和大孔结构,其孔径大小和数量都可以在制造时进行调控。大孔型离子交换树脂外观不透明,表面粗糙,为非均相凝胶结构。即使在干燥状态,内部也存在不同尺寸的毛细孔,因此可在非水体系中起离子交换和吸附作用。而且大孔型离子交换树脂还具有耐磨损、耐氧化、抗污染能力强等优点,用于分离、提纯等。

载体型离子交换树脂是一种作为液体色谱固定相的离子交换树脂。因色谱仪以高流速操作,柱内压力很大,一般离子交换树脂不能承受这样高的压力,因而研究了以球形硅胶或玻璃球等非活性材料作为载体,把它作为中心核,在其表面覆盖离子交换树脂薄层,从而得到载体型离子交换树脂。

目前,应用较多的是以苯乙烯—二乙烯苯共聚体和丙烯酸或其衍生物与二乙烯苯共聚体为基体的离子交换树脂。按照基体种类不同,离子交换树脂可分为苯乙烯系交换树脂和丙烯酸系交换树脂。

二、感光性树脂

感光性树脂是感光材料的一个重要分支,它是利用某些聚合物具有光分解的特性,或某些单体具有光聚合或光交联的特性,在光照下,使体系发生分子间或分子内化学变化而产生图像的非银感光材料。感光树脂具有感光性是因含感光性官能团。由于含有不同类型的感光基团,感光树脂可以发生不同的光化学反应,有光分解、光交联和光聚合等。在实用的感光树脂体系中,也可能同时发生两种变化,如光聚合和光交联、光分解和光交联等。

感光树脂的制备方法有两种:

(1) 由有光聚合能力的烯类单体直接光聚合而成。

(2) 通过高分子反应,使高分子骨架带上感光基团。例如把聚乙烯醇用肉桂酰氯酯化而制得聚乙烯醇肉桂酸酯:

$$\{CH_2-CH\}_n + \langle\!\langle\ \rangle\!\rangle-CH=CH-\underset{O}{\overset{\|}{C}}-Cl \longrightarrow \{CH_2-CH\}_n$$
$$\qquad\qquad\qquad OH \qquad\qquad\qquad\qquad\qquad\qquad OCOH=CH-\langle\!\langle\ \rangle\!\rangle$$

该聚合物受到光照后发生交联固化,是一种研究较早的感光性高分子。用此方法可研制出很多品种的感光性高分子。

感光树脂的应用领域已从电子、印刷、精细化工等领域扩大到塑料、纤维、医疗生化和农业等方面,尤其是在印刷版材中的应用更为广泛成熟。感光性高分子已广泛应用于印刷工业的各种板材料及 UV 油墨上,例如感光树脂凸版、平版中的感光液、凹版中的光致抗蚀剂、网板印刷中的膜及感光液、印刷油墨中的紫外光固化油墨等。

感光树脂除根据照相功能而作为光致抗蚀剂之外,还可利用感光高分子的光导电、光固化功能而获得重要应用,例如光电导摄影材料、光信息记录材料、光—能转换材料等。在化学工业中,光固化膜、光固化胶黏剂等则是光固化的具体应用。

三、高分子催化剂

高分子催化剂是一类对化学反应有催化作用的高分子物质,主要有天然高分子催化剂和合成高分子催化剂两大类。

天然高分子催化剂如酶,酶是本身是由氨基酸组成的蛋白质高分子化合物,是自然界中最有效的催化剂。生物体内的酶就是一种高活性、高选择性的天然高分子催化剂。发酵工业早就使用酶作为催化剂。虽然在合成化学反应中也可用酶作催化剂,但反应后难以分离,难以回收,并污染生成物,由于其是水溶性的,故在工业应用上受到限制。

目前开发应用的合成高分子催化剂主要有离子交换树脂型催化剂和高分子金属催化剂两类。多以有机或无机高分子为骨架,在骨架上连有各种具有催化作用的功能基团。这类催化剂不仅具有很高的活性和选择性,而且比较稳定,分离、回收方便,可以重复使用,有的还具有光学活性等特殊的机能。目前已应用到各种有机反应、有机合成及某些高分子合成反应中,如固定化酶、模拟酶和高分子金属催化剂等。

为了克服酶水溶性的缺点,到了 20 世纪 50 年代,人们开始研究把酶连接在合成高分子上的所谓固定化酶。固定化酶是利用酶的官能团（—NH_2、—COOH、—SH、咪唑基、苯酚基等）与合成高分子的官能团进行反应制得的。将酶固定在适当的载体上，使之不溶于水，可提高其使用效果。以高分子为载体，制备固定化酶是当前酶固定化的研究方向。

从20世纪60年代开始，模拟酶（即合成酶）的研制很活跃。酶的催化作用，与其具有光学活性的特殊高级结构和高分子链上的各种官能团所引起的分子内协同效应有关。因此，所谓模拟酶就是用合成方法来模拟酶的结构，以获得高活性、高选择性的催化剂。

模拟金属酶的高分子催化剂叫作高分子金属催化剂。在此以前，均相催化剂用的是有机金属络合物，虽然活性和选择性较高，但是在空气中或受潮后容易失去活性，对金属反应器有腐蚀性，反应后分离和回收催化剂困难，在工业上的应用受到了一定的限制。为了克服这些缺点，20世纪60年代末期，出现了把有机金属络合物固定在高分子上的所谓高分子金属催化剂。高分子金属催化剂具有稳定性好、无腐蚀性、可回收、选择性高、催化活性高等优点。因此，高分子金属催化剂广泛应用于加氢、氧化、硅氢加成、异构化、醛化、聚合等反应中。

高分子催化剂易于从反应体系分离，可重复使用，不污染产物，在实际应用中具有很多优点，已应用在工业生产上。

四、导电性高分子材料

高分子材料长期以来被作为优良的电绝缘体，直至1977年，日本白川英树等人才发现用五氟化砷或碘掺杂的聚乙炔薄膜具有金属导电的性质，这是第一个导电的高分子材料。以后，相继开发出了聚吡咯、聚苯硫醚、聚酞菁类化合物、聚苯胺、聚噻吩等能导电的高分子材料。

导电高分子材料也称导电聚合物，是由具有共轭π键的高分子经化学或电化学"掺杂"使其由绝缘体转变为导体的一类高分子材料。因而，导电性高分子材料具有导体的性质。

按照材料的结构与组成，可将导电高分子材料分为两大类。一类是复合型的导电高分子材料，另一类是结构型（或本征型）导电高分子材料。

复合型高分子导电材料是将各种导电物质以不同的方式和加工工艺（如分散聚合、层级复合、形成表面电膜等）填充到聚合物基体中而制得的高分子材料。其导电性能与填充的导电物质的种类、用量、粒度和状态以及它们在高分子材料中的分散状态有很大的关系。常填充的导电物质有炭黑、金属粉、金属箔片、金属纤维、碳纤维等。复合型导电高分子材料技术成熟，可用作导电塑料、导电橡胶、导电纤维织物、导电涂料、导电胶黏剂以及透明导电薄膜等的材料，在许多领域发挥着重要作用。

结构型（或本征型）高分子导电材料是指高分子结构本身或经过掺杂之后具有导电功能的高分子材料。该高分子材料本身具有"固有"的导电性。根据电导率的大小不同，可将其分为高分子半导体、高分子导体和高分子超导体。从导电机理来看，又可将其分为离子导电高分子材料和电子导电高分子材料两类。离子导电高分子材料通常又称为高分子固体电解质，它们导电时的载流子主要是离子。电子导电高分子材料是指以共轭高分子为主体的导电高分子材料。导电时的载流子是电子（或空穴），这类材料是目前世界导电高分子中研究开发的重点。

导电高分子材料与金属材料相比，具有质量轻、易成型、耐腐蚀性好、可选择的电导率范围宽、结构易变和半导体特性、具有高电导率、可逆氧化还原性、不同氧化态下的光吸收特性、电荷储存性、导电与非导电状态的可转换性。目前主要用于导电衬料、可充电电池电极材料、光电显示材料、信息记忆材料、屏蔽和抗静电材料、电子器件等方面。

五、高吸水性树脂

通常的吸水材料如棉花、海绵纸等,其吸水能力只有自身质量的20倍左右,并且挤压时大部分水将被排挤出来,而高吸水性树脂可吸收自身质量数百倍到上千倍的水,且吸水膨胀后生成的凝胶具有良好的保水性和耐候性,一旦吸水膨胀成水凝胶,即使加压也难以将水分离出来,能经受一定的挤压作用。

高吸水性树脂也称超强吸水性聚合物。它是一种含有羧基、羟基等强亲水性基团,并具有一定交联度的水溶胀型的高分子聚合物,不溶于水也不溶于有机溶剂。高吸水性树脂有两种:一种是使淀粉纤维素接上亲水基团,例如把淀粉与丙烯腈接枝聚合,再水解而制得高吸水性产品;另一种是利用具有亲水基团的聚合物,如聚丙烯酸、聚乙烯醇等,进行交联而制得的吸水性树脂。

高吸水性树脂由于无毒、无害、无污染;吸水能力特强,保水能力特高,所以其应用十分广泛。

(一)卫生用品

由于高吸水性树脂具有吸水率高、保水性强、安全无毒、重量轻、吸液量大等优点,所以制造卫生用品是高吸水性树脂主要应用领域。如一次性婴儿尿布、母乳垫片、手术衬垫、宇航员尿袋、餐巾、手帕等。

(二)医用材料

随着医疗科学的发展,高吸水性树脂也广泛用于医疗卫生,如用于能保持部分被检液的医用检验试片含水量大,使用舒适的外用软膏能吸收浸出液、防止化脓、杀菌消臭的治伤绷带;另外在释放性药物、微胶囊、软膏、乳剂、纱布、抗血栓药物、人造皮肤、人造脏器、软接触透镜、热敷剂等方面的应用也受到越来越高的重视。

(三)农业应用

由于高吸水性树脂良好的吸水能力和保水性,农业上用作土壤的改良剂和保水剂,可以改善土壤的团粒结构,增加土壤的透气性和透水性;用作种子保水剂,提高发芽率;涂于植物根部,防止根部干燥,减少移植休克,提高成活率;此外还可用作水果保鲜、农用薄膜防露防雾、农药化肥的缓释剂等。

(四)工业用途

高吸水性树脂可用作食品包装材料、保鲜材料,保鲜效果比聚烯烃薄膜要好得多。例如用作肉类食品的衬托垫片,可防止从袋中取出时有液体流出。由于高吸水性树脂吸水不吸油和非极性物质,可用于油水分离剂、灭火剂、灭火布、耐用碱性电池等。高吸水性树脂用于造纸可以提高纸张质量,降低成本。在纺织印染中可以保持一定潮度,防止静电。高吸水性树脂可作光纤电缆用的防漏剂,用高吸水性树脂直接包覆电缆或制成带子包覆电缆,可以防止水对电缆的侵害,目前在电力电缆和通讯电缆方面正在扩大应用,尤其是在光纤电缆方面有广阔的市场。

(五)其他方面

作凝胶传动器是与高吸水性树脂相关的最新研究领域。添加高吸水性树脂的材料可作机器人的人工"肌肉",通过调节树脂凝胶溶胀状态控制传感器,当改变光强、温度、盐浓度或电场强度时,凝胶溶度的变化带动"肌肉"做相应运动。高吸水性树脂还可用作液相色谱固定相、紫外线吸收剂、铸造黏合剂、船舱吸湿剂、纤维吸湿剂、酶固定剂、消防凝胶涂料、顶板材料等。

此外,它还具有将化学能转变成机械能的功能,可用于制备相应的机械装置,也可用以制成 pH 传感器等测量设备。

六、医用高分子材料

医用高分子材料是指用以制造人体内脏、体外器官、药物剂型及医疗器械的聚合物材料,它可对有机组织进行修复、替代与再生,是具有特殊功能作用的材料。在功能高分子材料领域,医用高分子材料取得长足的进展,目前已成为发展最快的一个重要分支。医用高分子材料的应用已遍及整个医学领域,如人工器官、外科修复、理疗康复、诊断治疗、心血管、骨修复、神经传递、皮肤、药物控释等。医用高分子材料消耗原材料少、节能环保、技术附加值高,是典型的战略新兴产业,在近 10 年来保持着超过 20% 的年增长率。

医用高分子材料按来源可分为天然医用高分子材料和人工合成医用高分子材料。天然医用高分子材料来源于自然,包括胶原、明胶、纤维素、角质蛋白、多糖、透明质酸、海藻酸钠、甲壳素及其衍生物等;人工合成医用高分子材料是通过化学方法,人工合成的用于医用的高分子材料,目前常用的有聚氨酯、硅橡胶、聚酯纤维、聚乙烯基吡咯烷酮、聚醚醚酮、聚甲基丙烯酸甲酯、聚乙烯醇、聚乳酸、聚乙烯等。

医用高分子材料应用广泛,主要体现在人工器官、医疗器械和药用三个领域。

(1)人工器官指的是能植入人体或能与生物组织或生物流体相接触的材料;或者说是具有天然器官组织或部件功能的材料,包括内脏(如人工心脏、人工心脏瓣膜、人工食道等)和体外装置(如麻痹肢刺激器、电子假肢、假齿、假眼、假发、假耳、假手、假足等)。

(2)医疗器械用高分子材料包括一般医疗及看护用具(如眼带、洗肠器、注射针、听诊器、直肠镜、点眼器、腹带和连结管等)、麻醉及手术室用具(如吸引器、缝线、咽头镜、血管注射用具等)和检查及检查室用具(如采血管、采血瓶、心电图用的电极、试验管、培养皿等)。

(3)药用高分子材料在现代药物制剂研发及生产中扮演了重要的角色,在改善药品质量和研发新型药物传输系统中发挥了重要作用。药用高分子材料的应用主要包括药品剂型的改善以及缓释和靶向作用,此外还可以合成新的药物。因此,药用高分子材料可分为两种类型:一类是高分子材料本身是惰性的,不参与药的作用,只起增稠、表面活性、崩解、黏合、赋形、润滑和包装等作用,或在人体内起"药库"作用,使药物缓慢放出而延长药物作用时间;另一类是将低分子药物,以惰性水溶性聚合物做分子载体,通过共价键或离子键与载体的侧基连接,制成聚合物药物。

医用高分子材料作为植入人体内的材料,必须满足人体内复杂的环境,因此对材料的性能有着严格的要求。首先,安全性高,材料无毒,不致畸形;其次,生物相容性好,不能与人体产生排异反应;第三,化学稳定性强,不容易分解;第四,物理机械性能良好,能始终保持足够的机械强度;第五,比较容易加工;最后,性价比适宜。在所有性能中,医用高分子材料的生物相容性是最重要的,也是其应用于人体的关键。

目前,医用高分子最大的难点是血凝性。生物体有一种排斥异物的能力,血液一接触到植入人体的高分子材料,就会产生排它作用,在植入物表面形成血凝。生物机体的高级结构是由亲水性微区与疏水性微区组成的微观非均一结构。采用微相分离的亲水—疏水型嵌段共聚物可望能解决这一问题。例如已合成聚醚与聚氨酯形成的嵌段共聚物(biomer),具有层状微观相分离结构,与血浆蛋白质中的白蛋白亲和性特别好,抗血凝性优良。其他抗血凝性好的高分子,还有聚醚聚氨酯嵌段共聚物与聚硅氧烷形成的 Avcothane、甲基丙烯酸羟乙酯和二甲基硅氧烷嵌段共聚物以及聚环氧丙烷和尼龙 610 组成的嵌段共聚物等。

  迄今为止,医用高分子材料已渗透到整个医学领域,并取得了显著成果。医用高分子材料关系到人们的健康,因此,从长远角度看,继续大力发展医用高分子材料的研究和开发具有重大意义。高性能、高技术、高品质的医用高分子材料将会成为医用高分子材料发展的重要方向,它将为人类社会做出更大的贡献。

思 考 题

1. 高分子合成材料是如何发展起来的?
2. 决定高分子化合物用途的重要性质有哪些?
3. 高分子化合物的主要聚合方法有哪些?
4. 塑料常用的添加剂及其作用有哪些?
5. 塑料的成型加工方法有哪些?
6. 合成橡胶的主要单体是什么?
7. 合成橡胶的聚合方法及其优缺点有哪些?
8. 丁腈橡胶的合成路线是什么?
9. 丁腈橡胶的优点有哪些?
10. 丁腈橡胶的原料组成与性能之间的关系是什么?
11. 合成纤维的种类有哪些?
12. 功能高分子材料和普通高分子材料相比具有哪些特殊性能?

第五章 精细石油化工产品

第一节 概 述

一、精细石油化工产品

精细化学品(fine chemicals)的定义说法不一,一般把具有专门功能、研究开发、制造及应用技术密集度高、配方技术左右产品性能、附加价值收益大、批量小、品种多的化学品称为精细化学品。

精细化学品的一般特征是:(1)产品品种和商标牌号多、产量少;(2)产品以满足用户对各种实用功能的需求为主,价格常依其特定功效而定;(3)产品的技术密集,常需比较高的制造技术和特殊使用技术(如复配技术),其独到的技术需借助专利保护;(4)其研究开发、信息、市场销售服务的知识劳动集约性大,杰出的研究人才是企业的重要的资源;(5)生产周期短、价格较高,以全国或世界规模经营的商品性强的产品较多;(6)由于市场规模有限,为了回收当初庞大的研究开发投资,所以售价较高,保密性强,独立开发和独占技术常是精细化工企业的重要策略。

据调查,世界化工产品产量中85%是有机化学品,而有机化学品的3/4是由石油衍生的石化产品。因此,国外的化学工业经常是石化工业的同义字。所以,这里介绍的精细化学品重点为与石油化工有关的精细化工产品。

二、精细石油化工的经济特性

通常精细石油化工产品的投资为传统的石油化学品投资的1/3~1/2,能耗是传统石化产品的1/2,而其附加价值则比传统石化产品高2倍以上。据美国商务部发表的资料计算,1美元原料可以加工成100美元以上的精细化工产品。当前,世界石化工业发展的基本动向是发展精细化工,使产品结构精细化,尤其是发达国家已经或正在实现向精细石油化工的战略转移。

用下式表示精细化率:

$$精细化率 = (精细化工产品的总值/化工产品的总值) \times 100\%$$

精细化率是衡量一个国家和地区化学工业技术水平的重要标志。美国、西欧和日本等化学工业发达国家,其精细化工也最为发达,精细化率为60%~70%,代表了当今世界精细化工的发展水平。我国精细化工技术水平仅相当于发达国家20世纪80年代末、90年代初的水平,精细化率不到40%。鉴于我国与世界水平的差距,化工"十三五"规划中强调:我国精细化工业应立足自主创新,加强关键共性技术、产品和装备的研发及产业化应用示范,同时想方设法地利用好各类融资平台,通过调查优化产品结构以提升产品的国际竞争力。

三、精细石油化学品的范畴

精细石油化工产品门类很多,与精细化学品分类有类比性。目前国际上精细化工产品已有40~50个门类,10万多个品种,以生产包括农药、医药、催化剂、染料、香料、涂料等传统精细化工产品和包括饲料添加剂、食品添加剂、表面活性剂、水处理化学品、造纸化学品、皮革化学品、油田化学品、黏合剂、生物化学品、电子化学品、纤维素衍生物、聚丙烯酰胺、气雾剂等新领域精细化工产品为主。根据我国原化工部的暂行规定,区分为11类,具体分类如下:(1)农药;(2)染料;(3)涂料(包括油漆和油墨);(4)颜料;(5)溶剂和高纯物;(6)信息用化学品(指能接受电磁波的化学品);(7)食品和饲料添加剂;(8)黏合剂;(9)催化剂和各种助剂;(10)化工系统生产的化学药品和日用化学品;(11)高分子聚合物中功能高分子材料。该暂行规定并未包括轻工、食品、冶金、建筑等部门更多的精细化工产品内容,加之新的品种不断涌现,精细化工产品及精细化工的内涵一直不断变化之中。

结合我国当前和今后的发展,同时考虑国内外的分类情况,本章重点介绍表面活性剂、催化剂、添加剂、塑料助剂和橡胶助剂、黏合剂、水处理剂、染料与颜料、功能高分子材料、农药、超净高纯试剂、香料和香精、信息用化学品、日用化学品精细化工产品等。

第二节 石油添加剂

添加剂包括石油添加剂、饲料添加剂、食品添加剂、混凝土添加剂、水泥添加剂、橡胶添加剂、肥料添加剂、涂料添加剂等多种添加剂。

石油和油品的生产不仅要用到大宗的通用化学品,还需要多种多样的功能化学品。这些功能化学品部分用于原油生产、提高采油率、便利输送;部分对改进油品性能、节能和减少环境污染起着重要作用。它们都可归属于精细化学品的添加剂类,泛称为石油添加剂。

石油添加剂涉及面很广,各方面所用添加剂的名称不同,基本品种也大多近似。例如油田所用添加剂有泥浆失水添加剂、分散剂、增黏剂和缓蚀剂;炼油厂加工用缓蚀剂、抗静电剂、稳定剂、破乳剂和流动改进剂,以及种类繁多的油品添加剂。与采油、输油和油品生产应用有关的添加剂,在一定程度上有共性,限于篇幅,本节只重点介绍油品添加剂和原油添加剂。同时,简单介绍食品和饲料添加剂。

一、油品添加剂

石油产品应用几乎遍及国民经济各个领域,如交通运输、机械动力设备、金属加工、建筑行业、兵器工业、航天工业、水利电力工业直至家用电器等等。石油产品的种类和品名视使用对象及其所要求的性能各异。但从行业在国民经济中起的作用来看,燃料和润滑油两大类型中各种产品的总产量,占的比重最大。另外,随着发动机和机械工业的发展,对燃料和润滑油的使用要求越来越高,只靠选择原油类型、改进加工工艺方法的途径已无法得到能满足实际要求的成品。经过数十年的开发研究与应用实践证明,在制造润滑油的基础油中调和加入添加剂已成为必不可少的油品生产的技术措施。习惯上,油品添加剂按应用场合分为两部分:调入燃料的添加剂称为燃料添加剂;用于润滑油生产的添加剂称为润滑油添加剂。两者总产量中的分配比例大约为 1:9~1:10。

后来,根据添加剂技术的发展,把多种添加剂复合在一起,能更好地改善一种油品的各种性能,即所谓复合配方技术。在市场上出现了另一部分预先把多种添加剂混合在一起的商品,称之为复合添加剂。复合添加剂多半是用于调和具有优异性能的润滑油。

(一)润滑油添加剂

工业上使用的润滑油添加剂一般具有某种主要作用,突出改善或赋予润滑油某种使用性能,润滑油添加剂的分类就可以按照添加剂的这种功能进行,这也是我国习惯上依照的当代世界早已流行的一种分类方式。润滑油添加剂的组别、典型化合物的名称及其主要作用机理见表 5-1。

表 5-1 润滑油添加剂分组及其作用

添加剂组别	代表性化合物	主要作用
清净剂	磺酸盐,烷基酚盐,水杨酸盐,硫膦酸盐等	防止内燃机内形成烟灰和漆状物沉积,中和酸性物质,减少腐蚀磨损
无灰分散剂	丁二酰亚胺,丁二酸酯,酚醛胺缩合物	与清净剂复合,有协同作用,特别在防止低温油泥方面效果突出
抗氧抗腐蚀剂	二烷基二硫代磷酸锌盐	具有抗氧化抗腐蚀及极压抗磨作用,主要用于内燃机油及液压油、齿轮油
极压抗磨剂	硫化异丁烯,氯化石蜡,烷基磷酸酯胺盐,磷酸酯和有机硼化物	改善油品在高温高载荷下抗擦伤、抗磨损的性能
摩擦改进剂(油性剂)	脂肪酸及其皂类,动植物油或硫化动植物油,磷酸酯或油酸酯类	提高油品润滑性,降低摩擦及磨损
抗氧剂和金属减活剂	屏蔽酚类,2,6-二叔丁基对甲酚,芳胺,β-萘胺等;苯并三唑衍生物、噻二唑衍生物等	抗氧剂能延缓油品氧化,延长油品使用期,金属减活剂防止金属氧化的催化作用,二者复合后效果更显著,多用于工业润滑油
黏度指数改进剂	乙丙共聚物,聚甲基丙烯酸酯,聚异丁烯,苯乙烯异戊二烯共聚物	能显著改善油品黏温性能,主要用于多级内燃机油
防锈剂	磺酸盐,烯基丁二酸及其酯类,羧酸盐,有机胺类	提高油品阻止水分与氧分子对金属的锈蚀作用,保护金属表面,延缓锈蚀
降凝剂	聚甲基丙烯酸酯,烷基萘,聚 α-烯烃	使油品中的蜡晶细化,降低油品凝点,改善低温流动性
抗泡沫剂	甲基硅油,丙烯酸酯与烷醚共聚物	降低油品泡膜的表面张力,防止泡膜形成
乳化剂与抗乳化剂	烷基磺酸盐,脂肪醇聚氧乙烯醚类,烷基聚氧乙烯醚类,山梨醇单月桂酸酯等	是一类不同结构的表面活性剂,改变结构用于不同场合时,分别具有乳化及抗乳化性能,视情况通过试验选用

现行国内石油添加剂产品品种的统一符号由三部分组成:第一部分用汉语拼音字母"T"表示石油添加剂;第二部分从"T"后阿拉伯数字尾数计算,以百位或千位数字表示组别;第三部分以个位或十位数字表示牌号。例如:

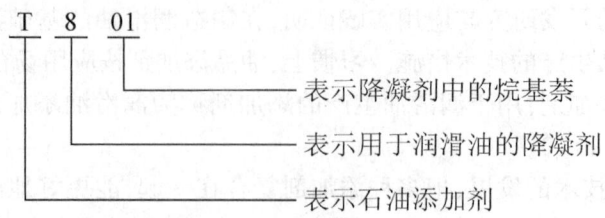

所有石油添加剂的品种都可从有关的手册中查到。

由于内燃机油在润滑油中占的比例较大,使用的添加剂数量大、品种多。据粗略统计,内燃机油中使用的添加剂量占添加剂总量的 75%~80% 以上。下面重点介绍内燃机油所用的添加剂。其中用量最高的前四种添加剂依次是清净分散剂、抗氧抗腐剂、黏度指数改进剂和降凝剂。

1. 清净分散剂

清净分散剂(tergents/dispersants)是现代润滑油添加剂用量最大的一类,于 20 世纪 30 年代就出现了。随着柴油机向高负荷、大功率的方向发展,工况条件更为苛刻,即润滑油由于氧化生成胶质和烟灰,在工作条件下,可于活塞表面产生漆膜及积炭等高温沉积物,内燃机油会经常出现活塞环槽沉积物过多和黏环等问题。为了解决这些问题,清净分散剂在不同程度上具有以下几方面的作用:

(1) 增溶作用(solubilization)。借少量表面活性剂的作用使原来由于氧化及燃料不完全燃烧新生成的非油溶性胶质增溶于油内,从而抑制它们在活塞表面形成漆膜、积炭和油泥等沉积物的倾向。

(2) 分散作用(dispersion)。分散作用又可称为悬浮(suspension)或胶溶(peptization)作用,使生成的积炭、烟灰、油泥保持细小颗粒的分散状态,减少它们形成沉积物的倾向。

(3) 酸中和作用(neutralization)。通过中和作用,使氧化或不完全燃烧生成的酸性氧化产物或酸性胶质即沉积物母体,变为油溶性,从而难以再缩聚成为漆膜沉积物。对含硫燃料,通过对生成的含硫酸性产物的中和,可抑制其对烃类氧化生成沉积物的促进作用。另外,中和作用也抑制了酸性产物对机器的腐蚀磨损作用。因此,高功率柴油机和含硫燃料的日益广泛应用,促进了碱式盐清净分散剂的发展。从 20 世纪 50 年代末到 60 年代初开始应用的高碱度清净分散剂,目前在使用中占据了很大的份额。

最初使用皂类表面活性剂,发挥清净分散作用,取得了良好效果,这就是清净分散剂名称的由来。以后在第二次世界大战期间,先后研制筛选出了现在仍在使用的磺酸盐、酚盐、磷酸盐、水杨酸盐、环烷酸盐等品种。常用润滑油清净分散剂的分子结构见表 5-2。

表 5-2 主要清净分散剂的典型化学结构

化学名称	有机酸	典型分子结构
磺酸盐	—SO₃H 磺酸基	$(CaCO_3)_n$ $R\text{—}C_6H_4\text{—}SO_3\cdot Ca\cdot SO_3\text{—}C_6H_4\text{—}R$
酚盐	OH 酚基	$\left[R\text{—}\underset{R}{\bigcirc}\text{—}S_x\text{—}\underset{R}{\bigcirc}\text{—}S_y\text{—}\underset{R}{\bigcirc}\right]\cdot Ca(CaCO_3)_{n\,(1+y/2)}$

续表

化学名称	有机酸	典型分子结构
水杨酸盐	水杨酸基（OH, COOH 取代苯）	$\text{R}\!-\!\text{C}_6\text{H}_3(\text{OH})\!-\!\text{COO}\cdot\text{Ca}\cdot\text{OCO}\!-\!\text{C}_6\text{H}_3(\text{OH})\!-\!\text{R}$，含 $(\text{CaCO}_3)_n$
硫膦酸盐	硫磷酸基 $-\text{P}(\text{XH})_2$，含 S，$(X=S,O)$	$\text{R}\!-\!\overset{X}{\text{P}}\!-\!\text{S}\!-\!\overset{X}{\text{P}}\!-\!\text{R}$，$\text{X}\!-\!\text{Ba}\!-\!\text{X}$，$(X=S,O)$，$(\text{BaCO}_3)_n$
丁二酰亚胺	丁二酸酐基（$-\text{CH}(\text{C=O})\!-\!\text{O}\!-\!(\text{C=O})\text{CH}_2-$）	$\text{R}\!-\!\text{CH}\!-\!\text{C}(=\!\text{O})\!-\!\text{N}\!-\!(\text{CH}_2\text{CH}_2\text{NH})_n\!-\!\text{H}$ ，$\text{CH}_2\!-\!\text{C}(=\!\text{O})$

与一般表面活性剂的结构相似，清净分散剂都是两性化合物（amphibious compounds），分子中兼含亲水的极性基团和亲油的非极性基团。在极性基团中，又可分为各种有机酸官能团及碱性组分，后者包括各种金属和有机碱（如胺类等），如清净剂内金属含量超过中和其有机酸根所需要的量，会在其中形成过碱度组分。非极性基团基本上是具有不同结构的烃基。上述各种组分组成了一个油溶性的复杂体系，一般清净分散剂就是它们的浓缩油溶液（浓度多为 40%~60%）。

例如，磺酸盐 $(\text{R}\!-\!\text{C}_6\text{H}_4\!\cdot\!\text{SO}_3)_2\!\cdot\!\text{M}\!\cdot\!(\text{CaCO}_3)_n$ 中，M 为 Ca、Ba、Mg、Na，R 为 $C_{18\sim25}$ 烷基。其中极性基团是磺酸基（$-\text{SO}_3\text{H}$），金属离子为亲水基团，非极性基团为烷基芳基。

2. 抗氧抗腐剂

抗氧化剂（antioxidants）是应用范围极广泛的一类添加剂，用于绝大多数润滑油以及各种石油燃料。在内燃机油（也包括齿轮油、液压传动油等工业润滑油）中使用的抗氧化剂，在较高温度下使用兼有抗腐蚀和抗磨损的作用，这类多功能的抗氧化剂常被称为抗氧抗腐剂。各类润滑油在使用过程中，与空气中的氧或发动机中的燃烧气体接触，并受高温、光照和金属等催化作用的影响，不可避免地会发生氧化。对于内燃机油来说，燃料燃烧的副产物，在含硫氧化物的催化氧化下，产生了酸、油泥和沉淀。酸使金属部件产生腐蚀、磨损；油泥和沉淀使油变稠，引起活塞环的黏结以及油路的堵塞。总之，氧化是使油品变质的主要原因。油品中加入抗氧抗腐剂可有效地延缓油品氧化，降低金属部件的腐蚀及磨损，延长油品的使用期。

如果按化合物类型来区分抗氧剂，主要有以下几种。

1) 酚型抗氧剂

这类抗氧剂可提供一个活泼的氢原子给氧化初期生成的活泼自由基，从而生成较稳定的化合物，使链反应终止，所以这类抗氧剂是一类链反应终止剂。常用的是 2,6－二叔丁基－4－甲酚（牌号 T501），其结构式如下：

$$(CH_3)_3 \underset{CH_3}{\overset{OH}{\bigcirc}} C(CH_3)_3$$

除用于燃料外,酚型抗氧剂多用于变压器油、透平油和液压油中,用量在 0.1% ~ 1.0%,使用温度在 100℃ 以下。

2) 胺型抗氧剂

这也是一种链反应终止剂。胺型抗氧剂较酚型抗氧剂的分解温度高,但成本较贵,毒性大,使用中会变色并生成沉淀。代表性的化合物是 N′,N′-二仲丁基对苯二胺(商品名叫 UOP5、AO-22)和 N′-苯基 N′-仲丁基对苯二胺(毒性比 UOP5 小)等芳胺型化合物。它们除用于燃料中外,多用于合成油中。

3) 二烃基二硫代磷酸锌[zine diaixgl(or diargl) dithiophosphqte,简称 ZDDP]抗氧抗腐剂

ZDDP 是发动机润滑油用的重要抗氧抗腐剂。ZDDP 能破坏氧化反应中生成的过氧化物使链反应不能继续发展,因此,它是一种过氧化物分解剂,但也可以起链反应终止剂的作用,它还兼具抗磨作用。ZDDP 的结构式如下:

$$\underset{R-O}{\overset{R-O}{>}}\overset{S}{\underset{\parallel}{P}}-S-Zn-S-\overset{S}{\underset{\parallel}{P}}\underset{O-R}{\overset{O-R}{<}}$$

式中,R 为 $C_4 \sim C_8$ 的烷基。

3. 黏度指数改进剂

黏度指数改进剂(viscosity index improver,简称 VII)又称增黏剂,是一种油溶性的高分子化合物,在室温下一般呈橡胶状或固体。在黏度较低的基础油中添加 1% ~ 10% 的增黏剂,不仅可以提高黏度,而且可以改善润滑油的黏温性能。一般配制发动机油除使用清净分散剂和抗氧抗腐剂外,再添加少量增黏剂,就得到稠化的发动机油,其低温启动性好,在高温下又能保持适当的黏度。按照 SAE 发动机油黏度分类,这种油可同时满足多种黏度级别的要求,又称为多级油(multigrade oil)。具有优良黏温性能的稠化机油可南北通用,四季使用,换油期长,再加上将轻质润滑油变为高黏度重质润滑油等优点,显著提高了其经济效益,这是增黏剂的主要用途。此外,增黏剂在航空液压油、齿轮油、自动变速机油和减震油等方面也有广泛的应用。

润滑油的黏温性能一般用黏度指数(VI)表示,VI 值越大,表示油品的黏温性能越好,如溶剂精制得到的石蜡基润滑油,黏度指数在 100 左右,加氢精制的润滑油 VI 在 110 ~ 120;而含有增黏剂的多级油 VI 可以达到 150 ~ 200,其黏温性能最好。因此,增黏剂又称为黏度指数改进剂或黏度改进剂。常见的黏度指数改进剂见表 5-3。

表 5-3 黏度指数改进剂的种类

类 型		化 学 结 构	相对分子质量	牌 号
聚甲基丙烯酸酯	非分散型	$CH_3-[C-CH_2]_n-C-O-R \quad R=C_1 \sim C_{20}$ (含 $\overset{O}{\parallel}$)	$2 \times 10^4 \sim 15 \times 10^4$	T602

续表

类　　　型		化　学　结　构	相对分子质量	牌　　号
聚甲基丙烯酸酯	分散型	$\{CH_3-\overset{\underset{\displaystyle Y}{\mid}}{C}-CH_2\}_m\ \overset{O}{\overset{\|}{C}}-O-R$　$R=C_1 \sim C_{20}$　$Y=$ 极性基团	$2 \times 10^4 \sim 15 \times 10^4$	T602
聚异丁烯		$\{\overset{\underset{\displaystyle CH_3}{\mid}}{\underset{\displaystyle CH_3}{\mid}}{C}-CH_2\}_m$	$3 \times 10^4 \sim 10^5$	T603
乙烯丙烯共聚物	非分散型	$\{CH_2-CH_2\}_m\{\overset{\underset{\displaystyle H}{\mid}}{\underset{\displaystyle CH_3}{\mid}}{C}-CH_2\}_n$	$3 \times 10^4 \sim 10^5$	T611
	分散型	$\{CH_2-CH_2\}_m\{\overset{\underset{\displaystyle CH_3}{\mid}}{\underset{\displaystyle Y}{\mid}}{C}-CH_2\}_n$　$Y=$ 极性基团		T612 T613 T614
氢化苯乙烯双烯共聚物		$\{CH_2-CH(C_6H_{11})\}_m\{CH_2-CHX\}_n$　$X=H, CH_3$	$6 \times 10^4 \sim 10^5$	
苯乙烯聚酯		$\{CH_2-CH(C_6H_{11})\}_m\{\overset{\underset{\displaystyle R}{\mid}}{\underset{\displaystyle R}{\mid}}{C}-CH\}_n$　$C=O, O=C$	2×10^5	
聚乙烯基正丁基醚		$\{CH-CH_2\}_m$ $\underset{\displaystyle O-C_4H_9}{\mid}$	$9 \times 10^3 \sim 12 \times 10^3$	T601

增黏剂在单体上含有 $C_{12} \sim C_{18}$ 的酯基以提供油溶性,例如:

$$CH_2=\overset{\underset{\displaystyle CH_3}{\mid}}{C}-COOC_{12}H_{25} + CH_2=\overset{\underset{\displaystyle CH_3}{\mid}}{C}-CH_3 \longrightarrow \left[CH_2-\overset{\underset{\displaystyle CH_3}{\mid}}{\overset{\displaystyle COOC_{12}H_{25}}{C}}-CH_2-\overset{\underset{\displaystyle CH_3}{\mid}}{\overset{\displaystyle CH_3}{C}}\right]_n$$

　　甲基丙烯酸月桂酯　　　　　　　异丁烯　　　　　　　　　　　　共聚物

聚甲基丙烯酸酯和聚异丁烯本身也可作为黏度指数改进剂。高分子化合物在高温下能使润滑油的黏度增高的原理是在高温下其高分子的链完全膨胀,使油的黏度增大;随着温度下降,其分子链卷缩成团,对油的增黏性减少,使其接近于基础油的黏度。使用增黏剂应注意加入量不能过大,因为它们是高分子聚合物,在高温下易解聚而生成沉淀物。

4. 降凝剂

从石蜡基原油制取低凝点的润滑油,可采用不同深度的冷冻脱蜡处理,但油品的收率明显降低;另一方面,石蜡烃是润滑油的良好组分,将其脱除,有损油品质量。解决这一问题的合理而有效的途径是适当降低脱蜡深度,再通过向油中添加降凝剂,以保证油品的低凝点和较高的收率。我国原油多属低硫、高蜡的石蜡基原油,合理和正确地使用降凝剂,显得尤为重要。

降凝剂是一种化学合成的聚合或缩合产品。在其分子中一般含有极性基团(或芳香核)和与石蜡烃结构相同的烷基链。降凝剂不能阻止石蜡烃在低温下结晶析出(即降低浊点),而是通过吸附或共晶作用,防止石蜡烃形成三维网络状结晶,而失去流动性。因此,降凝剂只有在含蜡的油品中才能起降凝作用,但含蜡太多也无降凝效果。降凝剂的最佳用量,随油品轻重和含蜡量的不同而不同,一般为 0.1%~1%。

自 1931 年 Davis 采用氯化石蜡和萘进行缩合制得的烷基萘,成为偶然发现的第一个降凝剂,迄今发表的有关降凝剂的专利已有数百篇,合成的降凝剂也有数十种之多,但作为商品出售的不过十余种。主要的降凝剂和流动改进剂有烷基萘(paraflow)和聚甲基丙烯酸酯(PMA)、醋酸乙烯酯与反丁烯二酸酯的共聚物、聚烯烃以及聚丙烯酸酯等。而使用最广的润滑油降凝剂只有烷基萘、聚烯烃和聚甲基丙烯酸酯(PMA)。其中,聚甲基丙烯酸酯可用于各类润滑油品,与其他添加剂复合,配伍性良好;但因其含有极性较强的基团,对变压器油类油品的电气绝缘性能有一定影响。烷基萘降凝剂原料易得,工艺简单,一般用于浅度脱蜡的润滑油品,对深度脱蜡油的降凝活性较低。烷基萘颜色较深,会影响油品色度。

在中高档润滑油中使用较多的是聚 α-烯烃,其降凝效果与聚甲基丙烯酸甲酯相当。由蜡裂解生成的 α-烯烃,经过适当精制后,在齐格勒-纳塔催化剂存在下进行聚合,合成时用氢调节相对分子质量,生成高相对分子质量的聚 α-烯烃,其化学反应式为

$$n\text{R}-\text{CH}=\text{CH}_2 \xrightarrow[\text{H}_2]{\text{TiCl}_3/\text{Al}(\text{C}_4\text{H}_9)_3} \left[\begin{array}{c}\text{CH}-\text{CH}_2\\ |\\ \text{R}\end{array}\right]_n$$

5. 缓蚀剂

在润滑油所使用的系统中会产生各种各样的腐蚀,因此须采用缓蚀剂。它们多数能中和酸性物质或在金属表面上生成强黏着性的分子膜,这样对腐蚀剂侵蚀就能产生抵抗力。连杆和曲轴轴承所用的合金强度虽很高,但不耐腐蚀。二硫代磷酸酯的锌盐可用作抗蚀剂。此外,还有二硫代氨基甲酸酯锌盐和硫化油、含铅和含氯有机物等。

$$4\text{CH}_3\text{OH} + \text{P}_2\text{S}_5 \longrightarrow 2 \underset{\substack{\text{硫代磷酸二甲酯}}}{\begin{array}{c}\text{CH}_3-\text{O}\quad\text{S}\\ \diagdown\;\;\diagup\\ \text{P}\\ \diagup\;\;\diagdown\\ \text{CH}_3-\text{O}\quad\text{SH}\end{array}} \xrightarrow{\text{ZnO } 100\text{°C}} \underset{\substack{\text{二硫代磷酸酯锌盐}}}{\left[\begin{array}{c}\text{CH}_3-\text{O}\quad\text{S}\\ \diagdown\;\;\diagup\\ \text{P}\\ \diagup\;\;\diagdown\\ \text{CH}_3-\text{O}\quad\text{S}\end{array}\right]_2^{\ominus}\text{Zn}^{\oplus}}$$

硫化油是膜强度增进剂,例如,硫化牛油和硫化鲸油。硫化鲸油的性能最好,但由于近年来有关保护鲸鱼法律的规定,许多主要的公司都停止使用这种产品。这些硫化油制备的化学机理并不太清楚,但方法很简单,即在 150℃下把熔融的硫加入油内。由于反应放热,必须仔细控制温度,可用氧化锌和高分子量的胺作催化剂,进一步反应时可不加催化剂。在高温下保温 6h,或加入催化剂保温 2~4h。然后在反应液中通入空气鼓泡以驱除产生的硫化氢并将硫基转化成二硫化物。类似的产品也可用不饱和油与氯化硫(S_2Cl_2)反应制得,该反应为放热反应,氯化硫的用量约为整个组分的 16%。

在油循环系统中湿气会冷凝,水分会导致金属生锈,这就需要加入防锈剂。但这类添加剂的选择却很复杂,因为要求既不能溶于水,又不能形成乳化液。典型的防锈剂是脂肪胺磷酸盐和磺酸的金属盐,例如,烷基苯磺酸钙。

发动机的曲轴、液压阀门升降件、拉杆等部件会被柴油发动机中含硫量高的燃料燃烧时生成的酸所腐蚀。碱性烷基苯磺酸和烷基酚的镁盐、钙盐在作为清净分散剂的同时也有缓蚀作用，但有时也需增补中性烷基苯磺酸钙以及烯基丁二酸盐，后者是采用双烯加成反应来合成的。

6. 消泡剂

润滑油的表面张力必须很低才能起作用，但低表面张力的润滑油却很易发泡，特别是在有水、添加剂及其他杂质时就更易发泡。溶入空气会在液压及自动传感系统中产生海绵状泡沫，阻止润滑油达到规定的高度，进一步会造成溢流和油损耗，加入百万分之几的甲基硅油就会降低空气气泡的寿命。硅分子聚集在气泡的表面，使之强度下降，细泡沫就会结成大泡，并上升到油的表面而破掉。

7. 复合添加剂

20世纪40年代至50年代，国外的汽车增多，特别是美国的小汽车急剧增加，经常发生停停开开的现象，导致汽油机曲轴箱内低温油泥增多，堵塞油路。50年代美国杜邦公司研究出一种含有碱性氮基团的甲基丙烯酸酯类共聚物，具有分散增溶作用，改善了低温油泥问题。由于它不含金属，燃烧后无灰，被称为无灰分散剂。到了60年代，出现了非聚合型的丁二酰亚胺（表5-2），它不但能很好地解决低温油泥问题，而且与金属清净剂复合后有增效作用，既提高了润滑油的质量，又降低了添加剂的用量。添加剂的复合配方是润滑油添加剂领域技术的一大突破点，丁二酰亚胺无灰分散剂后来获得飞速发展和应用的原因也在于此。

目前，添加剂公司销售单剂的品种越来越少，复合剂的品种越来越多。如汽油机油复合剂、柴油机油复合剂、二冲程汽油机油复合剂、船用发动机油复合剂、工业齿轮油复合剂、液压油复合剂、防锈油复合剂等十多种类别。

（二）燃料添加剂

燃料包括汽油、煤油、轻油和重油等，它们是动力的主要能源。现代技术的发展要求不断提高发动机燃料的质量。除了在石油炼制过程中不断改进工艺及产品结构、提高其内在质量外，应用添加剂是改进燃料质量的另一个重要途径。

汽油及柴油发动机中最重要的一个问题是燃料的抗爆性。20世纪20年代大量研究的结果说明，四乙基铅是最有效的辛烷值改进剂，但因对人体有害，而且汽车尾气中的无机铅化合物会使净化尾气的催化剂中毒，因此，各国都在限制汽油中的加铅量。新抗爆剂的研究就成为燃料添加剂中最重要的课题。

燃料在气缸中燃烧后产生的积炭以及燃烧油本身燃烧后的残渣也会造成气缸内部结垢，这就需要用清净分散剂来改善。

燃料本身含有的或在燃烧过程中产生的含氧、含硫化合物，使燃料油在储运及使用过程中有一定的腐蚀性。除了加强精炼工艺以减少含硫量及选用耐腐蚀的发动机材料外，添加缓蚀剂也是十分重要的。

燃料在储存及使用时本身会因为氧化而变质，另外气候条件如低温会产生防冻问题，因此，需采用抗氧剂及防冰剂。

此外，为了区别燃料油的规格，往往采用油溶性染料对各种油品进行着色加以区别。

过去，燃料油各方面的使用性能在很大程度上可依靠石油加工技术的进步来改善，例如，通过催化重整、催化裂化、烷基化、异构化等二次加工，制得汽油的辛烷值比直馏油的高。近年来,随着内燃机等机械工业的技术进步、环境保护法规要求的提高以及原油来源的变化,制得的石油燃料的使用性能所暴露出来的问题也越来越多。这样,仅靠石油加工技术进步已不能解决问题,燃料添加剂的开发研究在燃料油生产中的地位日趋重要,也越来越受到人们的重视。燃料添加剂的种类很多,根据其功能分类见表5-4。

表5-4 燃料添加剂的分类及作用

添加剂的类型	代表性化合物	主 要 作 用
抗爆剂	甲基叔丁基醚、甲基环戊二烯三羰基锰、甲基叔戊基醚、叔丁醇、乙醇	提高汽油的辛烷值,防止气缸中的爆震现象,减少能耗提高功率
抗氧剂	N,N-二仲丁基对苯二胺、2,6-二叔丁基对甲酚、2,6-二叔丁基酚类	延缓油品氧化,防止胶质生成而防止油路堵塞,进气门黏结导致功率降低等
金属钝化剂	N,N-二水杨叉-1,2-丙二胺、N,N-二水杨叉-1,2-乙二胺	抑制金属(铜)氧化作用,与抗氧剂复合后有明显协同作用
防冰剂	乙二醇甲醚、乙二醇乙醚	能与油中水形成低晶点溶液,也能溶解一定量冰晶
防静电剂	有机铬盐与钙盐和有机含氮共聚物三组分复合剂	提高油品的导电率,防止电荷聚集引起火灾
抗磨防腐剂	磷酸酯、环烷酸、二聚酸与磷酸酯	减少燃油泵柱塞头磨损,防止油管、油缸锈蚀与腐蚀
流动性改进剂	聚乙烯-醋酸乙烯酯、乙烯-丙烯酸酯类	降低柴油冷滤点及凝点,改善低温流动性能
十六烷值改进剂	硝酸异戊酯、混合烷基硝酸酯	提高柴油十六烷值,缩短柴油的滞燃期,改善柴油着火性能
清净分散剂	烷基磷酸胺、烯基丁二酰亚胺、烷基酰胺	防止汽化器及进口阀门污染与沉积,减少油路沉渣
多效添加剂	含有清净防锈防腐的用于汽油的复合剂,含有抗氧剂、分散剂及钝化剂的稳定性复合剂	解决燃料系统部件的清净及防腐问题,使柴油安定性得到改善
助燃剂	磺酸盐(钡盐、镁盐)等	促进柴油充分燃烧,减少排气中烟尘

1. 抗爆剂

汽油主要是用作汽化器式内燃机发动机的燃料,在飞机、汽车、拖拉机、快艇、小型发电机、小型施工机械和农林机械上使用。汽油在发动机气缸内应形成均匀的混合气体,点火后以一定的速度燃烧。在汽油辛烷值不够或操作不当时,因燃烧气的膨胀和气缸壁过热,就会产生爆炸性燃烧,造成巨大冲击压力,这种现象称为爆震。爆震不仅浪费汽油,也会损坏活塞等零件。影响爆震的关键因素是辛烷值,因此,辛烷值是车用汽油最重要的质量指标。

通常,提高汽油的辛烷值有两种不同的方法:一是采用催化重整、催化裂化、烷基化和异构化等工艺,提高汽油中高辛烷值组分的含量;另一种是使用提高辛烷值的添加剂——抗爆剂或引进高辛烷值组分。

最早使用的汽油抗爆剂为四乙基铅(tetraethyl lead),简称 TEL,分子式为 $Pb(C_2H_5)_4$。它从1923年开始使用,直至1959年,四乙基铅一直是人们使用的优良抗爆剂,但产生了严重的铅污染。

随着汽车废气排放的控制及保护环境的需要,含铅抗爆剂已逐渐禁用,取而代之的是一些较为安全环保的辛烷值改进剂,主要类型有醚类(如 MTBE)、醇类(甲醇、乙醇、叔丁醇)和金属有机化合物(如甲基环戊二烯三羰基锰)等。20世纪90年代以来,日益苛刻的环境保护法影响了汽油规格,要求降低汽油中的芳烃含量及烯烃含量、减少燃烧产物中可挥发的有机化合物量、降低夏季汽油挥发度,进一步促进了高辛烷值抗爆组分的研究和发展,同时也对炼油工业提出了更高的要求。

2. 十六烷值改进剂

柴油是压燃式内燃机燃料。重型汽车、公共汽车、机车、拖拉机、大型船舶和各种矿山、建筑和军用机械大多使用柴油发动机。目前,一些轿车和轻型车也倾向用柴油燃料。对柴油质量的要求,最重要的是要有良好的燃烧性能。

十六烷值是柴油燃烧性能的重要指标。它表示柴油压缩着火的难易程度,并与低温启动性、暖机时的烟雾污染、噪声、功率、燃料消耗、发动机寿命有关。人为规定正十六烷的十六烷值为100,甲基萘的十六烷值为0。使用过低十六烷值的柴油,将会延长柴油在燃烧室中的滞燃期,严重时会发生爆震,使发动机功率下降、机械磨损和油耗上升。直馏柴油的十六烷值一般都比较高。烷烃的十六烷值最大,芳香烃的最小,环烷烃和烯烃介于两者之间。当柴油中调入催化裂化馏分后,柴油十六烷值下降。近年来,随着催化裂化柴油产量增加,提高柴油的十六烷值就成为当前面临的实际问题。为改善柴油的着火性能,一般除混入高十六烷基组分之外,常要添加十六烷值改进剂。

十六烷值改进剂是那些易分解得到自由基并在柴油燃烧时提高烃类氧化链引发速率的化合物。它促使燃料快速氧化,从而提高燃料的着火特性,主要有硝酸烷基酯、二硝基化合物和过氧化物,其中以敏感性好的硝酸烷基酯应用最为广泛,如硝酸异丙酯、硝酸戊酯、硝酸丁酯和硝酸异辛酯等。一般添加剂的用量为1.5%,十六烷值可提高12~20。

实际使用的十六烷值改进剂有硝酸戊酯、硝酸己酯和2,2-二硝基丙烷等。

3. 低温流动改进剂

燃料油低温流动改进剂能降低燃料油的倾点、改善过滤性和改善柴油低温使用性能。另外,它对增产柴油、节省煤油、提高炼厂生产的灵活性与经济效益也具有明显效果。

燃料油的低温性能以浊点(cloud point,简称CP)、倾点(pour point,简称PP)及冷滤点(cold filter plugging point,简称CFPP)为特性参数。

CP(浊点)是开始析出蜡结晶之温度;PP(倾点)是由于蜡结晶失去流动性之温度;CFPP(冷滤点)是蜡结晶堵塞过滤器之温度。

柴油低温流动改进剂的作用机理和润滑油降凝剂基本相同,它靠与柴油中析出的石蜡发生共晶,使蜡结晶细化,还能吸附在蜡结晶表面,靠其侧链上的极性基团抑制石蜡结晶生长,作为蜡结晶生长抑制剂,保持柴油良好的低温流动性能。因此,不加改进剂的柴油,只要有0.5%~2%的石蜡析出,就可造成柴油凝固。柴油低温流动改进剂一般不能改变柴油的蜡析出温度,也不改变某一温度下蜡析出量,不改变柴油的浊点,只改变蜡晶的形状大小,阻止三维网状结构的生成。

国内外研究过的柴油低温流动改进剂有几十种类型的化合物。工业生产的主要品种是低相对分子质量的乙烯—醋酸乙烯酯共聚物,其他品种有聚烯烃、聚丙烯酸酯、氯化聚乙烯等。一般推荐加入量为0.01%~0.1%,国外实际平均加入量为0.03%左右。

4. 防冰剂

燃料防冰剂是一种防止喷气燃料中微量的水(一般在百万分之几十的范围内变化)在低温下析出产生冰晶、防止飞机燃料系统结冰的添加剂。

能作为喷气燃料防冰剂的化合物很多,如表面活性剂(山梨醇油酸酯、烷基酚聚氧乙烯基醚)、脂肪胺类[碳链为 $C_{10\sim18}$ 的 R(NH)RCOOH 的脂族胺类]、脂肪醇(脂肪族乙二醇、脂肪二羟基醇)、脂肪酸($C_{12\sim22}$ 的脂肪酸)、硼酸酯等。但目前国内外通常采用醇醚类化合物作为喷气燃料防冰添加剂,如乙二醇乙醚、二乙二醇乙醚、乙二醇甲醚、二乙二醇甲醚、异丙醇、乙二醇、三甘醇等。

作为喷气燃料防冰剂的物质要既能溶于水又能溶于燃料,与水形成的不同比例的溶液冰点要低。此外,要求低温油溶性好,易于燃烧,沸点应与燃料馏分近似,加到燃料中后对燃料的理化指标和使用性能无有害影响。防冰添加剂的简单工作原理如下所述。

(1)防冰剂具有很好的亲水性,在喷气燃料中以本身的羟基与燃料中水的分子缔合形成氢键:

$$\cdots\cdots\overset{H-O}{\underset{H}{|}}\cdots\cdots\overset{H-O}{\underset{CH_2CH_2OCH_3}{|}}\cdots\cdots\overset{H-O}{\underset{H}{|}}\cdots\cdots\overset{H-O}{\underset{CH_2CH_2OCH_3}{|}}\cdots\cdots\overset{H-O}{\underset{H}{|}}\cdots\cdots$$

又因为防冰剂本身属于醇醚类化合物,冰点很低,因而强有力地降低了燃料中水的冰点从而抑制冰晶的形成。

(2)防冰剂只具有一定的油溶性,它在水中的溶解度比在燃料中的溶解度大得多,它能与水构成任意比例的混合物,因其结晶点很低,从而使燃料中的水不易结成冰。

(3)防冰剂还能防止在储油容器的自由空间器壁上生成冰晶,这是因为加有防冰剂的燃料在储油器中呼出的是防冰剂和水的"混合气",这种"混合气"遇冷在器壁上凝聚集成的液状物冰点很低,因而不以冰霜状态凝聚在容器的内表面和呼吸口,从而起到了气相防冰的作用。

乙二醇甲醚是国内最常用的防冰剂,它的分子式为 $OHCH_2CH_2OH$。国内均采用常压下环氧乙烷与醇类在催化剂的作用下发生反应,得到乙二醇甲醚及少量相对分子质量较大的物质。主要反应过程如下:

$$CH_2\underset{\underset{O}{\diagdown\diagup}}{\text{———}}CH_2 + CH_3OH \xrightarrow[40℃]{\text{催化剂}} CH_3OCH_2CH_2OH$$

5. 清净分散剂

尽管各国都在限制含铅汽油的用量,但目前仍有一定量的含铅汽油在使用,这些汽油会在气缸内燃烧室残留下含铅的积炭,为了消除这类影响,可在汽油中加入含磷化合物,如磷酸三甲苯酚酯和磷酸二苯酚甲苯酚酯。含磷添加剂的作用在于改变积炭的结构,消除它们对发动机的不良影响。

近年来,由于汽车曲轴箱采用强制通风和排气循环装置,造成汽化器和进气管线中胶状沉积物的量急剧增加。实践表明,加有清净剂的汽油可增加汽车行驶里程一倍以上。

清净分散剂的功能是多方面的,除了清除沉积物外,还有防止汽化器结冰和燃烧系统腐蚀的作用,因此,它是一类多功能添加剂。清净分散剂主要是一些特殊结构的表面活性剂,有低分子和高分子清净分散剂两种。

(1)低分子清净分散剂。这些添加剂是含磷化合物的一种改进,主要的品种有烷基胺、烷基脲、有机胺和脂肪胺—酰胺盐等。

(2)高分子清净分散剂。高分子清净分散剂主要有聚丁烯琥珀酸亚胺、聚丁烯多胺和聚氧乙烯胺衍生物等。例如,下列结构的高分子清净剂:

$$\underset{\text{R}}{\overset{\text{OH}}{\bigcirc}}-O-CH_2CH-CH_2NHCH_2CH_2NHCH_2\overset{\text{OH}}{\underset{}{CH}}CH_2-O-\underset{\text{R}}{\bigcirc}$$

新型清净分散剂的加入量都很少,通常在 10～20mg/L 范围内。由此可见,这些添加剂属于高效品种。

6. 抗氧和防锈剂

燃料在储存及使用中通常要与金属接触,由于空气和水的存在,钢材会发生锈蚀。燃烧后产生的氧化物又为腐蚀创造了条件。在许多情况下,氧化会引起燃料油黏度增高,并使燃料油组分发生变化。

在燃料中加入抗氧剂可提高它们在储存及使用时的稳定性,在含铅汽油中还能防止四乙基铅分解后形成沉淀。

抗氧剂可分为阻碍酚和苯二胺两大类。阻碍酚类是塑料中应用得十分广泛的抗氧剂,在燃料中用得最多的是 2,4 - 二甲基 - 6 - 叔丁基苯酚和 2,6 - 二叔丁基 - 4 - 甲基苯酚。苯二胺类抗氧剂的主要品种有 N,N′ - 二异丙基对苯二胺(Ⅰ)和 N,N′ - 二仲丁基对苯二胺(Ⅱ)。

$$(CH_3)_2CHNH-\bigcirc-NHCH(CH_3)_2 \qquad \underset{H_3C}{\overset{H_5C_2}{CHNH}}-\bigcirc-\underset{CH_3}{\overset{C_2H_5}{NHCH}}$$

$$(Ⅰ) \qquad\qquad (Ⅱ)$$

近年来,也出现了一些有清洗作用的防锈剂,主要为两种组分,其中一种是烷基酚聚氧乙烯醚非离子表面活性剂,另一种则是咪唑啉胺。这类添加剂对与空气、水和汽油接触的金属表面有良好的抗蚀能力。同时,由于混合物内含有表面活性剂,因而有一定的清洗作用,可使发动机的维护工作易于进行。

二、原油添加剂

原油添加剂也称油田助剂,是指在石油勘探、钻采、集输、炼制等过程中使用的化工产品和天然化学物质。

现代石油工业的发展,离不开门类齐全、性能优良、供应充足的油田化学品工业的支持。随着工业技术的发展,油田助剂用量越来越大。1988 年世界油田助剂用量为 $1200×10^4$t,价值超过 80 亿美元;1990 年达 92 亿美元以上;1993 年达 112 亿美元以上。到目前为止,油田化学助剂已有七十多类,三千多个品种。我国从 20 世纪 70 年代进行油田化学品的开发,不断完善,目前,我国油田化学品拥有上千个品种,年销量超过 $100×10^4$t。油田化学品种类繁多,按其结构可分为三类:(1)简单化合物;(2)高分子聚合物(如植物胶及衍生物、纤维素及衍生物、合成聚合物和生物聚合物等);(3)表面活性剂。

这里主要介绍原油流动改进剂、原油处理添加剂、强化采油添加剂。

(一)原油流动改进剂(或称蜡控剂)

我国原油的含蜡量为 2%～30%,凝点相应为 -50～28℃。原油中蜡凝析在井底或井面设备上,会减少出油量,有时会堵塞油嘴、阀门和调节器等设备,引起机械方面的故障。为了控制原油中蜡的析出或制止结蜡,一般在原油中溶加某种添加剂,即蜡控剂。蜡控剂一般分溶蜡剂、蜡分散剂、蜡结晶改变剂、流动性改进剂四类。

1. 溶蜡剂

溶蜡剂多为特种溶剂,可将沉析的蜡溶胀,形成有一定黏度的松软物质,或将蜡完全溶解,从而被油流携带清除。常用溶蜡剂的主要成分有吡啶、吗啉,还有低相对分子质量的伯、仲、叔胺,如正丁胺、乙二胺、二亚乙基三胺、二甲基丙胺、二乙基丙胺、环己胺等。辅助溶剂为甲苯、二甲苯等。应用中常用表面活性剂来增效,所用表面活性剂都为非离子型的烷基酚与氧化乙烯的缩合物。

2. 蜡分散剂

蜡分散剂的作用是蜡的结晶一旦出现,就被分散剂所包覆,使之无法成长为大颗粒,无法在管壁、设备表面上黏附,从而阻止或延缓蜡的沉积。蜡分散剂包括磺酸盐、烷基酚衍生物、聚酰胺和萘等。

3. 蜡结晶改变剂

蜡结晶改变剂与蜡共结晶,改变了晶体的特性,使之不易凝结,不易在表面上附着,常用的有聚乙烯类衍生物、聚酯类化合物。

4. 流动改进剂

流动改进剂也称降凝剂或减黏剂。这类添加剂都是聚乙烯的衍生物,如乙烯和醋酸乙烯的共聚物,简称 EVA。

(二)原油处理添加剂

油井喷出的原油内溶解了部分气体(如轻质烃、腐蚀性气体等),夹带了水分或已乳化了的水分和泥砂,还溶解了一些盐类等。原油在送入炼油系统前,必须经过物理的或化学的预处理,达到净化油的要求。下面结合原油的预处理介绍有关的添加剂。

1. 破乳剂

从地下抽出的原油一般是与盐水混合在一起的。在油田,已将大部分盐水从原油中分离出去,但一般炼油厂接收到的原油中还有 1%~3% 的盐水。原油中的盐水含有许多杂质,不溶物的含量也很高。碳酸盐、硼酸盐、氯化物、磷酸盐和硫酸盐在水中的含量都很高。盐水是以水/油(W/O)乳液混在原油中进入炼厂的。原油中天然的乳化剂使乳化液保持稳定。要使稳定的乳液破坏,成为不相混溶的两相,这种过程叫破乳。凡能破坏乳液的物质总称为破乳剂。原油脱盐、脱水装置的主要任务是将分散在油中、并被一层牢固的乳化液所包围的很细的水滴聚结脱除。由于单纯依靠重力难以沉降脱除,因此,一般要同时采用加热、加入化学破乳剂和高压电场三个破乳手段。油田乳化液的成形机理相当复杂,不同油质的油所用的破乳剂类别也不一样。

破乳剂的破乳效果与原油乳化液的油水界面张力密切相关,破乳剂降低表面张力能力越强,破乳效果越好。破乳剂的破乳过程包括顶替作用和胶溶作用,在低破乳剂用量下,以顶替作用为主,界面张力随破乳剂用量的增加而降低;在较高破乳剂用量下,以胶溶作用为主,界面张力随破乳剂用量的增加而升高。常用的破乳剂主要有:烷基酚醛树脂聚氧乙烯聚氧丙烯醚、聚硅氧烷聚氧乙烯聚氧丙烯醚、聚磷酸酯、高相对分子质量和超高相对分子质量聚氧乙烯聚氧丙烯醚、聚醚的改性产物[以醇、胺等含活性氢的化合物为起始剂制得的嵌段聚醚聚氧乙烯氧丙烯(或丁烯)醚在有机溶剂中与甲苯二异氰酸酯或六次甲基二异氰酸酯等二异氰酸酯反应,得到油溶性破乳剂]、含氮破乳剂(包括以胺类为起始剂的嵌段聚醚,季铵化聚醚、脂肪胺盐酸盐及高碳数烷基咪唑啉类)、磺酸盐和醚硫酸盐。

目前,原油破乳剂的发展已由中低相对分子质量向高相对分子质量、由水溶性向油溶性、由通用型向专一型的方向发展,力求做到高效低耗、一剂多用的功能。

2. 缓蚀剂

能抑制或完全阻止金属在侵蚀介质中腐蚀的物质总称为缓蚀剂,也常称为阻蚀剂、腐蚀抑制剂和防腐蚀剂等。缓蚀剂一般都是油脂加工厂生产的直链脂肪二胺或咪唑啉衍生物。这些胺类的抗腐蚀作用在于它们能被金属表面吸附从而形成单分子层的保护膜,从而起到缓蚀效果。原油需要的缓蚀剂品种及数量都很大,据估计世界石油工业所需缓蚀剂年成交金额可达 1.5 亿美元。

油田器材设备受到腐蚀的因素很多,原油中存在的腐蚀性气体(二氧化碳、硫化氢等)和盐水都可引起腐蚀,例如在操作温度及压力下,油田设备常出现硫化物应力腐蚀开裂和氢脆现象。在炼油厂常压塔顶受到的腐蚀,主要是一些原油中氯化物盐类,它们因水解产生 HCl 而引起腐蚀。对 80% 以上的硫化氢腐蚀可用阳离子型表面活性剂加以抑制,其抑制腐蚀的机理是在金属器材表面上形成中性基薄膜,从而起到抑制腐蚀的作用。

3. 杀菌剂

原油中往往会有细菌,其来源一方面是地层结构中本身就存在,另一方面则是在注水时带入的。油井经过一定时期的生产后,井口压力逐渐下降,通常采用注水法提高压力。但水中常有四种细菌:腐生菌、硫酸盐还原菌、硫细菌、铁生菌。这四种菌对水质都有影响,腐生菌主要是脱水过程中加入破乳剂等助长的,在污水回收使用时危害很大。硫酸盐还原菌将硫酸盐还原,产生有腐蚀性的 H_2S 气体,对金属腐蚀很厉害。硫细菌可以把水中硫化物转变为硫酸引起腐蚀。铁细菌能将 $Fe(OH)_2$ 氧化成高价铁 $Fe_2(CO_3)_3$ 及 $Fe_2(SO_4)_3$。这些菌类污损水质,并腐蚀设备造成堵塞,使水流困难,因此,常用杀菌剂来抑制和消除这些菌类。

常用的杀菌剂有季铵盐、甲醛、戊二醛和季铵盐,复合使用效果较好,新品种烷基氮杂内酰胺对硫酸还原菌的杀菌力最强。

4. 阻垢剂

原油中常夹带一定数量的盐类,在采油、输油以及原油处理设备中常会结垢,须用阻垢剂加以处理。用于这一目的的阻垢剂有重铬酸盐、磷酸盐、木质素磺酸盐和合成单宁等。

原油在进入炼油厂后必须与裂解、精馏装置的某些部分进行热交换,以最大限度地利用热能。在这种情况下,原油带入的杂质会引起热交换器中的结垢问题。这种结垢不仅影响热交换效率,严重时还会造成热交换器堵塞以致报废。在热交换器系统中使用的去垢剂必须在加热条件下使用,多数是复配的混合物,它们的功能包括洗净、分散、成膜等。一般可采用长碳链脂肪胺和羟乙基化咪唑啉衍生物。可采用在系统中连续加入的方法以保持其去垢能力,用量为 5~20mg/kg。

(三)强化采油添加剂

油井生产一次回收法的采油率仅为 5%~30%。为了提高采油率,采用压气法或注水法进行二次回收,油回收率可达40%~50%。但仍有59%以上的原油滞留在油构造中。近年来,国内外采用了强化三次回收法,油回收率将有可能达到60%~65%。油田生产的二次回收法和三次回收法总称为强化回收法(简称 EOR 法)。

目前,国外采用的强化回收法从四方面进行:(1)改良型注入法,即采用高聚物注入法和低浓度界面活性剂注入法;(2)碳酸气压法;(3)乳液法,即采用高浓度表面活性剂注入法;(4)热回收法,即采用水蒸气注入法。

美国在这方面做了不少工作,据报道美国目前以碳酸气压法和水蒸气注入法为主,改良型注入法和乳液法还在实验阶段,苏联则以低浓度界面活性剂注入二次回收法为主。

1. 强化采油添加剂

高聚物注入法采用的是聚丙酰胺水溶液,据介绍1份聚丙烯酰胺水溶液可增产1份原油。目前,采用的低浓度界面活性剂是烷基酚乙二醇酯,将低浓度烷基酚乙二醇酯压入多孔质砂岩油层,使油与水的界面张力下降,从而达到离析出油的目的。乳液法尚在实验阶段,技术内容报道不多,此法是选用适宜的界面活性剂与醇类(异丙醇、叔丁醇和氨醇等)注入井下,使烃类、水、盐类形成微粒乳液,并构成中间层,再注入聚丙烯酰胺水溶液,最后注入水来采油。据介绍,1桶乳液可回收原油2.5桶,乳液中表面活性剂含量仅为7%。

2. 强化采油絮凝剂

丙烯与丙烯酰胺共聚的阴离子型高聚物水溶性树脂具有选择絮凝作用,可将钻井液中的黏土絮凝,抑制其分散,使之易于沉降、过滤,控制原油的固体含量。此外,它还具有稳定泥页岩壁的作用。另外也有采用木质素磺作为活性助剂、与聚丙烯酰胺等制成所需要的絮凝剂,其成本比一般的聚丙烯酰胺低25%~50%。

三、食品和饲料添加剂

食品添加剂在现代食品加工中起着重要作用。在精细化工产品中也是重要的门类之一。在我国《食品添加剂卫生管理办法》中关于食品添加剂的定义是:为改善食品品质和色、香、味以及为防腐和加工工艺的需要而加入食品中的化学合成或者天然物质。

对食品添加剂来说最重要的要求是对消费者有可靠的安全性。这有两方面的意义:一方面一种化学物质是否可以作为食品添加剂在食品中使用,除了它所具有的功能性之外,还必须具有可靠的安全性。因此,作为食品添加剂必须经过一系列严格的毒理试验和严格的法定程序检验批准之后,才可以作为食品添加剂被使用。另一方面,食品添加剂产品必须有严格的质量要求,除了产品必须符合规定的质量标准外,对生产环境、原料及生产工艺也有严格的法规要求。

目前,国际上尚无通用的食品添加剂标准,虽然可以将联合国下属机构联合国粮农组织(FAO)和世界卫生组织(WHO)的食品添加剂专家委员会(JECFA)制定的 FAO/WHO 标准视为食品添加剂国际标准,但是由于各个国家在科技水平、生活习惯等方面的差异以及贸易保护和产业政策等诸多因素的影响,各国均制定了只在本国适用的食品添加剂标准和管理法规。

根据我国《食品卫生法》和《食品添加剂卫生管理办法》的规定,在我国食品中使用食品添加剂,必须按国家标准《食品安全国家标准食品添加剂使用标准》(GB 2760—2011)执行。这一标准规定了在食品加工中可以使用的食品添加剂的品种和使用范围及允许用量。目前,国内生产食品添加剂的质量标准中,部分已制定有国家标准(行业标准),也有部分产品执行的是地方标准或是企业标准。在这些标准制定时一般都参照国标上同类产品的先进标准,主要参照的国外标准除上述的 FAO/WHO 标准外,还有美国食品添加剂标准《食品化学法典》即 FCC(Food Chemical Codex),日本食品添加剂标准(《食品添加物公定书》)等。

我国目前食品添加剂行业正处于发展过程中,各类食品添加剂就其中主要品种而言,在国内均有生产。然而,由于食品添加剂严格的安全性要求,使其开发过程中必需的检测程序外常繁琐,除需要巨额经费支持外,还需精密的检测手段。这些条件的限制使得新型食品添加剂的开发在我国现阶段科技经济水平下很难进行。因此,近年来国内在食品添加剂的科研开发工作主要以仿制国外同类产品逐步填补国内空白为主要方向。

饲料添加剂(feed additives)系指为了满足动物生长需要在配合饲料中添加的各种微量成分,其主要作用是完善日粮的全价性,提高饲料的利用率,促进动物的生长,防止动物患病,减少饲料在储存期营养物质的损失,以及改进饲料加工性能,提高畜、禽等产品质量。全价配合饲料由饲料添加剂(占 1%~2%),蛋白质饲料(占 30%~40%),能量饲料原料(占 60%~70%)组成,饲料添加剂是配合饲料的"核心"。

国际上通常把饲料添加剂分为三类:(1)补充饲料营养的添加剂主要包括氨基酸、维生素、微量元素、非蛋白氮类等。这类添加剂一般是根据动物营养标准,补充粮食饲料中缺少和不足的营养物质,以提高饲养效益。(2)保健、促生长添加剂可预防动物常见病,并能提高饲料利用率,促进动物生长,主要有抗生素、化学合成抗菌剂、激素、驱虫剂、活菌剂、酶制剂等。上列各种饲料添加剂在生产、使用、管理上要求不同,对抗生素、化学促生长剂、激素、驱虫剂要求严格限定动物种类、添加剂量、停药期及动物组织中药物残留量,通常应在兽医师处方指示下添加,饲料厂生产的商品饲料中不得任意添加。在我国还不准许激素类用于饲料添加,但活菌剂和酶制剂无此限制。(3)保障饲料质量的添加剂,主要有防霉剂与抗氧剂、黏合剂、诱食剂、着色剂等。这类添加剂主要是提高饲料品位或使饲料不发生变质,其本身并不起生物效应。

我国饲用微生物开发于 20 世纪 80 年代初,现已建成了几个不同规模的生产装置,如四川农大研制的芽孢杆菌类动物微生物制剂 8501(仔猪用)、8701(肥猪用)、8801(鱼用)、8901(家禽用)、901(肉鸡用)和 906 等系列产品,南京农大研制的复合菌剂都不同程度地进入了市场。我国饲用酶制剂已有十几个厂生产,主要有纤维素酶、胃蛋白酶、α-淀粉酶、β-淀粉酶等,有些已投入市场使用。

目前,我国饲料添加剂工业无论产量、质量、品种数量,还是生产技术,均取得了很大发展,初步形成了饲料添加剂行业。但是与工业发达国家相比,还有很大差距,而且目前还远远不能满足我国饲料工业的需求,国产添加剂品种和产量的不足已成为制约我国配合饲料生产发展的重要因素。如何扭转添加剂严重依赖进口的局面,是一个严峻的任务。

第三节 表面活性剂

一、概述

表面活性剂工业是 20 世纪 30 年代发展起来的一门新型化学工业,随着石油化学工业的发展,发达国家表面活性剂的产量逐年迅速增长,已成为国民经济的基础工业之一。目前,世界上表面活性剂有5000多个品种,商品牌号达万种以上。

(一)表面活性剂的定义

习惯上,只把那些溶入少量就能显著降低溶液表面张力并改变体系界面状态的物质,称为表面活性剂。当然,不能只从降低表面张力的角度来定义表面活性剂,因为在实际使用时,有时并不要求降低表面张力。具有改变表面润湿性能,具有乳化、破乳、起泡、消泡、分散、絮凝等多方面作用的物质,也称为表面活性剂。所以应该认为,凡是加入少量能使溶液体系的界面状态发生明显变化的物质,皆称为表面活性物质。表面活性剂应具有下列特点:

(1)双亲媒性结构。从化学结构上看,表面活性剂分子中应同时具有亲油性(或称憎水性)的碳氢链和亲水性的官能团。

(2)溶解度。表面活性剂至少应溶于液相中的某一相。

(3)界面吸附。在达到平衡时,表面活性剂溶质在界面上的浓度要大于在整体溶液中的浓度。

(4)界面定向。表面活性剂分子在界面上会定向排列成分子层。

(5)生成胶束。当表面活性剂溶质在溶剂中的浓度达到一定时,它的分子会产生聚集而生成胶束,这种浓度的极限值称为临界胶束浓度(简称CMC)。

(6)多功能性。表面活性剂的溶液通常具有多种复合的功能,例如,清洗、发泡、湿润、裂化、增溶、分散等。

表面活性剂这一专用名词的历史并不长,但它的应用却可追溯到古代,我国古人已用皂角、古埃及人用皂草提取皂液来洗衣物,图5-1所示结构是一种生物天然表面活性剂。这种物质虽具有清洗功能,但一旦进入人体生化循环体系,就会对人有一定的毒性。而近代的合成表面活性剂就没有这种缺点。远在中世纪就发现了肥皂的洗涤功能,此后,直到19世纪,肥皂一直是唯一人工生产的表面活性剂。从结构上看,肥皂是长碳链脂肪酸的碱金属盐,也是一类表面活性剂,但在分类时通常单作一类(肥皂)列出,以示与合成表面活性剂间的区别。

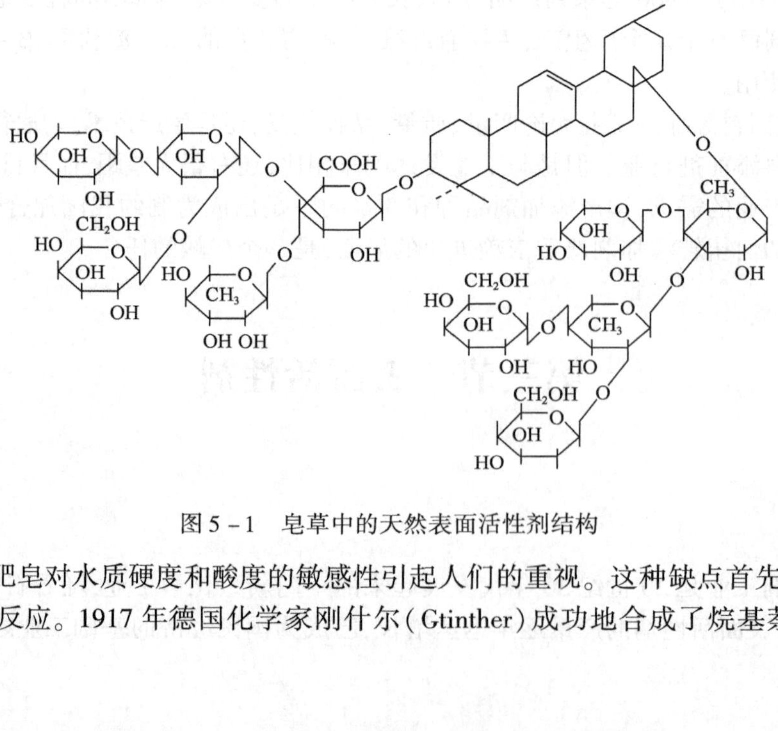

图5-1 皂草中的天然表面活性剂结构

20世纪,肥皂对水质硬度和酸度的敏感性引起人们的重视。这种缺点首先在纺织工业中产生了强烈的反应。1917年德国化学家刚什尔(Gtinther)成功地合成了烷基萘磺酸盐,它具有很高的发泡性和润湿性。虽然这种物质还没有达到肥皂的洗涤能力,但却为以后表面活性剂的开发奠定了基础。第一个在纺织印染工业上使用的合成表面活性剂是磺化油(俗称土耳其红油),它使大量采用对水硬度及酸性不敏感的助剂成为可能。30年代,德国化学家广泛进行表面活性剂的研制,从而发现了数百种新的表面活性剂,这是近代表面活性剂化学的创始时期,并形成了合成表面活性剂与肥皂生产间竞争的局面。第二次世界大战后,石油化工的兴起提供了高质量的在当时相对较为廉价的原料。原料的变更,促使表面活性剂工业处于一个迅速发展的时代,出现了石油化工资源与天然再生资源(如动植物油脂)的原料路线对峙的局面。近十年来,基于石油资源生产战略上的考虑以及油料作物生产技术的改进,正在促进进一步用天然再生资源作为表面活性剂工业基本原料来源的研究。在油脂化学工业中已经明显地看出有这种倾向,但目前还不可能改变现有表面活性剂原料结构的比例。

(二)表面活性剂的作用

表面活性剂具有界面吸附、定向排列和生成胶束等基本性质,因而产生下述几个物理作用。

1. 润湿作用和渗透作用

固体表面和液体接触时,原来的固—气界面消失,形成新的固—液界面,此过程即为润湿。表面活性剂能提高水的润湿及渗透能力,其大小常用接触角来描述。在固、液、气三相交界处,自固—液界面经过液体内部到气—液界面的夹角叫作接触角。

显然,接触角越小润湿性能越好,习惯上将接触角为90°定为润湿与否的标准。接触角大于90°叫作不润湿;接触角小于90°则叫作润湿;接触角等于0°或不存在,则叫作铺展。

在水中添加少量表面活性剂,对固体的润湿和渗透就容易得多。

2. 分散作用、乳化作用和增溶作用

一种固体微粒均匀分散在液体(如水)中的现象称为分散;非水溶性液体(如油)以细滴状均匀分散在另一液体(如水)中的现象是乳化。使非水溶性物质在水中呈均匀乳化或分散状态的现象称为乳化作用或扩散作用。乳化作用也是一种分散现象,与上述分散不同的是两种不相混溶的液体,其中一液体以细滴状分散于另一液体中形成乳状液。

最常见的油与水的乳化有两种基本形式:一种是少量油分散在大量的水中,水是连续相,油是分散相,称水包油型(O/W);另一种是少量水分散在大量的油中,油是连续相,水是分散相,称油包水型(W/O)。这两种乳化类型可以两相含量、乳化剂种类及数量等因素而互相转换。

增溶作用与乳化作用、分散作用不同。当溶液中表面活性剂的浓度达到临界胶束浓度,溶液中表面活性剂浓度达到某一范围后,其许多物理化学性质如渗透压、电导率、表面张力、增溶性、去污力均发生突变。所以一般认为由于形成胶束的缘故,非极性烃链借分子作用力相互吸引,而将极性基团朝向水相,缔合成为胶态聚集物,即形成胶团。溶液性质发生突变时的浓度,即形成胶团时的浓度,称为临界胶束浓度。胶束能把油及固体微粒吸聚在疏水基端,使微溶性或不溶性物质溶解度增大的现象称增溶作用。

3. 发泡作用和消泡作用

在气液相界面间形成由液体膜包围的空间结构,从而使界面间表面张力下降的现象称为发泡作用。发泡的方法有机械(如搅拌)发泡、物理发泡和化学发泡。与此相反,消泡是要降

低溶液和悬浮液表面张力,防止泡沫形成或使原有泡沫减少或消失。

4. 洗涤作用

从固体表面除掉污物的过程称为洗涤,其中衣类的洗涤占主要地位,近年来也涉及其他领域。

洗涤去污作用是由于表面活性剂降低了表面张力而产生的润湿、渗透、乳化、分散、增溶等多种性能综合的结果。污物放入洗涤剂溶液中,先充分润湿、渗透、使溶液进入污物内部,污垢容易脱落,然后洗涤剂把脱落下来的污垢乳化、分散于溶液中,经清水漂洗而除去。

去污作用与表面活性剂的全部性能有关,去污力好的表面活性剂,并不一定各种性能都好,而是上述各种性能协同配合较好。

5. 派生性质

表面活性剂除上述基本性质外,尚有在工业中有特殊作用的派生性质。

(1) 柔软平滑作用。纤维在加工过程中因摩擦产生起毛、断裂或静电,经吸附表面活性剂后,摩擦就发生在互相滑动的憎水基之间,并获得柔软的效果。憎水基越细长,滑动越容易。带有支链的烃或烷基苯均不适于作为柔软平滑剂,憎水基碳原子数以 16~18 较为合适。亲水基有阴离子、非离子、阳离子、两性型,从降低静摩擦系数的能力看,按聚乙二醇型非离子、阳离子、多元醇型非离子的顺序依次增大。合成纤维大多使用阳离子型柔软剂。对于纺织、纺丝等在强力高速下的摩擦则以降低动摩擦为主,选择的亲水基与上述相反,以聚乙二醇型非离子降低动摩擦能力为最大。

(2) 抗静电作用。纤维因摩擦而生电,抗静电的方法是使用以表面活性剂为主要成分的纤维用抗静电剂,对纤维进行表面处理。另一种方法是对原料聚合物改性,即采用共聚单体添加剂。不同种类表面活性剂抗静电效果因各自不同的结构而有差别,其中以阳离子型、两性型表面活性剂为优,其次是非离子型、阴离子型表面活性剂。但因纤维不同,每种表面活性剂的效果也有差别。

表面活性剂抗静电机理可从摩擦带电和表面电荷的逸散两部分来研究。摩擦生电是由于在局部表面存在的物质之间的电子移动。而电荷的逸散与表面活性剂的吸附量和吸湿性有关,可以用已吸湿的水分为介质的离子移动引起电荷的移动来解释。所有这些都与表面活性剂在表面吸附的方式有关,表面活性剂疏水基吸附在物体表面,亲水基趋向空气而形成一层亲水性膜,降低合成纤维摩擦系数而使其难以产生静电,同时亲水膜吸收空气中的水分,好像在物体表面多了一层水层,这样产生的静电就易于传递到大气中去,从而降低了物体表面的电荷。

(3) 匀染作用。能使染料缓慢地与被染物接触或能使深色区染料向浅色区移动达到匀染目的的表面活性剂称为匀染剂。仅有将深色移向浅色的作用称缓染或移染作用。匀染剂一般分为亲纤维匀染剂和亲染料匀染剂,前者与纤维的吸附亲和性要比染料大,染色时染料只能跟在匀染剂后面追踪,从而延长了染色时间而达到缓染,使纤维均匀染色;后者与染料有较大的亲和力,故在染色过程中拉住染料,从而延长了染色时间而达到缓染效果。

(4) 杀菌作用。表面活性剂中有些官能团能与蛋白质发生作用而具有杀菌性质,尤其是阳离子型表面活性剂,其次为两性型表面活性剂。杀菌机理是表面活性剂首先吸附于菌体,然后浸透菌体的细胞膜并将其破坏。

(三) 表面活性原理

表面活性剂的应用特性取决于它们在表面上、界面上以及溶液中的各种性质,这些性质都与表面活性有密切的关系。

1. 表面和界面现象

两相接触部分为面接触,三相的接触部分则是两条线,而四相或四相以上的多相接触则是点接触。在表面活性化学中,占主导地位的是液相与其他相之间的接触面。所以,以下的讨论中涉及的实际上是液体的表面或界面现象。

在表面活性化学中用到的多相体系有:液—气、液—液—气、液—固—气、液—液—固—气、液—液、液—液—液、液—固—固、液—固—固—气、液—固、液—液—固、液—液—固—固—气。

其中,气—液相的界面有特殊性,相当于暴露在空气中的液体的表面现象,所以,气—液相接触的界面就叫作表面。

对一种含有乳化剂的油漆、悬浮的固体微粒以及通入空气后形成气泡的表面活性剂溶液来说,这一多相体系应该是液—液—固—气的四相体系。若对此体系进行物理化学的理论分析,可反映出如下几种表面活性剂应用性能方面的要求。

(1)当某一相颗粒变小时,其相表面积会迅速增大。所以,上述多相体系中的乳化相、悬浮相及气体相与表面活性剂溶液相互接触的部分均有相当大的表面积。

(2)由于只有两相接触时才能形成面接触,亦即所谓的界面,因此,对上述的液—液—固—气相体系的分析就可分解为一系列两相界面特性的分析,即表面活性剂溶剂与乳化相、与悬浮相以及与气相这样三个两相界面问题的分析。

(3)表面活性剂必须能改善悬浮相及乳化相间的相互接触,这样才能保持整个多相体系的稳定。

(4)被分散的各相(这里是指悬浮的固体微粒、乳化的油珠以及小气泡)都与表面活性剂溶液间进行分子交换,是一种动态的平衡,通过这样的平衡也达到被分散的各相之间的平衡。

2. 表面能和表面张力

1) 气—液界面的表面能

每一单位液体表面积对应一定量的自由能称为表面自由能,其单位为 $10^{-3}J/m^2$ 或 $10^{-7}J/cm^2$。增加表面自由能需要消耗功,其结果会使液体的表面积增大。纯液体力图保持最低能量状态,也就是保持一种表面积最小的几何形状。这种原则可以从分子间引力的原理来进行如下的解释。不管液体处于静态或动态,分子间占主导作用的范德华引力总会把相邻的分子吸引在一起。这种分子间引力只能在极小的间距间起作用,其大小随分子间距离的增加而迅速下降。在一个小单元体积液体中间的分子所受其他分子的引力应该是各向同等的。但在液体表面的分子却完全不同于内部的分子,它会受到强烈的里层分子的吸引。这是因为外界气体分子把液体分子从液相拉出的力远小于液相内部分子的吸引力,其比值约为 1:1000。由于上述原因,这种不平衡的引力作用的结果,会使大量的分子尽可能从表面集中到液相的内部,就会出现液相的表面积达到最小值的状态。上述原理可解释在理想条件下,空气中自由落下的液滴是球形的这种自然现象。

2) 液—液界面的界面能

两种相互不溶的液体界面上每一单位面积对应着一定量的自由能,称为界面自由能,其单位为 $10^{-3}J/m^2$ 或 $10^{-7}J/cm^2$。增加界面积就需要加入能量,而界面本身则力图保持最小的界面积。对乳化液进行破乳就是一种降低表面积的例子。在液—液相界面上的分子会受到比气—液界面上更加均匀的球面吸引力,其原因是在液—液相界面两侧的分子数具有相同的数量级。这样,两种液体在接触面上会有相当大的吸引力,而界面自由能一般都比单独液体的表面自由能小得多。

3) 表面及界面张力

一般认为,液体的表面层受到一种平行于表面层张力的作用,这种张力称为表面张力。但由这种观点设计的数学模型并不十分符合实验的事实。现在认为,所谓表面张力就是使液体表面尽量缩小的力,也可认为是作用于液体分子间一种凝聚力的表现。要想使液体的表面伸展,就必须抵抗这个使表面缩小的力。因此,表面张力就以液体的表面伸展一个单位面积所需单位长度的力来表示,其单位为 10^{-3}N/m 或 10^{-5}N/cm,在数值上与表面自由能相等。同样,界面张力则是指液—液界面伸展一个单位面积所需单位长度的力,在数值上与界面自由能相等。

表面活性剂的特性之一就是即使在低浓度下也能显著地降低水的表面张力。图 5-2 表示典型的阴离子表面活性剂脂肪醇硫酸钠的浓度对水表面张力下降的影响。纯水的表面张力在 28℃ 时为 71.5×10^{-5}N/cm。加入脂肪醇硫酸钠后,水溶液的表面张力可以降低 30×10^{-5}N/cm 左右。

表面张力的降低,就意味着与纯水相比可以做较少的功就能使表面展开,较易形成薄膜状,又极易形成泡沫,肥皂泡的形成就是这一原理的具体体现。

3. 接触角

三相的接触部分是线。图 5-3 描述一个附着在固体表面上的液滴,而固相及液相都暴露在空气中,这样就构成了气—液—固三相线接触。图中断面上的接触点 X 若从顶部俯视则可联成一个圆周,就是三相的交界接触界面线。从 X 点向液相表面作切线 X_a,此切线与固体表面所构成的夹角 θ 就称为接触角,接触角可反映在各相处于平衡状态下的能量关系,因此是表面活性的一项重要指标。

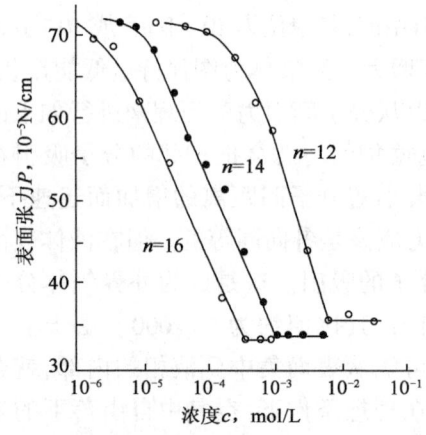

图 5-2 脂肪醇硫酸钠($C_nH_{2n+1}OSO_3Na$,28℃)水溶液的表面张力—浓度曲线

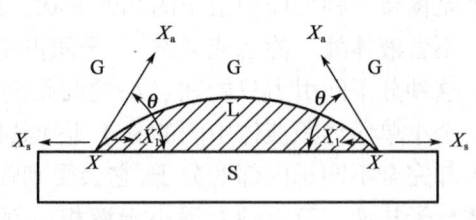

图 5-3 在固体—油—空气界面线上的接触角
G—气相;L—液相;S—固相;X—接触点;
X_a—气液表面张力;X_l—液固界面张力;
X_s—气固表面张力;θ—接触角

若接触角为零,液体对固体的吸引作用就等于液体对液体本身的吸引作用,就会出现固体被液体完全润湿的状态。若液体对固体的吸引作用大于对液体本身的吸引,说明接触角出现了负值,尽管接触角等于负值是不合理的,但液体对固体吸引大于液体本身的情况确实存在。若从作用力的观点来分析,上述体系在接触点 X 有三种力的作用。X_a 表示气—液界面受到的力即液滴表面张力,它的作用是力图维持最低能量的球形。X_1 平行于固体表面,其方向指向接触点形成圆周的中心,它实际上是液—固的界面张力。X_s 也平行于固体表面,它是固体的表面张力,其作用是力图减小气—固界面。在这三种力中 X_s 最小,但毕竟还是存在的。若接触角为零,$\cos\theta = 1$,则 $X_s = X_a + X_1$。若没有接触角,则 $X_s > X_a + X_1$,这种情况是指没有达到平衡,液体将继续在固体的表面伸展。

若接触角等于或大于 90°,则说明固体和液体间的黏合作用较弱。在实际应用中说明所采用的表面活性剂缺乏足够的润湿性。接触角为 180°,则说明固体和液体间完全没有黏合力,实际上并不会出现这种情况。

(四)表面活性剂对溶液性质的影响

在前一部分中已经介绍了表面活性剂对水溶液表面张力产生影响的例子。当表面活性剂溶解于溶剂中时,形成的溶液与纯溶剂相比在性质上会产生很大的变化。通常的情况是表面活性剂浓度很低,但对溶液性质的影响却十分显著。引起这种现象的原因有:溶液界面吸附,界面吸附的表面活性剂分子或离子在界面定向,生成胶束及表面活性剂分子或离子在胶束中的定向。这些效应最根本的起因在于表面活性剂分子的双亲媒性。表面活性剂对溶液性质有显著效应的浓度都不高,一般在 $10^{-4} \sim 10^{-2}$ mol/L 范围内。

1. 表面活性剂的水溶液

由于表面活性剂在应用中最常用的溶剂是水,所以有关影响的讨论就从水开始。

所有表面活性剂的分子结构中都有长的非极性链,它能溶于油而不溶于水,即所谓的疏水端或憎水端。这种憎水端一般都是长链碳氢化合物,有时也有有机氟链、有机硅链或高分子链。另一端则是水溶性的,亦即亲水端。亲水端必须有足够的亲水性以保证整个表面活性剂能溶于水,并有必要的溶解度。典型表面活性剂肥皂的分子结构如图 5-4 所示。

水的分子式是 H_2O,但实际结构却远非分子式表达的那么简单,因其氢键会起重要作用。在液态水中,氢键的结构不稳定,是处于不断破裂和不断形成的动平衡中。尽管氢键是动态的,却始终存在。因为水的蒸发潜热为 40.546×10^3 J/mol,沸点为 100℃,而分子结构类似的硫化氢,因氢键很弱,其蒸发潜热只有 18.81×10^3 J/mol,而沸点为 -59.6℃。

当表面活性剂分子溶入水中时,其正、负离子部分都被水溶剂化。水中的部分氢键被分子中憎水端长碳链所破坏,表面活性剂分子在水溶液中的状态见图 5-5。当然水分子在表面活性剂憎水端周围重新组合的情况比图 5-5 表示的要复杂一些,会在这个带憎水端离子的周围形成一个体积较大的溶剂化团。其原因是一方面当表面活性离子进入水分子间时破坏了氢键,而另一方面,水氢键力图维持不

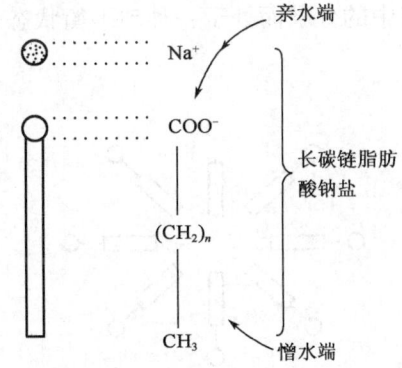

图 5-4 表面活性剂肥皂的分子结构

被破坏,再加上溶剂化力又力图把离子拉入溶液中,结果在离子周围就生成了离子—偶极矩键的溶剂化层。

表面活性剂的另一种特性是表面定向,或称表面吸附。这种特性可使表面活性剂保留在溶液中但并不破坏许多氢键。与上述表面活性剂溶于溶液整体中不同,表面吸附则是指表面活性剂的亲水端插在水中,是真正的溶解,而憎水端整齐地排列在表面上,极少对氢键产生干扰。表面活性剂的表面定向见图5-6。

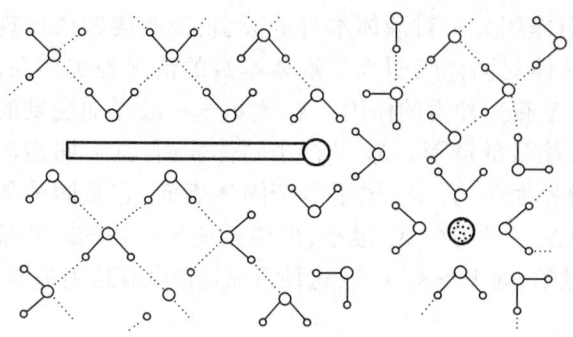

图5-5 表面活性剂分子在水溶液中的状态

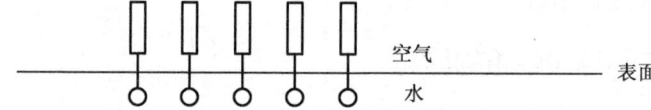

图5-6 表面活性剂的表面定向

这种形式远比整个离子进入溶液内部、均匀地溶解所消耗的能量要少得多。事实上,表面活性剂的离子总是倾向于这种方式,以避免过多破坏氢键引起的阻力。表面定向的结果首先是显著降低了水的表面张力,同时也引起表面活性剂分子向气—液界面的液相界面层集中,使界面层中浓度大于溶液整个内部的浓度。

形成胶束是表面活性剂的又一特性。胶束的形成并不要求溶质达到饱和,而是在一定的浓度以下时溶质表面活性剂溶于水中,超过此浓度后的溶质分子就会以胶束的形态迁入溶液。胶束的基本结构如图5-7,是一种亲水端朝外、憎水端朝里的离子团。

阴离子表面活性剂溶液在达到临界胶束浓度时的多相平衡体系见图5-8,可较好地反映出表面活性剂在应用过程中涉及的一些基本现象。从图中可以看到:在气液界面上由于表面吸附使界面上的分子比溶液中的多,产生界面定向;液固界面上的分子(亦即在器壁上的分子)也比溶液中的多;在溶液中还出现了亲水端朝外的胶束,胶束中的分子由于其浓度高于溶液中的分子而处于一种动平衡状态。

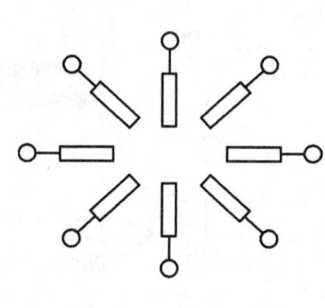

图5-7 胶束的基本结构

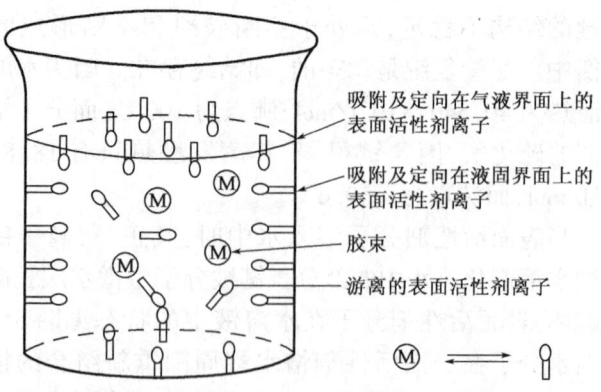

图5-8 表面活性剂溶液的多相平衡体系

2. 气—液及液—液界面吸附

界面吸附大体上可分为两类：正吸附和负吸附。前文中提到的表面活性剂在界面上的吸附是正吸附，正吸附的特征是界面层溶质浓度高于溶液整体浓度，其结果可降低溶液的表面自由能。负吸附的特征则相反，会引起溶液的表面张力大于纯溶剂的表面张力，这种现象的出现是由于溶质分子间的相互吸引力大于溶剂分子间的吸引力，在无机物浓溶液中就有这种负吸附现象。

3. 液—固界面吸附

在实际应用过程中经常要涉及液—固界面吸附，在发生液—固界面吸附时也有界面自由能下降的现象，但通常不能直接测定，而需采用间接法。液—固界面吸附力大致可分为三类：物理吸附、离子吸附和化学吸附。物理吸附力较弱，是由范德华引力引起的；离子吸附属强吸附，来源于被吸附物上的电荷中心所带的离子电荷与吸附物表面上所带相反电荷间形成的离子作用力；化学吸附是指吸附物与被吸附物间形成共价键，或形成与共价键有同等强度的结合力，这种吸附形式在表面活性剂应用工艺中较为罕见。固体吸附物表面特性对液—固界面吸附的影响很大，这些特性有：光滑度、清净度、颗粒度以及是否有毛细管等。作为固体吸附物的物质有：金属、玻璃、塑料、纺织品、砂粒、磨细的矿粉、植物的叶片，以及在衣物、墙壁、地板等物件上的各种污垢等。在研究液—固界面吸附现象时也常用到对等温吸附线的形状进行分析的方法，但由于系统的复杂性很难用一种统一的观点进行描述。

4. 胶束

胶束在应用中表现出的重要特性之一是它的增溶作用。一般认为胶束内部和液状烃类有相同的状态，因此，在临界胶束浓度（CMC）以上的表面活性剂溶液中加入难溶于水的有机物质时，就得到溶解的透明水溶液，这就是增溶现象，它是由于有机物质进入胶束内部引起的。在一定浓度表面活性剂溶液中溶解的被增溶物质的饱和浓度称为增溶量。增溶以 CMC 为起点，增溶量随浓度增加而增加，大致呈直线增长。

（五）表面活性剂应用原理

上述表面活性原理及表面活性剂对溶液性质的影响，在各种表面活性剂的具体应用工艺中都会有不同的表现形式，其作用往往是复合的。由于表面活性剂的应用范围十分广泛，不可能一一列举，在本节中只是选择一些主要的、最常用的应用过程加以讨论。

1. 洗涤

洗涤功能是表面活性剂最主要的功能。工业上生产的各种表面活性剂最大的消耗部门是家用洗衣粉、液状洗涤剂和工业清洗剂。在应用过程中，洗涤功能的具体体现就在于从各种不同的固体表面上洗去污垢。按近代表面活性化学观点，污垢的定义应该是处于错误位置的物质。去掉污垢就意味着要做功。尽管几千年来人类在日常生活中总是要与洗衣服打交道，但过去主要是靠体力劳动。现代化的洗衣机和节能的要求主要依靠的就是各种由高效表面活性剂加上其他化学品复配起来的合成洗涤剂。

表面活性剂在洗涤过程中的"溶解"效应如图 5-9 所示，它描述一个典型的由织物表面洗去油垢的洗涤过程。图 5-9(a)指油垢开始与表活性剂溶液接触。图 5-9(b)指表面活性剂的憎水端溶入油垢中。图 5-9(c)表示表面活性剂影响油垢及织物间的接触角 θ，在洗涤过

程中对 θ 角的要求应大于 90°，这样在洗衣机强烈机械搅动所形成的水涡作用影响下，织物上的油垢就能被洗下来，若 θ 小于 90°，有一部分油垢就会因为与织物间的高黏合能而不能被洗去。表面活性剂在这一过程中就会影响到接触角及黏合能。图 5-9(d) 表示进一步的机械力会把油垢变成悬浮体而洗掉。

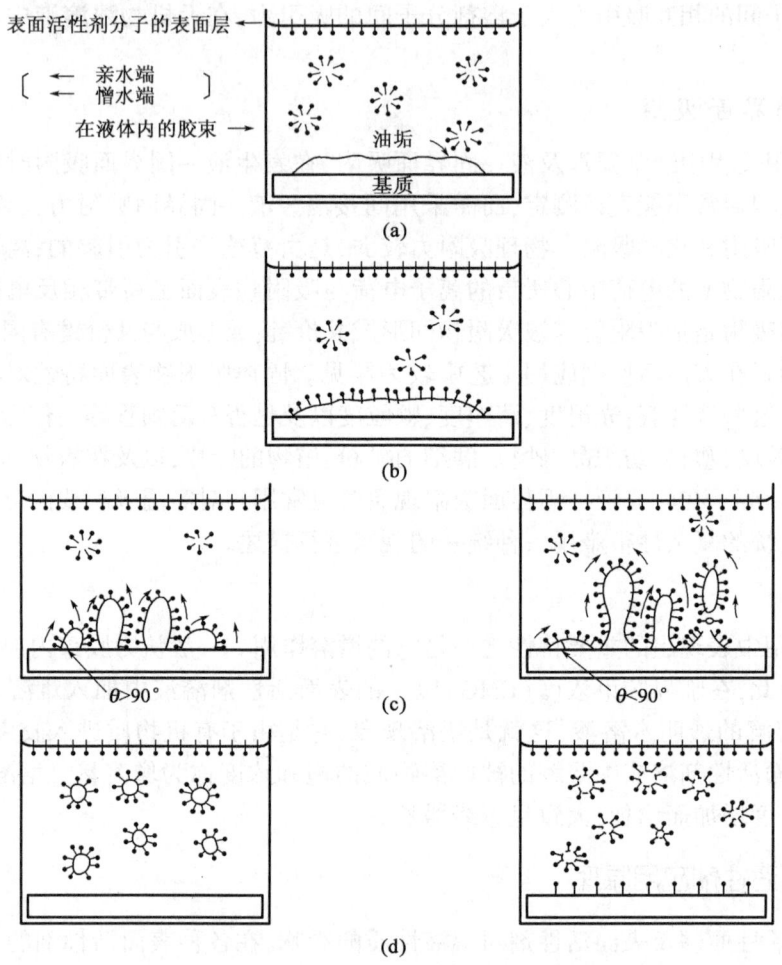

图 5-9　表面活性剂在洗涤过程中的"溶解"效应

2. 润湿

固体表面与液体接触时，原来的气—固界面消失，形成新的液—固界面，这种现象称为润湿。

水能生成氢键，因此具有高表面张力。当水滴落到新的织物表面时，由于织物通常经过后整理，就有一定的憎水性。水的高表面张力使其形成水珠留在织物上，若在水中加入少量的表面活性剂，就可显著降低水的表面张力，水珠迅速扩散，达到完全润湿。

润湿作用的原理可看作是一种表面活性剂的界面定向作用。表面活性剂的疏水端插入织物的表面上，形成界面定向。亲水端在水的边界层中，使水珠伸展成平面。

若把含油的织物浸入表面活性剂溶液中，就立即会发生后者分子被织物吸附的现象。表面活性剂的分子挤入油膜内部并把油膜分为小滴，就可漂洗下来，这时织物表面已不再被油所浸润而是被表面活性剂的溶液润湿,这种作用称为再润湿。

3. 乳化

乳化是液—液界面现象。两种互相不溶的液体如油和水,在容器中自然地分成两层,密度小的油为上层,密度大的水为下层,若加入合适的表面活性剂,在强烈搅拌下,油层被分散,表面活性剂的憎水端吸附到油珠的界面层,形成均匀的细液滴乳化液,这一过程称为乳化,如图5-10所示。

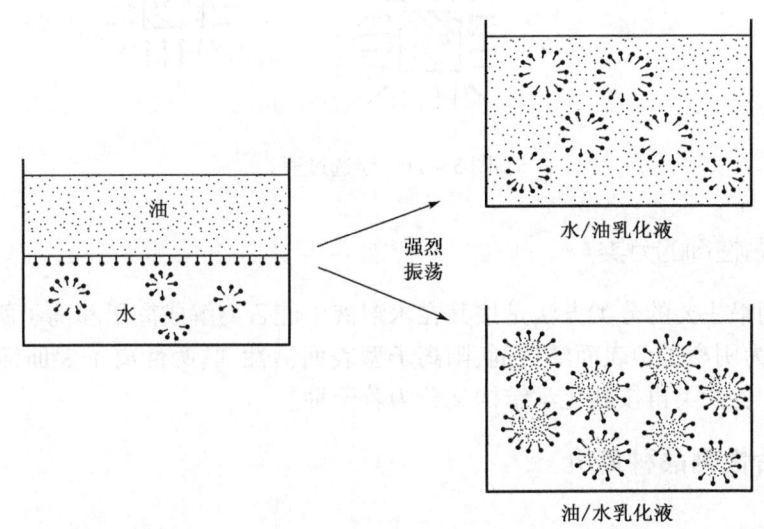

图 5-10 乳化过程

乳化在食品工业中用得非常广泛。鲜奶油是奶脂在水中的乳化液,而黄油则是水在油中的乳化体。其他应用乳化作用的工艺,有化妆品中油膏的配制以及高分子生产中的乳液聚合等。

4. 浮选

浮选的情况比较复杂,至少要涉及气、液、固三相。首先是采用能大量起泡的表面活性剂——起泡剂。当在水中通入空气或由于水的搅动引起空气进入水中时,表面活性剂的憎水端在气—液界面向气泡的空气一方定向,亲水端仍在溶液内,形成了气泡。另一种起捕集作用的表面活性剂(一般都是阳离子表面活性剂,也包括脂肪胺),吸附在固体矿粉的表面。这种吸附随矿物性质的不同而有一定的选择性。其基本原理是利用晶体表面的晶格缺陷,而向外的憎水端部分地插入气泡内,这样在浮选过程中气泡就可把指定的矿粉带走,达到选矿的目的。浮选过程如图5-11所示。

采矿工业中的浮选工艺有十分重要的现实意义。这是因为开采的矿越多,发现富矿的可能性就越少,矿内含各种复杂成分的贫矿也必须设法利用,选矿及所需某种矿粉的富集就显得格外突出。在实际应用过程中表面活性剂的用量极少,一般用100g的捕集剂就足以处理3t水和1t矿粉的浆料。尽管上述有关选矿的基本原理并不复杂,但从实验室得到的结果进一步放大到工业规模的规律性却十分难以掌握。另一方面由于各种矿物的成分及结构都不相同,对各种选矿过程中多相体系的界面现象也很难从理论上进行阐明。因此,对每一种具体矿的操作工艺必须进行精密的实验室及现场试验。

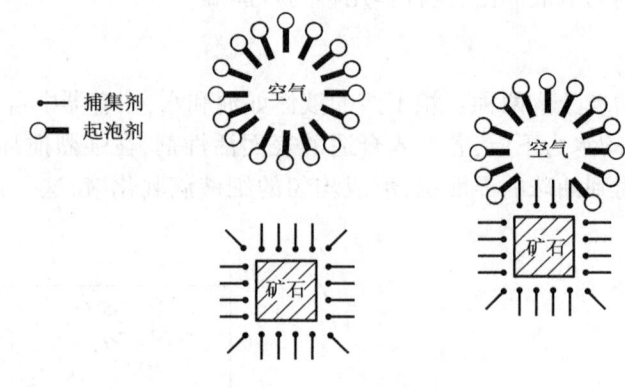

图 5-11 浮选过程

（六）表面活性剂的分类

表面活性剂最主要的分类方法是按其在水溶液中能否离解成离子和离子所带电荷的性质分类的，一般分为阴离子型表面活性剂、阳离子型表面活性剂、两性离子表面活性剂和非离子型表面活性剂。各大类再按其化学结构又分为若干种。

二、表面活性剂品种简介

（一）阴离子型表面活性剂

阴离子型表面活性剂溶于水时，与亲油基相连的亲水基是阴离子，是起活性作用的部分。

1. 脂肪羧酸盐

脂肪羧酸盐阴离子型表面活性剂如肥皂是最古老的表面活性剂，现仍大量地应用于日常生活及生产中。肥皂是天然油脂，如牛油、猪油、亚麻仁油、大豆油、棕榈油等为主的动植物油脂，与氢氧化钠水溶液一起搅拌进行皂化制得的，其反应式为

$$\begin{matrix} RCOOCH_2 \\ | \\ RCOOCH_2 \\ | \\ RCOOCH_2 \end{matrix} + 3NaOH \longrightarrow 3RCOONa + \begin{matrix} CH_2OH \\ | \\ CH_2OH \\ | \\ CH_2OH \end{matrix}$$

油脂 R = $C_{12} \sim C_{18}$　　　　　　　脂肪羧酸钠　甘油

通常所用的碱多为氢氧化钠，但制化妆用皂时也使用氢氧化钾，该皂可以在比较柔和的状态下使用。钠皂、钾皂在软水中具有丰富的泡沫和良好的洗涤能力，但在硬水中与钙、镁等离子形成不溶性的钙皂、镁皂，不仅洗涤能力降低，并且还会再沾污洗涤物。肥皂水溶液的碱性很高，pH 值约为 10，洗涤油性污垢具有良好性能，也常用作油—水型乳化剂。

2. 烷基苯磺酸盐

（1）直链烷基苯磺酸盐（LAS）作为合成洗涤剂用表面活性剂，使用量最多，约占世界总用量的 40% 以上。

LAS 是由氯化石蜡或烯烃与苯发生烷基化反应得到烷基苯，然后将其磺化，再用氢氧化钠中和制取，其反应式为

$$CH_3(CH_2)_{10}CH_2Cl + C_6H_6 \longrightarrow C_{12}H_{25}\text{—}C_6H_5 + HCl \xrightarrow[\text{发烟}H_2SO_4]{+SO_3 \text{ 或}} C_{12}H_{25}\text{—}C_6H_4\text{—}SO_3H$$

氧化石蜡   十二烷基苯   十二烷基苯磺酸

$$\text{或} \ 2CH_3(CH_2)_9C\!=\!CH_2 + C_6H_6 \xrightarrow[\text{AlCl}_3]{HF} C_{12}H_{25}\text{—}C_6H_{11} + HCl \xrightarrow[\text{发烟}H_2SO_4]{+SO_3 \text{ 或}} C_{12}H_{25}\text{—}C_6H_4\text{—}SO_3H$$

直链 α‑烯烃   十二烷基苯   十二烷基苯磺酸

$$C_{12}H_{25}\text{—}C_6H_4\text{—}SO_3H + NaOH \longrightarrow C_{12}H_{25}\text{—}C_6H_4\text{—}SO_3Na$$

十二烷基苯磺酸   十二烷基苯磺酸钠

十二烷基苯磺酸钠是一种黄色油状液体,经纯化可以形成六角形斜方薄片状结晶,易溶于水,具有良好的去污能力和起泡性能;在硬水、酸性水、碱性水中均很稳定,对金属盐也颇稳定;可用作水溶性促进剂、偶合剂、防结块剂、乳化剂等。

(2)支链烷基苯磺酸盐(ABS)作为合成洗涤剂,曾在世界上得到最广泛的使用,现在仍在使用。由四聚丙烯和苯反应得到支链十二烷基苯,然后将其磺化,最后用氢氧化钠中和得到。ABS 和 LAS 在去污方面几乎没什么不同,但是由于其生物降解性(指流入水或河流中微生物分解的难易程度)明显低劣、污染性强,应用受到了限制。

(3)脂肪醇硫酸盐脂肪醇硫酸盐(AS),是工业用和家庭中代替肥皂的早期合成洗涤剂。生产表面活性剂用的脂肪醇其碳数范围主要为 $C_{12} \sim C_{15}$。最早是从动植物油脂加氢而制得的,如用椰子油还原醇、豆蔻醇、鲸蜡醇及由牛油制得的十八醇等。20 世纪 60 年代以后,以石油为原料的合成脂肪醇的生产有了很大发展。工业上通常用氯磺酸、三氧化硫或硫酸化脂肪醇,再以氢氧化钠、氨或醇胺中和,即得到脂肪醇硫酸盐(钠),其反应式为

$$ROH + ClSO_3H \longrightarrow ROSO_3H + HCl$$

$$ROH + SO_3 \longrightarrow ROSO_3H$$

$$ROSO_3H + NaOH \longrightarrow ROSO_3Na + H_2O$$

脂肪醇硫酸盐表面活性剂是润湿力、乳化力和去污力良好的表面活性剂之一,可作为餐具洗涤剂、各种香波、牙膏、纺织用润湿剂,此外还可用作牙膏发泡剂、乳化剂、重垢棉织物洗涤剂、硬表面清洁剂等。

3. 脂肪醇磷酸酯盐

脂肪醇磷酸酯盐是由高级脂肪醇与五氧化二磷反应生成的磷酸单酯和磷酸双酯,然后用氢氧化钠中和脂肪醇磷酸单酯盐和脂肪醇磷酸双酯盐,其反应式为

$$3ROH + P_2O_5 \longrightarrow \underset{OH}{RO\text{—}\overset{\overset{O}{\|}}{P}\text{—}OR} + \underset{OH}{RO\text{—}\overset{\overset{O}{\|}}{P}\text{—}OH} \xrightarrow{3NaOH} \underset{NaO}{RO\text{—}\overset{\overset{O}{\|}}{P}\text{—}OR} + \underset{NaO}{RO\text{—}\overset{\overset{O}{\|}}{P}\text{—}ONa}$$

(磷酸单酯盐)   (磷酸双酯盐)

脂肪醇磷酸酯钠对酸碱稳定,易于生物降解,具有良好的去污能力,可用于金属、玻璃等的清洗,还是纤维工业的助剂,近年来在金属润滑剂、合成树脂、纸张、农药、化妆品等领域也得到应用。

(二)阳离子型表面活性剂

阳离子型表面活性剂溶于水时,与其亲油基相连的亲水基是阳离子,起活性作用的部分也

是阳离子。阳离子表面活性剂绝大部分是含氮有机化合物,少数是含磷、硫、碘等有机物。

含氮的阳离子型表面活性剂有伯胺盐、仲胺盐、叔胺盐及季铵盐。胺盐为弱碱性的盐,对pH值较为敏感,在酸性条件下,形成可溶于水的胺盐,在碱性条件下,则游离出胺。

$$R-NH_2 \cdot X \qquad \begin{matrix}R\\|\\NH\\|\\R_1\end{matrix}\cdot X \qquad \begin{matrix}R\\|\\R_1-N\\|\\R_2\end{matrix}\cdot X$$

伯胺盐 　　　　仲胺盐 　　　　叔胺盐

式中,R为$C_{12}\sim C_{18}$;R_1,R_2为CH_3;X为无机酸或有机酸。

1. 烷基胺盐

工业上多用其混合物,主要用作纤维助剂、矿物浮选剂、分散剂、乳化剂、防锈剂、抗静电剂、染料的固色剂等。

2. 季铵盐

工业上有实用价值的季铵盐有长碳链季铵盐、咪唑啉季铵盐和吡啶季铵盐,主要用作家用、医用和工业用杀菌剂、消毒剂、清洗剂、防霉剂。

(三)两性表面活性剂

这类表面活性剂或同时具有阴离子和阳离子,或非离子和阳离子,所以称为两性表面活性剂,起活性作用的部分是阴离子和阳离子。两性表面活性剂在碱性溶液中呈阴离子活性,在酸性溶液中呈阳离子活性,在中性溶液中呈两性活性。在表面活性剂中,两性表面活性剂的开发较晚,品种也不多,应用范围也很窄。

两性表面活性剂按结构可分为氨基酸型($R-NHCH_2CH_2COOH$)、卵磷脂类(天然卵磷脂)、甜菜碱型[$R-\overset{+}{N}(CH_3)_2CH_2COO^-$]、两性咪唑啉型 $\left(\begin{matrix} & N \\ & \| \\ R-C-N-CH_2CH_2OH \\ & | \\ & CH_2COO- \end{matrix}\right)$。

(四)特种表面活性剂

1. 含氟表面活性剂

含氟表面活性剂与普通表面活性剂相比,突出的性能是:"三高"(即高表面活性、高耐热稳定性、高化学惰性)、"二憎"(既憎水又憎油)。含氟表面活性剂的高表面活性,取决于其分子中碳氟链所具有的极强的疏水性及较低的分子内聚力,主要表现在两个方面:一是能使水的表面张力降到很低的数值;二是其使用浓度很小。一般碳氢键表面活性剂的应用浓度约为0.1%~1%,水溶液的最低表面张力只能降到$30\sim35mN/m$;而碳氟键表面活性剂的一般用量为0.005%~0.1%,水溶液的最低表面张力可达$20mN/m$以下。

常用的几种含氟表面活性剂有:全氟磺酸盐、全氟羧酸盐、N-全氟辛酰基氨基酸盐和N-乙基全氟辛基磺酰氨基乙酸盐,这类化合物是新型工业防水防油剂。如全氟癸烯对氧苯磺酸钠盐,商品名是氟6201,化学式为$C_{10}F_{19}OC_6H_4SO_3Na$,具有出色的湿润、乳化、起泡、扩散功能,在强酸、强碱、强氧化剂作用下均不分解,主要用作原油的封存和消防灭火剂。N-含氢全氟庚酸钾盐无毒,易溶于水,主要用作四氟乙烯悬浮聚合时的分散剂。

2. 含硅表面活性剂

这类表面活性剂的亲油基是硅烷、硅亚甲基链或硅氧烷链,亲水基有阴离子型、阳离子型和非离子型的各种基团。化学结构一般分为侧链改性型和末端改性型。含硅表面活性剂具有较高的表面活性,优良的性能使其在日用化工、塑料成型、金属加工、造纸、印刷、纺织行业得到应用。

3. 含硼表面活性剂

含硼表面活性剂是一类新型特殊表面活性剂,通常是一种半极性化合物,由具有邻近羟基的多元醇、低碳醇的硼酸三酯和某些脂肪酸所合成。这类表面活性剂一般为非离子型,但在碱性介质中重排为阴离子型,可为油溶性的也可为水溶性的。

含硼表面活性剂主要用作气体干燥剂,润滑油和水溶性无水液体的稳定剂、极压剂、压缩剂工作介质和防蚀剂,聚氯乙烯、聚丙烯酸甲酯的抗静电剂、防滴雾剂以及各种物质的分散剂和乳化剂等。

4. 生物表面活性剂

生物表面活性剂是微生物在一定条件下培养时,其代谢过程中分泌出具有一定表面活性的代谢产物,如糖脂、多糖脂、脂肽或中性类脂衍生物等。生物表面活性剂的制备主要分为培养发酵、分离提取、产品纯化三大步骤。

生物表面活性剂是由微生物代谢分泌而来,它不同于通常化学合成的表面活性剂,化学合成的表面活性剂具有一定毒性并且不易被生物降解,而生物表面活性剂是完全可以生物降解的并且基本是无毒的。若将炼油废弃的油作为烃基来培养微生物,既可解决炼油厂的环境污染问题,又可获得非常有使用价值的生物表面活性剂,几乎所有大的石油公司和大的跨国化学公司都在积极地发展生物技术,生物表面活性剂的开发是此项发展计划的主要组成部分。

(五)非离子型表面活性剂

非离子型表面活性剂是第二次世界大战前开始发展起来的,由于其性能优异、用途广泛,因而得到迅速发展。

非离子型表面活性剂在水中不电离,其亲水基主要是有一定数量的含氧基团构成,正是这一点决定了非离子型表面活性剂在某些方面比离子型表面活性剂更优越。因为在溶液中不是离子状态,所以稳定性高,不易受强电解质无机盐类等的影响,也不易受 pH 值的影响,与其他类型表面活性剂相容性好。

非离子型表面活性剂可以分成两大类,即聚乙二醇型和多元醇型。

1. 聚乙二醇型非离子型表面活性剂

这种类型的表面活性剂又称聚乙二醇型,是环氧乙烷与含有活泼氢的化合物进行加成反应的产物。

(1)烷基酚聚氧乙烯醚。烷基酚聚氧乙烯醚主要产品包括辛基酚聚氧乙烯醚和壬基酚聚氧乙烯醚。作为洗涤剂,分子中加成的环氧乙烷数为 9~12。由于亲水基是由羟基和醚键构成的,而且只在分子的端基存在一个羟基,亲水性很小,要使分子有足够的亲水性,必须增加环氧乙烷加成的分子数,即含的醚键越多,亲水性越好。因此可通过结合不同的环氧乙烷分子数目来调节亲水性。一般得到的环氧乙烷加成产物都是具有不同分子数的混合物,通常是一个平均值。

(2)高碳脂肪醇聚氧乙烯醚。上面介绍的烷基酚聚氧乙烯醚是一种用途广泛的非离子型表面活性剂,但由于它的生物降解性差,目前已有使用减少的趋势,而主要改用生物降解性能好的高碳脂肪醇聚氧乙烯醚。

高碳脂肪醇聚氧乙烯醚的水溶性受醇结构中碳原子数和加成的环氧乙烷分子数的影响很大。通常使用的脂肪醇含碳原子数在 12~18 之间,如果饱和十元醇的碳原子数比加成的环氧乙烷分子数多三个,一般在常温下都是可溶于水的。

而碳原子数为 18 的高碳不饱和醇——十八碳-9-烯醇(油醇),受不饱和基团的影响,加成 12 个环氧乙烷的产物水溶性很好,并有较好的洗净能力;而它的 15~20 个环氧乙烷的加成物去污力和渗透力较差,适合作乳化剂、分散剂以及与碱合用的洗涤剂。

由于高碳脂肪醇聚氧乙烯醚在低于浊点的温度下有良好的洗涤去污能力,所以用它配制的洗涤剂能满足低温、低泡、耐硬水的要求。

(3)脂肪酸聚氧乙烯酯。脂肪酸在催化剂的作用下可以与环氧乙烷加成,形成亲水基与疏水基由酯键连接的聚氧乙烯型非离子型表面活性剂。但与上述两类以醚键结合的非离子型表面活性剂不同,由于醚键易于水解,所以在强碱溶液中使用时会水解变成肥皂。这类化合物与高级醇或烷基酚的环氧乙烷加成物相比,渗透力、去污力都差些,因此不适合做洗涤剂,主要作乳化剂、分散剂、染色助剂等,工业上使用的这类化合物有柔软剂。

(4)聚氧乙烯胺。聚氧乙烯胺是由高级脂肪胺与环氧乙烷加成的反应产物,所用高级脂肪胺可能是伯胺、仲胺或叔胺。这类表面活性剂具有耐酸、不耐碱、有杀菌力的特点。高加成数的聚氧乙烯脂肪胺,具有非离子特性,在中、碱性条件下可溶于水。随着环氧乙烷链长的增加,润湿能力也增加,可作为非离子型表面活性剂使用。由于与阴离子型表面活性剂的不相容性减弱,因此两者可以互相混合使用。

(5)聚氧乙烯酰胺。聚氧乙烯酰胺一般是在碱性条件下脂肪酰胺与环氧乙烷加成得到的产物。由于酰胺基上可有一个或两个活泼氢与环氧乙烷加成,所以可以得到几种不同结构的产物,如新型聚氧乙烯型非离子表面活性剂。根据结构与环氧乙烷加成数的不同可以做净洗剂、润湿剂、破乳剂、抗静电剂、润滑剂和分散剂等,有广泛的用途。

另外,含有羟基的蓖麻油等油脂也可以与环氧乙烷加成形成聚氧乙烯型非离子表面活性剂。

(6)聚丙二醇的环氧乙烷加成物(聚醚型非离子表面活性剂)。这是由环氧丙烷通过加成聚合反应生成聚丙二醇,由于分子中甲基的空间障碍,它的水溶性很小而适合作表面活性剂的亲油基原料。

(7)聚氧乙烯化的离子型表面活性剂。脂肪醇聚氧乙烯醚或烷基酚聚氧乙烯醚分子端基上的羟基可与硫酸或磷酸发生酯化反应,因此可以制成醇醚硫酸盐或醇醚磷酸盐等非离子型—阴离子型混合表面活性剂。

2. 多元醇型

多元醇型非离子型表面活性剂是乙二醇、甘油季戊四醇、失水山梨醇和蔗糖等含有多个羟基的有机物与高级脂肪酸形成的酯。其分子中的亲水基是羟基,由于羟基亲水性弱所以多作乳化剂使用。这类产物来源于天然产品,具有易生物降解、低毒性的特点,因此多用于禽磁涠医药等部门,其中应用较多的是失水山梨醇酯。

(1)失水山梨醇酯。山梨醇是由葡萄糖加氢制得的多元醇,分子中有六个羟基。山梨醇在适当条件下可脱水生成失水山梨醇和二失水山梨醇。失水山梨醇分子中剩余的羟基与高级脂肪酸发生酯化反应得到失水山梨醇酯,是多元醇表面活性剂。

(2)蔗糖酯。蔗糖酯是蔗糖脂肪酸酯的简称。蔗糖($C_{12}H_{22}O_{11}$)是一个葡萄糖分子与一个果糖分子缩合的产物,分子中有多个自由羟基,因此有良好的水溶性,能与高级脂肪酸发生酯化反应。由于蔗糖酯有易于生物降解、可为人体吸收、对人体无害、不刺激皮肤的特点,因此大量用于食品和化妆品中作乳化剂等添加剂,也可用作低泡沫洗涤剂的成分。

第四节 催 化 剂

一、概述

对催化剂下一个精确而普遍定义并不容易。20世纪初(1902年)奥斯特瓦尔特(Ostwald)给出如下定义"催化剂是能够改变化学反应而并不参加到终产物中去的任何物质",这个定义比较狭隘。1920年沙巴契尔(P. Sabatier)做了修正,认为"催化不过是一种由某些物质引起加速化学反应的机制,这些物质本身并不进行不可逆的变化"。这个定义也不确切,它过于强调了催化剂在反应中必定不进行不可逆变化,而大多数催化剂由于副反应或污染中毒等会失去活性。20世纪20年代随着化学工业的发展,催化剂的产量和品种日益增多。催化机理、催化反应速率理论迅速发展,已经弄清催化剂一般可以降低反应活化能,而活化能的降低是通过催化剂和反应物相互作用发生的。

在此基础上,人们对催化剂有了新的认识,认为"催化剂是一种化学物质,它能影响热力学上可能的反应过程,具有加速作用和定向作用,而反应之后,本身没有变化,不改变热力学平衡"。由于催化剂是具有特殊性能的物质,它的发展促进了工业技术的进步,如20世纪初合成氨系列催化剂的开发和生产推动了化肥工业的发展,使农业上了新台阶;20世纪中期由于新型催化裂化分子筛催化剂的开发和生产,炼油工业迅速发展成为当今巨大产业;烯烃聚合催化过程的开发和新型催化剂的研制成功和生产,使高分子材料成为一个新兴的产业。

目前在工业化国家,催化剂技术支持的产值已经占国民经济生产总值20%以上。甚至可以说"没有工业催化就不会有现代的技术世界""没有酶的催化作用,任何形式的生命现象就不会存在"。催化科学与技术是与环境、能源、材料、生命科学等密切相关的技术。目前催化科学与技术包含八大领域:(1)多相催化科学与技术。(2)均相催化科学与技术(包括负载络合催化,均相过程多相化等)。(3)光、电催化科学与技术(光催化和电极催化过程)。(4)酶催化科学与技术,包括酶的结构与性能、酶改性(新物种和物种改性)、酶浓集和固定化、酶的分离和负载以及仿酶催化。(5)催化分离技术(催化蒸馏技术、催化膜反应技术、催化萃取技术)。(6)催化材料科学与技术(如分子筛、复合氧化物、纳米催化材料等)。(7)催化剂制造科学与技术,如沉淀法、浸渍法、沉淀沉积法、溶胶凝胶法、超临界反应法、等离子体法、生物法制酶等。(8)催化剂性能表征和催化研究方法(包含与近代物理、化学、数学和计算机技术相结合的各种测试和实验技术)。上述这些催化科学与技术中的关键物质是催化剂。

二、化肥催化剂

化肥催化剂指在生产化学肥料的前加工工业中所采用的各类催化剂和固体净化剂。所谓化肥的前加工工业即合成氨、硫酸、硝酸工业。此外,在氢气、合成气(CO 和 H_2)的工业生产中也必须采用与此相关的催化剂。

氨主要用于制造尿素,还可用于生产硫酸铵和硝酸铵等化肥。合成氨的原料很多,可以从天然气、炼厂气、焦炉气出发来合成氨,也可以由煤或焦炭来制造,还可以由轻油(石脑油)、渣油或重油来制造,不同原料路线有各自的生产流程,流程中需要采用催化剂的过程也不尽相同。例如,当用天然气或轻油为原料时,首先要对原料进行脱硫处理,然后将原料中的烃类与水蒸气及空气反应,使其转化为含有 H_2、N_2、CO 等组成的粗原料气,该过程称为蒸汽转化。接着是一氧化碳与水蒸气反应变成氢和二氧化碳,称为变换过程。变换气经过脱除二氧化碳后还含有极少量 CO 和 CO_2,它们对氨合成催化剂有毒害作用,需要预先经过甲烷化过程,使其加氢转变成不毒害催化剂的甲烷。至此才制成了合格的合成氨用氢氮混合原料气,最后是氨合成过程,制造出氨。在以上一系列加工过程中,脱硫、蒸汽转化、变换、甲烷化、氨合成等几个过程必须采用催化剂和脱硫剂,共计七种。当用煤为原料时,煤气化为粗原料气过程不需要催化剂,但在其后的变换、甲烷化和氨合成等过程则需要用催化剂。以渣油或重油为原料时,油的气化和脱硫是非催化过程,但原料气脱硫、一氧化碳变换和氨合成等过程必须采用催化剂。

硫酸是制造磷肥和硫酸铵的重要原料之一。制造硫酸的过程是首先将硫铁矿或硫磺与空气一起焙烧,生成含 SO_2 的混合气,然后将 SO_2 氧化为 SO_3,再用浓度为98%的硫酸水溶液吸收则变成硫酸。SO_2 氧化过程需要采用催化剂。硝酸是生产硝酸铵、硝酸钾和硝酸磷肥的原料之一。工业上制造硝酸的方法是氨氧化法,即用空气将氨氧化为氧化氨,然后用水吸收则变成硝酸,该工艺中的氨氧化需要采用催化剂。

化肥催化剂的品种繁多,性能改造和更新换代频繁,为了便于区别,将各种品种按用途进行了分类。目前我国生产的化肥催化剂分为以下几类:

(1)脱毒催化剂,类别代号 T,主要用于脱除原料气中使催化剂中毒的微量杂质,包括活性炭脱硫剂(T1)、加氢转化脱硫剂(T2)、氧化锌脱硫剂(T3)、脱氯剂(T4)、转化吸收脱硫剂(T5)、脱氧剂(T6)、脱砷剂(T7)等。

(2)转化催化剂,类别代号 Z,主要用于烃类蒸汽转化制氢或制合成气,包括天然气一段转化催化剂(Z1)、天然气二段转化催化剂(Z2)、炼厂气转化催化剂(Z3)、轻油转化催化剂(Z4)及重油转化催化剂(Z5)等。

(3)变换催化剂,类别代号 B,主要用于一氧化碳与水蒸气变换为二氧化碳与氢的反应,包括中温变换催化剂(B1)、低温变换催化剂(B2)、宽温(耐硫)变换催化剂(B3)等。

(4)甲烷化催化剂,类别代号 J,主要用于使一氧化碳和二氧化碳加氢转变为甲烷和水,包括合成氨生产中使用的甲烷化催化剂(J1)和煤气甲烷化催化剂(J2)等。

(5)氨合成催化剂,类别代号 A,主要用于由氢氮混合气合成氨的反应,包括氨合成催化剂(A1)和低温氨合成催化剂(A2)等。

(6)制酸催化剂,类别代号 S,主要用于硫酸生产 SO_2 氧化为 SO_3 的反应以及硝酸生产中 NH_3 氧化为氨氧化物的反应,包括二氧化硫氧化催化剂(S1)、氨氧化催化剂(S2)等。

(7)其他有关催化剂,系指可在化肥厂中应用的其他催化剂。例如,一氧化碳选择性氧化催化剂(Y),用于选择性地将气体混合物中微量一氧化碳氧化为二氧化碳;二氧化碳脱氢催化剂(DH),用于脱除二氧化碳中微量氢和氧,使二氧化碳原料符合尿素合成工艺的质量要求;硝酸尾气处理催化剂(D3),用于将 NO_x 与 NH_3 反应转化为 N_2 和 H_2;硫回收催化剂(LS 和 CT),即克劳斯催化剂,用于将硫化氢转化为单质硫;制氨催化剂(D),用于由氨制备保护气

N_2；联醇催化剂（C2），用于合成氨厂联合生产甲醇等。

三、环保催化剂

环保催化剂是指用于处理有害气体、液体和固体的催化剂，其目的是通过这些催化剂上的催化反应来减少或消除这些污染物的污染问题，达到保护环境的目的。

环保催化剂是伴随着工业发展过程而产生的，其发展程度主要受人们对环境污染导致的严重性的认识程度影响，与各国环境保护的相关法律要求程度密切相关。环保催化剂的迅速发展主要得利于汽车尾气处理催化剂的开发和应用，按目前全世界催化剂的销售额计，其中40%是环保催化剂。特别是用于汽车尾气处理催化剂，每年约38亿美元。而70年代中期仅3.5亿美元，占总销售额的15%。

环保催化剂与其他工艺用催化剂有所不同：它要求的处理量大；被处理的气体或液体浓度往往很低；被处理物往往含粉尘、重金属、酸物、硫、砷、卤化物等催化毒物。这就要求催化剂应具有良好的抗毒性、稳定性与选择性，以及高活性和较广的使用范围。此外还要求设备体积小、投资少、结构简单，不能造成二次污染。

在固体废弃物、工业废水和各种有害气体中，对人类生存条件威胁最大的就是大气污染及水源污染。因此，环保催化剂的最主要目的就是解决这两类污染源的污染问题。大气污染源主要来自汽车尾气，其次是火力发电厂，再次为各种工业废气。目前，污染大气环境的主要物质是 CO_2、CO、CH_4，非甲烷挥发性有机物 VOC，NO_x，SO_x 及 N_2O 等。水源污染主要源于各种工业废水的排放污染，利用光催化转化、生物催化转化及吸收等催化方式解决废水污染问题已成为目前废水处理的一个主要发展方向。然而由于其品种繁多、条件各异，而且大多数催化方式目前处于工业应用前期和初级阶段，现阶段尚未形成一个统一规范的市场。固体废弃物品种繁多、处理方式各异，在催化方面，主要采用催化氧化和催化燃烧方式进行处理。

四、石油化工催化剂

石油化工是指以石油为原料生产各种有机产品的化学工业过程。这些产品包括烯烃、炔烃、芳烃、醇、醛、酸、酮、酯、环氧化合物、含氮化合物等，它们是高分子化工的单体，也是合成洗涤剂、表面活性剂、染料、医药、农药、香料、涂料等的原料及中间体。还有一些产品本身就可以作为最终产品得到应用，如各种溶剂、萃取剂、增塑剂等助剂，汽油等油品的添加剂等。所以石油化工是重要的基础化学工业，它为化学工业及国民经济各工业部门的发展提供了重要的物质基础。利用其下游深加工过程得到的各种精细化学产品或专用有机化学产品，对于提高经济效益，满足人民的需要都有重要意义，近年来得到了很大发展。

石油化工涉及各种化学反应，其中大多数需要使用催化剂才能进行，它们包括加氢、脱氢、氧化、水合、烷基化、异构化等。石油化工中使用的催化剂种类繁多，有酸碱催化剂、金属催化剂、金属氧化物催化剂等。催化剂有单一组分的，也有由几种至十几种元素组成的复合型催化剂。不同工厂所生产的产品不同、化工过程不同、工艺不同，所用的催化剂是不同的。即使是用同一过程、同一工艺、生产同一种产品，也会有不同的催化剂在不同的工厂中同时被使用着。催化剂的使用量很少，但其好坏却在很大程度上影响着工厂的经济效益。催化剂的使用性能好坏，不但与催化剂的配方及制造方法有关，也与催化剂的使用是否得当有关。催化剂的使用者应对催化剂的性能及使用条件等有充分的了解，才能够用好催化剂，使催化剂的催化效能充分发挥出来。

五、石油加工催化剂

石油加工或石油炼制(俗称炼油)是把原油进行加工,制取各种石油产品的过程,所生产的产品主要包括汽油、煤油、柴油等各种燃料油以及润滑油和石油化工原料等。典型的石油加工过程主要有:原油预处理、常减压蒸馏、催化裂化、催化重整、加氢裂化、加氢精制及润滑油的生产等。其中催化裂化、催化重整、加氢裂化及加氢精制过程也称为二次加工过程。在这些过程中催化剂被大量使用着,起着非常关键的作用。

在20世纪60年代,分子筛催化剂在催化裂化中的应用是催化裂化技术的重大发展。分子筛催化剂有较高的选择性、活性和稳定性。分子筛是一种具有晶格结构的硅铝酸盐,也称沸石。它的重要特点是具有稳定、均一的微孔结构。分子筛按其组成及晶体结构的不同可分为多种类型,目前应用于催化裂化的主要是Y型分子筛。

工业应用的石油馏分加氢精制催化剂一般是负载型的催化剂,也就是将活性金属(Ni、Co、Mo、W)的氧化物负载在多孔载体上制成的催化剂。催化重整过程用的是以贵金属铂为基本活性组分的双金属和多金属催化剂。

第五节　橡胶助剂

"助剂"是一个很广泛的概念。塑料、橡胶、合成纤维等合成材料以及纺织、印染、涂料、农药、造纸、皮革、食品、水泥、石油炼制等工业部门,都需要各自的助剂。笼统地说,助剂是某些材料和产品在生产或加工过程中所需添加的各种辅助化学品,用以改善生产工艺和提高产品性能。大部分的助剂是在加工过程中添加于材料或产品中的,因此,助剂也常称作"添加剂"或"配合剂"。

橡胶助剂,是指由生胶加工成橡胶制品这一过程中所需要的各种辅助化学品。由于这些辅助化学品是服务于橡胶加工的,因此,也可以把它们叫作橡胶的"加工用助剂"。与这个概念相对应的是"合成用助剂",即由单体制备合成橡胶等聚合物的过程所需要的助剂,如阻聚剂、引发剂、分子量调节剂、终止剂、乳化剂和分散剂等。

一、概述

橡胶是具有高弹性能的高聚物。和塑料一样,橡胶在成型加工过程中和使用中,也会受到外界光、热、空气、臭氧和机械作用等影响,产生降解和交联反应。降解反应可使橡胶产生发黏现象,交联反应则使橡胶发脆、变硬从而丧失其原有的物理机械性能。为了抑制橡胶的降解和交联反应,必须添加防老剂、抗氧剂、抗静电剂、金属钝化剂等。

此外,为了改善橡胶的加工性能,提高制品质量,降低生产成本,还需要添加补强剂、填充剂、软化剂、防焦剂、塑解剂、增黏剂、脱模剂等,所有以上助剂总称为橡胶助剂。橡胶助剂种类很多,作用也很复杂,就国外的情况来说,橡胶助剂用于轮胎加工的占2/3,其他用于工业制品、胶鞋、乳胶、泡沫体、电线等制品。目前,在国际上使用的品种总共有三千多种。下面重点介绍硫化剂、硫化促进剂和防老剂。

二、硫化剂和硫化促进剂

(一)硫化剂

能使橡胶分子链起适度交联反应的化学品称硫化剂。硫化剂能降低生胶的可塑性,增强弹性和强度,分无机和有机两大类。实际生产中最常用的为硫黄,也可用其他含硫或不含硫的化合物,如一氯化硫、过氧化苯甲酰、多硫聚合物、苯醌化合物、二硫化吗啡啉等。

如单用硫黄,硫化作用进行缓慢,硫化时间长,很易使产品与氧化合,以致其物理机械性能恶化。如使用过量的硫黄,又容易产生喷硫(喷霜)现象。因此,常常加硫化促进剂以促进硫化作用、缩短硫化时间、减少硫黄用量,有些硫化促进剂还可降低硫化温度。

(二)硫化促进剂

硫化促进剂简称促进剂,有无机促进剂和有机促进剂两大类。目前无机促进剂中只有氧化镁、氧化铅和氧化锌少量使用外,其他如氧化钙、碳酸盐等只能作助促进剂(硫化活性剂)。大量使用的是有机促进剂,类型繁多。根据促进的速度,可分为慢速促进剂、适速促进剂、快速促进剂和超速促进剂等。此外,还有后效促进剂等。这些有机促进剂主要为含硫或含氮的有机化合物。

1. 醛胺类

醛胺类促进剂主要是由脂肪醛与氨或胺(脂肪胺或芳香胺)缩合而得到的化合物。常用的品种有促进剂 H 和促进剂 808。

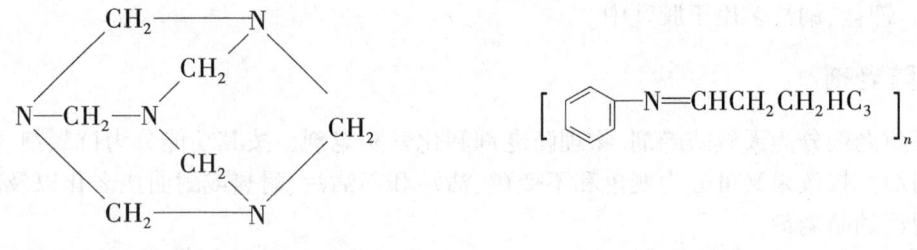

环六亚甲基四胺(促进剂 H)　　　　　丁醛苯胺综合物(促进剂 808)

2. 胍类

脲分子中的氧原子被亚胺基(=NH)代替后的化合物叫作胍。作为促进剂的主要是胍的衍生物,其通式为

$$R-NH-\overset{NH}{\underset{\|}{C}}-NH-R$$

R 可为烷基或芳基。胍类促进剂可用相应的硫脲来制备。例如二苯胍(白色粉末,熔点不低于 144℃)可由二苯硫脲与氨反应来制备。

3. 噻唑类

噻唑是一类主要的促进剂,用量约占促进剂总量的 70%。噻唑类促进剂分子中含有噻唑环结构,如二硫化二苯并噻唑(促进剂 DM,白色至淡黄色粉末,无毒,稍有苦辣味,熔点 188)℃,其结构式:

[化学结构式：二苯并噻唑二硫化物]

4. 秋兰姆类

具有下述结构的化合物称为秋兰姆：

$$\begin{array}{c} R \\ | \\ N-C-S_x-C-N \\ | \quad \| \quad \quad \| \quad | \\ R \quad S \quad \quad S \quad R \end{array}$$

式中，R 可以是甲基、乙基、丁基、苯基或其他基团；S 为硫原子；x 为硫原子的数目。工业上常用的有一硫化物、二硫化物与四硫化物等。

秋兰姆一般是由二硫代氨基甲酸衍生而来，所以也可看作是二硫代氨基甲酸衍生物，常见的这类化合物有二硫化四甲基秋兰姆(促进剂 TMTD 或 IT，白色粉末，熔点 155～156℃)。

5. 二硫代氨基甲酸盐(或酯)

二硫代氨基甲酸盐主要是氨基上的氢原子被取代的衍生物，其通式为

$$\left[\begin{array}{c} R \\ | \\ N-C-S \\ | \quad \| \\ R' \quad S \end{array} \right]_n M$$

式中，R、R′为烷基、芳基，M 为金属，n 为金属原子价。

当 R 为甲基、乙基、丁基、苯基时，为通常的各种商品促进剂。其中锌盐应用最广，如二甲基二硫代氨基甲酸锌(促进剂 PZ，白色粉末，熔点 240～255℃)；其次为铅盐；再次为铜盐、铋盐、镍盐。钾盐、钠盐多用于胶乳中。

三、防老剂

一般防老剂分为天然防老剂、物理防老剂和化学防老剂。按其功能分为抗氧剂、抗臭剂和铜盐抑制剂。按效果又可分为变色和不变色、沾污和不沾污、耐热或耐曲挠老化以及防止龟裂等不同用途的防老剂。

天然防老剂是存在于天然橡胶中防止生胶老化的物质，可能为酚类或芳香胺类，还有的可能是含氮有机酸类。物理防老剂系指涂布于橡胶制品表面，隔离其与氧(臭氧)的接触，保护橡胶不易老化的防老剂，如石蜡、地蜡、蜜蜡等，是用于静态条件下使用的橡胶制品。有的着色剂能吸收一定频率的光波，起到物理防老剂的作用。生产中大量使用的是有机防老剂。

通用的有机防老剂有醛胺类、酮胺类、胺类、酚类和混合防老剂五类。

酚类防老剂前面已讲过，这里主要介绍胺类防老剂。这类防老剂在橡胶工业中有着重要地位，常用的是对苯二胺衍生物、醛胺和酮胺缩合物、二芳基仲胺。

(一)对苯二胺衍生物

该类防老剂通式为

[化学结构式：对苯二胺衍生物，苯环两端连接 N(H)(R₁) 和 N(H)(R₂)]

式中，R_1、R_2 为烷基或芳基。如防老剂 288 为 N,N′- 二仲辛基对苯二胺（防老剂 288，棕红色液体，沸点 420℃）。

（二）醛胺类或酮胺类缩合物

该类防老剂抗氧性能良好，喷霜现象比较少，一般用量为 0.5%~6%，如 3-羟基丁醛-α-萘胺（防老剂 AP）。

（三）二芳基仲胺

此类抗氧剂在橡胶加工工业上，长期以来占据重要的地位。其主要品种有防老剂 A（即防老剂甲）与防老剂 D（即防老剂丁），化学结构和名称如下：

（N-苯基-α-萘胺，防老剂 A）　　　　　（N-苯基-β-萘胺，防老剂 D）

前者是黄褐色或紫色结晶，熔点 62℃；后者为浅灰色针状结晶，熔点 108℃。

此类抗氧剂具有较全面的防老能力，它们的抗热、抗氧、抗屈挠龟裂性能都很好，对有害金属也有一定的抑制作用。在橡胶工业中广泛应用，用量一般为 1%~3%。但在国外，防老剂 A 和 D 都在逐渐淘汰。

除上面介绍的三种胺类防老剂外，还有其他类的防老剂，如咪唑类防老剂 MB（α-巯基甲基苯并咪唑）以及丙酸酯类防老剂 TPL（二月桂基硫代丙酸酯，DLTP）等。

第六节　黏　合　剂

一、黏合原理

黏合剂最重要的性质是必须具有黏合性，假如是结构黏合剂，还必须具有高强度，例如在飞机上的应用。强度取决于胶黏剂的内聚力和被黏合材料的强度以及黏合剂与被黏合材料间的黏合力。而三者之间最弱的力是强度的控制因素，所以，有高的黏合力同时保持高的内聚力是黏合技术的主要问题。

黏合力包括表面润湿，黏合剂分子向被黏物表面移动、扩散和渗透，黏合剂与被黏物表面形成物理化学结合以及机械结合等一系列过程。表面张力小的物质容易润湿表面张力大的物质，所以为了使被黏物表面易润湿就需要清洗处理，除去油污等表面张力小的物质。要使表面张力大的被黏物表面能更好地和黏合剂接触，也可以在黏合剂中加某些表面活性剂以降低其表面张力，于是黏合剂分子带极性的部分就能向被黏表面带向反极性的部分移动。当距离达到 5×10^{-10} m 以下即可产生物理化学结合，所谓物理化学结合可以是主价键结合，如电价键、共价键和配价键等化学价键，也可以是次价键结合，如氢键和范德华力（偶极力、诱导偶极力和色散力），其中起主要作用的是配价键和范德华力。即使是加工精细的被黏物表面，从微观来看仍有许多微孔，流动性的黏合剂就能渗透入这些微孔，形成钉型、钩型、根型和榫型等机械结合。渗透的程度与孔隙的深度、孔径直径以及压力成正比，与黏合剂分子的形状以及孔隙的形状也有关系。

可伸缩的材料较之刚性材料更适于黏合。这是因为可伸缩性能使分子间的接近更为紧密。

诱导和永久偶极矩都有助于黏合，后者更为重要。假如偶极矩的正极是氢原子，可能形成氢键（例如，$\overset{-}{N}—\overset{+}{H}\cdots\overset{-}{O}=\overset{+}{O}$）。淀粉、糊精和胶水是传统的黏合剂，都是由于氢键才有黏合性。硝基纤维、酚醛和环氧树脂也是如此。烷基链上的羟基酚类中羟基和酚基都可形成氢键。

以上所述是黏合理论中最早也是最普遍应用的吸附理论。它以表面吸附、分子运动和分子间作用等理论为基础，认为布朗运动使黏合剂分子向被黏物表面移动，黏合剂分子的极性部分向被黏物表面的极性部分靠拢。当距离小于 5×10^{-10} m 时，就产生范德华力、氢键等分子间力。根据这个理论，若黏合剂和被黏物的极性基团强，并且极性基团多，则黏合力就强；若其中一个是极性的，而另一个是非极性的，则黏合力就低。但是不能解释极性的 α-氰基丙烯酯胶为什么能黏合非极性的聚苯乙烯材料。

第二种是扩散理论。认为自黏是同种分子的扩散，互黏则是不同分子的扩散，都是大分子本身或其链段的热运动扩散。假如黏合剂是液态，被黏物在液体中的扩散是很显著的，实际上可认为是一种溶解过程。这个理论可以解释同种高分子之间的黏合。

第三种是双电层理论。认为在黏结结点中存在双电层，它是带电粒子在不同相内因性质差异而引起的转移，黏合功等于电容瞬时放电能量。经实测此两数值确很近似，但不能解释导电胶的作用和非极性黏合等。

总之，现在还没有完整的黏合理论，现有的三种理论都不够完善。当黏合剂和被黏物的溶解度参数接近时，黏合能力就会很强。所以用于天然橡胶（溶解度参数是 7.9~8.3）和酚醛树脂（溶解度参数是 11.5）的黏合剂应该是丁二烯—丙烯腈橡胶。它的溶解度参数是 9.5，其数值在两种被黏物之间，并与被黏物的参数值比较接近。在轮胎生产过程中需要黏合橡胶和帘子布，这两种材料的溶解度参数相差很远，则可采用复合黏合剂来解决这个问题。例如间苯二酚—甲醛树脂和丁二烯—苯乙烯—乙烯吡啶人造橡胶的三聚体，前者溶解度参数较高，它可与参数高的纤维相黏结，后者和橡胶相黏结，因为它们的参数都相当低。当然复合黏结剂必须混合到当组分与被黏物吸附之后不再分层的程度。黏合剂的另一个问题是收缩，因为黏合剂黏结的两种被黏物之间能产生张力。若使涂层尽可能薄就可以减轻这种张力，而涂层越薄黏合力越强、内聚力越弱，所以涂层薄也可改善黏合力。对一系列薄的涂层，其内聚力仅相当于一次涂刷同样厚的涂层，由于每个薄层在成为较厚的黏结层整体的一部分之前都有发挥黏结力的能力，最终的复合薄膜就具有更大的黏合力。

照相、摄影以及光学仪器使用大量的光学元件和光学玻璃，要求无应力胶接和精密固定，对黏合剂提出了更高的要求。如果黏合剂固化时体积收缩，就会在胶接界面产生收缩内应力，从而导致光学玻璃的畸变，也会导致光学构件位置的偏差，严重地影响光学性能。

另外，超滤膜端封胶、薄管的套接、金属箔的胶接、高精密度电声灌封料、修复胶、高尺寸精度要求的浇铸体等，都需要无应力胶接的黏合剂。

现在的黏合剂基本都是收缩黏合剂。1972 年美国化学家 W. J. Bailey. 发现了膨胀聚合效应,从而合成了膨胀性单体。膨胀性单体和双酚 A 型环氧树脂按一定比例无规共聚,可以得到固化时无体积变化的无应力黏合剂,我国已能小批量生产此种黏合剂。

二、黏合剂的材料和型态

(一)黏合剂的材料

黏合剂的材料分为主体材料和辅助材料。

1. 主体材料

主体材料是高分子材料,要求它有一定的流变性,如要制成溶剂型,则能溶于水或其他有机溶剂;要有一定的结晶性,它使黏合剂有适当的内聚力;极性也要适度,极性太大会使扩散能力下降;要有适当的分子量,分子量太小会使内聚力下降。

2. 辅助材料

辅助材料包括下列各种。

(1)溶剂:要求和主体材料的极性近似。

(2)增塑剂:包括邻苯二甲酸酯、磷酸酯和己二酸酯等。它主要是减弱分子间的力以提高韧性和耐寒性。它的极性须和主体材料接近;分子量要大一点,可使黏合强度提高;沸点要高一点,这样可使作用持久。

(3)偶联剂:包括有机羧酸、多异氰酸酯和有机硅烷等。加入 1% ~ 10% 可提高强度 10%,还可提高耐水、耐热等性质。

(4)填料:各种金属粉、氧化物粉、石英、云母、石墨、玻璃纤维和碳素纤维等都可以作填料,以提高内聚力、黏结力和耐热性。

(5)固化剂:使低分子聚合,如六次甲基四胺等。

其他还有引发剂、促进剂、防老剂、增稠剂、阻聚剂、稳定剂、络合剂和乳化剂等。

(二)黏合剂的型态

黏合剂的型态也很多。浆糊和胶水是比较常用的黏合剂。它们是由淀粉、糊精等做成的。还有由聚醋酸乙烯做成的乳剂,它们都是分散在水中,当水蒸发以后就成为一层黏合剂薄膜。此外,黏合剂也可以溶于有机溶剂中,用橡胶做成的黏合剂就是很常见的例子。

无溶剂黏合剂较无溶剂涂料更为普遍。双组分环氧树脂可以是 100% 固体;也可以一个组分是流态的环氧树脂,另一个组分是流态的固化剂。例如含有胺基的聚酰树脂,这两种组分在应用以前须彻底混合,混合好的黏合剂由于两种组分在室温下即可反应,键结合的时间是有限的,因之在混合好后只能保留非常短的时间就必须用于黏合。这样当键结构形成之后,它会牢固地黏着在原来的位置上直至树脂混合物完全聚合和固化。

另一种无溶剂黏合剂的型式是热熔胶。在操作过程中先熔融热塑性高分子,然后在流态时立即应用。适用的高分子有低熔点聚酰胺、聚酯类(如对苯二甲酸—乙二醇共聚物)和乙烯—醋酸乙烯共聚物或是合成橡胶(例如 SBS 嵌段聚合物)等。当黏合剂冷却后,就形成聚合键。快速成键的热熔黏合剂的一个重要好处是可用于自动化过程中。最好的例子是罐头的封边,而罐头自动生产线的速度为每分钟 400 ~ 800 只。热熔胶也广泛用于书籍和杂志的装订中,但对废纸回收中脱油墨过程会造成很多困难。

无溶剂黏合剂的第三种型式是各种类型的压敏胶,目前,它已广泛地用于各种型式的纸盒或塑料包装、办公用品和文具等。这种黏合剂是永久胶黏性的,可黏着于很多基质上,可用于多种修理、联结性处理等方面。

较少用到的无溶剂黏合剂的型式是无支撑薄膜、粉末和丝网,它们可以以夹心面包的型式插入两种基质之间然后加热使之成为联结薄膜。

近期黏合工艺的进展多于黏合剂型式的进展,例如超声波可用于黏合剂的熔融和固化;磁场黏合则是把磁能用于黏合工艺。介电密封的原理是具有失介电性的高分子化合物释放出黏合所需足够的热量,聚酰胺和聚酯做成网状可用此法黏合于接缝和卷边的织物上以及黏合衬里。

用紫外射线使紫外敏化材料的黏合剂固化还处于开始阶段,但被认为是很有发展前途。它常用于把金属部件黏合在摄影机和显微镜的镜头上。

绝大部分高分子都可用作黏合剂,因此,有热塑、热固和合成橡胶黏合剂,还有天然黏合剂。热熔黏合剂是热塑型的,用于黏合金属的结构黏合剂是热固型的。某些热固黏合剂(例如酚醛树脂)固化时需要加热,既是促进化学反应也是除去反应水生成的水蒸气。双组分环氧或聚氨酯黏合剂则相反,可在室温缓慢地固化,但在加热下却很快固化。无机黏合剂(如混凝土)和基于铅黄(PbO)的黏合剂超出本书的讨论范围,但可列举一个例子,如可溶性硅酸钠(水玻璃),它能黏合纸,可用于密封箱盖和波纹板盒的密封。

三、常见黏合剂

(一)天然黏合剂

原始人用泥浆、兽粪、血液、尿等制成黏合剂,他们用这些组分特别是它们的混合物构筑窝棚。这些原始的技术在世界各地今日仍有应用。其他的天然黏合剂则至今仍能和近代合成黏合剂竞争,其原因在很大程度上是取决于产品的价格。

1. 淀粉和糊精黏合剂

淀粉胶是水分散乳液,它是人们最熟悉的"图书馆用浆糊"。墙纸糊料是小麦淀粉做成的,淀粉可以氧化或降解成糊精以得到特殊的性能,例如降低黏度或提高分散性。一种称作英国胶的糊精用作邮票的胶合剂,它的优点是能很快地重新被润湿,而且黏性能维持较长的时间,即在长时间内它仍有胶黏性使邮票能重新贴上,即使外界潮湿,邮票仍会黏附在信封上,这就是说在湿和干的条件下,它都有黏合强度。

淀粉黏合剂的最重要的用途是用白土和淀粉制成混合剂,然后涂布在纸张的表面上。这种涂层使加工后的纸对墨水的接受性好,而且不会吸入大量墨水。淀粉黏合剂也用于波纹纸板、多层袋、纸层压板、管式线圈、标签、盒子和胶带的生产。在纺织工业中,经线上浆操作须用淀粉黏合剂,它暂时黏附在纱线上,使纱线能成型而易于织布,在纱织成布以后即可洗去。

2. 蛋白质胶黏合剂

动物、鱼、豆浆、血液都能用作胶的蛋白质原料。动物胶也是蛋白质,它是骨胶质水解而得,而骨胶质则是动物皮革、软组织和骨架的主要组成。这种具有流变性的水分散物质很易被涂刷,可用于木材加工、胶带和标签的黏合、书籍和杂志的装订、螺纹和回旋状的管式线圈胶合、纺织物和纸的整理及涂层。

和蛋白质胶黏合剂密切相关的是鱼胶,这是从鱼皮用水萃取蛋白质而得到的,鱼胶有很长的持续黏性时间,因为它能和很多基质黏合,可以用于橡胶与钢、软木塞和胶合板的胶连。鱼胶也用于瓷器着色,首先把胶和玻璃料及着色剂用球磨机混合,然后将混合物涂在瓷器上,再加热到540℃以上,鱼胶被烧去,颜色就永久烧结在瓷器上。

酪蛋白是一种黏合剂蛋白,它是由脱脂牛奶制备的,加石灰以后可以作成抗水性胶,采用钙离子作为蛋白质羧基之间的交联剂。在木材加工中,它可用于防水胶联。它的最大用途是木制品的生产,如制作胶合板。

大豆胶是由大豆蛋白中制备的,大豆蛋白是动物饲料,它可以用甲醛或甲醛衍生物(如二羟甲基脲素)交联,得到的黏合剂可用于木材胶联以及胶合板生产。

$$NH_2-\underset{\underset{O}{\|}}{C}-NH_2 + 2HCHO \longrightarrow HOCH_2-NH-\underset{\underset{O}{\|}}{C}-NH-CH_2OH$$

   脲素   甲醛   二羟甲基脲素

血胶是一种血蛋白,它和石灰共用或者和其他黏合剂(如酚醛或大豆黏合剂)混合。血胶的最大用途是用于胶合板的生产。蛋白胶的优点在于它可由水分散剂中沉积于涂布面后能很快黏结。和鱼胶及糊精相似,它的黏性持续很长。加热后键合部件可以得到很高的黏合强度。如果需要增强强度可以用甲醛或乙二醛交联。所有蛋白和淀粉胶都必须和杀菌剂配合以防止微生物的侵袭。

3. 沥青黏合剂

沥青黏合剂来源于石油蒸馏的沥青残渣、煤焦油蒸馏的煤焦油残渣以及各种植物和动物的树脂,例如脂肪酸蒸馏后的残渣。因为这些材料价廉所以被广泛应用,主要的用途是做民用和工业建筑的房顶黏合剂,可作为屋顶的防水层。沥青黏合剂的商品形态有块状沥青、沥青溶液和乳化沥青。块状沥青加热熔化后使用,熔化过程有气味,而煤焦油沥青的蒸气有毒,在低温季节难于应用,且有着火的危险。煤焦油沥青用于平顶屋顶,因为它有很好的防水性。

由于沥青是烃类化合物,所以耐碱,它在盐水电解生产苛性钠中用作隔膜电池的铜和铅阳极的黏结和保护涂层。

沥青黏合剂的其他用途有玻璃纤维绝缘体的黏结、绝缘板的黏合,在包装工业加强牛皮纸的强度。

(二)热塑性黏合剂

热塑性黏合剂包括热塑性树脂及热塑性橡胶黏合剂。热塑性黏合剂在加热时会熔化、溶解和软化,在压力下会蠕变。与热固性黏合剂不同,它在使用过程中并不生成新的化学键。热塑性的特点决定了它们一般用于一些要求黏接强度不太高的对象,在黏接后的应用条件也并不十分苛刻。例如,一般性的金属、瓷器、玻璃和塑料以及多孔物质(如纸、木材、皮革、织物等)的黏合。热熔胶近年来应用正在逐步扩大,其中包括包装材料和多层塑料膜的自动生产线。

在采用热塑性树脂为主的热塑性黏合剂中,使用的高分子材料很多,其中主要有乙烯树脂、丙烯酸树脂、聚酰亚胺树脂等。热熔胶包含聚乙烯、聚醋酸乙烯及其共聚物、聚苯乙烯、聚碳酸酯和聚酰胺等。为改善性能,需加入一些增塑剂或填料。复配的剂型包括液状剂型,例如溶液、分散液或乳胶等;也有做成各种固体状态的剂型。

1. 乙烯树脂类

聚醋酸乙烯以聚乙烯醇作稳定剂,经过乳化聚合后用作黏合剂,其反应如下：

$$CH_2=CHOOCCH_3 \longrightarrow \left[CH_2-CH(OOCCH_3) \right]_n$$

乳液用于书籍装订、牛奶盒生产和多层袋、信封、折叠箱、木材的胶合以及汽车车厢内装饰物的黏合等方面。

这类黏合剂中最重要的是乙烯－醋酸乙烯(EVA)及其共聚物,它们大量用于包装工业中作热熔黏合剂。例如纸盒和纸箱的密封、地毯接缝黏合;也用于制鞋工业和家具工业等。

低相对分子质量的聚乙烯和聚丙烯具有较低的熔点,也可作黏合剂。低熔点聚丙烯是有规结构异构体制备中的无规结构副产物,可用作热熔胶。它的最大市场是包装工业,其次是书籍装订业。此外,聚丙烯热熔黏合剂也用于地毯的黏合。

聚氯乙烯(PVC)塑料溶胶也可作为黏合剂,其剂型可以是溶液、水分散液或胶乳。塑料溶胶广泛地应用于地毯衬布的黏合和汽车工业。在建筑工业中也少量应用PVC溶液作为管道黏合剂。胶乳应用在纺织工业中,特别是用作无纺布的黏合剂。除此以外它还用作包装黏合剂,特别是用在波纹板、纤维层压板和复合釜体生产中。日本已发明了把它纺成纤维的方法,由于有羟基,所以比其他合成纤维有更好的水分保持性。

聚乙烯醇缩丁醛是由聚乙烯醇和丁醛反应制成的。由于它和玻璃的透明度和折射率一致、且能和玻璃很好地黏附在一起,所以它的主要用途就是把两层玻璃黏成夹层玻璃,在汽车工业中用作防护玻璃。

2. 丙烯酸树脂类

作为黏合剂的丙烯酸酯高分子化合物大多是丙烯酸乙酯、丙烯酸丁酯和丙烯酸乙基己酯,剂型是乳液或溶液。纺织工业中乳液用于无纺织物和丝绒黏合剂。溶剂型的丙烯酸酯用于压敏黏合剂和家具制造业。

在丙烯酸酯的乳液共聚中,乳化剂的品种及用量对聚合稳定性有决定性作用。阴离子乳化剂使乳液有较好的机械稳定性,非离子乳化剂有较好的化学稳定性,二者配合使用时可使乳化液聚合物有较好的机械和化学稳定性。如用脂肪醇硫酸钠和OP－10混合乳化剂。

在丙烯酸酯的乳液共聚中,可用过硫酸盐为引发剂,适当的用量可使聚合过程稳定、聚合反应完全、聚合物性能优良。

加入适量的交联剂以及调节共聚组分的比例也有助于提高胶黏剂的性能,例如耐磨牢度和柔软性。

氰基丙烯酸酯固化极快,是单组分黏合剂,使用方便,所以应用广泛,金属、塑料、橡胶、陶瓷、玻璃等都能黏合。近来医疗领域也有应用,如 α－氰基丙烯酸酯可黏合外科手术的刀口。

3. 尼龙、线型聚酯、硝基纤维黏合剂

尼龙黏合剂可黏合尼龙,羟甲基尼龙黏性强且柔软,但耐水性较差。线性聚酯可黏合涤纶薄膜。硝基纤维可黏合赛璐珞、木材、纸制品等。

4. 芳杂环黏合剂

例如聚酰亚胺、聚苯并咪唑、聚硫醚、聚二苯醚和吡龙胶等都是耐高温、耐辐射的黏合剂,有的品种在538℃还不分解,主要应用在宇航工业领域。

5. 氟树脂黏合剂

可以黏合含氟塑料和金属,耐高温和低温。

(三)热固性黏合剂

热固性黏合剂能在热、催化剂的单独作用或联合作用下形成化学键,它固化后不熔化、不溶解。与热塑性黏合剂不同,热固性黏合剂有良好的抗蠕变性能。它们中有许多都是性能优良的结构胶,应用的对象可承受高负荷,并可在各种热、冷、辐射、湿和化学腐蚀等恶劣的环境中,有良好的耐久性。在应用的高分子材料类别中,热固性黏合剂主要采用酚醛树脂和用尼龙、乙烯树脂改性的酚醛。此外环氧树脂也是常用的热固性黏合剂。

这类黏合剂的剂型有液状、膏状和固体状。液状的黏合剂有单包装和双包装两种,后者通常是固化剂。

热固性黏合剂大致有以下几种。

1. 酚醛树脂黏合剂

酚醛树脂黏合剂有纯酚醛胶、酚醛环氧胶、酚醛有机硅胶、酚醛橡胶和间苯二酚甲醛胶等,主要应用于木材加工和家具工业,其次是建筑业和铸造业。这类黏合剂强度较高、耐热、耐老化。间苯二酚甲醛胶固化很快,对尼龙黏合力大,因此适合黏合尼龙产品。

酚醛树脂是廉价的热固性黏合剂,广泛用来将木屑、碎木板通过黏接加工成可用的木材。它也用于制动器的衬里、离合器的表面以及其他摩擦部分的黏合。例如干的摩擦物质(如耐高温的石棉),就可用酚醛胶黏结在底盘上。酚醛树脂常常和其他黏合剂复合应用以提高抗水性、黏着性和胶黏性。在结构胶的各种组分中酚醛树脂是环氧树脂的交联剂。酚醛树脂是由酚类(苯酚、甲酚、二甲酚、间苯二酚等)与甲醛在酸性催化剂存在下缩聚而成。

2. 氨基树脂和呋喃树脂黏合剂

氨基树脂有脲甲醛树脂、三聚氰胺甲醛树脂等,价格低、颜色浅、耐光好、毒性小、不发霉,适用于木材加工工业,但有甲醛刺激气味。三聚氰胺甲醛树脂可以黏合玻璃纤维、玻璃钢,有耐水、耐油、耐热、电气性能好等优点。

呋喃树脂则有糠醇树脂、糠醇丙酮树脂和糠醇糠醛树脂等,耐热、耐腐蚀、机械强度高,适用于木材、塑料、陶瓷等黏合。

脲素—甲醛和三聚氰胺—甲醛树脂黏合剂的主要用途是木材的综合加工。加工后的成材是锯木屑或碎木片和高分子材料的混合物,这种组成的优点使锯木屑和碎木块等废料得到利用。除此之外,由于黏合剂和木材之间的强固键合使它比木材本身有更大的强度和形状稳定性。

3. 环氧树脂黏合剂

有纯环氧、环氧酚醛、环氧聚氨酯和环氧橡胶等,应用范围比较广。其优点是强度高、耐酸碱、耐油、耐有机溶剂,缺点是但刚性强韧性差,须加橡胶等改性,耐水性也较差。改性后可改进上述性能。环氧树脂黏合剂适用于金属、陶瓷、玻璃、水泥等黏合。

环氧树脂黏合剂用于建筑工业中胶合桩基的混凝土砖以及用于建筑物的薄胶泥。其他用途有固定高速公路上的玻璃反射镜、连接环氧树脂塑料管、作镶木地板的连接剂以及做一些特殊的用途。例如在皮肤中黏合由两层薄膜做成的蜂窝状组织,其中一层是环氧树脂和丁二烯—丙烯腈橡胶的复合物,另一层是上述橡胶和酚醛树脂的复合物。环氧树脂也作为在室温固化的双组分黏合剂组分之一出售给用户。

4. 不饱和聚酯和丙烯酸聚酯黏合剂

这类黏合剂都需要用交联剂、引发剂和促进剂。引发剂是过氧化物,促进剂是钴盐等。

有两种聚酯黏合剂,一种是聚对苯二甲酸乙二醇酯,这是一种热熔黏合剂,在制鞋工业,特别是在定型操作中使用。另一种聚酯黏合剂是热固型的,由不饱和聚酯制成,最大用途是在汽车车身的装配中作为填料或焊剂以代替金属焊剂,广泛用于汽车修理,主要是修理锈蚀部分以及填料上的压凹,塑料焊剂充填了空穴,然后就可以磨光和精加工。

在铸造工业中砂黏合时,较广泛使用醇酸型聚酯和双异氰酸酯组合成的聚氨酯烷型黏合剂,它能使砂黏结成型。它们的特点是价廉、黏度低、色浅透明、对表面处理要求低,但比较脆。

含氰丙烯酸酯的黏合剂广泛地用于家庭用品的黏合。这种黏合剂遇水就聚合。空气中水分很多,基质上也吸附有水分,因此,这种黏合剂应用时能很快地固结,这不但在家庭中对修理物品很有用,而且在很多特殊的工业中也很有用途,例如黏合塑料、玻璃、金属、橡胶。也可使它们彼此黏合,足球头盔中橡胶和丙烯酸酯合成橡胶的黏合就是一个例子。但黏结时间太短也有不方便之处,它会在裸露的皮肤上很快地固结。

5. 聚氨酯黏合剂

聚氨酯在薄膜层压中有少量应用。例如,用于包装工业。在纺织工业中,作为连接涂层黏合剂用于纤维和聚氨酯人造革之间的黏合,因为聚氨酯人造革和纤维黏合不好,所以连接涂层是很有必要的。有涂层的织物用于靴鞋和服装。相同的连接涂层也可将泡沫型的聚氨酯底层黏合在地毯上。在制鞋工业中聚氨酯也用于垫片和鞋帮的黏合。

这类黏合剂的黏合力强,耐低温性能突出,可耐 $-250℃$ 低温,但毒性大、不耐热、黏合强度不高。

6. 有机硅树脂

硅酮黏合剂的应用不广泛,它主要用于压敏电胶带,以玻璃—聚酰亚胺或聚酰胺作基层。这种胶带在高温电子工业中很有用,它也用于电视机显像管位置的固定。硅酮薄胶泥也用于陶瓷砖的黏合。

它耐高温和低温、耐水,电气性能好,但性脆、黏结强度低,在宇航中的用途已逐渐被芳香环树脂所代替。

(四) 合成橡胶黏合剂

18世纪末期发现了天然橡胶有黏合剂性质,而且至今也还有一定的实用价值。最新的橡胶黏合剂则采用合成橡胶 SBS 的嵌段共聚物。

1. 天然橡胶黏合剂

天然橡胶的成分为橡胶烃、水分、树脂、蛋白质、糖和无机盐。橡胶烃的化学成分为 2-甲基-1,3-丁二烯的顺式高聚物,习惯上称聚异戊二烯,优质天然橡胶的橡胶烃含量一般在 90% 以上,树脂(丙酮抽出物)含量为 3%~4.5%,水分和灰分含量为 1% 左右,具有良好的黏性和介电性,强度高于合成橡胶。溶于苯、溶剂汽油、氯仿、四氯化碳、松节油等。在溶剂中先溶胀,逐渐形成黏性液体。生胶或加有橡胶配合剂(硫化剂、促进剂、防老剂等)的混炼胶溶于适当的溶液后所生成的黏胶性液体称胶浆,可分为不硫化的生胶浆和硫化的混炼胶浆,后者的黏合性比前者好,黏附力高。

作为黏合剂,胶浆可以做成溶液型黏合剂和乳液型黏合剂。溶液型橡胶黏合剂的黏合性强,内聚力高,黏合速度快,但耐油性、耐溶剂性较差。乳液型橡胶黏合剂的硫化既可以在室温下硫化,也可以在加热条件下硫化。黏合剂经硫化后耐热性、弹性和稳定性都有所提高。

2. 氯丁橡胶黏合剂

氯丁橡胶黏合剂简称氯丁胶黏合剂,其用量约占合成橡胶黏合剂总量的70%以上,也是橡胶黏合剂中最主要的一种。氯丁胶黏合剂的基料为氯丁橡胶,具有高内聚力、中等极性和结晶性等特点。

氯丁橡胶用于接触黏结工艺,通常需和酚醛树脂混合应用。因为它在接触时立即交联键合,所以它能将部件黏结在正确的位置上。氯丁胶黏合剂具有优异的耐燃、耐臭氧、耐老化、耐油、耐水、耐溶剂和耐化学药品性,接触黏合剂用于地板材料和混凝土或木质结构的黏合、垫片和鞋底的黏合,还用于汽车结构中擦雨器、乙烯门把、坐垫以及车顶与底部的连接,因此,在建筑、制鞋、电子、纺织、汽车、造船等行业有着广泛的应用。

3. 丁腈橡胶黏合剂

由丁二烯和丙烯腈经乳液聚合可制得丁腈胶乳或丁腈橡胶,其丙烯腈和稳定剂的含量不等,有各种不同的品种牌号。丁腈胶乳和丁腈橡胶制品的特点是耐油性好,具有适宜的耐热、耐磨、耐老化等性能,但耐寒性能差。

4. 丁苯橡胶黏合剂

苯乙烯含量为20%~30%的丁二烯—苯乙烯胶乳可用作黏合剂的基料,其弹性、强度、耐油性、耐老化性、耐热性均优于天然橡胶,但由于分子链的极性小,黏合强度和黏合性能较差。如在配方中增加增塑剂和树脂改性,则黏合性能可有所改善。

天然橡胶是压敏黏合剂的最重要的组成,其次是SBR橡胶。压敏黏合剂产品的产值按西方国家估计约为10亿美元,但黏合剂本身却只占其中的10%。压敏黏合剂的最大用途是家用黏胶带,此外也用于工业上。

合成橡胶也用于复配溶剂性黏合剂,如胶乳和热熔黏合剂。胶乳黏合剂的最大用途是植绒地毯与衬布的黏合。在纺织工业中另一种用途是用它来生产无纺布。

橡胶黏合剂的另一种用途是在纸和纸板的涂料中用作颜料的黏合剂。乳胶和颜料混合,得到的涂料用于纸和加工成型的纸板上。

在汽车制造中,大多采用溶剂型橡胶黏合剂,用于胶合纤维、地毯以及消音填料与车体间的黏合。它们也用来把乙烯纤维黏合成车顶盖。苯乙烯、丁二烯、乙烯吡啶的三元高分子乳胶被用作轮胎帘子布的黏合剂。

(五)特种黏合剂

特种黏合剂包括热熔、压敏、点焊、吸水、导电、导热、导磁、光敏、应变及抗蠕变、液态密封及制动等黏合剂。

压敏黏合剂是使用最方便的黏合剂。它通常被涂敷于薄型基材上制成胶带或胶片,使用时不需涂胶、烘干、合拢和固化等工艺过程,只要将胶面贴于被黏物表面并用手指压合即可。压敏黏合剂本身必须是同时具有液体性质和固体性质的黏弹性聚合物。它的液体性质可保证润湿被黏物表面,它的固体性质能提供弹性和力学强度,保证在外力作用下不移位,不产生永久变形。因此,压敏黏合剂应该是以溶胀的交联高聚物为连续相,以增黏树脂为分散相的复相体系。连续相中没有物理或化学交联的压敏黏合剂则不耐温、易滑动,且不能承受外力。

压敏胶广泛用于不干胶商标纸和各种包装材料(如涤纶胶带)以及文具用具中,是近年来黏合剂的一个重要发展方向。

四、黏合剂的应用

黏合剂在国民经济各部门和人们生活中都有很广泛的用途。

(一)建筑业用的黏合剂

建筑业是黏合剂的最大用户。混凝土、聚醋酸乙烯胶和聚苯乙烯以及环氧树脂胶可以做成高强度轻质预制件。黏合剂可以使玻璃纤维和石棉结合,成为性能更优良的绝缘材料,玻璃纤维和纸黏合可以用作蒸气隔绝层。瓷砖墙和瓷砖地面的安装,地毯的铺设,管道的连接都需要黏合剂。用黏合剂黏合的乙烯薄膜层压板可以制作窗框和门框,可以建造组合房屋。建筑物的玻璃墙可以用黏合剂黏合的夹层玻璃板建造。黏合剂可以使玻璃密封在窗框中。黏合剂可以填充不同材料(例如石块和木材)之间的空隙。修理房屋时,可以用环氧胶、聚酰胺胶等黏合剂和水泥、细砂、丙酮等混合后填补建筑物的裂缝。利用吸水固化环氧胶可以大大提高地下工程的质量。

(二)汽车工业用的黏合剂

汽车工业中应用黏合剂是很多的,焊接车身的传统工艺采用钎焊,它不但有毒而且密度很大。最近的发展方向是用环氧树脂黏合剂,采用氧化铝等作为填料,这种工艺不仅无毒,而且重量仅有钎焊的十分之三。将来的焊接可能用热熔材料。汽车的刹车闸片原来是铆接的,在解放牌汽车中要用几十个铆钉,现在改用黏合,不仅工艺大大简化而且寿命提高了三倍。应用的酚醛—丁腈黏合剂,它的强度高、韧性好、耐热,耐老化性能也比较好。汽车油箱和水箱的修复常用 α-氰基丙烯酸酯胶,优点为耐油、黏度小、渗透力强,并易于渗入裂缝。安全玻璃是由聚乙烯醇丁醛缩合物黏合的,因为它透明度好而且和玻璃的折光指数相同;汽车中地毯和垫子表面的黏合常用热熔黏合剂;聚乙烯顶板则用氯丁橡胶黏合剂黏合;驾驶室中使用的以玻璃纤维加强的聚酯层压板则用聚氨酯黏合剂黏合;乙烯塑料溶胶常用作消音器的黏合剂;无溶剂的甲基丙烯酸甲酯黏合剂最近也得到了应用,它的优点是连接定位后即能固化。

轮胎工业中常用合成橡胶黏合剂和环氧树脂黏合剂黏合胎芯和橡胶。

(三)铸造工业用的黏合剂

在铸造工业中的黏合剂主要是型砂黏合剂,用于制作砂模然后铸入金属。最重要的铸造黏合剂是酚醛和糠醛树脂。它们多数属于热固型树脂。最典型的是糠醛醇和甲醛的缩合物,缩合反应在热固阶段以前完成。当它和砂混合并做成模型以后,用酸催化法使树脂交联。铸模成型以后必须满足高温下不变形,而且在金属固化以后必须能被破坏从而剥离出铸件。糠醛树脂的优点之一是可以使砂和树脂分开,可以使砂重复应用。某些聚氨酯树脂也可用作砂黏结剂,它们是由双异氰酸酯或它们的加成物和含羟基的聚酯通过反应后生成的。

(四)制鞋工业用的黏合剂

在制鞋工业中常应用氯丁橡胶黏合剂黏合鞋帮和衬里。热熔性聚酰胺黏合剂则用在鞋楦上固定鞋帮和托底。过去,是用钉子把鞋帮固定在鞋楦上,然后固定托底,移去鞋楦,钉子是由鞋的内部取出的,是一个很费时间的手工操作。现今钉子由几滴热熔性黏合剂代替,鞋子的成型成为一个自动化过程,最后托底和鞋底黏合,用压合机压实,这一过程中也需使用黏合剂。

(五)其他工业用黏合剂

包装工业使用黏合剂来黏合或密封箱子、纸盒,生产复合多层袋、波状板。它们也用于标签、信封、简单的层压板、复合的电金属箔、塑料层和纸组合而成的层压膜。纸试管和筒式容器的生产也用黏合剂。

纺织工业中黏合剂的最大用量是用于地毯衬布的黏合。黏合剂也用于植绒纺织品,即将短纤维植在有黏合剂涂层的织物上,黏合剂也用于衬里和面料间的黏合,还可以把商标贴在外套上。此外也正在研究以黏结代替某些缝纫工艺例如锁边。

在电子工业中,电视显像管上有一层防护薄膜,就是用黏合剂将薄膜黏合在显示屏上的;环氧树脂也用于玻璃管和金属凸缘的连接;印刷电路用黏合剂将铜箔和纸质的或玻璃纤维的底板黏合在一起,采用的黏合剂是酚醛树脂或聚乙烯醇丁醛缩合树脂。最早的印刷电路是刚性的,以后发展了有韧性的印刷电路,可以任意弯曲及卷缠。这种印刷电路板采用含羟基的聚酯和双异腈酸酯交联型黏合剂将韧性的铜箔和韧性的底板(如塑料薄膜)进行层压黏合而成。

用于印染行业的涂料印花工艺,也需要大量的黏合剂。第一代涂料印花黏合剂在50年代出现,属于不交链的线性高分子聚合物,黏合牢度差。在20世纪60年代使用第二代涂料印花黏合剂,它们含有—OH、—COOH、—NH$_2$、—CONH$_2$等基团,在加热过程中可与纤维上的羟基形成共价键,或和外加的交联剂起反应生成体型高分子,故牢度较好。70年代国际上开始使用自交联型黏合剂,其中含有共聚的交联单体,如 N - 羟甲基丙烯酰胺以及它的醚类,这是第三代涂料印花黏合剂,也是目前世界上畅销的品种。现在正在发展第四代,即低温或室温固化型涂料印花黏合剂。它可以节省能源,而且可以用于一些不耐高温的织物。若按涂料印花黏合剂固化成膜的温度来分,则可分为高温型和低温型两类。高温型涂料印花黏合剂要求在 $140 \sim 150℃$ 烘焙 $4 \sim 5min$,这样才能达到各项牢度要求。低温型黏合剂则在低温成膜,只需经过干燥($80 \sim 100℃$),或经过汽蒸($100 \sim 104℃$)即能达到规定牢度的要求。

第七节 水处理剂

我国水资源总量约 $2.8 \times 10^{12} m^3$,居世界第六位,但按人均占有量计算,仅为 $2300m^3/$人,为世界人均占有量的1/4,居世界第108位,水资源很不富裕。据粗略统计,工业用水量约为实际供水量的10%左右,在工业用水中,冷却水的用量居首位,一般占60%以上。

为节约冷却用水,工业上大量采用冷却水循环工艺。为了减轻循环冷却水系统腐蚀、结垢、菌藻和黏泥的危害,需要加入一些化学处理剂,即所谓的水处理剂,习惯上也称为水质稳定剂。所以水处理剂是一个很广义的名词,凡是工业用水、农业用水和生活用水中涉及的化学品均可纳入这个范畴,本文只涉及冷却水化学处理剂。

水质稳定剂的主要品种可分为缓蚀剂、阻垢分散剂和杀生剂(杀菌灭藻剂)三大类。

一、缓蚀剂

缓蚀剂是一种化学药剂,它能有效地抑制冷却水系统中电化学腐蚀反应的进行。当腐蚀介质为冷却水时,应用的缓蚀剂可称为冷却水系统缓蚀剂,以区别酸洗缓蚀剂、工艺缓蚀剂、油气井缓蚀剂等。由于缓蚀剂具有效果好、用量少、使用方便等特点,因而近年来得到迅速发展,成为保护金属和抑制腐蚀的一项重要技术,并在石油、化工、机械、电力、冶金、交通等许多工业部门应用。

在整个水处理化学品中,缓蚀剂所占的份额最大,经过半个世纪的研究开发,主要形成了无机缓蚀剂和有机缓蚀剂。由于存在缺陷,水处理缓蚀剂从最初的铬酸盐、聚磷酸盐到有机磷酸盐;从高磷、含金属的配方到低磷、全有机配方;从单一配方到复合配方,显示出水处理缓蚀剂正朝着多品种、高效率、低毒性的方向发展。

(一)分类

首先,按照缓蚀剂的种类是无机化合物还是有机化合物,可分成无机缓蚀剂(铬酸盐、重铬酸盐、硝酸盐、亚硝酸盐、磷酸盐、聚磷酸盐、钼酸盐、硅酸盐等)和有机缓蚀剂(胺类、醛类、膦类、硫化物、杂环化合物等)。

其次,根据缓蚀剂抑制的反应是阳极反应、或是阴极反应、或两者兼有,缓蚀剂可分成阳极型缓蚀剂、阴极型缓蚀剂或混合型缓蚀剂。聚磷酸盐、锌盐等属于阴极型缓蚀剂,有机胺类则被认为是混合型缓蚀剂。

缓蚀剂分类的第三种方法,是按照缓蚀剂在金属表面形成保护膜的机理不同而将缓蚀剂分为钝化膜型缓蚀剂、沉淀膜型缓蚀剂以及吸附膜型缓蚀剂,按这种方法进行的分类见表5-5。

表5-5 缓蚀剂的类型

缓蚀剂类型		缓 蚀 剂	保护膜特征
钝化膜型		铬酸盐、亚硝酸盐、钼酸盐、钨酸盐等	致密膜较薄(3~30nm)与金属结合紧密
沉淀膜型	水中离子型	聚磷酸盐、锌盐	多孔膜厚与金属结合,不太紧密
	金属离子型	巯基苯并噻唑、苯并三氮唑	较致密膜较薄
吸附膜型		有机胺、硫醇类、木质素类、葡萄糖酸盐、某些表面活性剂等	在非清洁表面吸附性差

这里主要介绍有机缓蚀剂。

(二)有机胺类

用于循环冷却水系统的有机胺缓蚀剂,按结构一般可分为胺类、环胺类、酰胺类和酰胺羧酸类等。

胺类和环胺类一般呈现出一定的弱碱性,它们都能和无机酸或一些有机酸形成盐类,酰胺类和酰胺羧酸类则基本上表现为中性,但二元羧酸类却表现为弱酸性。它们在水中溶解度一般很小,随着烷基的增大,它们在水中溶解度减小,但缓蚀效果却增加了。为了提高胺对金属的缓蚀能力,一般用碳原子数高的胺。为提高它在水中的溶解度用成盐方法解决,这种有机酸的胺盐对水的溶解度就大得多。另一常用的方法是在胺中通入一定比例的环氧乙烷,生成胺的环氧乙烷聚合物。

$$C_{18}H_{37}NH_2 + CH_3COOH \longrightarrow [C_{18}H_{37}NH_3]^+ \cdot CH_3COO^-$$

$$C_{18}H_{37}NH_2 + (x+y)\overset{O}{\overset{|}{CH_2-CH_2}} \longrightarrow C_{18}H_{37}N\begin{matrix}(CH_2CH_2O)_xH \\ (CH_2CH_2O)_yH\end{matrix}$$

当上式中 $x=3$、$y=4$ 时,即为应用较多的尼凡丁-18,它可以很好地溶于水或汽油中,它既是水处理缓蚀剂,又是酸洗缓蚀剂,对硫化氢的腐蚀也有一定的缓蚀效果。同时它还是一种良好的表面活性剂,能清洗金属表面的油污和污泥,从而提供一个具有良好吸附性能的清洁无污的金属表面。

胺类、环胺类以及酰胺类缓蚀剂都是在金属表面形成一层单分子的保护膜。因为胺类分子中的氨基的氮原子上有未共用的电子对,能与金属生成配位键,极性基能吸附在金属表面上。

$$\begin{matrix} & M & \\ (R)H\!\!\!&\!\!\!-H\!\!\!&\!\!\!-H(R) \\ & | & \\ & R & \end{matrix}$$

式中,M 表示金属原子,而 R 为疏水基朝向介质,向水或油方向伸展,形成一层金属保护膜,因此起着抑制腐蚀的作用。

这类缓蚀剂的使用浓度一般为 $20\sim100\mu g/g$。据报道,当用 $50\mu g/g$ 时,可达 94% 的缓蚀率;在 $10\mu g/g$ 时,也仍有一定的缓蚀效果。然而这类缓蚀剂的应用也有局限性,一般来说,若要达到较好的缓蚀效果,则必须对金属设备做彻底的清洗,对有油污、垢层、污泥等的金属表面,它们的缓蚀效果是较差的。但这类缓蚀剂最主要的缺点是耐高温程度较差,一旦水温高于 50℃,脱附就成为主要的倾向,即使已成为吸附膜的保护层也会有破坏的危险。所以对高温体系的水质来说,有机胺类吸附膜的保护效果是不够理想的。虽然作为吸附类型的缓蚀剂——胺类、环胺类和酰胺类等有这些不足之处,但是它们在耐 H_2S 及耐酸等方面有特殊的优点,缺点也正在不断地通过改变分子结构来克服,它们的品种也在不断地增加,因此,仍有可能得到发展。

据报道,林业的副产物——去氢松香胺已被用作冷却水系统的缓蚀剂,效果很好。尤其是聚氧乙烯基去氢松香胺的缓蚀效果更好,而且还有一定的杀菌作用。

酰胺羧酸类是一类能和金属形成螯合物的表面活性剂,所以也是能形成金属螯合膜的缓蚀剂。

(三)含磷有机缓蚀阻垢剂

从 20 世纪 60 年代开始,人们开发了含磷的有机缓蚀阻垢剂,到了 70 年代初,它们在工业上获得了大规模的推广和使用。和无机磷酸盐相比,它们的化学稳定性好,不易水解和降解,缓蚀、阻垢效果比无机聚磷酸盐好,使用的剂量比聚磷酸盐低。当它们和低相对分质量的聚电解质——聚丙烯酸以及聚磷酸盐等复合使用时,会产生协同效应,从而提高了药剂的缓蚀、阻垢效果。

循环冷却水系统中经常使用的含磷有机缓蚀阻垢剂,一般有两个大类:一类是有机磷酸酯,另一类是有机磷酸盐。

用于水处理的有机磷酸酯,除了磷酸一酯、二酯以外,还有焦磷酸酯、聚氧乙烯基化磷酸酯、聚氧乙烯基化焦磷酸酯,后二者除了在密闭循环冷却水中有较多应用外,近几年来应用于炼油厂的冷却水系统。聚氧乙烯基化磷酸酯和聚氧乙烯基化焦磷酸酯的结构式如下:

$$\text{HO}-\overset{\overset{\displaystyle O}{\|}}{\underset{\underset{\displaystyle OH}{|}}{P}}-\text{O}+\text{CH}_2\text{CH}_2\text{O}\xrightarrow{}_n\text{R} \qquad \text{R}+\text{CH}_2\text{CH}_2\text{O}\xrightarrow{}_n-\overset{\overset{\displaystyle O}{\|}}{\underset{\underset{\displaystyle OH}{|}}{P}}-\text{O}-\overset{\overset{\displaystyle O}{\|}}{\underset{\underset{\displaystyle OH}{|}}{P}}-\text{O}+\text{CH}_2\text{CH}_2\text{O}\xrightarrow{}_n\text{R}$$

有机磷酸酯的缓蚀、阻垢机理目前还不十分清楚,有人认为有机磷酸酯对金属铁的缓蚀作用属于阳极型。它们能在金属铁的表面进行化学吸附,其所带的烷基覆盖在金属表面上组成了一种化学吸附膜,从而阻止了水中的溶解氧向金属表面扩散而使金属材料得到了保护。至于有机磷酸酯的阻垢机理,有人认为主要是破坏了钙垢晶体的正常生长,引起晶格畸变而阻垢。

常用的有机磷酸酯总是和其他药剂如苯并三氮唑或巯基苯并噻唑等复合使用。

有机多元膦酸是20世纪60年代后期开发,70年代前后确认的一类水处理剂,它们的出现使水处理工艺有了较大的发展,如氨基亚甲基膦酸、乙二胺四亚甲基膦酸、羟基亚乙基二膦、多元醇膦酸酯、膦羧酸等。

有机多元膦酸是一类阴极型缓蚀剂,它们是一类非化学当量阻垢剂,具有明显的溶限效应(threshold effect)。当它们和其他水处理剂复合使用时,又表现出理想的协同效应。它们对许多金属离子如钙、镁、铜、锌等具有优异的螯合能力,甚至对这些金属的无机盐类如 $CaSO_4$、$CaCO_3$、$MgSiO_3$ 等也有较好的去活化作用,因此大量应用于水处理技术中。目前品种还在不断地发展,所以是一类比较先进且有发展前途的药剂。

除以上所述缓蚀剂外,还有氨基膦酸、烷基环氧羧酸酯、无磷钨系缓蚀剂、有机硅缓蚀剂等。

二、阻垢剂

除了缓蚀,冷却水处理的另一课题是阻垢分散,包括阻止和分散碳酸盐垢和其他各种无机盐垢及腐蚀产物、悬浮物等污垢的沉积。能发挥这种作用的药剂均可列入阻垢分散剂。水质稳定所用的阻垢剂主要有淀粉、丹宁、磺化木质素等天然化合物,还有含磷有机化合物、聚磷酸盐、水溶性聚合物[包括聚丙烯酸、聚马来酸、丙烯酸/马来酸共聚物、丙烯酸/丙烯酸羟烷基酯共聚物、马来酸/磺化苯乙烯共聚物、丙烯酸/2-丙烯酰胺基-2-甲基丙基磺酸共聚物(AA/AMPS)、丙烯酸/3-烯丙醇基-2-羟基丙基磺酸共聚物(AA/HAPS)、新型丙烯酸基三元共聚物等]。

(一)聚羧酸类型的阻垢剂

20世纪70年代前后,低相对分子质量的聚羧酸作为冷却水系统的阻垢剂得到了广泛应用,是一类极为有效的阻垢药剂。一般在现场使用的剂量,只要几毫克每升,就能使管道的结垢情况得到较好控制。它们和其他类型的水处理药剂如有机膦酸 EDTMP 或 HEDP 等复合使用时,缓蚀或阻垢的效果都会因协同效应而得到提高。同时能使热交换器壁不易形成垢层,或仅形成软垢而易于在温度变化的影响下和水流的冲刷下脱离热交换器表面,甚至能使热交换器表面上结的老垢层,在这类聚羧酸药剂较长时间的作用下,逐渐发生剥落。聚羧酸是一类具有溶限效应的药剂,所以用药量很低,对哺乳动物和水生生物的毒性也很低,因此,几乎没有排放的污染问题。

这类低相对分子质量的聚合物在水溶液中羧基或磺酸基功能团都会发生部分电离,离解出氢离子或金属正离子和聚合物负离子,因而具有导电性。所以把这类低相对分子质量的聚合物又称为聚电解质。作为水处理剂,这类聚合物的相对分子质量大多在 $10^3 \sim 10^4$,相对于一般的高分子聚合物而言,它们的相对分子质量是很低的。某些阴离子型阻垢剂的解离可用下式表示:

$$\begin{array}{c}\text{—[CH}_2\text{—CH]}_n\text{—} \xrightarrow{H_2O} \text{—[CH}_2\text{—CH]}_n\text{—} + H^+ \\ \quad\quad | \quad\quad\quad\quad\quad\quad\quad\quad\quad | \\ \quad\text{COOH} \quad\quad\quad\quad\quad\quad\quad\text{COO}^-\end{array}$$

$$\begin{array}{c}\text{—[CH—CH]}_n\text{—[CH—CH]}_m\text{—} \xrightarrow{2H_2O} \text{—[CH—CH]}_n\text{—[CH—CH]}_m\text{—} + 2H^+ \\ \text{HOOC COOH}\quad\text{C} \quad \text{C} \quad\quad\quad \text{}^-\text{OOC COO}^-\quad\text{C}\quad\text{C} \\ \quad\quad\quad\quad\quad\quad\quad O \quad O\quad\quad\quad\quad\quad\quad\quad\quad\quad\quad\quad O\quad O \end{array}$$

$$\begin{array}{c}\text{—[CH—CH—CH}_2\text{—CH]}_n\text{—} \xrightarrow{3H_2O} \text{—[CH—CH—CH}_2\text{—CH]}_n\text{—} + 3H^+ \\ \text{HOOC COOH}\quad\text{CH}_2\text{SO}_3\text{H}\quad\quad\quad \text{}^-\text{OOC COO}^-\quad\text{CH}_2\text{SO}_3^-\end{array}$$

起阻垢作用的主要是聚合物负离子,这些负离子一般来说都是 Ca^{2+}、Mg^{2+}、Fe^{3+}、Cu^{2+} 等离子的优异螯合剂。因此,作为阻垢剂,无论这些聚电解质是氢型还是钠型,都是有效的。然而钠型在运输上比较方便,所以作阻垢剂聚丙烯酸常转变成聚丙烯酸钠的形式出售和使用。

关于阻垢机理的理论还不成熟,有三种意见:凝聚与随后分散、晶格歪曲、再生自解脱膜等,这三种作用可能都会发生,即同时起到阻垢作用。对某一种阻垢剂来说可能其中之一在阻垢作用上是主要因素。阻垢机理理论随着实践发展会得到不断完善的。

目前,常用于循环冷却水系统的阻垢剂,还有如聚丙烯酸、聚丙烯酰胺、水解聚马来酸酐等。

(二)其他类型的有机缓蚀阻垢剂

1. 抑制铜腐蚀的缓蚀剂

前面已经介绍了目前国内外用在循环冷却水系统最主要的缓蚀阻垢剂。此外,还有一些行之有效的、但一般在复配情况下才使用的有机缓蚀剂和阻垢剂。其中有些正在大力开发和推广应用,例如葡萄糖酸钠、磺化木质素盐,有些还是特效的缓蚀剂,例如巯基苯并噻唑等。巯基苯并噻唑简称 MBT,结构式是 (苯并噻唑环)C—SH ,是循环水冷却系统中对铜及铜合金最有效的缓蚀剂之一。

因此,在有铜设备的冷却水系统中,复合药剂配方中经常含有 1%~2% 的巯基苯并噻唑。苯并噻唑的铜盐在水中几乎不溶解,使用的 pH 值范围为 8~11,是很稳定的。MBT 在水中的溶解度较小,因此,投加时常用它的钠盐,投加浓度为 1~2mg/L,保证浓度为 2mg/L。巯基苯并噻唑不仅是铜及铜合金的优异缓蚀剂,也是橡胶硫化促进剂(促进剂 M)和农药中间原料。

苯并三氮唑也是一种很有效的缓蚀剂,使用浓度一般 1μg/g,但不如 MBT 应用广泛。

2. 绿色环保多功能阻垢剂

绿色水处理剂,是指制备过程清洁、使用过程对人体健康和环境无毒性,并可生物降解成对环境无害物质的一类新型水处理剂,目前,主要有烷基环氧羧酸盐(AEC)、聚天冬氨酸型(PASP)和聚环氧琥珀酸型(PESA)。

(1)聚天冬氨酸(PASP)。聚天冬氨酸是近年来受海洋动物代谢启发而研制开发的一种生物高分子,具有优异的阻垢分散性能和良好的生物可降解性,是目前公认的绿色聚合物和水处理剂的更新换代产品。PASP 的制备通常是先由原料合成中间体聚琥珀酰亚胺(PSI),然后将中间体在酸或碱的催化作用下,进行水解生成聚天冬氨酸(盐),最后经酸化、分离提纯后即得到纯化的 PASP。其中制备中间体聚琥珀酰亚胺(PSI)是合成的关键。

(2)聚环氧琥珀酸型(PESA)。聚环氧琥珀酸型是一种无磷、无氮且具有良好的生物降解性的绿色水处理剂,具有很强的抗碱性,在高钙、高硬度水中,其阻垢性能明显优于常用的有机磷酸类阻垢剂。

聚环氧琥珀酸的制备通常以顺酐为原料,其合成路线如下:

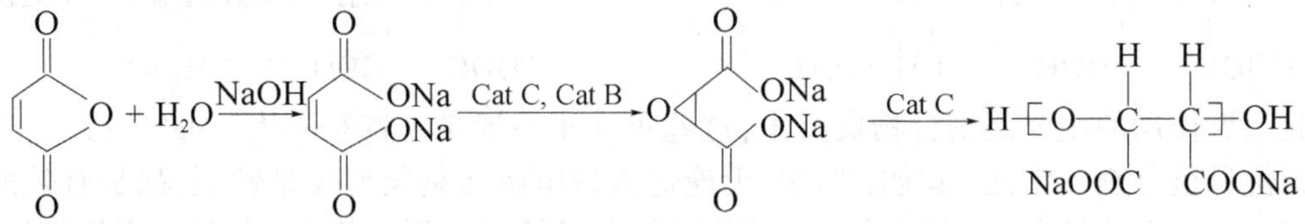

三、杀生剂

杀生剂(又名杀菌灭藻剂)是水质稳定剂中另一类重要药剂,能有效地杀灭和抑制冷却水系统中主要的三种微生物,即细菌、藻类和真菌。

一些循环冷却水系统中,特别在磷系配方中,微生物的危害比较突出。微生物在管壁上的生长和繁殖,使水质恶化,也大大增加了水流的阻力,引起管道的堵塞,还严重地降低了热交换器的传热效率,甚至造成危险的孔蚀,以致使管道穿孔、设备报废、发生停产检修等事故。藻类在凉水塔和凉水池等部位大量的繁殖,也常造成配水板堵塞,甚至造成填料架被压垮的事故。因此微生物引起的腐蚀、黏泥、结垢和堵塞是十分普遍又非常严重的问题。为了控制微生物生长及造成的危害,就必须投加杀菌灭藻剂、污泥剥离剂等。虽然这些药剂多数具有强烈的杀生作用,但它们对人和哺乳动物,特别是对水生生物,如鱼类等,往往也有很大的毒性。在当今环境污染控制日益严格的情况下,许多杀菌剂的使用受到限制。

使用杀生剂,还必须考虑在循环冷却水中运行和其他水处理剂能共存而不影响药效,此外,还必须考虑长期使用后是否可能使菌藻产生抗药性等问题。因此,选用何种杀生剂最为有效,是个很值得研究的问题。

(一)分类

在循环冷却水系统中危害最大的菌藻及其特征见表 5-6。

表 5-6 微生物的种类及特征

微生物	种类	特征
藻类	蓝藻类、绿藻类、硅藻类	细胞内含有叶绿素,可以进行光合作用,在含有氮源、磷源、钾源的水中,在日光直接照射下能迅速繁殖,在冷却塔、凉水池中最常见
细菌类	铁细菌	依靠亚铁离子氧化成高铁离子所放出来的能量来维持生命,极容易使器壁产生点蚀孔
细菌类	硫细菌	依靠水中的硫或硫化物氧化成硫酸所放出来能量,维持其生命,危害极大
细菌类	硫酸盐还原菌	嫌氧菌类,它能将硫酸盐还原成硫化物,造成危害极大的点蚀
细菌类	硝化细菌	能将氨等氧化成亚硝酸盐或硝酸盐
真菌类	各种真菌	在木质冷却塔可导致木材严重损坏

在循环冷却水系统中,无论藻类、细菌类或真菌类,它们的生长或繁殖都需要特定的生活条件,例如碳源、氮源、磷源、一些无机离子、一些代谢物(维生素、氨基酸)、生命过程的能量来源和温度等,只要切断某些生活条件,那么这些微生物的生存和繁殖就会受到抑制,甚至死亡。但在循环冷却水系统中,具有微生物的一切生存和繁殖的良好条件。因此,要抑制这些微生物的繁殖,最有效的手段还是投加药剂即杀生剂。根据杀灭微生物的程度将杀生剂分成两类。

1. 微生物杀生剂类

这些杀生剂经常是作用很强的化学药剂,它们能在短时间内产生各种生物效应,能够真正杀死有关的微生物。一般而言,它们大都是强的氧化剂,常以冲击性的方式(例如一次加入大剂量药剂)加入循环冷却水系统之中。这类药剂的毒性一般比较大。

2. 微生物抑制剂类

这类药品不能大量地杀死在循环冷却水中的微生物,而是阻止它们的繁殖,不让其发展到危险的水平。这类药剂的毒性比杀生剂类要小。

根据杀生剂的化学成分,可以分成无机杀生剂和有机杀生剂两大类,例如 Cl_2、Br_2、ClO_2、O_3 和 NaClO 等属于无机杀生剂,氯酚类、季铵盐类、氯胺类和大蒜素等则属于有机杀生剂。

按药剂杀生的机制来分,一般可分成氧化型和非氧化型杀生剂两大类。例如 Cl_2、NaClO、Br_2、O_2 和氯胺等为氧化型杀生剂,季铵盐、二硫氰基甲烷和大蒜素等属于非氧化型杀生剂。这里只介绍非氧化型杀生剂。

(二)非氧化型杀生剂

1. 氯酚类杀生剂

氯酚及其衍生物是应用较早的一类杀生剂,但应用于水处理杀菌剂较少,因为它对水生物和哺乳动物的危害也是不可忽视的。它们都是不易被其他微生物迅速降解的药物,排放入水域后易造成环境污染。

2. 季铵盐杀生剂

季铵盐是一类有机铵盐,具有离子型化合物的性质,极易溶于水而不溶于非极性溶剂,具有 $C_{12} \sim C_{18}$ 长碳链的季铵盐具有杀菌性和表面活性作用,所以是很好的杀菌剂,又是很好的污泥剥离剂。

十二烷基二甲基苄基氯化铵(商品名1227,a)使用量为$30\mu g/g$,对铁细菌、硫酸盐还原菌、厌氧菌等都有较好的杀菌效果,这一类分子结构中含有苄基。另一类则含有烷基,如十二烷基三甲基氯化铵(商品名1231,b),烷基可以为$C_{12}\sim C_{16}$不等。再一种是含有吡啶基如十六烷基氯化吡啶(c)。

$$C_{12}H_{25}-\overset{CH_3}{\underset{CH_3}{N^+}}-CH_2-\phenyl-Cl^- \quad C_{12}H_{25}-\overset{CH_3}{\underset{CH_3}{N^+}}-CH_3\ Cl^- \quad C_{16}H_{33}-\overset{+}{N}\langle pyridine \rangle\ Cl^-$$

            a   b   c

这三种季铵盐都具有较强的杀菌能力。它们都具有毒性低、对污泥有剥离作用以及化学性质稳定和使用方便等特点,一般加入量为$10\sim 20\mu g$就能达到99%的灭菌效果。

杀菌机理至今仍不完全清楚,但归纳为以下几点:(1)季铵盐分子上的氮原子带有正电荷,而水质中的细菌一般带负电荷,这样季铵盐可被这些微生物选择性地吸附、聚积在这些生物体表面上,改变了细胞原生质膜的物理化学性质,从而使细胞的活动不正常;(2)季铵化合物的亲油基团(疏水基团)能溶解并损伤微生物体表面的脂肪层,从而杀死微生物;(3)它可渗透进入菌体内,与菌体蛋白质或酶反应,使微生物代谢异常,从而杀死微生物;(4)它可侵害微生物细胞质膜中的磷脂类物质,引起细胞自溶而死亡。

3. 二硫氰基甲烷

二硫氰基甲烷(二硫氰酸甲酯,MBT)是近年来推荐使用的一种广谱性杀生剂。它的分子式为$CH_2(S-C\equiv N)_2$,对各种真菌类和细菌包括好气或厌气菌,都有良好的杀灭效果。在循环冷却水系统中,黏泥成为主要障碍时,特别适用。

当使用浓度在$30\mu g/g$时,它对各种异养菌、硝化细菌、硫细菌等的杀菌率可达99%左右。据报道,它对黏泥还有一定的剥离效果。此外,它和水中投加的其他药剂,如缓蚀剂、阻垢剂、其他杀生剂,一般可以共存而无干扰。它也可以和其他杀生剂如氯交替使用,只要加入$0.3\mu g/g$,就可有效地杀灭微生物,但在高温、高pH值条件下不太稳定。

4. 大蒜

大蒜能防治某些疾病,这是众所周知的。大蒜中具有杀菌作用的主要成分是大蒜素,其结构如下:

$$CH_2=CH-CH_2-\overset{O}{\underset{\parallel}{S}}-S-CH_2-CH=CH_2$$

当大蒜素的使用浓度为$300\mu g/g$时,杀菌率可达99%。我国一些大型化肥厂使用人工合成的大蒜素作为冷却水的杀菌剂。它是生物降解型的药剂,所以不会造成环境污染。

5. α-甲胺基甲酸萘酯

α-甲胺基甲酸萘酯又名西维因,是一种高效低毒的农业杀虫剂,对多种农作物和树木害虫有很好的杀生效果,但常在循环冷却水系统中用作杀生剂。它对循环冷却水系统中常见的菌、藻、真菌等都有良好的杀生效果,是一种高效低毒农药。

6. 烯醛类化合物

(1)丙烯醛($CH_2=CH-CHO$)和1,5-戊二醛都有很好的杀生效果,戊二醛是一种广谱性杀生剂,一般投入量 10~15μg/g,就足以达到杀菌灭藻的目的。

(2)水杨酸。由于使用安全和无刺激气味,灭菌效果好,所以是人们乐于使用的杀生剂。

第八节 染料与颜料

染料和颜料一般都是自身有颜色,并能以分子状态或分散状态使其他物质获得鲜明而牢固色泽的化合物。多数的有机染料能溶解在水中,在溶液中进行染色过程,而大多数颜料却是不能溶解在水中,也不溶于被染物中,它通常是以高度分散的状态使被染物着色。染料和颜料在染色、合成原理等方面有着相同的属性和密切的联系。但在应用领域以及着色方式、应用性能等方面却有着很大的区别。

一、染料的概念与命名

(一)染料的概念

染料是指能使其他物质获得鲜明而牢固色泽的一类有机化合物,由于现在使用的颜料都是人工合成的,所以也称为合成染料。染料的应用主要有三个方面:

(1)染色,即染料由外部进入到底物(被染物)的内部,使底物获得色泽,如各种纤维、织物以及皮革的染色。

(2)照射,即在物体形成固体体态之前,将染料分散于组成物质中,成型后便得到了有颜色的物体,如塑料、橡胶及合成纤维的原浆着色等。

(3)土色,即借助于涂料的应用,使染料附着于物体的表面,从而使物体表面着色,如涂料印花油漆等。

染料主要应用于各种纤维的染色,同时也广泛应用于塑料橡胶、油墨、皮革、食品造纸等方面。

(二)染料的命名

染料是分子结构复杂(有些染料的结构尚未确定)的有机化合物,如果按一般的化学方法,无法准确地对其进行描述。所以对染料的命名有一套专门的命名方法。我国对染料的命名采用统一的命名方法,由三部分组成。

1. 冠称

冠称表示染料的应用类别和性质,又称属名,我国采用 31 个冠称,例如酸性、中性、直接、分散、还原、硝化、阳离子、油溶、食用、色基等。

2. 色称

色称表示染料的基本颜色,我国采用 30 个色泽名称,例如金黄、嫩黄、黄、深黄、大红、红、桃红、玫瑰红、品红、枣红、红紫、紫、翠蓝、蓝、湖蓝、艳蓝、深蓝、翠绿、绿、艳绿、橄榄绿、深绿、黄棕、棕、红棕、灰、黑等。颜色的名称前可加形容词"嫩""艳""深"三个字。

3. 词尾

词尾也称尾注,补充说明染料的性能或色光和用途,字尾常用字母表示。

(1)色光的表示:B(Blue)——蓝光、G(Gelb 德文:黄)——黄光、R(Red)——红光。

(2)色的品质表示:F(Fine)——亮、D(Dark)——暗、T(Tallish)——深。

(3)性质和用途的表示:C——耐氯或棉用、Conc——浓、Gr——粒状、I——还原染料坚牢度、K——冷染(我国为热染型)、L——耐光牢度或匀染性好、Liq——液状、M——双活性基、N——新型或标准、P——适用于印花、Pdr——粉状、Pst——浆状、X——高浓度(我国为冷染)等。

在同一分类中的染料为了进一步加以区分,还需在词尾把表示染料类型的项加在其他字母之前,它们之间用破折号分开。例如:活性嫩绿 KN——B,它就是采用的三段命名方法,分三个部分,"活性"是第一部分的冠称,表示染料的应用类型为活性染料类;"嫩绿"是第二部分的色称,表示染料的基本颜色为绿;"嫩"是色泽的形容词;"KN——B"是第三部分的词尾,表示染料的性质、用途为新型(或标准)的高温型,"B"表示色光。由于染料色光表现程度的差异,有时会使用几个字母来表示色光,如 GG(2G)、GGG(3G)等,2G 表示的黄光程度高于 G 但低于 3G。

染料的分类方法主要有两种:第一是按照染料的应用分类;第二是按照染料的结构分类。这两类分类方法是有相互联系的,可以结合使用。例如在还原染料中包含具有还原能力的靛族染料、蒽醌染料等,同理,偶氮染料中也有含酸性(碱性)基团的酸性(碱性)染料。

第九节　其他精细化工产品

一、农药

农药的发明是人类科技发展史中的一个重要里程碑。各种病、虫、草害对人类社会所造成的严重危害是触目惊心的。例如 1845—1849 年爱尔兰主要的粮食作物马铃薯受到晚疫病的侵袭而迅速在全国蔓延,其后果是该国上百万人饿死,另 100 多万人被迫背井离乡逃亡美国。这两部分受害人数竟达到该国人口的三分之二。我国历史上频频发生的蝗灾往往导致全国性的大饥荒,加速了封建王朝的垮台和更迭。近代科学发明了农药后才能对传播社会传染病的媒介——鼠、蚊、虱等和危害各种农作物的病虫草等有害生物等进行有效的控制。因此农药和医药一样都是人类文明和社会进步的保护伞。

中华人民共和国建立后,我国农药科技与工业经历了从无到有、从小到大的高速发展,其中凝聚了广大干部、科技人员和工人的劳动结晶。我国已建立起来的农药工业其年产量已进入世界前列,为我国的国民经济发展做出积极的贡献。20 世纪 80 年代以来,由于各国对环保意识的不断强化,有机氯和一些剧毒农药相继被淘汰。当前农药科技与工业正处在重要的转折阶段;对环境友好、超高效、高选择的新农药品种将不断地问世;农药生产工艺向洁净工艺转化;我国农药科技自农药仿制向新农药创制阶段过渡;化学农药与生物农药研制技术的相互补充和结合。

农药工业属于精细化工领域,除了对各中间体和产品质量的要求越来越高外,还必须大幅度地提高三废处理的能力与水平。从发展方向看,生产工艺也必须逐步向洁净工艺和原子经济性的更高层次转化,为此我们必须对现在的农药技术有一个更全面的了解。

农药有很多分类方法,但最常见的分类方法是下面的第一种。

(1)按照所防治对象的不同进行分类,农药可分为杀虫剂、除草剂、杀菌剂、杀鼠剂、杀线虫剂、杀螨剂、杀鸟剂、杀软体动物剂、杀卵剂、植物激素、植物生长调节剂、脱叶剂、干燥剂、种子处理剂。前九类农药是指能够防治危害农、林、牧业产品和环境卫生等方面的昆虫、螨、病菌、杂草、鼠和鸟兽等有害生物的药剂。后五类农药是指在植物生长时期能影响其生理变化的物质。

(2)按照化学结构分类,农药可分为有机氯、有机氮、有机磷、氨基甲酸酯、拟除虫菊酯、有机硫、有机硅、有机金属、酰胺、苯氧羧酸等。

(3)按照来源分类,农药可分为矿物源(无机化合物)、化学合成源(有机化合物)和生物源(天然有机物、抗生素、生物农药)。

(4)按照作用方式,农药可分为杀虫剂(如胃毒剂、触杀剂、熏蒸剂、驱避剂、拒食剂、引诱剂、性信息素、不育剂等),杀菌剂(如治疗剂、保护剂、铲除剂、防腐剂等)、除草剂(如触杀性除草剂、内吸性除草剂等)。

(5)按毒理作用,农药可分为神经毒剂、呼吸毒剂、原生质毒剂和物理性毒剂。

大多数农药能够对有生命机体的生命过程产生影响,其破坏生命过程的初级作用形式可以划分为以下四种类型:

(1)作用形式是破坏神经协调,如有机磷杀虫剂和氨基甲酸酯杀虫剂。

(2)作用形式是打乱机体的结构,如异稻瘟净(异丙基—S—苄基硫苷磷酸酯)杀菌剂能够阻止壳多糖合成,壳多糖是真菌的生命结构成分,因而它提供了控制这些害虫的选择性。

(3)作用形式是干扰机体的能量供应,如克菌丹能抑制真菌体内多种酶的生成,达到杀菌作用。

(4)作用形式是阻碍机体的生长和再生。影响细胞分裂和蛋白质合成是农药的一种重要作用,各种除草剂和杀菌剂常常是按这条路线起作用的。

农药是确保农业增产丰收的重要产品,其质量至关重要。不合格、质量低劣的农药,不仅起不到杀虫除草的作用,还会贻误农时、造成药害、污染环境。一个新的活性化合物能够成为实用产品,被投入农作物的保护工作当中去,不但要在性能、价格、安全性等方面有优势,还要通过严格的毒性评价和环境评价。要完成如此巨大的任务,需要一个庞大的产业来支持,那就是农药工业。

二、超净高纯试剂

超净高纯试剂又称工艺化学品,是电子技术精细加工制作中不可缺少的关键性基础化工材料之一,其品种已超过30种,在电子微细加工技术应用中常用的工艺化学品分类见表5-7。

表5-7 电子微细加工技术应用中常用的工艺化学品分类

大类	小类	品名
酸类		硫酸、氢氟酸、硝酸、盐酸、磷酸、醋酸、混酸
碱类		氨水、胆碱

续表

大类	小类	品名
溶剂类	醇类	甲醇、乙醇、异丙醇
	酮类	丙酮、丁酮、甲基异丁基酮
	酯类	乙酸乙酯、乙酸丁酯、乙酸异戊酯
	烷类	甲苯、二甲苯、环己烷
	氯类	三氯乙烯、1,1,1-三氯乙烷、二氯甲烷、四氯化碳
其他		双氧水、氟化氨水溶液、水

工艺化学品主要用途：一是用于基片在涂胶前的湿法清洗；二是用于在光刻过程中的蚀刻及最终去胶。集成电路中的硅元件在进行工艺加工中，常会被不同杂质所污染，为了获得高质量、高产率的元件，必须用工艺化学品清洗。常见的污染物类型及清洗试剂的选择见表5-8。

表5-8 常见的污染物类型及清洗试剂的选择

污染类型	可能来源	清洗用化学品
颗粒	设备、超净间空气、工艺气体和化学试剂、去离子水	NH_3OH、H_2O、胆碱、H_2O_2、H_2O
金属	设备工艺化学品、离子注入、灰化、反应离子刻蚀	HCl、H_2O_2、H_2O、H_2SO_4、H_2O、HF、H_2O
有机物	超净间气体、光刻胶残渣、储存容量、工艺化学试剂	H_2O_2、H_2SO_4、NH_4OH、H_2O
自然氧化物	超净间湿度、去离子水冲洗	HF、NH_4F、H_2O

三、香料和香精

（一）香料及其分类

香料（perfume）也称香原料，是一种能被嗅感嗅出气味或味感品出香味的物质，是用以调制香精的原料。除了个别品种外，大部分香料不能单独使用。香料分为天然香料和人造香料，其中天然香料包括动物性天然香料和植物性天然香料；人造香料包括单离香料及合成香料。

天然香料（natural perfume）在历史上是最早应用的，所谓天然香料是指原始而未加工过的直接应用的动、植物发香部位，通过物理方法进行提取或精炼加工而未改变其原来成分的香料。天然香料包括动物性和植物性天然香料两大类：动物性天然香料最常用的商品化品种有麝香、灵猫香、海狸香和龙涎香四种；植物性天然香料是以植物的花、果、叶、皮、根、茎、草和种子等为原料提取出来的多种化学成分的混合物。

单离香料是使用物理或化学方法从天然香料中分离出的单体香料化合物。用冷冻和重结晶的方法从薄荷油中（含70%~80%的薄荷醇）分离出来的薄荷醇。

合成香料（synthetic perfume）是采用天然原料或化工原料，通过化学合成的方法得到的香料化合物。目前世界上合成香料已经发展到6000多种，属于常用的产品约有500种。合成香料工业已成为精细化工的重要组成部分。世界合成香料的年产量已达到10×10^4t以上，而且还以年增长率5%~7%的速度递增。合成香料工业投资少、收效快、积累多，是换汇高的行业。我国的香料工业是中华人民共和国成立以后才发展起来的，现今得到了很大的发展。

调和香料（compound perfume）也称为香精，通常由数种乃至数十种的天然香料和人造香料，按照指定香型调和而成。香料很少单独使用，一般都是调配成香精以后，再用到各种加香产品中。

从 8 世纪用蒸馏法分离香料,到 19 世纪新兴的合成香料工业的发展,各种加香产品已成为人们日常生活中不可缺少的必需品。香料应用的历史颇古,我国不但使用香料历史悠久,也是进行香料贸易最早的国家。随着气相色谱(GC)、高效液相色谱(HPLC)、质谱(MS)、核磁共振谱(NMR)、红外(IR)和紫外(UV)等光谱技术在有机物分子结构分析中的广泛应用,人们加速了对天然香料和食品成分的研究,并发现了一批很有价值的新型香料化合物。

香料工业是国民经济中不可缺少的配套性行业。香料、香精与人们日常生活密切相关,是食品、烟酒、日用化学、医药卫生工业以及其他工业不可缺少的重要原料。

(二)香精及其分类

香精也称调和香料,是由人工调配出来的多种香料的混合体。香精具有一定的香型,如玫瑰香精、茉莉香精、薄荷香精、檀香香精、菠萝香精、柠檬香精等。调和所用的各类香料常用质量百分比或千分比表示。

香精的分类方法很多,基本可以分类如下。

1. 根据香精的用途分类

(1)食用香精包括食品香精、烟用香精、酒用香精、药用香精等;

(2)日用香精包括化妆品、洗涤用品香精、香皂、洁齿用品香精、薰香、空气清新剂香精等;

(3)其他香精包括塑料、橡胶、人造革、纸张、油墨、工艺品、涂料、饲料、引诱剂等用香精。

2. 根据香精的香型分类

香精按香型可分为花香型和非花香型两大类。花香型香精又可分为玫瑰、茉莉、晚香玉、铃兰、玉兰、丁香、水仙、葵花、橙花、栀子、风信子、金合欢、薰衣草、刺槐花、香竹石、桂花、紫罗兰、菊花、依兰等香型。这些香精多是模仿天然花香调配而成的。

非花香型香精包括檀香、木香、粉香、麝香、幻想型、各种香型、各种酒香型及咖啡、奶油、香草、薄荷、杏仁等食品香型等。

3. 根据香精的形态分类

(1)液体香精包括水溶性香精、油溶性香精、乳化香精等;

(2)固体香精包括担体吸收粉末香精、粉碎型粉末香精、微胶囊型粉末香精等。

香精是香料工业的重要组成部分,调配香精的过程称为调香。国内的大多数的调香师认为香精应由主香剂、辅助剂、头香剂、定香剂等四种类型的香料组成;国外某些调香师认为香精应由头香、体香、基香等三种类型的香料组成。

①主香剂(base)是形成香精主体香韵的基础,是构成香精香型的基本原料。起主香剂作用的香料香型必须与所配制的香精香型相一致。有的香精中只用一种香料做主香剂,多数香精中用多种甚至数十种香料做主香剂,如调和玫瑰香精中主香剂可为香叶醇、香茅醇、苯乙醇、香叶油等。

②和香剂(blender)也称协调剂。其香型应与主香剂相似,其作用是调和各种成分的香气,使主香剂的香气更加突出。玫瑰香型中常用的和香剂为芳樟醇、桂醇、(异)香丁酚、丁香酚甲醚、α-紫罗兰酮、丙酸香叶酯、丙酸玫瑰酯、玫瑰木油、玫瑰草油等。

③修饰剂(modifier)也称变调剂。其香型与主香剂不属于同一类型,是一种使用少量即可奏效的暗香成分,其作用是使香精变化格调,使其别具风韵。如玫瑰香精中常用的苯乙醛、$C_8 \sim C_{12}$ 醇、丁酸香茅酯、檀香油等。

④定香剂(fixative)也称保香剂。可使香料成分挥发均匀,防止快速蒸发,使香精香气更加持久。可以用作定香剂的香料很多,如动物性天然香料定香剂麝香、灵猫香等;植物性天然香料秘鲁树脂、安息香酯、岩兰香油等;沸点较高的液体或固体合成香料合成麝香、结晶玫瑰、香兰素、香豆素、乙酰丁香酚、苯甲酸苄酯、苯乙酸芳樟酯等。

四、其他精细化学品

(一)皮革化学品

皮革化学品即直接服务于皮革加工的化工产品,又称皮化材料,是皮革工业配套所需的化工商品。影响成革质量因素很多,除原皮质量、加工机械和工艺外,还要取决于皮化材料。好的皮化材料及配套的工艺、设备,对提高皮的质量,增加花色品种,满足人们对革制品的薄、软、艳和时尚要求,具有至关重要的作用。制革要发展,材料是关键,已成为制革工作者的共识。因此,皮革化学品是我国急需在近期内重点开发的精细化学品。

根据各工序的不同要求,皮革化学品大致分为鞣剂和复鞣剂、加脂剂、涂饰剂、专用助剂、专用染料五类。

目前世界上从事皮革化学品生产的公司有2500家左右,著名的生产公司集中在欧美。据资料报道,欧美每年生产和销售各种皮革化学品70多万吨,有的每年开发新产品20多种。进入20世纪90年代以来,其发展趋势是多品种、多功能、高质量系列化配套供应。

我国皮革化学品生产起步较晚。20世纪60年代以前仅有8家生产揩光浆、硫化油等低档产品;80年代皮革化工发展迅速,现有150多家皮革化工厂,主要生产鞣剂、加脂剂、涂饰剂和助剂四大类,约200多个品种,但皮革专用染料较缺乏。从总体水平看仍与国外有较大差距,表现为品种少、质量不稳定、配套性差、设备陈旧、效率低、创新少、周期长、推广慢。

当前全球皮革工业正在向中国及亚洲转移,这对皮革化工的发展是个良好的机遇。

(二)电镀化学品

电镀是具有悠久历史的表面处理技术。通过电解,将所需的金属或合金镀在钢铁或非金属材料表面,使其外观亮丽、质量提高、耐腐蚀性增强、使用寿命延长。我国已具有完善的电镀工艺,在机械、电子、仪表、轻工、交通运输、国防等领域得到广泛应用。

(三)造纸化学品

造纸工业在国民经济中占有非常重要的地位。我国是造纸技术的发明国,目前总产量占世界第三位。在造纸过程中所用的化学品很多。从数量上看,一些常用化学品如苛性钠、液氯、石灰、硫酸铝无机填料、颜料占了很大比例。但还有一类化学品虽然用量小,但作用大,往往能根本改变纸张的性能,制造出各种优质纸或特殊纸,这些化学品常称之为造纸精细化学品。据有关资料报道,1985年美国、西欧、日本的造纸用精细化工品总销售额为24.85亿美元,1990年增至29.42亿美元。其中消泡剂、增强剂、合成施胶剂、助留剂、助滤剂等年增长率达5%。我国目前有几十个品种近200个牌号的造纸用精细化学品,总产值超过2亿元人民币,造纸助剂已渗透到制浆和抄纸的每一个工序。造纸用精细化学品按其用途大致可分为4类:(1)制浆过程用化学品;(2)纸加工化学品;(3)抄纸过程中的化学品;(4)废纸脱墨化学品。

基于我国木浆资源短缺,我国将密切注视造纸化学品的发展趋势,开发符合我国资源特色并与我国造纸生产现状配套的系列产品,另外强化应用研究技术,利用各种化学品间的协同效应,开发配套系列产品。为改善环境保护开发绿色产品,把握新产品性能从单一功能向多功能发展,以降低成本增加效益。

(四)信息用化学品

信息产业中的精细化学品由于其高附加值、高回报率,正日益引起重视。为电子工业配套的电子化学品所需品种约2万种。信息储存用化学品是重大科学技术前沿课题和新兴的高技术产业,同样所需品种更多、所获利润更大,对技术要求也就更高。信息记录用化学品也有待市场开发、技术改进,由于国际互联网络的进一步普及,信息记录用化学品行业即有挑战也有机遇。

电子化学品是为电子工业配套的专用化工材料,质量要求高,产品更新换代快,投入资金大但回报率高。集成电路的重点是发展 $0.35 \sim 0.5 \mu m$ 的芯片和 $8in(203.2mm)$ 晶片生产。与其配套的重点有分立器件生产中所用的光致抗蚀剂、超净高纯试剂和气体、芯片塑封材料等;印刷线路板生产中所用的干膜抗蚀剂、清洗剂、化学镀和电镀用液及其添加剂、各种光致抗蚀剂和焊剂等。

光盘存储技术是信息领域的重大科学技术前沿课题和新兴的高技术产业,它是实现优质视听娱乐产品、多媒体软件、大容量数据库和无纸办公室的关键技术。

信息记录用化学品包括热敏染料、升华转印记录用化学品、喷墨用色素。热敏染料用于感热记录纸,如传真机纸、仪器记录纸等。1996年世界热敏染料市场约4000t,随着国际互联网络的进一步普及,传真机的传真功能及市场受到挑战,影响波及热敏染料,但在中国传真机仍可能维持相当时间和一定市场。目前,热敏染料的生产几乎被日本垄断,其制造成本、产品品质等都处于国际领先地位。升华转印记录是将含升华性色素的色带和接受纸接触,由小型发热元件按图像信号加热色素升华而转移到接受纸上。调节小型发热元件的通电量可以控制升华转印色素的量。色带是在基质薄膜上涂以升华色素和黏合剂组成的油墨而制成的,其基质薄膜可以用聚酯薄膜、电容器纸等;黏合剂可以采用乙基纤维素、聚乙基纤维素、聚酰胺、聚酯酸乙烯、聚甲基丙烯酸酯、聚乙烯醇缩丁醛、硅树脂等;接受纸是在纸基质上涂以聚酰胺、聚乙烯醇羧丁醛、聚乙烯吡咯烷酮、聚碳酸酯树脂等接受层;色素采用升华性的分散染料、油溶性染料、碱性染料等。喷墨用色素与之相似,也是近年来与个人电脑的图像记录密切相关的,市场潜力巨大,其主要类型有水溶性喷墨用色素和油溶性喷墨用色素。在颜色上主要是黑、品红、黄、青:黑色染料大多为偶氮染料;品红染料主要有酸性红染料等;黄色染料大多是直接黄染料等;青色染料则主要是酞菁类型。我国相关企业应当抓住机遇,发挥优势,迅速占领这些领域。

(五)日用化学品

日用化学品是人们在日常生活中所使用的化学制品,其范围很广,产品包括洗涤用品、化妆品、家庭日用化学品和化学电源等,涉及人们生活的各个方面,是日常工作、生活中不可缺少的消费品。

过去的20年间,我国的日用化学工业发展极为迅速。日用化学品花色繁多,品种日新月异,生产技术、装备和产品质量有了很大提高,取得了良好的经济效益和社会效益。日用化学品与国计民生关系密切,日用化学品工业现在乃至将来必然会持续不断地发展。现代技术的应用、产品使用性能的改进、新产品和新品种的开发、产品使用后对人体健康及对生态环境的影响仍是广大科技工作者重点研究的课题。

日常用化学品主要包括肥(香)皂、洗涤用品、牙膏及口腔卫生用品、化妆品、家庭日用化学品及文化小商品、火柴、化学电源和特殊日用化学品等8个大类。

1. 肥(香)皂

从广义上讲,皂是油脂、松香或脂肪酸与碱(有机碱或无机碱)进行皂化或者中和反应所得到的产物。皂是脂肪酸的盐,其脂肪酸的碳原子数一般在 8~22 个。它的化学通式可用 RCOOMe 表示。式中 R 代表烷基,Me 代表某种金属离子,一般为钠离子或钾离子。

肥(香)皂是传统的洗涤用品,按照其组成、外观与用途的不同,一般分为洗衣皂、香皂、透明皂、功能性香皂和特殊类香皂。洗衣皂要求有较强的去污性,专用来洗涤衣物;香皂主要用来清洁人的皮肤,要求对皮肤温和、无刺激,并有持久的留香;透明皂外观诱人,既可洗衣,也可沐浴;功能性香皂因添加有不同的助剂而具有某种特殊的功效,如减肥皂、抗菌皂等。除此以外的皂归属于特殊类香皂,如钾皂、浮水皂等。

肥(香)皂问世于有史记载前,是最早人工合成的化学物质之一。它具有极好的洁净能力并易生物降解。肥皂最初系由动物脂与草木灰所制成,早在罗马帝国时代已普遍地使用肥皂。到了中世纪在意大利、法国的某些地方已出现手工制皂业。18世纪在法国马赛建起了制皂中心。肥皂在中国出现大约始于19世纪,一百多年来取得了长足发展。而合成洗涤剂工业的兴起对肥皂工业的发展产生了很大的影响,加之肥皂本身存在两大缺点.其一是它在硬水中会生成不溶性的二价碱土金属(钙和镁)化合物及皂垢;其二是它在冷水中溶解性差,因而曾有一段时间肥皂产量明显下降。但由于肥皂是纯天然产品,而且几百多年的实践证明了肥皂是对人体、环境影响最小的洗涤品,因而近几年来产量又有所回升。可以预计,在今后的一段时间内透明皂、功能性香皂将会有所发展。

肥(香)皂的生产工艺有间歇皂化法(大锅煮皂)、连续皂化法、中和法,其原理均为油脂、脂肪酸或类似油脂等原料与氢氧化钠溶液皂化或中和,制成皂基。皂基可直接与其他辅助剂调配成不同规格的洗衣皂,也可先予以干燥成皂片或皂粒,再向皂片或皂粒中混入香精、辅助剂、着色剂,经过研磨、出条、打印制成香皂、药物皂或透明皂等。

目前,国际上香皂市场总趋势是传统的单一性美容皂逐步被功能型、天然型的多功能香皂所取代。并且对香皂质量起着举足轻重作用的香味也越来越受到人们的重视。总之,功能化、专用化将是今后几年香皂的发展趋势。

2. 洗涤用品

洗涤用品是由一种或几种具有去污作用的组分及助剂按一定配方加工制成的产品,可用于洗净皮肤、衣服,去除物品上所附着的污垢,为了区别于肥皂,有时也称非皂洗涤剂。洗涤用品通常由一种或数种表面活性剂,添加有机助剂、无机助剂、生物助剂等,如螯合物、漂白剂、荧光增白剂、抗污垢沉积剂、酶、香精等加工而成。

洗涤用品按其用途不同可分为衣物清洗用品,如洗衣液、洗衣粉等;厨房清洁用品,如洗洁精、炉灶清洁剂等;居室清洁用品,如地板清洗剂、地毯清洗剂等;卫生间清洁用品,如洁厕净、洁厕块等;特殊清洁用品,如烟垢去除剂等五大类。按其外观不同可分为粉状、液状、浆状和块状等五大类。按其功能不同可分为通用型、彩漂型、加酶型、柔软及抗静电型、杀菌消毒型等。随着科学技术进步和洗涤用品工业的发展,又出现了更多的专用性洗涤用品,如电视机屏幕清洗剂等。

洗涤用品是在20世纪40年代发展起来的,由于添加磷酸盐等助剂的配方技术的进步,洗涤品的生产能力在50年代已初具规模,到了60~70年代,洗涤用品工业得到了高速发展,至80年代生产技术已渐趋完善,产量也突飞猛进。

洗涤用品的生产工艺大致有:(1)喷雾干燥法生产表观密度小的粉状产品;(2)附聚成型法生产表观密度适中的粉状产品,一般为浓缩型;(3)干混法生产浓缩型粉状产品;(4)挤压成型法生产高表观密度产品;(5)简单的加热搅拌混合生产液状产品;(6)混合均质法生产膏状产品。少数特殊形式、特殊用途的产品需用特殊工艺和特殊设备生产。

洗涤用品将趋向于有利于环保、对皮肤刺激性小、节能、节水、高效及多功能要求的方向发展。首先是水系的富营养化问题,国外早在20世纪70年代就开始限磷、禁磷,我国最近几年无磷洗涤剂的产量有所增长,带动了代磷助剂及配方结构的研究与发展。随着消费水平的提高,洗涤剂产量逐年增长,其中液洗产品增长较快,并持续发展。专用产品、多功能产品及结构型液体洗涤剂是今后发展的方向。原材料的选择上将趋向于温和、多功能、易生物降解和有利于环保。总之,洗涤用品的浓缩化、专用化和功能化、液体化、无磷化将是发展的必然趋势。

3. 牙膏及口腔卫生用品

牙膏及口腔卫生用品是人类文明生活的必需品。牙膏是最有效的洁齿用品,美国牙科协会给牙膏的简明定义是"牙膏是和牙刷一起用于洗净牙齿表面的物质"。

洁齿用品早在两千年前就有记载。早期的洁齿品主要是白垩土、骨粉。18世纪英国开始工业化生产牙粉。牙膏是牙粉的升级换代产品。使用牙膏刷牙的目的在于洁齿与清洁口腔,并使口腔立即感到清新凉爽并留下甜香舒适的口感,而且它与牙刷的配合比牙粉好。因此早在19世纪50年代初就在英国和西欧作为商品出售,后传到美国,20世纪40年代初完成了疗效性牙膏,即药物牙膏的研究开发,其中最为成功的是含氟牙膏。我国牙膏生产始于1926年,1980年我国第一支以中草药为主的合成药物复方牙膏面市以来,国内开发中草药牙膏如雨后春笋般地兴起。到目前为止,我国牙膏产品的品种,原材料配套、检测手段,科研开发以及技术力量方面均接近国际水平。

牙膏一般由保湿剂、胶黏剂、摩擦剂、发泡剂、香味剂、稳定剂和特殊添加剂等组成。在普通牙膏中按其配方结构中磨料不同可分为碳酸钙型牙膏、磷酸钙型牙膏、氢氧化铝型牙膏;按其形态分为白色牙膏、加色牙膏、透明牙膏、非透明牙膏、彩条牙膏等;按其包装分为铝管牙膏、复合管牙膏、泵式牙膏等。药物牙膏按其功能不同可分为防龋齿牙膏、脱敏牙膏、消炎牙膏、抗牙结石牙膏等。其生产工艺过程均很相似,可分制胶、拌膏、均质、真空脱气、灌装及包装等。

近几年牙膏工业发展较快,特别是功能性牙膏(大多数为药物牙膏)很受消费者的欢迎。随着人们对生活质量要求的普遍提高和健康意识的加强,保健类牙膏将成为牙膏工业的一个重要发展趋势之一。目前,生物工程技术的研究应用在牙膏工业中也正在悄然兴起。牙膏中添加特殊的生物制剂在洁齿的同时可调节人体生理免疫功能,同时还带给人们一种全新的概念。

4. 化妆品

化妆品通常是指以涂抹或喷洒的方式施于人体面部、皮肤或头发等处,起清洁、保护、营养、美化或改变容貌、增加魅力等作用的制品。它是高附加值、高技术的知识密集型精细化工产品,具有安全性、有效性和稳定性。

化妆品可以按其使用部位、制品的形态、使用目的等进行分类。按使用部位可分为毛发用化妆品、面部用化妆品、身体用化妆品和指甲用化妆品等。按制品的形态可分为液状、乳状、膏状、凝胶状、块状和粉状等。按使用目的的不同将其分为护肤用品、美容用品、香水、沐浴用品、洗发护发用品、美发用品和剃须用品。

化妆品的生产不外乎是混合、分散、乳化、均质、增溶、增稠、研磨等工艺过程，使各种性状不同的物料，如油溶性组分和水溶性组分、固体组分和液体组分、颜料、香精及各种添加剂等混合均匀，并以某种剂型相对稳定存在。

近年来，人们对化妆品概念的理解有较大的变化，从以前的美容、护理并重，进一步发展到美容的同时更注重科学护理，希望产品对人体更安全、无刺激。抗皮肤衰老，增白祛斑、祛粉刺、生发和减肥等疗效化妆品受到极大关注。而防晒化妆品则向日常使用和多功能方向发展。儿童化妆品、男用化妆品发展前景广阔，老年化妆品有待开发。未来中国化妆品将会朝着品牌系列化、功能多样化、成分天然化、包装精美化、使用方便化的方向更加快速、稳定、健康地发展。

5. 家庭日用化学品及文化小商品

家庭日用化学品及文化小商品通常是指以皮鞋油为代表的日常生活中经常使用的化学制品及以墨水和墨汁为代表的具有文化含义的一类日用化学制品。它们种类繁多，生产企业大多规模不大。

皮鞋油是一种涂擦在皮鞋及皮革表面的皮革保护剂和上光剂。它具有防水、护革、增强皮革表面光泽，对皮革表面有洁净美观和加色补色作用。我国的皮鞋油生产始于20世纪30年代，至今已有几十年历史。中华人民共和国成立前生产厂家很少，只有上海、天津、北京等地的几家，且产量很低。中华人民共和国成立后皮鞋油工业有了较大的发展。随着人民生活水平的不断提高，皮鞋油的需要量以及新的花色品种将有大幅度增加，并且向使用方便、效果良好的方向发展。

墨水或墨汁历来被认为是传播文化的工具，其含义广泛，凡是用来表现文字或符号的一切液体可统称为墨水或墨汁。墨水，特别是墨汁的发展，在我国具有悠久的历史，它是一种传统的书写材料。近年来，我国墨水年产量稳定在 2.2~2.5 亿瓶（每瓶 60mL），其中出口约 600 万瓶。主要品种为鞣酸铁墨水、纯蓝墨水和碳素墨水 3 种（其比例约为 4:4:3），它们约占全部墨水产量的 85%。目前市场上各种笔类品种层出不穷，均需有合适的墨水相配套。积极研制和开发新型的专用或特殊用途的笔及相应的墨水是今后的发展方向。

6. 火柴

火柴是 18 世纪上叶才开始出现的，最初主要是利用黄磷为发火剂。由于黄磷有毒，逐渐为硫化磷火柴所代替。而硫化磷火柴虽然没有毒害，但随处可划，易滋危险。1855 年创造了日用安全火柴，并一直沿用至今，同时也发展了不少新品种。

火柴的种类很多，可根据用途、包装外形等加以分类。一般火柴分为日用火柴和特种火柴。日用火柴可分为安全火柴、蜡梗火柴、芳香火柴等，但其发火原理都是相似的。火柴的生产最初主要依靠手工操作，14 世纪末出现了火柴自动连续机，随着科学技术的发展，火柴生产已逐渐由机械化过渡到自动化，并向连续化发展。

随着火柴工业的发展及人们环保意识的加强，安全火柴采用了新的原料和改良的配方，开始生产有利于保护环境的无硫无铬火柴，即向生态火柴发展。此外，根据用户的特殊需要，高温火柴等新品也将会越来越受到人们的重视。

7. 化学电源

化学电源即化学电池,通称电池。广义的电池(battery)是一种电能的贮存装置,顾名思义,贮存电的池子,是一种将其他形式能量直接转换为直流电的装置。电池按照转换能量的形式可分为两大类:一类为物理电池,又称物理电源,如太阳能电池、温差电池等;另一类为化学电池,是将化学能直接转换成直流电的装置。本章所叙述的电池均属于化学电源范畴。

电池都由电极、电解质、隔离层和容器4个基本部分组成。电极由参加电化学反应的活性物质等成分组成,是电池的核心部分,它是决定电池输出电压、容量大小的关键因素。电池按其使用性质的不同,又可分为原电池、蓄电池、贮备电池和燃料电池等几大类。原电池又称一次电池,顾名思义只能使用一次,一旦活性物质耗尽,电池不可通过充电的方式使其恢复获得再使用;电解液不流动的电池称为"干电池"。蓄电池又称二次电池,可以通过充电使活性物质获得再生,这类电池可以多次重复使用。

早在远古时代,就有了类似今天的电池装置,但人们公认的第一个电池还是 Volta 在 1800 年利用不同金属与电解液接触所构的"Volta 堆"。电池技术取得实质性进展始于 19 世纪,1860 年,法国人 Plante 首次发明了实用的铅蓄电池,并于 1882 年商品化,这种电池至今仍是蓄电池的主导产品之一;1868 年,法国工程师 G. Leclanche 发明了采用 NH_4Cl 水溶液作电解质溶液的锌/二氧化锰电池,而成为当今使用最广泛的锌锰电池的雏形(又称 Leclanche 电池),这种电池于 1888 年商品化;19 世纪末 20 世纪初,镉镍、铁镍等碱性蓄电池系列相继问世;20 世纪 90 年代,电子技术、移动通信事业的进步推动了电池产业和技术的高速发展,金属氢化物镍电池等新型蓄电池系列不断商品化,电动车的发展促进了锌空气、锌镍、燃料等电池系列取得突破性进展。

随着科学技术的不断进步,新的电池系列越来越多,在已商品化的电池中,除了传统的锌锰电池和铅蓄电池系列外,还有镉镍、氢镍、锌镍、锂离子、锂聚合物等系列。

8. 特殊日用化学品

特殊日用化学品是难以按传统的分类方法归类的具有特殊用途的日用化学杂品。国内外最新研究开发的特殊用途的书写用品、杀虫、驱虫类产品及其他日用化学品很少,目前也都还没有国家规定的质量标准。随着科学技术的进步,新的特殊用途的日用化学品与日俱增,并受到人们的普遍关注。

思 考 题

1. 精细化工产品如何分类?
2. 石油添加剂产品通用符号由哪三部分组成?
3. 表面活性剂具有哪些特点?如何分类?
4. 石油方面常用的催化剂有哪几种?
5. 热固性黏合剂分为哪几类?
6. 染料工业特点是什么?染料的名称由哪几部分组成?
7. 香精如何分类?
8. 水处理剂通常有哪几类?

参 考 文 献

[1] 吕春绪. 有机中间体制备. 3 版. 北京:化学工业出版社,2009.
[2] 熊云,徐小明,刘信阳. 清洁燃料基础及应用. 北京:中国石化出版社,2005.
[3] 丛玉凤,乔海燕. 石油产品分析. 北京:化学工业出版社,2017.
[4] 王海彦,陈文艺. 石油加工工艺学(下册). 北京:中国石化出版社,2011.
[5] 杨朝合,山红红. 石油加工概论. 北京:中国石油大学出版社,2013.
[6] 王雷,李会鹏. 炼油工艺学. 北京:中国石化出版社,2011.
[7] 徐春明,杨朝合. 石油炼制工程. 4 版. 北京:石油工业出版社,2009.
[8] 许世海,熊云,刘晓. 液体燃料的性质及应用. 北京:中国石化出版社,2010.
[9] 李东光. 液体燃料制作配方技术大全. 北京:化学工业出版社,2014.
[10] 崔心存. 醇燃料的实用技术. 北京:化学工业出版社,2014.
[11] 李为民,单玉华,邬国英. 石油化工概论. 3 版. 北京:中国石化出版社,2013.
[12] 王海彦,陈文艺. 石油加工工艺学. 2 版. 北京:中国石化出版社,2014.
[13] 陈来成,赵瑜藏. 石油化学. 北京:石油工业出版社,2014.
[14] 炼油与石化工业技术进展编委会. 炼油与石化工业技术进展. 北京:中国石化出版社,2017.
[15] 仲苓. 化工有机原料深加工. 北京:化学工业出版社,2000.
[16] 吴志泉,涂晋林. 工业化学. 2 版. 上海:华东理工大学出版社,2003.
[17] 迈耶斯. 石油化工产品生产工艺手册. 郭瓦力,李文秀,张丽,等,译. 北京:中国石化出版社,2010.
[18] 丁丽芹,张君涛,梁生荣. 润滑油及其添加剂. 北京:中国石化出版社,2015.
[19] 王先会. 工业润滑油生产与应用. 北京:中国石化出版社,2011.
[20] 康明艳,卢锦华. 润滑油生产与应用. 北京:化学工业出版社,2016.
[21] 窦锦民. 有机化工工艺. 2 版. 北京:化学工业出版社,2012.
[22] 黄风林. 碳一化工. 北京:中国石化出版社,2015.
[23] 李璟,陈斑莹. 精细化学品合成与应用技术. 北京:化学工业出版社,2014.
[24] 李淑芬,王成扬,张毅民. 现代化工导论. 3 版. 北京:化学工业出版社,2016.
[25] 郭建民. 高分子材料化学基础. 3 版. 北京:化学工业出版社,2015.
[26] 张留成,王家喜. 高分子材料进展. 3 版. 北京:化学工业出版社,2014.
[27] 王慧敏,等. 高分子材料概论. 2 版. 北京:中国石化出版社,2010.
[28] 贾红兵,宋晔,杭祖圣. 高分子材料. 2 版. 南京:南京大学出版社,2013.
[29] 李杨. 聚苯乙烯树脂及其应用. 北京:化学工业出版社,2014.
[30] 王荣伟,杨为民,辛敏琪,等. ABS 数值及其应用. 北京:化学工业出版社,2014.
[31] 许建雄. 聚氯乙烯和氯化聚乙烯加工与应用. 北京:化学工业出版社,2015.
[32] 张丽珍,周殿明. 塑料工程师手册. 北京:中国石化出版社,2017.
[33] 唐颂超. 高分子材料成型加工. 3 版. 北京:中国轻工业出版社,2013.
[34] 翁国文,侯亚合. 橡胶技术问答:制品篇. 北京:化学工业出版社,2010.
[35] 张玉龙,孙敏. 橡胶品种性能手册. 2 版. 北京:化学工业出版社,2012.
[36] 翁国文. 橡胶材料简明读本. 北京:化学工业出版社,2013.
[37] 张玉龙、张晋生. 特种橡胶及应用. 北京:化学工业出版社,2011.
[38] 王少春,崔德人. 合成纤维. 3 版. 北京:中国石化出版社,2012.
[39] 赵寰. 聚乙烯醇纤维. 北京:化学工业出版社,2014.
[40] 张放台,任国强,俞玉芳,等. 聚丙烯腈纤维. 北京:化学工业出版社,2014.
[41] 汪怀远. 化工新材料概论. 北京:化学工业出版社,2011.

[42] 焦剑,姚军燕.功能高分子材料.2版.北京:化学工业出版社,2016.
[43] 赵长生,孙树东.生物医用高分子材料.2版.北京:化学工业出版社,2016.
[44] 程侣柏.精细化工产品的合成及应用.5版.大连:大连理工大学出版社,2014.
[45] 李和平.精细化工产品工艺学.北京:化学工业出版社,2016.
[46] 马晶,薛娟琴.工业催化原理及应用.北京:冶金工业出版社,2013.
[47] 周立国,段洪东,刘伟.精细化学品化学.2版.北京:化学工业出版社,2014.
[48] 李建波,等.油田化学品的制备及现场应用.北京:化学工业出版社,2012.
[49] 约翰尼斯卡尔芬克.石油工程师指南:油田化学品与流体.北京:石油工业出版社,2017.
[50] 丁志平.精细化工概论.3版.北京:化学工业出版社,2015.
[51] 张娇静,宋军,高彦华.石油化工产品概论.北京:石油工业出版社,2011.